Rostocks Stadtgeschichte
von den Anfängen bis in die Gegenwart

Karsten Schröder (Hrsg.)

Rostocks
Stadtgeschichte
von den Anfängen bis in die Gegenwart

HINSTORFF

Bildnachweis:
Alle Abbildungen aus dem Archiv der Hansestadt Rostock
(Foto/Repro: Ramona Fauk), außer
S. 33, 121, 185, 297, 327: Kulturhistorisches Museum Rostock
S. 52: Universitätsarchiv Rostock
S. 82: Ernst Münch/Ruth Espinosa
S. 126: Universitätsbibliothek Rostock

Die Autoren und der Verlag danken den genannten Institutionen und Personen für ihre
freundliche Unterstützung.

Liebe Leserin, lieber Leser, wie hat Ihnen die Lektüre gefallen? Wir freuen uns über Ihre
Bewertung im Internet!

Die Deutsche Nationalbibliothek verzeichnet diese Publikation in der Deutschen
Nationalbibliografie, detaillierte bibliografische Daten sind im Internet über
http://dnb.ddb.de abrufbar.

© Hinstorff Verlag GmbH, Rostock 2013

1. Auflage 2013
Herstellung: Hinstorff Verlag GmbH
Lektorat: Dr. Florian Ostrop
Druck: CPI books GmbH
Printed in Germany
ISBN 978-3-356-01570-6

INHALT

INHALT

INHALT

Bodo Keipke / Ernst Münch / Karsten Schröder

ROSTOCKS AUFSTIEG ZUR STADTKOMMUNE. VON DEN ANFÄNGEN BIS 1265

Slawisches Seehandelszentrum und Fürstenburg

Das erste Jahrhundert der Rostocker Geschichte von 1160 bis 1260 lief ab, ohne größeren Niederschlag in den schriftlichen Quellen zu finden. Diese frühe Phase gibt daher noch zahlreiche Rätsel auf.

In jüngster Zeit kamen erfreulicherweise wichtige Ergebnisse archäologischer Untersuchungen zutage, die in einigen Fragen größere Sicherheit zuließen. Da aber häufig einerseits für Hinweise aus den Schriftquellen noch solche Belege ausstehen und andererseits für Resultate von Grabungen wünschenswerte Ergänzungen und Präzisierungen aus den schriftlichen Quellen fehlen, bleibt nach wie vor vieles unbeantwortet. Die Zahl der schriftlichen Quellen wird zukünftig wohl kaum mehr vergrößert werden können, doch die Hoffnung auf weitere Grabungsergebnisse ist durchaus berechtigt.

Eher beiläufig wurde der Ortsname Rostock erstmals genannt durch den dänischen Geschichtsschreiber Saxo Grammaticus (um 1150–1220). Dies geschah für 1160, nachdem der Obotritenfürst Niklot (†1160) im Abwehrkampf gegen seinen Hauptfeind, den sächsischen Herzog Heinrich den Löwen (1129–1195), wenige Kilometer südlich von Rostock vor der Burg Werle gefallen war. Die mit den Sachsen verbündeten Dänen unter ihrem König Waldemar I. (1131–1182) zerstörten die slawische Fürstenburg Rostock. Würde die Aussage der isländischen Knytlinga-Saga über die Landung des dänischen Königs Knut IV. (†1157) bei Raudstokk nicht die Variante Warnow- oder Odermündung offen lassen, könnte man die Ersterwähnung des Rostocker Ortsnamens sogar bereits auf 1151 datieren.

Der erste ummittelbar als Zeitgenosse – und damit einigermaßen verlässlich – über Rostock berichtende Chronist war der Priester Helmold von Bosau (um 1120 bis um 1177). Am Ende seiner berühmten Slawenchronik vermerkte er zu etwa 1170, dass der Niklotsohn Pribislaw (†1178), der 1167 von Heinrich dem Löwen mit einem Teil der Herrschaft seines Vaters belehnt worden war, die Burgen Mecklenburg, Ilow und Rostock – wir dürfen wohl ergänzen: wieder – erbauen ließ. So lagen die Anfänge der Geschichte des Landes Mecklenburg im eigentlichen Sinne und die Anfänge Rostocks offenbar zeitlich nahe beieinander. Die Slawenchronik des Abts Arnold von Lübeck (†1212) erwähnte neben der Burg Mecklenburg auch die Burg Rostock zu etwa 1182 in den Auseinandersetzungen zwischen dem Pribislawsohn Fürst Heinrich Borwin I. (†1227) und dessen Cousin Fürst Nikolaus (†1200) um die Vorherrschaft im werdenden Land Mecklenburg. Allerdings löste sich Rostock als Burg erst nach und nach aus dem Schatten des nahe gelegenen Kessin, das neben der Burg Mecklenburg den zweiten Schwerpunkt der Herrschaft Pribislaws und seines fürstlichen Titels ausmachte. So gaben die Chroniken zur näheren Lagebestimmung der Burg Werle als Todesort Niklots noch nicht Rostock, sondern das Land oder die Burg Kessin als nächste bedeutende Örtlichkeit an. Das Verhältnis Kessin – Rostock und Mecklenburg – Wismar entsprach hierbei der Regel, dass aus den obotritischen Hauptburgen selbst keine bedeutenden Städte entstanden. Auch das als Stadt stets schwach gebliebene Schwerin bildete keine Ausnahme, sondern eher eine Bestätigung dieser Regel. Kessin und seine von dem lutizischen Stamm der Kessiner besiedelte Umgebung waren in der Blütezeit des Obotritenreichs und seiner Fürsten an Letztere gefallen. Westlich von Kessin und Rostock verlief die alte, seit dem 6./7. Jahrhundert bestehende, weitgehend siedlungsarme Grenzregion zwischen den nordwestslawischen oder wendischen Hauptstämmen der Obotriten im Westen und der Wilzen bzw. Lutizen im Osten des späteren Mecklenburg.

Rührte die Ersterwähnung des Rostocker Ortsnamens von einer vereinzelt stehenden chronikalischen dänischen Überlieferung eines Kriegszuges her, so entstand die erste urkundliche Erwähnung Rostocks in geistlichen Zusammenhängen. Niklots Enkel Fürst Nikolaus gewährte 1189 in Rostock auf seinem Markt den Doberaner Mönchen, deren Kloster erst 1186 erneut eingerichtet worden war, Freiheiten. Die Erwähnung einer St.-Clemens-Kir-

Slawische Siedlungen auf dem Gebiet des heutigen Rostock und im Umland der Stadt (Ludwig Krause, 1925)

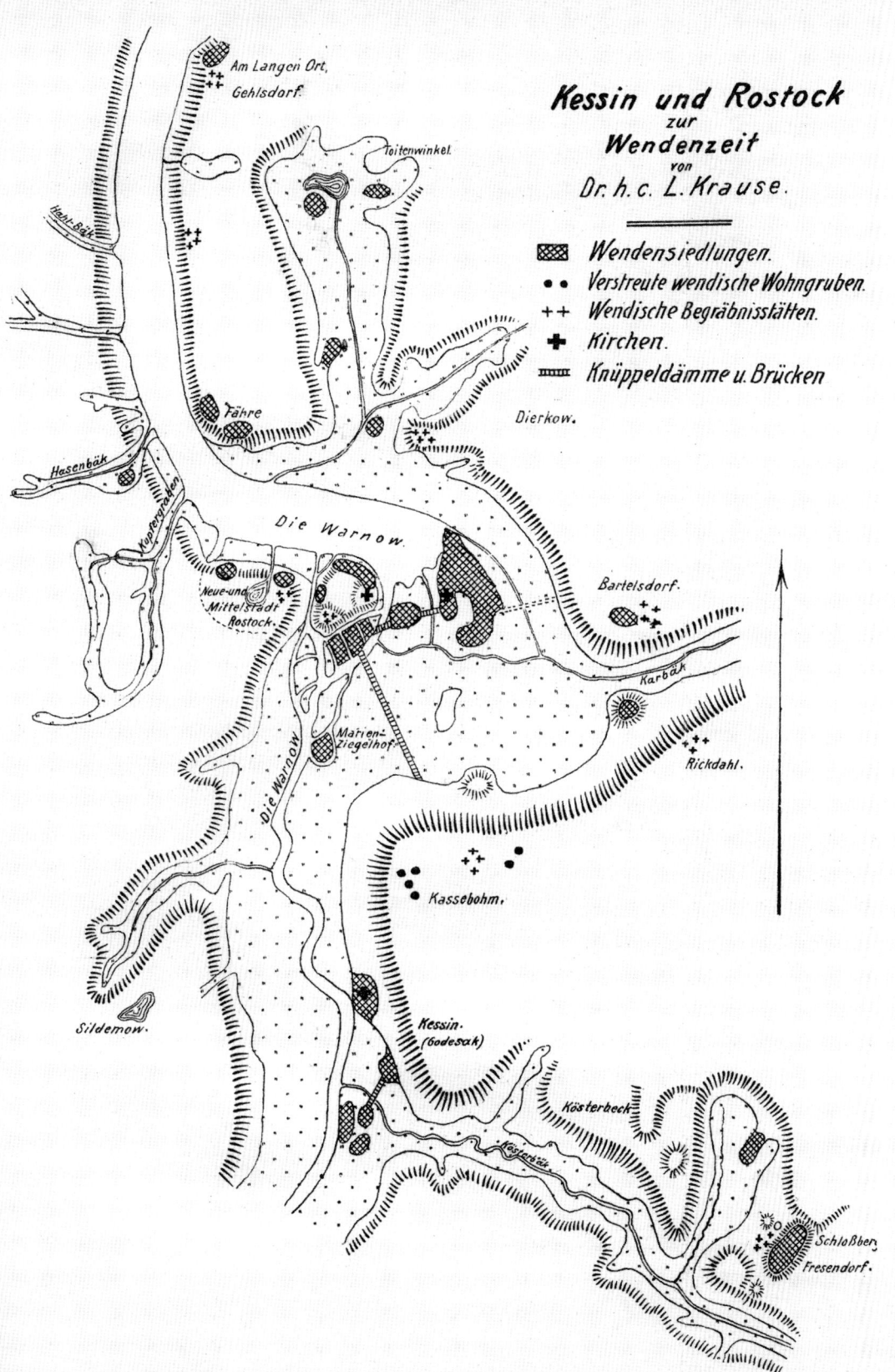

Kessin und Rostock
zur
Wendenzeit
von
Dr. h. c. L. Krause.

Am Langen Ort,
Gehlsdorf.

Toitenwinkel.

Dierkow.

Die Warnow.

Neue- und
Mittelstadt
Rostock.

Fähre

Hasenbäk

Kupfergraben

Hani-Bäk

Bartelsdorf.

Karbäk

Die Warnow.

Marien-
Ziegelhof.

Rickdahl.

Kassebohm.

Sildemow.

Kessin.
(Godesak)

Kösterbeck

Kösterbäk

Schloßberg.

Fresendorf.

Wendensiedlungen.	
Verstreute wendische Wohngruben.	
Wendische Begräbnisstätten.	
Kirchen.	
Knüppeldämme u. Brücken	

*Archäologische Fundstücke der Sla-
wenzeit aus dem Rostocker Raum*

che wies zugleich auf die Christianisierung der Siedlung hin. Die Einbeziehung in die christliche Welt des Mittelalters verband sich mit der deutschen
Siedlungsbewegung, die Ende des 12. Jahrhunderts in Mecklenburg verstärkt einsetzte. Der Rostocker Raum war aber schon früher ein Gebiet mit
überregionaler Bedeutung. Nach germanischer Besiedlung bis zur Mitte des
ersten Jahrtausends u. Z. entwickelte sich in slawischer Zeit an der Unterwarnow zwischen Dierkow und Gehlsdorf ein wichtiger Handwerks- und
Handelsplatz, der in neueren Forschungen in seinem Stellenwert durchaus
neben die berühmten Seehandelsorte Reric und Wollin gerückt wurde. Der
Ortsname Rostock deutete daher – wie in der slawischen Praxis nicht selten –
nicht nur auf eine geographische Besonderheit hin, im konkreten Fall auf
die Verbreiterung der Warnow in ihrem Unterlauf. Er spiegelte indirekt auch
die enorme Bedeutung dieses Siedlungsraumes wider – die Verbindung zur
Ostsee als dem Mittelmeer des Nordens, mit dem sich auch das Wohl und
Wehe der werdenden Stadt unlösbar verknüpfen sollte.

Ungeachtet des Dunkels der schriftlichen Überlieferung vor und nach
1200 bewährte sich die Gunst des Ortes offenkundig in nachhaltiger Weise.
Die zu 1189 erwähnten Gegebenheiten Markt und Kirche stellten zwar für
sich allein genommen keine hinreichenden Belege für eine beginnende
Stadtwerdung dar. Sie wären auch als Elemente eines größeren Dorfes, etwa
eines Kirchdorfes, denkbar. Doch im Zusammenhang mit dem Vorgang der
Stadtrechtsbestätigung des Jahres 1218 ist eine bereits vorherige städtische
Entwicklung sehr wahrscheinlich. Deuteten schon schriftliche Quellen auf
die Lage einer Fürstenburg Rostock rechts der Warnow hin, so bestätigten
neuere Grabungen dies im Zusammenhang mit dem Bau der Vorpommern-
brücke aus archäologischer Sicht. Ebenfalls rechts der Warnow lag vermutlich eine der Burg zugeordnete Handwerkersiedlung. Der entsprechende
Flurname „Wendische Wiek" ist noch jahrhundertelang in den Quellen be-

legt. Entscheidend für den Aufschwung wurden jedoch die Siedlungen auf der linken Seite der Warnow. Auch dort gab es nach neuesten archäologischen Ergebnissen bereits eine slawische Besiedlung, die durch deutsche Siedler rasch fortgeführt und erweitert wurde. Während die offenbar bald an Bedeutung verlierende Fürstenburg und Handwerkersiedlung rechts der Warnow in ihrem Aufeinanderbezogensein relativ klar erschienen, stellte sich die Situation links des Flusses auf der Petrihöhe und ihrer Umgebung wesentlich komplizierter dar. Eine Überlieferung, die Fürst

Reitersiegel des Fürsten Nikolaus von Rostock, 1189

Pribislaw den Wiederaufbau der Burg Rostock und zugleich die Gründung der Stadt zuschrieb, lokalisierte Burg wie Stadt um die spätere St. Petrikirche. Sie wies zudem Fürst Nikolaus, dem Neffen Pribislaws, eine Burg beim Burgwall nahe der späteren St. Marienkirche in der Mittelstadt zu. Beide Burgen und ihre Fürsten bzw. Besatzungen lagen nach dieser Überlieferung miteinander in Zwist. In der berühmten Mecklenburgischen Reimchronik des Ernst von Kirchberg (vor 1335 bis um 1384) hieß es dazu:

In der czid der furste alsus
von Kyssin Nycolaus
Rodestok irnuwete
daz borgwal her do buwete.
Daz waz wider dy borgman da,
den buwete her syne burg zu na.
Dy hattin eyne burg zu der czid,
da sante Petris kirche lyd.

Eine andere Deutung interpretierte diese beiden Burgen als die rechts der Warnow liegende sowie eine weitere am Alten Markt auf dem Petrihügel.

Urkunde über den Kauf der Rostocker Heide vom 25. März 1252. Die Ausfertigung enthält auch den Text einer früheren Urkunde über die Bestätigung des Lübischen Stadtrechts vom 24. Juni 1218

Außer den späteren Straßenbezeichnungen Amberg bei der Petri- sowie Burgwall bei der St. Marienkirche fehlen für diese Überlieferungen allerdings bislang jegliche schriftlichen und archäologischen Belege. Vermutlich existierte die St. Petrikirche zu Zeiten des Fürsten Nikolaus sogar noch gar nicht, und beispielsweise hieß auch die Große Wasserstraße im Mittelalter Amberg, ohne dass dort eine Burganlage vermutet wurde. Möglicherweise waren zudem die genannte und andere legendenhafte Überlieferungen zur Frühgeschichte nicht unbeeinflusst von späteren akuten Auseinandersetzungen um die Rechtsstellung Rostocks im Spannungsfeld zwischen landesherrlichen Hoheitsansprüchen und städtischen Selbständigkeitsbestrebungen. So betonten die Auffassungen, die Partei für die Landesherrschaft ergriffen, die Stadt Rostock als Gründung Pribislaws, während sich die städtische Partei eher auf die Privilegierung im Laufe des 13. Jahrhunderts bezog. Dafür nahm man sogar in Kauf, dass man auf ein höheres Alter Rostocks als Stadt – etwa im Vergleich mit den unsicheren und umstrittenen städtischen Anfängen Schwerins seit 1160 – verzichtete, um die eigenen Ursprünge nicht zu eng mit einer durch die fürstliche Gewalt dominierten slawischen Burg, sondern mit dem freieren Recht deutscher Siedler in Verbindung zu bringen. Fürst Nikolaus hingegen, der urkundlich nachweisbar sowohl für die Wiederentstehung des Klosters Doberan seit 1186 als auch für die Entwicklung Rostocks zur Stadt um 1189 von Bedeutung war, wurde – möglicherweise „belastet" mit dem Ruf seines unter schmählichen Umständen von Herzog Heinrich dem Löwen 1164 vor der Burg Malchow hingerichteten Vaters Fürst Wartislaw (†1164) – in den Auffassungen aus landesherrlicher und städtischer Sicht nahezu völlig an den Rand gedrängt. Und dies, obwohl Nikolaus seit Mitte der 1180er Jahre für den Rostocker wie den Doberaner Raum der zuständige mecklenburgische Fürst war. Nach seinem Schlachtentod im Jahre 1200 übernahm sein Vetter Fürst Heinrich Borwin I., der bis dahin in Nordwestmecklenburg geherrscht hatte, auch die Herrschaft um Rostock. Mit dessen Person verband sich untrennbar die berühmte Urkunde von 1218 über die Bestätigung des Gebrauchs des Lübischen Rechts für Rostock. So betonte auch die Mecklenburgische Reimchronik des Ernst von Kirchberg Heinrich Borwin in bewusstem Gegensatz zu Nikolaus als Gründer der Städte Rostock und Wismar:

Der strenge Hinrich Burwy,
dem grosze manheit waz y by,
nach syns vettirn tode glich

begunde buwen vestiglich
eyne stad zu Rodestog offinpar
vnd dy stad zur Wysmar.

Die Stadtrechtsbestätigung vom 24. Juni 1218

Ohne Zweifel hat die Suche nach dem konkreten Beginn der Geschichte
einer Stadt auch für Rostock ihre Berechtigung und Bedeutung. Dass in diesem Zusammenhang die Urkunde vom 24. Juni 1218 immer wieder als das
entscheidende Dokument genannt wurde, hat sicherlich gute Gründe. Fürst
Heinrich Borwin I., nach seinem Vater Pribislaw eine der bedeutenden Gestalten in der frühen Geschichte des mecklenburgischen Fürstenhauses, verkündete gemeinsam mit seinen Söhnen in jener Urkunde den Aufbau
Rostocks als Stadt und gewährte deren Einwohnern Rechtssicherheit und
Freiheiten in der Stadt und Zollfreiheit in seinem Herrschaftsgebiet. Zugleich bestätigte der Fürst – in der im weiteren Verlauf des 13. Jahrhunderts
unter seinen Enkeln üblich werdenden Titulatur schlicht Herr von Mecklenburg genannt – den Rostockern den Gebrauch des Rechts der Stadt Lübeck. Die knappen Aussagen der Urkunde bedürfen einiger Erläuterungen.
Zunächst gilt es zu betonen, dass es sich hierbei um keine eigentliche Grün-
dungsurkunde handelte. Eine solche gab es für Rostock – wie für viele andere Städte – auch weder davor noch danach. Die Urkunde vom 24. Juni
1218 hielt nur eine – allerdings wichtige – Etappe der Entstehungsgeschichte der Stadt fest und beendete sie sozusagen mit ihrer schriftlichen Fixie-
rung. Die Stadtentstehung hatte – den Charakter eines allmählichen Prozesses tragend – schon vor 1218 begonnen und war mit der Urkunde Heinrich
Borwins keineswegs abgeschlossen. Einen auch nur formellen Gründungs-
akt gab es offenbar nicht, jedenfalls fehlen alle schriftlichen Belege dafür.
Die 1218 bereits gegebene Existenz einer städtischen Siedlung ließ die Urkunde vom 24. Juni wenigstens an zwei Stellen erkennen: Der Gebrauch
des Lübischen Rechts wurde der Stadt dem Wortlaut der Urkunde zufolge
nicht verliehen, sondern bestätigt. Als Zeugen der Urkunde traten neben
anderen Personen bereits zehn als Ratsherren bezeichnete Rostocker Einwohner in Erscheinung. Der Begriff Stadt wurde in dieser Urkunde erstmals
in Verbindung mit Rostock genannt, nachdem bislang immer nur von Burg
und Markt die Rede gewesen war. Auffallen musste aber, dass die Urkunde

nur von einem oppidum sprach, in der Regel die Bezeichnung für eine kleinere, nicht so bedeutende Stadt. Demgegenüber wurde Lübeck in derselben Urkunde als civitas, also als größere, bedeutende Stadt charakterisiert. Möglicherweise deutete auch dies auf das noch Unentwickelte der Verhältnisse in Rostock hin. Allerdings wird man dies nicht überbewerten dürfen, da nur wenige Jahre später für das auch damals sicherlich nicht weiter als Rostock entwickelte Gadebusch in einer Urkunde Heinrich Borwins ebenfalls der Begriff civitas Verwendung fand. Merkwürdig war ebenfalls, dass offenbar schon seit langer Zeit die Urkunde von 1218 – immerhin eine der wich-

Siegel der Herrn von Rostock, (Heinrich) Borwin III., 25. März 1252

tigsten und frühesten der Rostocker und der mecklenburgischen Stadtgeschichte – nicht als Original erhalten blieb, sondern nur als Bestandteil einer jüngeren, allerdings ebenfalls sehr wichtigen Urkunde aus dem Jahre 1252. Möglicherweise hängt hiermit zusammen, dass in dieser Wiedergabe der Urkunde von 1218 Heinrich Borwin nur als Herr von Mecklenburg bezeichnet wurde, wie es für seine Nachfolger Mitte des 13. Jahrhunderts üblich war, während er zu Lebzeiten meist den Titel Fürst in den Urkunden führte. Da die Urkunde von 1218 nicht nur wegen ihres Stellenwertes für die Entstehungsgeschichte der Stadt von zentraler Bedeutung ist, sondern überhaupt eine der verzweifelt wenigen urkundlichen Quellen aus Rostocks Frühzeit, bedarf sie besonders aufmerksamer Betrachtung. Das gilt auch für die Namen der zehn genannten Ratsherren. Leider wurden – wie noch weit in das 13. Jahrhundert hinein üblich – die Personen selbst höheren Standes zumeist nur mit Vornamen benannt. Lediglich für drei der zehn Ratsherren, Heinrich Faber († nach 1218), Heinrich Pramule († nach 1218) und Heinrich Lantfer († nach 1218), fand ein Zuname Erwähnung. Das erschwert weitergehende Aussagen über diese Personen, ihre Herkunft und soziale Stellung, zumal die nächsten namentlich genannten Rostocker Ratsherren erst für 1252 belegt sind, mindestens eine Generation später. Immerhin weisen die Namen von 1218 auf eine deutsche Herkunft der Ratsherren hin. Das deutet auf den entscheidenden Übergang von einer slawischen frühstädtischen Siedlung zu einer durch die deutschen Siedler geprägten, entwickelten mittelalterlichen Rechtsstadt hin. Dagegen ist es eher unwahrscheinlich, dass die erstgenannten der zehn Ratsherren – wie später üblich – im Sinne einer Rangfolge etwa schon als Bürgermeister interpretiert werden dürfen oder dass der erste, Heinrich Faber, von Beruf tatsächlich ein Handwerker war, wie sein Zuname vermuten lassen könnte. Durch die quellenbedingte Lücke in der Ratsherrenlinie zwischen 1218 und 1252 und die vielen fehlenden Zunamen wird nur an einer Stelle eine sich möglicherweise bereits abzeichnende Tendenz zur Abschließung des Kreises der ratsfähigen Familien erkennbar: Nach Heinrich Faber folgte 1252 ein Ratsherr Eilardus Faber († nach 1262).

Wichtig als Reflex der Vielschichtigkeit im sich ausprägenden städtischen Leben war die Aufzählung der Besitzobjekte der Bewohner in der Urkunde von 1218. Sie trug zwar – dem Charakter solcher Urkunden entsprechend – auch formelhafte, das heißt die Wirklichkeit etwas schematisierende Züge. Dennoch ist es aufschlussreich, dass nicht nur primär städtische Gebäude und Grundstücke genannt wurden, sondern auch Ackerland, Wiesen, Weiden, Wälder und Gewässer und anderes. Hiermit machte die Urkunde auf den nicht zu unterschätzenden Stellenwert der städtischen Feldmark und der engen Verbindung der Stadt mit ihrer ländlichen und agrarisch geprägten Umgebung aufmerksam, die auch die Geschichte Rostocks nicht unwesentlich beeinflussen sollte. Insgesamt lässt auch die Stadtrechtsbestätigungsurkunde von 1218 angesichts ihres knappen und sehr allgemein gehaltenen Inhalts viele Fragen offen und bietet der Forschung daher unterschiedliche Interpretationsmöglichkeiten. Unsicher blieb vor allem, auf welche städtische Siedlung sich die Urkunde bezog. Der naheliegende Schluss auf die Siedlung der Petrihöhe ist nach wie vor mit dem Fragezeichen zu versehen, dass ein in der Urkunde als Zeuge genannter Rostocker Priester nicht ohne Weiteres der St. Petrikirche zugeordnet werden kann, die schriftlich belegt erst 1252 in Erscheinung trat. Durch diese und andere Unsicherheiten in dem möglichen Auseinanderfallen von urkundlicher Ersterwähnung und tatsächlicher Existenz bleiben wir auch für die Zeit von 1218 bis zur Mitte des 13. Jahrhunderts gerade in der zeitlichen Abfolge der städtischen Entwicklung und des Wachstums der Stadt auf vielfach schwankendem Boden.

Rasanter Aufschwung in drei Teilstädten

Mit der Stadtrechtsbestätigung von 1218 begann für die Rostocker Geschichte ein in doppelter Hinsicht überaus bedeutender neuer Abschnitt. Zum einen beeinflusste die Entwicklung an der Unterwarnow auch die Stadtwerdung in anderen Orten. Mit ihr begann der Reigen der Entstehung insbesondere der größeren Städte Mecklenburgs im Verlaufe des 13. Jahrhunderts in rascher Folge. Rostock strahlte auch auf Nachbarregionen aus, etwa bei der Entwicklung Stralsunds. In diesem Zusammenhang wurde Rostock übrigens 1234 als civitas bezeichnet. Zum anderen nahm Rostock selbst in wenigen Jahrzehnten einen geradezu atemberaubenden Aufschwung, der bis zur zweiten Hälfte des 13. Jahrhunderts jenen äußeren Rahmen absteckte, der der Stadt bis an den Beginn des 19. Jahrhunderts im Wesentlichen genügen sollte.

Während die Fürstenburg und die frühstädtische Siedlung rechts der Warnow ihren Niedergang erlebten, erfolgte die Stadtwerdung links der Warnow um drei oder sogar vier Konzentrationspunkte gruppiert, deren kirchliche Zentren die Rostocker Pfarrkirchen St. Petri, St. Nikolai, St. Marien und St. Jakobi bildeten. Hügellagen und die Warnow mit einigen Zuflüssen machten hierbei das natürliche Fundament der Siedlungsanlage und -entwicklung aus. Die Anlagen auf den Hügeln der Altstadt um St. Petri und St. Nikolai vermittelten noch einen sehr gedrängten und wenig planvollen Eindruck, während die schon großzügiger wirkende Anlage des Alten Marktes möglicherweise etwas jüngeren Datums ist. Bei den Stadtkernen um St. Marien und St. Jakobi verstärkte sich die Großzügigkeit und das bewusst Geplante des Auf- und Ausbaus der städtischen Siedlungen im Sinne größerer Marktanlagen und schematischer gestalteter Straßenzüge. Die Siedlungen um St. Petri und St. Nikolai wurden von den westlich gelegenen Siedlungen durch die Grube, einen Zufluss zur Unterwarnow, getrennt, so dass die östliche Teilstadt – bis auf ihre Südwestecke durch die wasserführende Grube von der Mittelstadt getrennt – fast eine Insellage aufwies. Die Faule Grube westlich der St. Marienkirche, mit der Unterwarnow über die spätere Lagerstraße verbunden, bildete die ebenfalls natürliche Grenze zwischen den Siedlungen um St. Marien und St. Jakobi.

Bei der Dürftigkeit der schriftlichen Quellen und dem offenkundig raschen Nebeneinandertreten von drei oder vier städtischen Siedlungskernen ist eine zeitliche Abfolge der Entwicklung nur schwer zu erstellen. Seit der zweiten Hälfte des 13. Jahrhunderts sprechen die Quellen von einer Unter-

Historisierende Illustration von Egon Tschirch, 1922

teilung in Alt-, Mittel- und Neustadt, deuten also eine Chronologie an. Diese Untergliederung, die begrifflich und zumindest bis zu einem gewissen Grad auch verwaltungstechnisch bis in die neuzeitlichen Jahrhunderte erhalten blieb, bezeichnete als Altstadt den östlichen Bereich um St. Petri und St. Nikolai, als Mittelstadt das Gebiet um St. Marien und als Neustadt den westlichen Teil um St. Jakobi. Die Versuche, anhand der schriftlichen Erwähnung der vier Pfarrkirchen als den Zentren der jeweiligen Siedlungskerne zu einer genaueren Periodisierung zu gelangen, beinhalten erhebliche Schwierigkeiten, da paradoxerweise die Pfarrkirchen der Altstadt, St. Petri und St. Nikolai, urkundlich nicht früher belegt erschienen als St. Marien und St. Jakobi in der Mittel- und Neustadt. Noch komplizierter stellt sich das Geschehen in der Altstadt selbst dar, in der sich auf relativ engem Raum gleich zwei Pfarrkirchen entwickelten, St. Petri und St. Nikolai. Solange keine umfassenderen archäologischen Untersuchungen vorliegen, wird man wohl bei der Auffassung der Rostocker aus der zweiten Hälfte des 13. Jahrhunderts bleiben müssen, die das von Ost nach West fortschreitende Nebeneinander von Alt-, Mittel- und Neustadt mit einer entsprechenden zeitlichen Abfolge in Verbindung brachten. Dabei fehlte im Gebiet der Mittel- und Neustadt im Gegensatz zur Altstadt offenbar eine flächenhafte spätslawische Siedlung. Archäologisch sind Siedlungsanfänge um 1220 gesichert. Mitte des 13. Jahrhunderts jedenfalls waren alle drei bzw. vier städtische Siedlungskerne vorhanden und wiesen eigene Pfarrkirchen auf. In der Folgezeit bürgerte sich rasch die Vorstellung von nur drei Teilstädten ein, was damit zusammenhängen dürfte, dass für das Gebiet um St. Nikolai im 13. Jahrhundert keine selbständige städtische Schwerpunktbildung mit Rathaus und Markt belegt ist. Später aber, etwa im 16. Jahrhundert, wies das Gebiet um St. Nikolai sehr wohl einen Markt auf, den Lohmarkt am Wendländer Schilde, und überflügelte wirtschaftlich und sozial das Gebiet um den Alten Markt.

Ebenso widersprüchlich wie das ursprüngliche Verhältnis von Alt-, Mittel- und Neustadt sowie insbesondere von St. Petri und St. Nikolai bleibt die Frage nach den fürstlichen Sitzen im 13. Jahrhundert. Die Unsicherheiten in ihrer Lokalisierung und Datierung hängen nicht zuletzt damit zusammen, dass die schon früh verschwundenen Spuren dieser Burgen auch den Niedergang der fürstlichen Macht in Rostock zum Ausdruck brachten. Mit der ersten mecklenburgischen Hauptlandesteilung nach 1229 war die Position der nunmehr vier Teilherrscher erheblich geschwächt worden. Heinrich Borwin III. (†1278) hatte den Nordosten Mecklenburgs erhalten, vor allem die Herrschaft um Rostock sowie das alte Siedlungsgebiet der Kessiner. Er förderte die Stadt nicht weniger als sein Großvater, doch nutzte nunmehr der schrittweise Abkauf von Rechten, Freiheiten und Besitzungen durch die Rostocker eher diesen als ihrem Landesherrn. Als Fürstensitze wurden parallel zum Niedergang der alten Burg rechts der Warnow auf der Petribleiche drei Bereiche links der Warnow – jeweils in einer der drei Teilstädte – vermutet, für die aber alle wünschenswerten archäologischen Befunde ausstehen. Die Straßenbezeichnungen Amberg und Burgwall sowie Unregelmäßigkeiten und Auffälligkeiten im Straßenverlauf führten zur Annahme von Burganlagen in den nördlichen Bereichen der Alt- und Mittelstadt. Die bereits zitierte Stelle aus der Chronik des Ernst von Kirchberg brachte die Burganlagen bei St. Petri und gegenüber der Kirche – wohl in der späteren Mittelstadt, wenn nicht die Burg rechts der Warnow gemeint war – schon mit der Herrschaft des Fürsten Nikolaus nach 1170 in Verbindung. Im Jahre 1252 blieben bei einem großen Brand Kirchberg zufolge nur die Burg (Heinrich) Borwins III. und die Kirche St. Marien verschont:

Daz selbe iar Rodestog genant
halb zu grunde gar virbrant,
ane Burwinis burg alleyne
vnd vnsir frowen munstir reyne.

Urkundlich mehrfach belegt ist eine dritte Burganlage, in der Neustadt am Bramower Tor nördlich der Langen Straße zwischen Fischerstraße und Grapengießerstraße, neben der sich später in westlicher Richtung ein Bauhof des Heilig-Geist-Hospitals befand. Hier, an der äußersten nordwestlichen Peripherie der Stadt, konnte ein solcher Fürstensitz wohl noch am ehesten fortdauern (noch 1394 ist dort ein landesherrlicher Hof urkundlich belegt), während die übrigen genannten Plätze rasch der sich ausweitenden städtischen Bebauung zum Opfer fielen.

Urkunde über die Vereinigung der drei Rostocker Teilstädte zu einer Gesamtstadt vom 29. Juni 1265

Die Gesamtstadt entsteht

Kurz nach der Mitte des 13. Jahrhunderts erreichte Rostocks Entwicklung
eine neue Stufe. Zwei Stadtbrände in rascher Folge, 1252 und 1264, taten
dem keinen Abbruch; sie beschleunigten sogar indirekt noch den Aufschwung. Zwischen 1250 und 1265 erfolgte eine innere Konsolidierung der
Stadt, während gleichzeitig ihre Ausstrahlung auf die nähere und weitere
Umgebung zunahm. In jenen Jahren beginnen auch die schriftlichen Quellen etwas reichlicher zu fließen. Insbesondere die Anfänge der stadtbuch-
artigen Aufzeichnungen ermöglichen detailliertere Einblicke in das alltägliche städtische Leben.

Die Haupttatsachen aber wurden in Gestalt dreier Urkunden festgehalten, die aus den Jahren 1252, 1262 und 1265 stammen. In der Urkunde
vom 25. März 1252 bestätigte der Herr von Rostock, Heinrich Borwin III.,
der Stadt Rostock die Urkunde seines Großvaters von 1218, deren wichtigen
Wortlaut wir nur aus dieser Bestätigung kennen, und gewährte weitergehende Freiheiten und Rechte. Besonders wertvoll für Rostock war der Kauf
des riesigen Waldgebietes der Rostocker Heide, eines der größten deutschen
Stadtwälder überhaupt, der nicht nur Rostocks enormen Holzbedarf und
seine umfängliche Schweinemast zukünftig befriedigte, sondern der Stadt
darüber hinaus ein Herrschaftsgebiet von unschätzbarem Rang bescherte.
Abgerundet wurde diese Erwerbung durch Rechte, insbesondere das Fische-
reirecht, auf der Unterwarnow bis hin zur Warnowmündung und am
Hafen. Das bestätigte Stadtrecht von 1218 bezog sich nunmehr nicht nur
auf alle Teilstädte, sondern auch auf die Stadtfeldmark. Diese blieb bis in
die Neuzeit begehrtes Zubehör des städtebürgerlichen Besitzes. Konzentrierten sich in den Stadtfeldmarkteilen vor dem Petri- und Mühlentor besonders Gärten, Hopfenhöfe und Wiesen, so waren sie in den Gebieten vor
dem Steintor und dem Kröpeliner Tor auch mit Äckern durchsetzt. Das Zu-
sammenrücken der Teilstädte kam in der Zeugenliste von 1252 zum Aus-

*Seite 26/27: Das Entstehen von Siedlungskernen und die Entwicklung des
mittelalterlichen Stadtgebietes von Rostock (Ludwig Krause, 1924)*

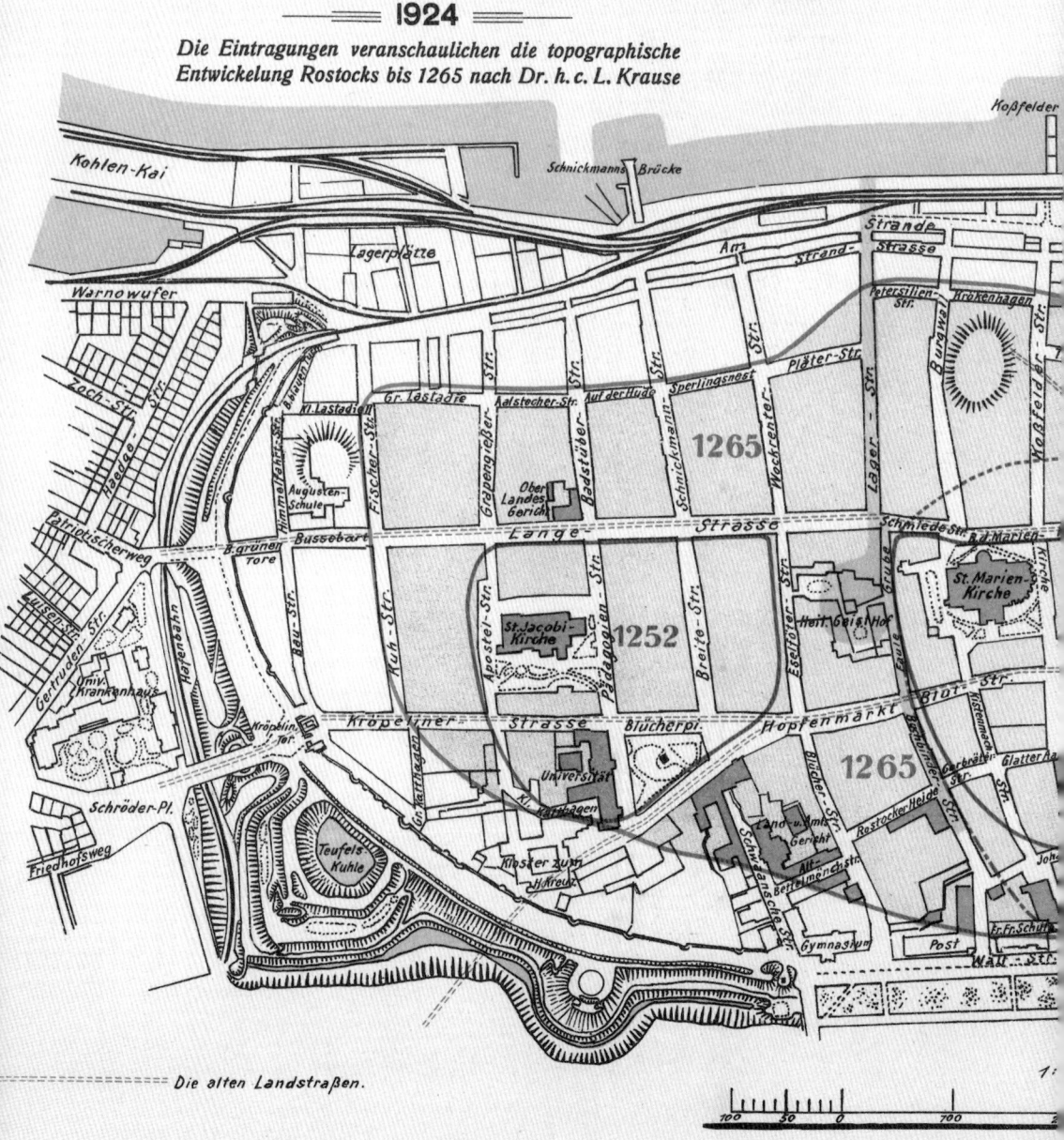

Plan der inneren Stadt Rostock
1924

Die Eintragungen veranschaulichen die topographische Entwickelung Rostocks bis 1265 nach Dr. h. c. L. Krause

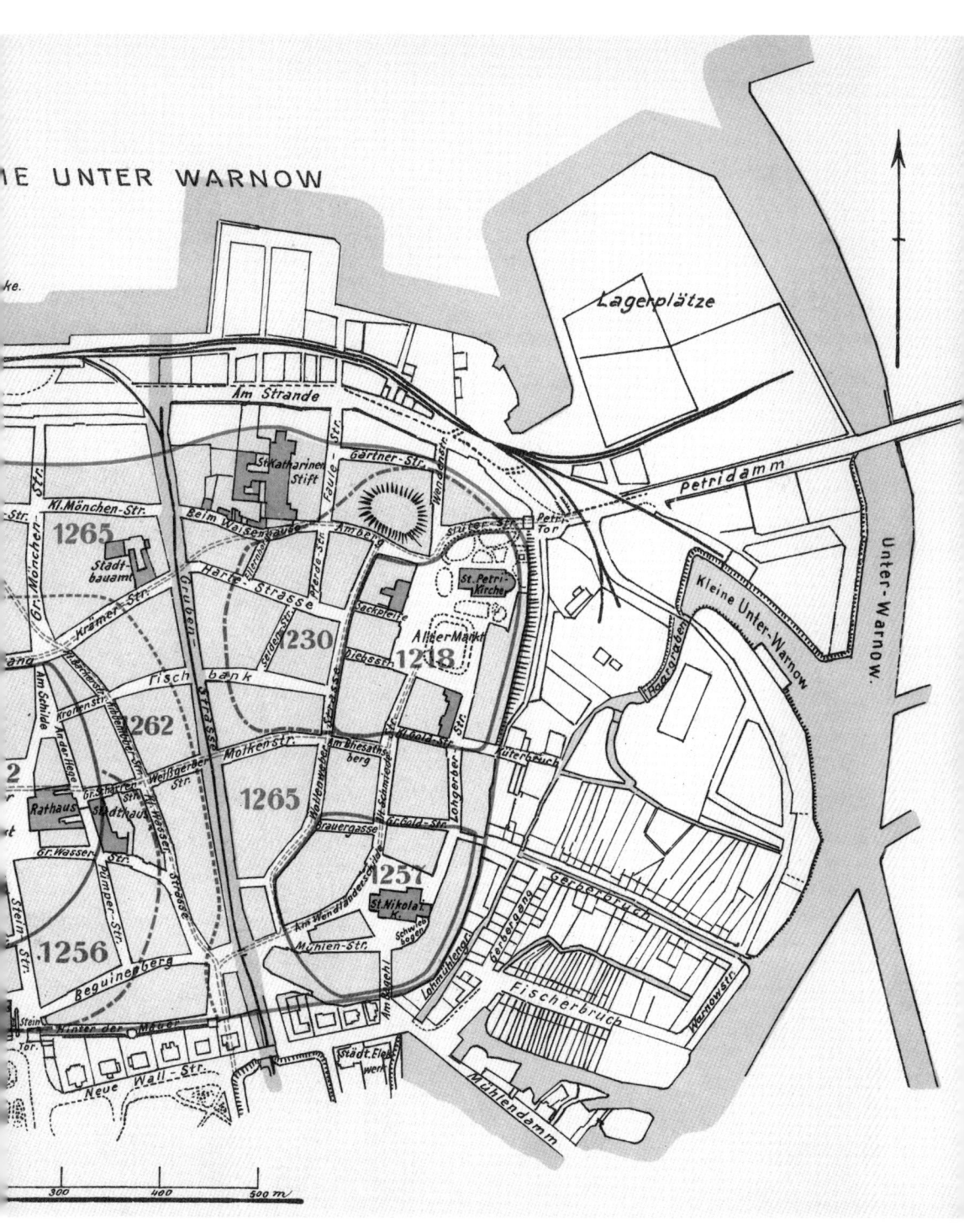

IE UNTER WARNOW

Lagerplätze

Am Strande

St.Katharinen Stift

Gärtner-Str.

Kl.Mönchen-Str.

Beim Weisenhause

1265

Stadt-
bauamt

Kramer-Str.

Harte-Strasse

Petri-
Tor

Petridamm

Unter-Str.

St.Petri-
Kirche

Kleine Unter-Warnow

Unter-Warnow.

Fisch bank

230

Beckerie

Alter Markt

1218

Haargraben

262

Molkenstr.

Am theaths berg

Weißgerber-Str.

Rathaus

stadthaus

1265

Brauergasse

Lohgerber-Str.

257

Gr.Wasser Str.

Gerberbruch

St.Nikolai
K.

Gerbergang

Hagowstr.

1256

Beguinenberg

Mühlen-Str.

Am Wendländer

Fischerbruch

Stein Tor

Hinter der Mauer

Neue Wall-Str.

Städt.Elek
werk

Mühlendamm

300   400   500 m

druck: Neben dem erstmals fast vollständig aufgeführten städtischen Rat, 23 der wohl 24 Ratsherren insgesamt, traten auch Pfarrer dreier Pfarrkirchen – St. Petri, St. Marien und St. Jakobi – in Erscheinung. Ein Jahrzehnt später fand diese Entwicklung zur Gesamtstadt ihren wiederum urkundlich festgehaltenen Abschluss: Offenbar im Einvernehmen von Landesherrschaft und Stadt fixierten Urkunden von 1262 und 1265 den Beschluss und die Realisierung des endgültigen Zusammenschlusses der Teilstädte. In einer Urkunde vom 18. Juni 1262 bestimmten Heinrich Borwin III. und seine Söhne – von denen besonders Waldemar (†1282) schon zu Lebzeiten seines Vaters wiederholt in Rostocker Angelegenheiten urkundete –, dass nur noch ein Rat und Gericht in Rostock existieren sollten. Die Rostocker vollzogen diese Festlegung endgültig mit der auf Seite 24 abgedruckten Urkunde vom 29. Juni 1265. Als Sitz dieses einheitlichen Rates und Gerichts wurde die Mittelstadt auserkoren, deren Markt zugleich zum Hauptmarkt und zum Zentrum der wichtigsten städtischen Gebäude wurde. Zwar blieben auch der Alte Markt bei der St. Petrikirche und der Hopfenmarkt bei der St. Jakobikirche als Märkte erhalten. Aber mit dem Aufstieg der Mittelstadt 1265 fielen Neu- und Altstadt schrittweise mehr und mehr hinter diese zurück, was sich auch in den folgenden Jahrhunderten fortsetzte. Besonders deutlich war der Bedeutungsverlust der Altstadt. Hierzu trug möglicherweise bei, dass dieses Gebiet, das schon vor der deutschen eine spätslawische Besiedlung gehabt hatte, noch im 13. und 14. Jahrhundert eine nicht unbeträchtliche slawische Bevölkerung aufwies. Dies ließ sich nicht nur indirekt aus entsprechenden Straßenbezeichnungen wie Wendenstraße schließen, sondern auch aus der direkten Bezeichnung einzelner Bewohner der Altstadt als Slawen oder Wenden, unter anderem auch eines Wendenvogtes. Offenbar gestaltete sich die allmähliche Assimilierung der slawischen Bevölkerung im städtischen Bereich mit seiner stärkeren Privilegierung ungünstiger als auf dem Lande.

Insgesamt aber wuchs durch die Entstehung der Gesamtstadt Rostocks Gewicht im regionalen und überregionalen Rahmen. Dabei eiferte Rostock ebenso wie seine mecklenburgisch-hansische Schwesterstadt Wismar Lübeck als dem großen Vorbild nach. Schon 1251 erlangte Rostock vom dänischen König Abel (†1252) ein ähnliches Privileg für den Handel auf Schonen wie Lübeck. Und am 9. September 1259 verbündeten sich Lübeck, Wismar und Rostock gegen See- und Landräuber. Die Städtehanse und ihr Kernquartier, das der wendischen Städte, begannen sich am historischen Horizont abzuzeichnen.

Frühe Bürger- und Straßennamen

Seit Mitte des 13. Jahrhunderts traten in der sich nun deutlich vergrößern-
den Zahl schriftlicher Quellen zunehmend auch Namen von Bürgern und
Straßen auf. Die Personennamen erlauben Schlüsse auf die Herkunft der
Rostocker Einwohner, soweit sie nicht dort schon vorher ansässige Slawen
waren. Die frühen Straßennamen, von denen sich die meisten bis in unsere
Tage erhalten haben, ermöglichen wenigstens in Grundzügen eine Rekonstruktion des Aufbaus der einzelnen Stadtkerne.

Die Zunamen, die sich seit der Mitte des 13. Jahrhunderts neben den
Vornamen zu mehren beginnen, stellen durch ihre häufigen Ortsbezüge oft
Herkunftsnamen dar. Aufschlussreich erweist sich in dieser Hinsicht bereits
die Ratsherrenliste in der Urkunde vom 25. März 1252: Während 1218 nur
drei der zehn genannten Ratsherren einen Zunamen trugen, galt dies 1252
für fast alle der 23 genannten. Die meisten Zunamen von 1252 sind mit
einem „von" (de) den Vornamen beigeordnet, deuten daher einen Ortsbe-
zug an: de Antiquo Foro, de Apeldorbeke, de Luneburg, de Wittenburg, de
Warnemunde – zugleich die Ersterwähnung des Namens dieses für Rostock
so bedeutungsvoll werdenden Ortes –, de Stendale, Westfal, de Brunswich,
de Ruthen, de Colonia, de Horsenhusen und de Osterrode.

Der Zuname de Antiquo Foro bezog sich offenbar auf den Rostocker
Alten Markt, die übrigen hingegen auf Orte besonders in Niedersachsen,
Westfalen und dem Rheinland, aber auch in der Rostocker Umgebung.
Die Ratsherrenliste der nächsten 20 Jahre bestätigte und vervollkomm-
nete dieses Bild. Es traten als Zunamen unter anderen hinzu de Bremis,
de Lawe, de Ratenowe, de Magdeburg, de Bukow, de Critsemowe, de Par-
kentin, de Stralsundis, de Tremonia, de Wocrente, de Malechin, de Cro-
pelin und de Gnewesmolen. Da die Ratsherren sich von Anfang an aus
der städtischen Oberschicht rekrutierten, deuten die Herkunftsnamen auf
die beherrschende Stellung der westlichen Siedler hin. Zugleich unter-
streicht der beträchtliche Anteil von Ortsnamen aus der mecklenburgischen und pommerschen Nachbarschaft Rostocks die Bedeutung des
Zuzugs aus der näheren Umgebung. Letzteres gilt sicherlich besonders
für die mittleren und unteren Schichten der Stadtbevölkerung, die in den
schriftlichen Quellen namentlich weniger in Erscheinung treten. Hierzu
zählten nicht zuletzt die zum Teil noch bis zum Ende des 14. Jahrhunderts ausdrücklich als Slawen bezeichneten Einwohner, die sich – ihrer
Wohnlage und ihrem Besitz nach zu urteilen – in der Altstadt und östlich

davon konzentrierten. Dies hat sich auch in der Bezeichnung Wendenstraße niedergeschlagen, in der nachweislich viele Einwohner mit slawischen Namen wohnten, welche zumeist als Speckschneider tätig waren. Auch ein Wendenvogt ist für den Raum der Altstadt belegt. Ebenfalls auffällig ist das gehäufte Auftreten slawischer Bevölkerung in der peripher gelegenen Fischerstraße am Nordwestrand der Neustadt. Hier sind sie teilweise direkt als Fischer belegt.

Das spätestens mit dem Zusammenschluss der drei Teilstädte erkennbar werdende soziale und politische Gefälle innerhalb der Gesamtstadt spiegelt sich mit großer Beständigkeit seit Jahrhunderten bis zu einem gewissen Grade in den Straßennamen. Besonders deutlich sind die Unterschiede zwischen zwei Gruppen von Straßennamen. Die eine führte die Zunamen von Personen als Bezeichnung, die andere Namen von Berufen. Die erstgenannte Gruppe von Straßen beherbergte neben den Häusern an den Marktplätzen, besonders dem Mittel- und Hopfenmarkt, hauptsächlich die Häuser der städtischen Oberschicht. Die zweite Gruppe war eher typisch für die Behausungen der zumeist handwerklich tätigen Mittelschichten. Zur ersten Gruppe zählten insbesondere die Straßen der nördlichen Mittelstadt – wie Koßfelderstraße und (später: Große) Mönchenstraße – sowie der nordöstlichen Neustadt, wie Lager-, Wokrenter- und Schnickmannstraße. Diese Straßen hießen vermutlich nach den zumeist auch in den schriftlichen Quellen belegten angesehenen Familien gleichen Namens. Sie konzentrierten sich nicht zufällig in der nördlichen Mittel- und Neustadt als Verbindungen zwischen dem Hauptmarkt in der Mittelstadt und dem Hafen. In der Altstadt fehlten, mit Ausnahme der Harten Straße, derartige Straßennamen. Demgegenüber konzentrierten sich hier wie in den eher peripheren Stadtabschnitten der Mittel- und Neustadt nach Handwerksberufen bezeichnete Straßen, in denen es noch Jahrhunderte später eine Häufung der entsprechende Handwerke und Gewerbe gab.

Frühe Beispiele waren etwa Böttcherstraße (heute: der altstädtische Teil der Fischbank), Fischerstraße, Kleinschmiedestraße (heute: Sackpfeife) und Mühlenstraße. Auch der früh bezeugte Straßenname (Auf der) Huder meinte im Mittelalter nicht die später so genannte Querstraße, sondern die Grapengießerstraße als eine der zahlreichen zur Unterwarnow führenden Hauptstraßen. Hingegen blieben Quer- und andere Nebenstraßen noch lange Zeit ohne eigenen Namen und waren als Verbindungen zwischen den Hauptstraßen ebenfalls schon damals Wohngebiete der weniger privilegierten Stadtbevölkerung.

ROSTOCK IN DER GROSSEN ZEIT DER HANSE. 1265 BIS 1522/23

Der Niedergang der Teilherrschaft Rostock.
Der Aufstieg der Stadt

Mit der Entwicklung zur Gesamtstadt setzte sich der rasche und umfassende Aufschwung Rostocks – damals schon unangefochten die bedeutendste Stadt Mecklenburgs – bis zum Ende des 13. Jahrhunderts fort. Ansehen und Gewicht der Stadt wuchsen in Mecklenburg und darüber hinaus im selben Maße, wie die Landes- und Stadtherrschaft der Herren von Rostock an wirklicher Macht verlor.

Ausdruck der formellen Unterstellung der Stadt war unter anderem das Rostocker Siegel – seit 1257 urkundlich belegt –, das mit dem Stierkopf das Siegel der Landesherren zeigte. Eigentlich hätte dies der Greif sein müssen, den Heinrich Borwin III. in Anknüpfung an die Siegel seines Vaters und Großvaters führte. Offenbar hatten aber die Rostocker den Stierkopf aus dem Siegel des zeitweilig für seinen unmündigen Bruder die Regentschaft führenden Nikolaus von Werle (†1277) übernommen. Die Stadt begann den Landesherren schon unter Heinrich Borwin III. und seinem Sohn Waldemar über den Kopf zu wachsen. Die nächste fürstliche Generation bescherte den Rostockern den beim Tode seines Vaters Waldemar 1282 noch unmündigen Herren Nikolaus (†1314), der nie aus dem Schatten seiner Vormünder bzw. später seiner adligen Berater herauszutreten vermochte. Wegen seiner Unselbständigkeit und politischen Schwäche ist er als „das Kind von Rostock" bezeichnet worden. Er führte das Haus der Herren von Rostock zu einem unrühmlichen Ende.

Das Trachten der Rostocker nach Ausdehnung ihres direkten Herr-schaftsgebietes knüpfte kontinuierlich an den schon 1252 erstrebten un-mittelbaren Zugang zur Ostsee an. Urkunden Heinrich Borwins III. und Waldemars von 1264 und 1278 übertrugen Rostock den Hafen zu Warne-münde und die Hundsburg bei Schmarl, die ein landesherrliches Hemmnis der freien Schiffahrt von der Stadt zur Ostsee hätte darstellen können. Auch die anderen fürstlichen Burgen in Rostock bzw. seiner unmittelbaren Nähe waren den Stadtbürgern ein Dorn im Auge. In den Jahren 1266 und 1286 verzichteten die Herren Waldemar und Nikolaus auf die Burgwälle am Bra-mower Tor und vor dem Petritor. Im Gegenzug begannen die Rostocker mit der Errichtung einer steinernen Mauer um die Gesamtstadt, von der erheb-liche Reste bis in unsere Tage überdauert haben. Nur die drei Bruchstraßen der Fischer, Gerber und Küter (Schlachter) als sozusagen frühe östliche Vor-stadt sowie die Wassermühlen am Mühlendamm vor dem Mühlentor und die Windmühlen vor dem Kröpeliner Tor blieben bereits damals außerhalb des Mauerrings.

Dass auch Warnemünde als Ort an Rostock fallen würde, schien nur noch eine Frage der Zeit. Was den Rostockern allerdings erst im 20. Jahrhundert gelang, war die Erwerbung der rechten Uferseite der Unterwarnow zwischen Dierkow und der Rostocker Heide. Hier setzte sich spätestens seit dem Ende des 13. Jahrhunderts hartnäckig das alte mecklenburgische Adelsgeschlecht der Moltkes fest, das überdies in Rostock unmittelbar in der Nähe der Fürs-tenburgen am Bramower Tor und am Petritor frühzeitig Haus- und Grund-besitz aufwies. Die Moltkes spielten schon seit der Minderjährigkeit des „Kindes von Rostock", Nikolaus, eine große Rolle als – schlechte – fürstliche Berater.

Auch im Innern konsolidierte sich die Stadt, nicht zuletzt durch Ver-vollkommnung der Ratsverfassung. Traten nach 1250 zunächst noch fürst-licher Vogt, städtischer Rat und städtische Gemeinde als wichtige politische Kräfte neben- und miteinander in Erscheinung, so wuchs in der Folgezeit die Position des Rates mehr und mehr. Vogt und Gemeinde verloren beide immer deutlicher an Gewicht, während sich das Ratskollegium zunehmend ausdifferenzierte. Seit 1289 sind Bürgermeister (proconsules) belegt. Die ers-ten drei waren Eberhard Nachtrabe († nach 1289), Johann Rode († nach 1296) und Heinrich Mönch († nach 1289). Schon vorher hatten die Käm-mereiherren als besonders erfahrene Ratsmitglieder eine große Rolle ge-spielt. Offenbar wurde – ungeachtet der lückenhaften Überlieferung der Ratslinie für die ersten Jahre der Stadtgeschichte und des zunächst häufigen

Bronzenes Eichmaß aus Rostock für Salz, um 1330

Fehlens von Zunamen – die Ratsherrenwürde von Anfang an auf Lebensdauer verliehen. Immer wiederkehrende Zunamen einzelner Ratsherren deuten an, dass sich ein exklusiver Kreis ratsfähiger Geschlechter aus der wohlhabenden Kaufmannschaft herauszubilden begann. Zu den bereits bis 1300 nacheinander mit mehreren Vertretern im Rat nachzuweisenden Familien zählten etwa die Friese, Kopman, Kosfeld, Kröpelin, Lawe, Mönch und Witt.

Rostocks wachsende Bedeutung fand auch überregional Anerkennung. Im Gerichtszug nach Lübeck als dem Oberhof für die Städte mit Lübischem Recht nahm Rostock die Position eines Mittelhofes ein, etwa für die übrigen Städte der Herrschaft Rostock, aber auch noch für einige andere. Im Jahre 1283 wurde unter anderem gegen die Bestrebungen der Markgrafen von Brandenburg, Einfluss auf die Ostseeküste zu erringen, von zahlreichen Städten und Fürsten der Rostocker Landfrieden geschlossen, eines der frühen und umfassenden Landfriedensbündnisse an der Südwestküste der Ostsee. Rostocks Name erlangte auch durch derartige politische Ereignisse wachsende Bekanntheit.

Das geistliche Rostock

Seit der zweiten Hälfte des 13. Jahrhunderts wies Rostock auf kirchlichem Gebiet im Wesentlichen jene Grundstrukturen und Einrichtungen auf, die bis zum Ende des Mittelalters, bis zur Reformation und – hinsichtlich der äußeren Organisationsstrukturen – teilweise auch noch weit darüber hinaus erhalten blieben. Bezüglich der Zahl und der Konzentration geistlicher Einrichtungen übertraf Rostock alle anderen Orte Mecklenburgs.

Für die Mehrheit der Gläubigen stand die Kirchspielorganisation im Vordergrund. Keine andere mecklenburgische Stadt umfasste wie Rostock vier Pfarrkirchen in ihren Mauern. Diese hatten sich bereits bis zur Mitte des 13. Jahrhunderts herausgebildet.

Die Heiligen, denen sie geweiht waren, entsprachen einer für hansische Städte typischen Gruppierung. Wie in Lübeck, Wismar, Stralsund und anderen Städten kam St. Marien eine besonders wichtige Stellung zu. Auch Petrus und Nikolaus als Schutzheilige der Schiffer, Fischer und Handelsleute ordneten sich in diese Reihe ein. Den Heiligen Jakobus brachten die Rostocker später gerne wegen seines besonderen Ansehens in Spanien mit der in späthansischer Zeit zunehmenden Spanienfahrt auch der Rostocker Schiffer in Verbindung. Entsprechend des sozialen Gefälles, das sich durch den Aufstieg von Mittel- und Neustadt gegenüber der Altstadt schon seit dem 13. Jahrhundert auszuprägen begann, wird auch der spätere Reim der Rostocker über die materielle Ausstattung ihrer Pfarrkirchen frühzeitig Gültigkeit erlangt haben:

Marien reich, Jakobi gleich, Nikolai arm, Petri – Gott erbarm!

Von der besonders reichhaltigen Ausstattung der Ratspfarrkirche St. Marien künden noch heute die künstlerisch in ganz Nordeuropa in ihrer frühen Durchbildung seltene bronzene Tauffünte sowie der umfängliche Kapellenkranz um die Kirchenschiffe.

Der Heilige Clemens als Weihename der frühesten Rostocker Kirche schon vor 1200 deutet auf intensive geistige Beziehungen zu Skandinavien bzw. zum Rheinland hin. Überhaupt erreichten christlich-geistliche Neuerungen den Rostocker Raum relativ rasch. Spätestens 1243 fasste der Bettelmönchsorden der Franziskaner mit dem Kloster St. Katharinen in der nördlichen Altstadt Fuß. Ein Jahrzehnt später, 1256, ist das St.-Johannis-Kloster der Dominikaner am südlichen Hauptausgang der Mittelstadt

belegt. Auf engere Beziehungen zu Dänemark lässt die Stiftung des Zister-
zienserinnenklosters Zum Heiligen Kreuz in der Neustadt 1270 schließen.
Dort starb 1283 die dänische Königin Margaretha Sambiria (†1283). Mit
ihrem Namen brachte man dessen Stiftung durch eine Urkundenfälschung
in noch engere Verbindung; diese Fälschung erfolgte im Interesse des Klosters im Einvernehmen mit Margarethas Verwandten, Herrn Waldemar von
Rostock. Typisch für die einerseits integrierte, andererseits aber auch als eigene Welt abgesonderte Position der Klöster in der Stadt war ihre Lage an
der jeweiligen Peripherie von Alt-, Mittel- und Neustadt in unmittelbarer
Nähe der entstehenden Stadtmauer.

Auch die im 14. und 15. Jahrhundert folgenden Einrichtungen, das Kartäuserkloster und das Bruderhaus der Michaelisbrüder, entsprachen diesem
Grundsatz. Die Kartause wurde außerhalb der Stadt in Marienehe angelegt.
Das Bruderhaus, das schon die Rostocker spätestens des 16. Jahrhunderts
der Einfachheit halber ebenfalls als Kloster bezeichneten, befand sich in der
Neustadt am Schwaanschen Tor. Gleiches galt wohl für die schon seit dem
ausgehenden 13. Jahrhundert in Rostock nachweisbaren Beginen, eine klos-
terähnliche Frauengemeinschaft, wenn wir die Lage der nach ihnen benannten Straße – den Beginenberg kurz vor dem Steintor und der südlichen
Stadtmauer – zugrunde legen. Auch das sogenannte Regelhäuschen sowie
weitere Wohnungen der Beginen in der Nähe des Klosters St. Katharinen –
Ecke Grubenstraße sowie beim Kloster St. Johannis – wiesen eine ausgesprochene Randlage auf.

Mit den vier Pfarrkirchen und drei Klöstern des 13. Jahrhunderts entstanden bis 1260 des Weiteren zwei Hospitäler, allgemeinem Gebrauch fol-
gend dem Heiligen Geist und dem Heiligen Georg (in Norddeutschland
meist St. Jürgen genannt) geweiht. Das St.-Georg-Hospital befand sich – entsprechend seiner Spezifik als Leprosenhaus – außerhalb der Stadt vor dem
Steintor, woran noch heute Platz- und Straßenbezeichnungen erinnern. Das
bessergestellte Heilig-Geist-Hospital zog kurz nach seiner Gründung von
der Altstadt an die Grenze zwischen Mittel- und Neustadt um. Der idyllisch
anmutende Heilig-Geist-Hof zwischen der Eselföterstraße und der Faulen
Grube erinnert bis in die Gegenwart an die Örtlichkeit dieses Hospitals. Hingegen ist das in der Nähe hiervon gelegene Gebäude der heutigen Stadtbibliothek in der Kröpeliner Straße mit seinem erhalten gebliebenen
prachtvollen spätgotischen Giebel erst seit Anfang des 20. Jahrhunderts irr-
tümlich als ehemaliges Pfarrhaus des Heilig-Geist-Hospitals bezeichnet worden. Die beiden Hospitäler sowie das Kloster zum Heiligen Kreuz avan-

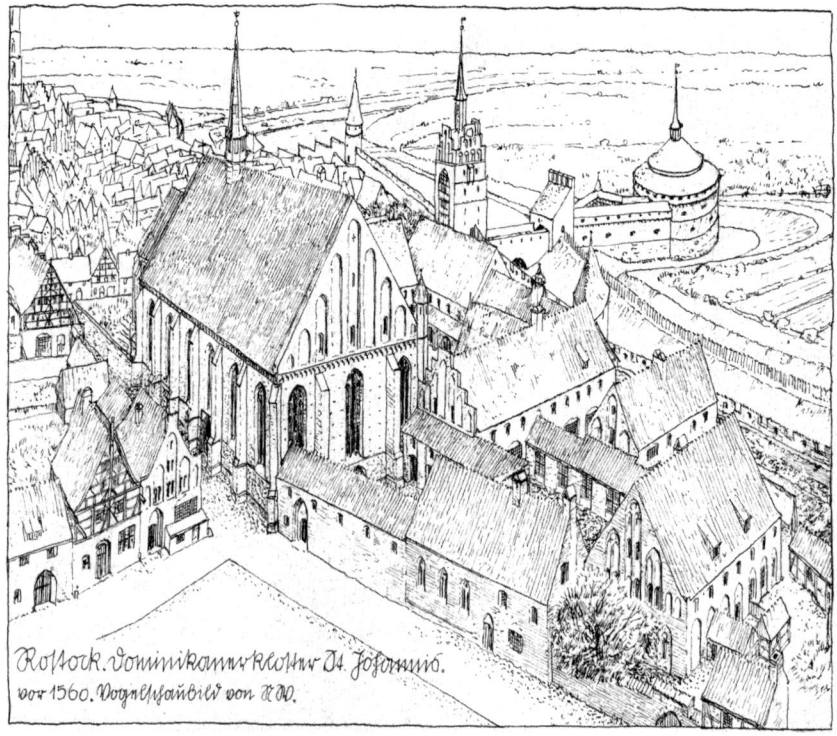

Das Dominikanerkloster St. Johannis vor dem Jahr 1560
(Rekonstruktion von Adolf Friedrich Lorenz, 1942)

cierten seit ihrer Entstehung rasch zu geistlichen Grundherrschaften, die über eine Vielzahl von Dörfern in der Umgebung Rostocks verfügten. In ihrem Grundbesitz und entsprechenden Herrschaftsrechten wetteiferten diese geistlichen Einrichtungen mit dem Rat, seinen Kämmerei- bzw. Stadtdörfern und einzelnen Angehörigen der städtischen Oberschicht, so dass seit Mitte des 13. Jahrhunderts der städtische Einfluss auch auf diesem Gebiet den Raum von Doberan bis Ribnitz und von der Ostseeküste bis nach Schwaan zu prägen begann.

Die milden Stiftungen wurden im 14. Jahrhundert offenbar nach dem Aufkommen der Pest – die Rostock in stärkerem Maße erst später als andere Hansestädte erreichte – durch die Anlage des Gertrudenhospitals vor dem Kröpeliner Tor ergänzt. Im 16. Jahrhundert kamen – neben der Umwandlung von St. Katharinen – noch die Armenhäuser am Heringstor (Nordausgang der Grube), Pockenhaus oder St. Lazarus genannt (spätestens 1509 erwähnt) hinzu, sowie das Brökerstift am Alten Markt, benannt nach seinem Stifter, Bürgermeister Hans Bröker (†1582).

Um die Nutzung zweier anderer mittelalterlicher geistlicher Einrichtungen in Rostock entwickelten sich damals zwischen Landesherrschaft und Stadt langwierige Streitigkeiten. Das betraf an der Südgrenze zwischen Mittel- und Neustadt den Doberaner Hof, ehemals den Mönchen des gleichnamigen Klosters zustehend, und die ehemalige Offizialei des Bischofs von Schwerin in der Nähe des Alten Marktes. Von den beiden letztgenannten Objekten abgesehen, waren alle geistlichen Einrichtungen Empfänger umfänglicher Stiftungen von Einzelbürgern, Handwerksämtern, Kaufmanns- und Schifferorganisationen, sowohl in katholischer als auch in protestantischer Zeit. Die bedachten Einrichtungen lohnten es durch Seelsorge, Bildung, Kranken-, Waisen-, Armen- und Altenbetreuung.

Die auch in religiöser Hinsicht eine Randgruppe der städtischen Bevölkerung darstellenden Juden lassen sich in sehr geringer Zahl seit der zweiten Hälfte des 13. Jahrhunderts in Rostock nachweisen. Das gilt sowohl für Pfandbesitz von Grundstücken und gemietete Häuser als auch für einen gesonderten Friedhof vor dem Kröpeliner Tor. Ein im nordöstlichen Bereich der Wokrenter Straße bereits für diese Zeit nachweisbarer jüdischer Pfandbesitz überdauerte zumindest in der Erinnerung der Rostocker offenbar selbst die Vertreibung der Juden aus Rostock nach den angeblichen Brunnenvergiftungen und anderen aus der Luft gegriffenen Verbrechensvorwürfen im Zusammenhang mit dem Schwarzen Tod um 1350. Noch Ende des 16. Jahrhunderts hieß ein Grundstück in der genannten Straßengegend „das Judenschatz".

Erste innere und äußere Kämpfe

Bis Ende des 13. Jahrhunderts verlief der rasante Aufschwung Rostocks als städtisches Gemeinwesen, von Stadtbränden abgesehen, ohne größere Störungen. Bevor sich diese Entwicklung im Verlaufe des 14. Jahrhunderts fortsetzte und ihren Höhepunkt erreichte, durchlebte Rostock an der Wende zu jenem Jahrhundert eine unruhige Zeit innerer und äußerer Krisen, die sich – wie auch in der Folgezeit nicht selten – miteinander verknüpften und überlagerten. Im Innern der Stadt stießen die Festigung der Ratsverfassung

und die Herausbildung eines relativ kleinen Kreises mächtiger und einfluss-
reicher ratsfähiger Geschlechter auf den wachsenden Widerstand der übrigen Bürger und Einwohner. Äußere Konflikte rührten nicht etwa aus einem
Wiedererstarken der Macht des letzten Herrn von Rostock her, sondern –
im Gegenteil – gerade aus seiner zunehmenden Schwäche. Letztere weckte
bei den mächtiger werdenden fürstlichen Nachbarn lebhaftes Interesse an
der Herrschaft Rostock und insbesondere an der Stadt Rostock als ihrem
wirtschaftlichen und strategischen Kernstück.

Noch relativ glimpflich lief eine erste innerstädtische Auseinandersetzung 1286/87 ab, in deren Verlauf lediglich einige Ratsherren ausgetauscht
wurden. Sowohl die neuen als auch die alten, „abgesetzten" Ratsherren entstammten den wohlhabenden Familien. Lediglich für einen der neuen, Johann Kempe († nach 1289), deutet seine Bezeichnung als Meister eventuell
auf einen handwerklichen Beruf hin. Fraktionskämpfe innerhalb der Oberschicht, teilweise sogar innerhalb der ratsfähigen Geschlechter, bildeten in
Rostock immer wieder einen wichtigen Bestandteil innerstädtischer Unruhen. Sie führten auch zu entsprechenden Vorwürfen an die Adresse der
Oberschicht, etwa durch den berühmten Superintendenten, Professor und
Pastor zu St. Marien, Lucas Bacmeister d. Ä. (1530–1608). Besonders gefährlich wurden derartige Zwistigkeiten innerhalb der Oberschicht, wenn sie
sich einerseits mit äußeren politischen Konflikten, oftmals Kriegen, und
andererseits mit der Unzufriedenheit von Mittel- und Unterschichten in
der Stadt verbanden: Schon die erste gedruckte Rostocker Stadtchronik des
Peter Lindeberg (1562–1596) wusste, dass der „tolle Pöbel" ebenso schwer
zu bändigen sei wie das wilde Meer. Lindeberg zählte bis Ende des 16. Jahrhunderts sechs große derartige „Tumulte".

1298 begann, bis 1314 reichend, erstmals ein Zeitraum mit heftigen Aufständen der Bürgerschaft gegen den Rostocker Rat. Ungeschicklichkeiten
der Herrschaft hatten die Bewegung ausgelöst. Wankelmütige Heiratspläne
des „Kindes von Rostock", Herrn Nikolaus, hatten den Zorn mehrerer Fürsten, insbesondere der Markgrafen von Brandenburg, heraufbeschworen.
Durch deren Kriegshandlungen gegen Nikolaus wurde auch Rostock in Mitleidenschaft gezogen. Die aufgebrachte Bürgerschaft vertrieb zeitweilig einige in ihren Augen kapitulantenhafte Ratsherren. Herr Nikolaus, dem die
Sache über den Kopf wuchs, warf sich nun dem mächtigen und ehrgeizigen
Dänenkönig Erich Menved (1274–1319) in die Arme, der, wie bereits Waldemar II. (um 1170–1241) ein Jahrhundert zuvor, ein dänisches Ostseeim-
perium auch unter Einbeziehung Mecklenburgs und Rostocks zu errichten

trachtete. Als daher Herrschaft und Stadt Rostock dänisches Lehen wurden und Erich Menved sich seines neuen Lehnsmannes Nikolaus annahm, gerieten die Rostocker vom Regen in die Traufe. Statt einer schwachen spürten sie nunmehr eine starke Hand. Verbindungen mit den anderen Hansestädten sollten Abhilfe schaffen, reizten aber zugleich König Erich. Er fand einen wichtigen, aber durchaus von ausgeprägten eigenen Interessen geleiteten Bundesgenossen im Herrn der Teilherrschaft Mecklenburg, Heinrich II. (um 1266–1329), dem mecklenburgischen Löwen. Der Rostocker Rat, zwischen Baum und Borke, zwischen Gemeinde und Landesherrschaft stehend, ließ es auf eine Machtprobe ankommen. König Erich, der eines der größten Turniere der mittelalterlichen norddeutschen Geschichte abhielt, musste dies 1311 vor den Toren Rostocks, zwischen Gehlsdorf und Bartelsdorf, tun, da sich die Stadt ihm verweigerte.

Wie in der späteren Geschichte noch häufig, sollte der Widerstand der Stadt nunmehr durch die Sperrung der Ostseezufuhr bei Warnemünde – der Lebensader Rostocks – gebrochen werden. Eine Doppelturmanlage über dem Strom entstand, die aber von den Rostockern gestürmt und verbrannt wurde. Ihre Schiffe trugen jetzt das neue Wappen der Stadt, den stolz steigenden Greif, mit welchem sie sich aus taktischen Gründen wieder ihrem ursprünglichen Landes- und Stadtherrn, Nikolaus, zuwandten. Auch das Kloster Doberan als Rostocker Nachbar konnte ein Lied vom Auftrumpfen der Städter singen. Für das Jahr 1312 liegt ein umfängliches Schadensregister vor, das mitunter bis ins kleinste Detail die nicht unbeträchtlichen Verluste auflistete, die die Doberaner Dörfer – zumeist Hagenhufendörfer – durch Rostocker Zerstörungen erlitten.

Die Rostocker sollten sich ihres Sieges nicht lange erfreuen. Zwar bauten sie mit großem Aufwand – unter anderem durch Abbruch des Turms von St. Petri – nun ihrerseits einen gewaltigen Turm bei Warnemünde und hielten lange der vom dänischen König Erich und Heinrich II. von Mecklenburg neu organisierten Macht der Feinde stand. Doch 1312 fiel der Turm bei Warnemünde nach langer Belagerung und der Belagerungsring um Rostock selbst zog sich immer enger.

Der Rat, auch später stets eher einer glimpflichen Lösung als „heldenhaftem" Widerstand zuneigend, wurde von der aufgebrachten Bürgerschaft für die Niederlage bei Warnemünde verantwortlich gemacht. Seine Gegner begnügten sich diesmal nicht mehr mit dem bloßen Auswechseln von Mitgliedern: Einige Ratsherren wurden getötet. Ungeachtet dieses radikalen Vorgehens kam es zu keinen radikalen Ergebnissen. Sie waren wohl auch von den Führern des Aufstandes nicht gewollt. So sagte die Kirchbergchronik von Heinrich Runge († nach 1314), den Kirchberg für die Tatenlosigkeit angesichts der Hinrichtung seines eigenen Bruders, des Ratsherrn Waldemar Runge († 1312), durch die Aufständischen scharf kritisierte, dass Heinrich letztlich selbst Ratsherr werden wollte:

Daz wort daz her sprach gar slechte,
daz ted her nicht gantz vm daz rechte,
wan daz her schirer yn den rad
queme an syns bruder stad.

Obwohl die Radikalität des Vorgehens der Aufständischen eine friedliche Beilegung des Konfliktes als kaum aussichtsreich erscheinen ließ, waren die neu eingesetzten Ratsherren Angehörige derselben Schicht wie ihre getöteten oder verjagten Vorgänger. Das Abbröckeln der Anhängerschaft Heinrich Runges sowie Verrat führten schließlich 1314 zur Einnahme Rostocks durch Heinrich II. von Mecklenburg. Heinrich Runge – in richtiger Erkenntnis der Sachlage – rettete sich durch Flucht, mit anderen Aufständischen wurde er „verfestet", d. h. aus der Stadt verbannt. Wie die meisten Unruhen und Aufstände auch der Folgezeit erreichte der Aufstand von 1312/14 seine Ziele nicht. Er trug aber indirekt dazu bei, das Verhältnis von Landesherrschaft und Stadt künftig gegenseitig vorteilhaft weiterzuentwickeln.

Die Ereignisse bis 1314 waren erstmalig ein Zeitraum, der in der Chronistik über Rostock ausführlichere Darstellung fand. Auch die Sagen nahmen sich ihrer an. So kündet noch heute das angebliche Konterfei des Verräters von 1314 am Steintor, das früher zeitweilig auch die Jahreszahl 1314 zierte, von seiner Untat. Und der Ortsname Markgrafenheide erinnert an das Eingreifen der Brandenburger Markgrafen in die damaligen Kämpfe um Rostock.

Der während dieser turbulenten Jahre abgebrochene Turm von St. Petri entstand später neu und wetteiferte im 16. bis 18. Jahrhundert mit demjenigen von St. Nikolai immer wieder in der Höhe, obwohl beide Türme noch mehrfach einstürzten. Anfang des 18. Jahrhunderts errichtete man dann auf St. Nikolai – wohl resignierend – einen wesentlich bescheideneren Turm, so dass heute nur noch der Petrihelm als himmelsstürmender Zeuge des Rostocker Turmbaueifers sowie als Landmarke für die Schiffahrt erhalten geblieben bzw. durch seinen Wiederaufbau im Jahre 1994 in alter Pracht wiedererstanden ist.

Vollendung der Autonomieentwicklung

Noch im Jahr der Niederringung des Aufstands, 1314, starb mit Nikolaus dem Kind der in der Kirche des St.-Johannis-Klosters begrabene letzte Herr von Rostock. Das erleichterte den Weg zur generellen Neuordnung der Machtverhältnisse. Nikolaus' Lehnsherr, König Erich Menved, konnte die mit diesem Tod in seine Hand geratene Trumpfkarte nicht ausspielen, da er in Dänemark selbst Schwierigkeiten bekam. Als Sieger der Kämpfe um Rostock erwies sich immer deutlicher der mecklenburgische Löwe, Heinrich II. An ihn fiel 1317 die Herrschaft Rostock als dänisches Lehen. Der Tod sowohl König Erichs als auch Markgraf Waldemars von Brandenburg (†1319) im Jahre 1319 verschaffte dem Mecklenburger Heinrich II. noch mehr Freiräume.

Verbunden mit der Gewinnung des Landes Stargard, das er in der Schlacht bei Gransee 1316 gegen Brandenburg behauptet hatte, schuf Heinrich II. Grundlagen für den Aufstieg des Hauses Mecklenburg sowie für die allmähliche Wiedervereinigung Gesamtmecklenburgs. Heinrich und noch stärker sein Sohn Albrecht II. (1318–1379), wohl der bedeutendste mecklenburgische Fürst überhaupt, förderten in der Folgezeit Rostock als ihre wichtigste Stadt, um als Gegenleistung deren wirtschaftliches und militärisches Potenzial, aber auch das diplomatische Geschick ihrer Ratsherren nach Kräften nutzen zu können.

Es waren vor allem drei Vorgänge, die Rostocks Aufstieg im 14. Jahrhundert vollendeten und es bis an die – niemals überschrittene – Schwelle einer freien Stadt heranführten. Im Jahre 1323 fanden die seit 1252 fassbaren Bemühungen Rostocks um den Besitz Warnemündes ihren erfolgreichen Abschluss. Das Vogteigebäude in Warnemünde kündet noch von der damals anbrechenden Herrschaft Rostocks über jenen Ort, den die mächtige Hansestadt gern als Fischerlager und Flecken abqualifizierte, der aber 1312 urkundlich immerhin als Städtchen (oppidum) bezeichnet wurde, nicht anders als Rostock in der berühmten Urkunde von 1218. Spannungen zwischen Rostock und Warnemünde ergaben sich daher zwangsläufig und durchzogen die folgenden Jahrhunderte. Rostock erwarb 1325 ebenfalls von Heinrich II. für sich die alleinige Münzhoheit. Spätestens seit 1374 befand sich die Münze in jenem Haus gegenüber der Schreiberei am Ziegenmarkt, wo noch heute das Relief des Münzschlägers von seiner Tätigkeit zeugt. Den Gipfel ihrer Autonomie erklomm die Stadt unter Albrecht II., der Rostock und seinen führenden Ratsherren seit der für ihn mitausgeübten Vormund-

schaftsregierung (1329–1336) besonders zugetan war. Nach seiner Erhebung zum reichsunmittelbaren Herzog 1348 wurde die 1350 nochmals erneuerte dänische Lehnshoheit über Rostock immer mehr zu einer formalen
Angelegenheit. Entscheidend war demgegenüber die Verleihung der vollen
Gerichtsbarkeit an die Stadt 1358 durch Albrecht II.

200 Jahre nach dem ersten Beleg seines Ortsnamens stand Rostock auf
dem Gipfel seiner politischen Entwicklung als weitgehend autonome Stadt-
kommune sowie auf einem Höhepunkt seiner wirtschaftlichen und kulturellen Bedeutung. Seit knapp einem halben Jahrhundert ruhten die
innerstädtischen Kämpfe. Der Rat konnte sich verstärkt in auswärtige Fragen, insbesondere im Rahmen der Hanse, aber zugleich auch im Interesse
der mecklenburgischen Herzöge, einbringen. Entsprechend den gewachsenen inneren und äußeren Aufgaben hatten sich die spezifischen Zuständigkeiten einzelner Ratsmitglieder herausgebildet und verfestigt, die als zeitweilige Funktionen eine Art prinzipieller Karriereleiter von den jüngsten
bis zu den ältesten Ratsmitgliedern darstellten. In den Ratsherrenlisten der
schriftlichen Quellen lässt sich das „Vorrücken" zunächst junger Ratsmitglieder im Laufe der Jahre gut verfolgen. Neben zwei bis vier Bürgermeistern
stellten zwei bis drei Kämmereiherren die zumeist ältesten und erfahrensten
Ratsmitglieder dar. Waren die Kämmereiherren auf finanziell-wirtschaft-
liche Fragen spezialisiert, so trugen die Gerichtsherren gemeinsam mit Bei-
sitzern aus der Bürgerschaft insbesondere für das Niedergericht Verantwortung. Das Obergericht war Angelegenheit zumeist des ganzen Rates. Für die
regelmäßigen direkten Steuern, den Schoß, waren die gleichnamigen Herren des Rates zuständig. Die wichtige Aufsicht über die Handwerker und
ihre Ämter sowie über den Hafen Warnemünde führten die Weddeherren.
Ihrer Bezeichnung entsprechende Aufgaben nahmen die Wein- und Münz-
herren wahr. Die zunehmende Ausdifferenzierung der Ratsämter widerspiegelte sich auch in der Schriftlichkeit. An die Stelle der allgemeinen, nicht
spezifizierten Stadtbücher des 13. Jahrhunderts traten nunmehr spezielle
Stadtbücher etwa über den Besitzerwechsel bei Häusern (Hausbücher), bei
Teilen der Stadtfeldmark (Gartenbücher), über die Ausweisung verurteilter
Straftäter (Verfestungsbücher). Hinzu kamen Renten- und Schuldbücher,
Bürger- und Rechnungsbücher, Kämmereirechnungen und Steuer- (Schoß-)re-
gister.

Schied einer der lebenslang amtierenden Ratsherren durch Tod aus, er-
gänzte sich das Gremium aus dem Kreis der ratsfähigen Familien selbst.
Zwar sollten, um den ärgsten Missbräuchen zu steuern, keine allzu nah Ver-

wandten gleichzeitig im Rat Mitglied sein, jedoch „vererbte" sich vielfach die Ratsherrenwürde über mehrere Generationen in den angesehensten Familien vom Vater auf den Sohn und so weiter. Paradebeispiel war die wohl bedeutendste Rostocker Ratsherrenfamilie im Mittelalter: Die Kröpelins saßen schon seit der zweiten Hälfte des 13. Jahrhunderts im Rat und vom Anfang des 14. bis Ende des 15. Jahrhunderts stellten sie in fünf aufeinander folgenden Generationen sechs Ratsherren, darunter einen Bürgermeister. Den Anfang dieser Reihe machte Konrad Kröpelin (†1334). Sein Sohn Arnold (†1394) wurde der bedeutendste Bürgermeister und Politiker des mittelalterlichen Rostock. Auf ihn folgte sein Sohn Lambert (†1405/07) als Ratsherr. Bezeichnenderweise galt dessen Witwe als reichste Frau der Stadt. Von Lamberts Söhnen waren gleich zwei nacheinander Ratsherren, Lambert (†1424/25) und Henneke (†1473/74). Mit Hennekes Sohn Lambert (†1499) folgte der letzte Kröpelin als Ratsherr. Mit ihm starb die Familie in männlicher Linie aus, in einer Zeit, als viele der alten reichen Geschlechter Rostocks erloschen. Das Selbstbewusstsein der Patrizier angesichts eines vor langer Zeit erfolgreich vollzogenen sozialen Aufstiegs inklusive der angestrebten Gleichrangigkeit mit adligen Familien etwa bezüglich der Siegel- und Wappenführung demonstrierte die von Lindeberg überlieferte angebliche Selbstcharakteristik der Familie Wilde:

Uns Vöroldern hodden de Zegen,
Wij sin Godt loff hoger gedegen,
Hethen mit thonam de Wilden,
Und föhren einen Buck in Schilden.

War eine Ergänzung des Rates – im Regelfall nach dem Tod eines Ratsmitgliedes – durch Kooptation erforderlich, so erfolgte sie am 22. Februar und wurde dann der Bürgerschaft kundgetan. Die damit verbundene „Bursprake" beinhaltete keine Beratung mit der Bürgerschaft, sondern die Verlesung von Ratsordnungen an die Gemeinde.

Rostock als Hansestadt

In dem Maße, wie sich die Stadt von der Herrschaft der Herren von Rostock im Verlaufe des 13. Jahrhunderts befreit hatte, war ihre Einbindung in die

Gemeinschaft der Hanse unter Führung Lübecks gewachsen. Aus Rücksichtnahme auf die Landesherrschaft und eigene Interessen wich auch Rostock
hin und wieder von gesamthansischen Haltungen und Auffassungen ab –
soweit es solche überhaupt gab. Bereits für 1256 sind Streitigkeiten mit Lübeck überliefert. Aber aufs Ganze betrachtet stand Rostock bewusst und fest
auf hansischen Positionen. Bis zum letzten Hansetag des Jahres 1669 war
die Stadt an den meisten wichtigen hansischen Aktivitäten beteiligt, oft mit
erheblichem materiellen Aufwand. Die Rostocker kokettierten gerne mit
der Tatsache, dass ihre Stadt in hansischen Dokumenten mitunter an zweiter Stelle nach Lübeck genannt wurde. Der Rechtszug nach Lübeck währte
teilweise gar bis ins 18. Jahrhundert hinein.

Mit bewusster Untertreibung seiner sonstigen wirtschaftlichen Grundlagen, etwa dem nicht unerheblichen Land- und Grundbesitz außerhalb
der Stadt, betonte Rostock regelmäßig die mühevolle und kostspielige Seeschifffahrt als Kernstück seiner Existenz. Die Kosten für die Instandhaltung
von Hafenanlagen und der immer wieder versandenden Zufahrt in die Ostsee bei Warnemünde traten nicht nur in den stadtbürgerlichen Testamenten
stets auf, sondern auch in der Argumentation des Rates bei den endlosen
Diskussionen um die Verteilung der Steuerlast in Mecklenburg. Rostock
wusste gegenüber den Herzögen und den Landständen unablässig seine im
allgemeinen Interesse des Landes liegenden besonderen Aufwendungen für
den wichtigsten Hafen und die Universität des Landes ins Spiel zu bringen.

Neben dem besonderen Stellenwert des Besitzes von Unterwarnow und
Warnemünde zeigt auch der mittelalterlich-frühneuzeitliche Stadtplan die
klare Ausrichtung auf Seehandel und Schiffahrt. Von den über zwanzig Stra
ßen bzw. Toren, die aus Rostock hinausführten, waren mehr als die Hälfte
auf die Hafenanlagen an der Unterwarnow ausgerichtet. Der Haupthafen
befand sich an der Nordseite der wirtschaftlich, sozial und politisch wichtigsten Stadtteile im Bereich der nördlichen Mittel- sowie der nordöstlichen
Neustadt. Hier konzentrierten sich neben dem Gebäudebesitz der städtischen Oberschicht, den giebelgezierten Wohn- und Brauhäusern der wohlhabenden Kaufmannschaft, auch die Buden der Schiffer. Die Zahl der
Letzteren überstieg spätestens seit nachmittelalterlicher Zeit einhundert.
Der besondere Stellenwert von Mittel- und Neustadt für die Seefahrt hatte
sich im Verlaufe des Mittelalters offenbar noch verstärkt: Nach archäologischen Ergebnissen könnte die ursprüngliche städtische Hafenanlage möglicherweise weiter östlich im trichterförmig auslaufenden Nordabschnitt
der Grubenstraße gelegen haben.

Historisierende Illustration von Egon Tschirch, 1922

Die Ziele der Seefahrt widerspiegelten nicht zuletzt Personennamen sowie Namen von Kaufleute- und Schiffervereinigungen. Schon im Mittelalter sind übrigens viele skandinavische, besonders dänische Namen für Rostocker Schiffer belegt. Dies setzte sich mindestens bis zum Ende des 16. Jahrhunderts fort. Von der zentralen Bedeutung des Handelsverkehrs mit Norwegen und Dänemark zeugten die Vereinigungen der Bergen-, Wiek- und Schonenfahrer mit ihren entsprechenden Gelagen, d. h. Gemeinschaftshäusern für Versammlungen und – wie der Name es andeutet – mit reichlichem Alkoholkonsum verbundenen Feierlichkeiten. Übrigens ist die Tatsache, dass jeweils einer der dem Dienstalter nach jüngsten Ratsherren als Vogt Rostocks in Falsterbo auf Schonen fungierte, beredter Ausdruck des besonderen Stellenwertes der Schonenfahrt auch für die Hansestadt an der Unterwarnow. Im Seeverkehr gen Osten standen die Rigafahrer im Mittelpunkt. Die anfänglich große Bedeutung Gotlands als ein Zentrum frühen hansischen Handels widerspiegelte die Ratsherrenfamilie Gotland(varer) in Rostock im 13./14. Jahrhundert. Weniger ausgeprägt – wenn auch vorhanden und durchaus sehr einträglich, wie das berühmte Handlungsbuch der Rostocker Kaufleute Johann Tölner Vater († nach 1360) und Sohn († vor 1354) aus den Jahren 1345/50 zeigt – waren offenbar Verbindungen nach dem Westen (London, Brügge) und Nowgorod im Osten, die für andere

Hansestädte eine ungleich größere Rolle gewannen. Das hansische Rostock lebte vom Zwischenhandel, es war keine Exportgewerbestadt – mit einer Ausnahme: dem Bier. Der zentrale Stellenwert des Rostocker Bierexports lässt sich aber erst seit dem 16. Jahrhundert voll erfassen, als flächendeckende Angaben für die Gesamtstadt entstanden. Seehandel und -fahrt boten auch die Grundlage für zwei andere wichtige Handwerke bzw. Gewerbe in Rostock. Die Böttcher fertigten die für vielerlei Güter einsetzbaren Tonnen. Den Trägern als dem klassischen Transportgewerbe innerhalb der Stadt oblag die Verschließung und der Transport der Tonnen zumeist zum Hafen. Nicht von ungefähr heißt dort noch heute eine der Querstraßen Trägerstraße, so wie die große Verbindungsstraße der meisten zum Hafen führenden Straßen, die Lange Straße, eine hohe Konzentration von Böttchern aufwies. Auch die Zahl der Böttcher und Träger überstieg in der Blütezeit Rostocks jeweils einhundert. Die „Rostocker Tonne" wurde bezeichnenderweise zur hansischen Norm für den schonenschen Heringsfang. Durchzog der Hansehandel auf diese Weise wie ein roter Faden das Leben Rostocks in Mittelalter und früher Neuzeit, so gab es selbstverständlich daneben die für eine Stadt mit in ihren besten Zeiten deutlich über 10 000 Einwohnern unabdingbar notwendigen Handwerke und Gewerbe in entsprechend großer Zahl. Wie in anderen norddeutschen Städten hießen ihre zunftmäßigen Organisationen Ämter, die – von der Stadtobrigkeit überwacht – eine Zwangsmitgliedschaft der jeweiligen Handwerker und Gewerbetreibenden durchsetzten. Ausgenommen und daher durch die Amtsgenossen sehr ungern gelitten waren lediglich einige wenige Freimeister.

Von den bereits Ende des 13. Jahrhunderts fast 80 Handwerken und Gewerben in Rostock spielten quantitativ von Anfang an besonders jene eine große Rolle, die im Rahmen der Bürgerschaft und ihrer Vertretung in der frühen Neuzeit von Bedeutung wurden. Da waren zunächst die vier „großen Gewerke" der Schuster, Bäcker, Schmiede und Wollenweber, zu denen mitunter neben den Böttchern auch die Schneider zählten. Als Repräsentanten der wichtigen Versorgung mit Lebensmitteln traten neben die Bäcker namentlich die zahlreichen Knochenhauer sowie die Fischer. Ungeachtet des schonenschen Herings als eines Haupthandelsguts der Hanse hatte der Fischreichtum der Warnow – in der Sicht des Rates geradezu ein Gottesgeschenk – für Rostocks Versorgung einen erheblichen Stellenwert. So herrschte vor Ort ein vielfältiger, lebhafter wirtschaftlicher und gewerblicher Austausch, der aber doch letztlich abhing vom Wohl und Wehe des Hansehandels und der Seefahrt. Davon zeugt auch die Geschichte des be-

*Der sogenannte Zunftsaal im Altertumsmuseum präsentierte imposante Zeug-
nisse aus dem Leben der Rostocker Ämter (Aufnahme 1934).*

deutsamen Rostocker Pfingstmarktes, der sich seit seinen Anfängen 1390
zu einer großen Messe von überregionaler Bedeutung entwickelte und diesen Rang bis in die Endphase der Hansegeschichte bewahrte.

Zwischen Hanse und Landesherrschaft

Die enge Verknüpfung von Rostocker und hansischer Geschichte zeigt sich
namentlich in der Zeit vor und nach dem Stralsunder Frieden von 1370,
dem oft genannten Höhe- und Wendepunkt der Hanse. Auch Rostock stand
damals im Zenit seiner wirtschaftlichen und politischen Bedeutung im Mittelalter und geriet anschließend in neuerliche Krisenzeiten, die allerdings
mit der Gründung der ersten Universität des Ostseeraumes in seinen Mauern zumindest in kultureller Hinsicht ein Glanzlicht aufwiesen.

Der sich zu Beginn des 14. Jahrhunderts abzeichnende, Mitte des Jahrhunderts vollzogene Übergang von der Kaufmanns- zur Städtehanse sah

Rostock auf der Höhe der Ereignisse. In der sich festigenden Organisations-
struktur der Hanse mit allgemeinen Hansetagen und der deutlicheren Ausprägung regionaler Quartiere nahm Rostock in der Reihe der wendischen
Städte als dem Kern der Hanse nach Lübeck neben Stralsund – vor Hamburg, Lüneburg, Wismar und Greifswald – einen bedeutenden Platz ein.
Häufig war die Stadt an der Unterwarnow Ort von Hansetagen. Ihre erfahrensten Bürgermeister und Ratsherren wirkten als angesehene Ratssendeboten und standen oft im diplomatischen Dienst der Hanse bei Unterhandlungen mit Freunden und Feinden. Das Rostocker Weinbuch vom Ende des
14. Jahrhunderts, ein Verzeichnis der Kosten für Wein, den die Rostocker
Ratssendeboten als Geschenke für ihre auswärtigen Verhandlungspartner
mit sich führten, zeigt anschaulich den Umfang dieser diplomatischen Mis-
sionen. Der erfolgreichste Rostocker Politiker des Mittelalters war ohne
Zweifel der langjährige Bürgermeister Arnold Kröpelin, der in der hansischen Geschichte in einem Atemzug mit bedeutenden hansischen Diplo-
maten aus Lübeck und Stralsund wie den Bürgermeistern Jacob Pleskow
(†1381) und Bertram Wulflam (um 1320–1392/93) genannt worden ist. In
den zehn Jahren, die von der Eroberung Visbys 1361 durch König Waldemar Atterdag (um 1320–1375) über zwei Hansekriege 1362 und 1368 gegen
Waldemar bis zum hansischen Triumph im Stralsunder Frieden 1370 reichten, zählte Rostock zu den eifrigsten Teilnehmern auf hansischer Seite und
erlebte sowohl die hansische Niederlage als auch die Siege hautnah mit. Für
die von König Waldemar 1362 überrumpelte hansische Flotte hatte Rostock
ein erhebliches Aufgebot an Menschen und Ausrüstung gestellt und musste
daher auch viele Gefangene beim Dänenkönig auslösen. Im Jahre 1365 richteten die Rostocker ihren Ratsherrn Friedrich Suderland (†1365) hin, dem
sie die Kapitulation als hansischer Schlosshauptmann auf der Insel Öland
anlasteten. Gestützt auf die berühmte Kölner Konföderation von 1367 wen-
dete sich dann das Blatt zugunsten der Städte. Rostock war am folgenden
Sieg über Waldemar maßgeblich beteiligt. Dennoch fehlte es mit Wismar
beim Friedensschluss in Stralsund 1370. Die mecklenburgischen Hansestädte hatten Rücksicht zu nehmen auf ihren Landesherrn und Förderer,
Herzog Albrecht II. Diesem war wegen des schwedischen Königtums seines
Sohnes Albrecht III. (†1412) und anderen Aspekten seiner „Nordischen Politik", die den Erwerb möglichst aller drei skandinavischen Kronen für sein
Haus erstrebte, nicht am Frieden gelegen, sondern an einer Fortführung des
Krieges gegen Dänemark. Durch diese komplizierte politische Konstellation
gerieten Rostock und Wismar im letzten Drittel des 14. Jahrhunderts zwi-

schen die Positionen der Hanse, die auf Ausgleich mit Dänemark bedacht war, und die hochfliegenden Pläne der mecklenburgischen Herzöge. Die Lage spitzte sich zu, als 1376 nach dem Tode König Waldemars die Hanse nicht den mecklenburgischen Kandidaten für den dänischen Thron unterstützte. Außerdem kam König Albrecht in Schweden in Bedrängnis durch seine schwedischen Untertanen und seine mächtige Rivalin, Königin Margarethe von Norwegen und Dänemark (1353–1412). Rostock und Wismar unterstützten Albrecht nach Kräften, auch noch, als er 1389 in die Gefangenschaft Margarethes geriet. Dass sie dabei – ähnlich wie ihre Landesherren – sogar den Seeräubern um Klaus Störtebeker († 1401) durch die Finger sahen, vermerkten die anderen Hansestädte mit wachsendem Befremden. Nur mit Mühe wurde eine bleibende Trübung der Beziehungen Rostocks und Wismars zur Hanse vermieden.

Neue Unruhen

Mit dem 15. Jahrhundert begann in der Rostocker Geschichte ein nahezu zweihundertjähriger Zeitraum von wiederholten Unruhen und Aufständen der antirätlichen Opposition. Typisch für diese Bewegungen, so unterschiedlich ihre Anlässe auch immer sein mochten, war ihre häufige Parallelität mit ähnlichen Vorgängen in anderen Hansestädten sowie das Fortleben von Erfahrungen und Traditionen der früheren in den späteren Kämpfen. Letzteres galt besonders für die Schaffung und die Tätigkeit von Ausschüssen der Bürger in ihren Auseinandersetzungen und Unterhandlungen mit dem Rat, in Rostock nach der Zahl ihrer Mitglieder Sechziger genannt (Vorläufer des berühmten Hundertmännerkollegiums von 1583/84). Eine zweite Tradition, die immer wieder erneuert wurde, war die Zusammenfassung der Forderungen und Rechte der Bürgerschaft in sogenannten Bürgerbriefen. Bereits für den Aufstand von 1312/14 unter Heinrich Runge wurde ein derartiger Bürgerbrief in den Chroniken erwähnt. Nach der Kirchbergchronik vernichtete Fürst Heinrich der Löwe dies „Altermännerprivileg" bei seinem Gerichtstag im unterworfenen Rostock. Auch das sollte sich später als eine Tradition im Verhalten der Landesherren erweisen:

Do dyse ding geschahin glich,
der von Mekilnborch her Hinrich

hiez do vur sich bringen hey
der aldermanne pryuyley,
da dy nuwen stadrechte inne
warin beschrieben nach irme synne.
Den brief zu stucken her zubrach
vnd virbrante sy dar nach.

Schon 1313 wollte der Bürgerbrief einen Einfluss der Handwerksämter in Gestalt ihrer Vorsteher, der Altermänner, auf die Ratswahl durchsetzen. Ausgelöst von einer Bewegung in Lübeck, erzwang die Gemeinde in Rostock 1408 erneut einen Bürgerbrief vom Rat. Hatte schon der Brief von 1313 eine zu enge Bindung von Adel und städtischen Bürgern attackiert, so richtete sich der von 1408 nun gegen den umfänglichen Landbesitz von Ratsmitgliedern. Dies zielte namentlich auf die sogenannten Geschlechter der Rostocker Oberschicht, den Kern des Patriziats, der nicht nur als nahezu exklusiver Heiratskreis miteinander eng verwandt war, sondern nicht selten auch entsprechende Verbindungen zum ländlichen Adel aufwies. Da in Lübeck und Wismar neue Räte zeitweilig Erfolge erreichten, wurde auch in Rostock eine Fortführung der Bewegung über mehrere Jahre erleichtert. Ein Sechzigerausschuss löste 1410 den alten Rat ab und trat mit einer Ratswahlordnung hervor, die eine jährliche wirkliche Wahl des Rates forderte und ein Drittel der Ratssitze für die Handwerksämter vorsah.

Nach acht Jahren wurde der Konflikt in Rostock zwischen neuem Rat, Bürgerschaft und altem Rat, nachdem die Bewegungen in Lübeck und Wismar bereits beendet worden waren, 1416 relativ glimpflich beigelegt. Die Hanse reagierte 1418 mit Festlegungen des Hansetages auf derartige, in vielen Städten zu verzeichnende Bewegungen gegen die Räte. Aber bereits zehn Jahre später kam es zu einer neuen Welle von Aufständen. Gemeinsames auslösendes Moment war der Verlust einer hansischen Flotte im Krieg gegen Erich den Pommern (1382–1459), der als Unionskönig aller drei skandinavischen Reiche 1412 die Nachfolge von Königin Margarethe angetreten hatte und unter dem sich das hansisch-dänische Verhältnis allmählich verschlechterte. Während in Lübeck, Hamburg und Wismar die Köpfe der verantwortlichen Flottenführer rollten bzw. diese zeitweilig hinter Gittern verschwanden, verlief der Aufstand in Rostock 1427 relativ gemäßigt, dauerte aber – wie bereits 1408/16 – am längsten. Wieder traten Sechziger auf den Plan und präsentierten 1428 erneut einen Bürgerbrief. Die Sechziger bestanden aus 30 Kaufleuten und 30 Handwerkern. Der Bürgerbrief richtete sich eindeutig gegen die „Geschlechter" mit ihrem Monopolanspruch auf die Ratssitze. Etwa auf diesen Zeitraum könnte der von Lindeberg überlieferte Spottvers auf die Rostocker Patrizierfamilien und ihren Zusammenhalt gemünzt sein:

De Witten, Wilde, Wulff hebben Hollogen,
Und Schwemmen tho Grentz, aver de Aa,
Dat ervöhren de van Baggele, Buke,
Und blesen int Horn dat men idt hörde
Tho Kröpelin vp dem Kerckhave,
Da quam Katzow tho Maken.

Die Witte, Wilde, Wulff, Hollogen, Grenze, von der Aa, Baggel, Buk, Horn, Kröpelin, Kerkhof, Katzow und Make repräsentierten damals die wichtigsten Patriziergeschlechter. Der neue Rat konnte sich mehrere Jahre halten, da er für die Stadt auch nach außen Erfolge erzielte. Rostock scherte 1430 aus dem Hansekrieg gegen König Erich den Pommern aus und konnte ohne Mühe militärische Aktionen der mecklenburgischen Herzogswitwe Katharina († 1448) abwehren. Selbst die – allerdings eher Pergament gebliebene als durchgesetzte – mehrmalige Acht und Aberacht König bzw. Kaiser Sigismunds (1368–1437) sowie Bann und Interdikt durch das Baseler Konzil 1434 über die Stadt beeindruckten die Rostocker zunächst wenig. Erst als sich nach dem Frieden auch der anderen Hansestädte mit König Erich 1435 die Gesamtsituation änderte, wuchs der Druck auf Rostock, den Konflikt mit dem alten Rat beizulegen. Das geschah 1439. Die Rückkehr zu den alten Verhältnissen vor den Unruhen von 1408/16 und 1427/39 währte nunmehr bis zum Ausgang des 15. Jahrhunderts.

Eine Universität der Hanse

Mitten in diese unruhigen Zeiten des 15. Jahrhunderts fiel mit der Gründung der Universität am 12. November 1419 ein Ereignis, das Rostocks überregionalen Ruf in neuem Glanze erstrahlen lassen sollte. Der sich im Verlaufe jenes Jahrhunderts einstellende und seit der zweiten Hälfte des 16. Jahrhunderts einen Höhepunkt erreichende Ruhm der Rostocker „Akademie" oder Hohen Schule gründete sich vor allem auf folgende Aspekte.

Siegel der Universität Rostock,
erste Hälfte des 15. Jahrhunderts

Nach Prag, Wien, Heidelberg, Köln, Erfurt und Leipzig war Rostock – eine Fehlgründung in Würzburg 1402 ungerechnet – die siebte der Universitätsgründungen auf dem Boden des Heiligen Römischen Reiches Deutscher Nation und die erste im Ostseeraum oder – wenn man Nordwesteuropa unberücksichtigt lässt – in Nordeuropa überhaupt. Im Kernraum der Hanse erlangte sie für zwei Jahrhunderte als Bildungsstätte eine führende Position. Für die Gründung der Universität war gemäß den damaligen Gepflogenheiten das Zusammenwirken dreier Kräfte notwendig: der Stadt, die die materiellen Grundlagen bereitstellte, der landesherrlichen und der geistlichen Gewalt, da einerseits ungeachtet des hohen Grades städtischer Autonomie Rostock eine landesherrliche Stadt geblieben und andererseits die mittelalterliche Universität eine geistliche Einrichtung war. Der in der Folgezeit immer wieder aufflammende Streit zwischen Stadt und Landesherrschaft, wer denn der eigentliche Gründer der Universität gewesen sei, entstand nicht nur aus dem Wunsch, sich mit diesem Ruhmesblatt der Kulturgeschichte schmücken zu wollen, sondern auch aus machtpolitischen Gesichtspunkten, in denen die Universität wiederholt eine nicht unwesentliche Rolle spielte. Jedenfalls wandten sich die Herzöge von Mecklenburg(-Schwerin) Johann IV. († 1422) und Albrecht V. († 1423) sowie der Bischof von Schwerin an Papst Martin V. (1368–1431) 1418 mit der Bitte um die Genehmigung einer Universitätsgründung in Rostock. Die genannten Herzöge gewannen – abgesehen von der Universitätsgründung – so wenig Profil in der mecklenburgischen Geschichte, dass der eine von ihnen – Johann IV. – über dem Portal des heutigen Hauptgebäudes der Rostocker Universität mit einer falschen Zählung seines Namens verewigt wurde. Der Rostocker Rat hatte zuvor schon sein Einverständnis zur Universitätsgründung signalisiert. Nach ihrer Genehmigung durch den Papst am 13. Februar 1419 wurde auch die Zustimmung der Rostocker Bürgerschaft eingeholt, so dass der Universitätseröffnung nichts mehr im Wege stand. Die ersten Gelehrten kamen von den wenige Jahre zuvor entstandenen Universitäten Erfurt und Leipzig sowie aus Prag. Für den Gründungsrektor der Universität Rostock, Petrus Stenbeke (um 1380 bis 1421), zuvor Magister in Erfurt, ist allerdings nicht ausgeschlossen, dass er einer angesehenen Rostocker Familie entstammte. Neben finanziellen Zuwendungen erhielt die Universität von der Stadt Gebäude am Markt der Neu- und Altstadt, wodurch indirekt die Mittelstadt und der Mittelmarkt als Konzentrationsräume des städtischen Rates noch unterstrichen wurden. Wie bei anderen Universitätsgründungen dieser Jahrzehnte auch, wurden in Rostock nur die Artistenfakultät sowie die juristische und medizinische Fakultäten eingerichtet, nicht aber die vierte und angesehenste der klassischen vier mittelalterlichen Fakultäten, die theologische. Rasch wuchsen die Zahlen der eingeschriebenen Studenten aus den Hansestädten, besonders auch aus Lübeck und Hamburg und Skandinavien.

Dann aber geriet die junge Gründung in die Turbulenzen der Rostocker Unruhen von 1427 bis 1439. Nach der Verhängung von Bann und Interdikt über die Stadt 1434 wuchs der Druck auf die Universität, der 1433 auch die theologische Fakultät durch den Papst bewilligt worden war, und es kam 1437 zum Auszug nach Greifswald. Nach Beilegung der Rostocker Unruhen und Aufhebung des Bannes kehrte die Universität 1443 nach Rostock zurück. Einige in Greifswald verbliebene Professoren waren an der Errichtung der Greifswalder Universität im Jahre 1456 beteiligt. Dies lieferte den Hintergrund für die in der Folgezeit unterschiedliche Interpretation der Greifswalder Universitätsgründung als Tochter – in Rostocker Sicht – oder als Schwester Rostocks – in Greifswalder Sicht. In Rostock wurde die zurückkehrende Universität wegen ihres Auszugs nicht freundlich aufgenommen, ihre materielle Förderung erheblich gekürzt. Ungeachtet des erneuten Aufblühens der Universität war das Verhältnis zur Stadt – unter lebhafter Anteilnahme der mecklenburgischen Landesherren – nunmehr häufig gespannt. Auf den Höhepunkten dieser Spannungen sollte es zu einem zweiten und dritten Auszug der Universität kommen – 1487 nach Wismar und Lübeck sowie 1760 nach Bützow. In der dazwischenliegenden Periode aber, vor allem von der Mitte des 16. bis zur Mitte des 17. Jahrhunderts, erlebte die Rostocker Universität ihre Blütezeit, die nicht unwesentlich zu einem nochmaligen Bedeutungsgewinn der Stadt insgesamt beitrug.

Die Domfehde

Die als Rostocker Domfehde berühmt gewordene Auseinandersetzung von 1487 bis 1491 beendete ein Jahrhundert voller Unruhen und Aufstände und leitete zugleich an der Wende vom Mittelalter zur Neuzeit ein nicht weniger unruhiges Jahrhundert ein. Die Hauptkonflikte in der Stadt und um die Stadt hatten sich so miteinander verflochten und allmählich zugespitzt, dass sie sich mit Gewalt und Blutvergießen entluden, ohne eine dauerhafte Lösung zu finden. Auslösendes Moment war die Weihe eines Kollegiatstiftes – schon von den damaligen Zeitgenossen vereinfacht als Dom bezeichnet – an der Pfarrkirche der Rostocker Neustadt St. Jakobi. Der vordergründige Sinn eines solches Stifts bestand in der Absicht, durch seine Einkünfte nach dem Vorbild anderer Städte die materielle Versorgung der Universität zu verbessern. In seiner Einrichtung aber bündelten sich die schwelenden Konflikte innerhalb Rostocks und in seinem Verhältnis zur Landesherrschaft und zum Lande wie in einem Brennglas, so dass am 14. Januar 1487 das Feuer des Aufstandes entfacht wurde.

Besonderen Anteil daran hatte Herzog Magnus II. (†1503), der nach der Misswirtschaft seines Vaters, Herzog Heinrichs IV., des Fetten (†1477), Mecklenburg zumindest für einige Jahrzehnte erfolgreich auf den Weg moderner frühneuzeitlicher Staatlichkeit brachte. Weil ihm dabei eine relativ unabhängige Stadt wie Rostock im Wege stand, war es ein offenes Geheimnis, dass die Einrichtung des Kollegiatstiftes, für die Magnus selbst den Weg nach Rom 1486 nicht gescheut hatte, auch eine zusätzliche fürstliche Machtposition innerhalb Rostocks schaffen sollte. Dass dies zugunsten der Universität geschah, erneuerte deren alte, 1443 nach der Rückkehr der Fakultäten aus Greifswald nicht wirklich beigelegten Spannungen mit der Stadt. Hinzu kam das Misstrauen der Bürgerschaft gegenüber dem Rat, der in Konflikt mit den Landesherren erfahrungsgemäß zwischen städtischen und fürstlichen Interessen zu lavieren trachtete. Auch wirtschaftlich war es in Rostock damals nicht zum Besten bestellt. Nicht nur Stralsund, sondern auch Wismar hatten die Stadt zeitweilig überflügelt, die Unterschichten machten inzwischen mehr als die Hälfte der Einwohner aus. Leute aus den Buden und Kellern tauchten daher auch in der Domfehde und späteren Unruhen nicht selten als besonders radikale Akteure auf.

Neue landesherrliche Zoll- und Steuerforderungen, Überfälle auf Rostocker Schiffe und die Hinrichtung eines fürstlichen Vogtes hatten in den Jahren vor 1487 das explosive Gemisch in Rostock gemehrt. Als dann die

Herzöge und die Bischöfe von
Schwerin und Ratzeburg unter heim-
licher Zustimmung von Teilen des
Rostocker Rates mit der Errichtung
des Kollegiatstiftes vollendete Tatsachen schaffen wollten, hatten sie –
ungeachtet der Warnungen des
Rates – die angestaute Unzufriedenheit offenkundig unterschätzt. Der
Weihe des Stiftes am 12. Januar 1487
folgte zwei Tage später der Ausbruch
von Gewalttätigkeiten der erregten
und sich hintergangen fühlenden
Einwohner. Die Unruhen nahmen
in der St. Marienkirche ihren Anfang. Ihr Hauptopfer war der gerade
eingesetzte Stiftspropst Thomas Rode
(†1487), der mitten auf der Straße
brutal misshandelt, getötet und lie-
gengelassen wurde. Die Hauptquelle
über die Ereignisse, die Chronik
„Van der Rostocker Veide" machte

*Sühnestein für den 1487 erschlage-
nen Stiftspropst Thomas Rode*

die mittleren und unteren Bevölkerungsschichten für diese und andere Ge-
walttaten verantwortlich:

Wat dit vor Lude sinth gewesen, de dissenn uplope, schuchterent, morth,
gripent und fangen hebben geroret und gedaen, Is tho weten dat dar nicht
opper, degelike, wetene Borger mede gewesen sinn.

Den vor Ort anlässlich der Errichtung des Kollegiatstiftes anwesenden Herzögen gelang mit Hilfe der Rostocker Bürgermeister die Flucht. Die Gemeinde erzwang unter Führung des Steinmetzes Hans Runge (†1491) die
Zusicherung der Straffreiheit für die Vorgänge des Tages. Das Verhältnis zwischen Rat und Gemeinde blieb aber gespannt. Im März 1487 zogen es zwei
der Bürgermeister vor, die Stadt durch Flucht zu verlassen. Einer von ihnen
war Bertold Kerkhof (†1499), der Vertreter der dritten von fünf Generationen
Ratsherren und Bürgermeistern dieses Geschlechts, die in gewisser Weise das
Erbe der mit ihnen verschwägerten Kröpelins angetreten hatten. Vom Reich-

tum, Einfluss und Selbstbewusstsein der Kerkhofs, die zeitweilig den ganzen Toitenwinkel als Pfand besaßen, zeugt noch heute die prachtvolle Giebelfassade ihres Hauses – eines unter mehreren anderen – hinter dem Rathaus. Der erste Kerkhof im Rostocker Ratsstuhl war Bertold († um 1408), die zweite Generation verkörperte Ratsherr Roloff Kerkhof († 1459/60). Es folgten als Bürgermeister der schon genannte Bertold der Ältere und dessen gleichnamiger Enkel Bertold der Jüngere († 1556) sowie als letztes Ratsmitglied dieses Patriziergeschlechts Dr. Lambert Kerkhof († 1577).

Im August 1487 besiegten die Rostocker beide Herzöge in einem Gefecht beim Dorf Pankelow, so dass sich die Gegner der Aufständischen zu Jahresende 1487 zu einem einjährigen Waffenstillstand bequemten. Nach dessen Ablauf kam es erneut zur Zuspitzung der Situation in der Stadt selbst. Wie in früheren Aufständen wurden Sechziger aus der Bürgerschaft gewählt, 30 Kaufleute und 30 Handwerker. Aus dem Rat wurden einige Mitglieder entfernt. Parallel liefen Verhandlungen mit den Landesherren und den Hansestädten, in die der bekannte ehemalige Professor der Rostocker Universität Albert Krantz (1448–1517) als Syndikus einbezogen war. Als der Rostocker Rat meinte, wieder Oberwasser gegen die Aufständischen zu bekommen, provozierte er sie Ende 1489 durch Verhaftungen einiger Aktivisten. Noch einmal vermochten Hans Runge und seine Anhänger das Blatt zu wenden. Die Gefangenen wurden befreit und Anfang 1490 ein völlig neuer Rat gewählt. Dieser schwenkte aber im Verlaufe des Jahres auf den Weg eines Kompromisses mit dem alten Rat ein. Die Position Runges wurde mehr und mehr untergraben. Nach einem letzten Aufstandsversuch erfolgte im April 1491 die Verhaftung Runges und seiner Anhänger. Hans Runge und drei weitere Aufständische wurden hingerichtet.

Nach vier Jahren war der Aufstand von 1487 endgültig gescheitert. Nicht nur der alte Rat kehrte in die Stadt zurück, auch das Kollegiatstift wurde wieder eingerichtet und den Landesherren die Erbhuldigung geleistet. Dennoch bewahrte Rostock nach wie vor als landesherrliche Stadt einen hohen Grad an Selbständigkeit. Sie war weder im Innern noch in ihrem Verhältnis zu den Herzögen dauerhaft befriedet. Zwei Hauptgestalten der Domfehde erfuhren in der Folgezeit besondere Würdigung: Dem erschlagenen Propst Thomas Rode zu Ehren wurde wenige Jahre später an seinem Todesort, Lange Straße/Ecke Badstüberstraße an einem Universitätshaus, der Regentie Zum halben Mond (später Justizkanzlei), ein Gedenkstein errichtet. Den Namen des 1491 hingerichteten Aufstandsführers Hans Runge erhielt nach dem Zweiten Weltkrieg die ehemalige Michaelis- oder Blücherstraße.

ZWISCHEN REFORMATION UND DREISSIGJÄHRIGEM KRIEG. 1523 BIS 1648

Joachim Slüter und die Reformation in Rostock

Drei Jahrzehnte nach der Domfehde wurde erneut ein Gotteshaus zum Ausgangspunkt von Auseinandersetzungen. Diesmal handelte es sich nicht um die reichen Pfarrkirchen St. Jakobi und St. Marien, sondern um St. Petri am Alten Markt, die seit der Entwicklung zur Gesamtstadt in der Mitte des 13. Jahrhunderts nicht nur räumlich an den Rand gerückt war. Dies sollte sich für das dritte Jahrzehnt des 16. Jahrhunderts gründlich ändern. Auf dem ehemaligen Kirchhof von St. Petri erinnert noch heute ein Denkmal an Joachim Slüter (um 1491–1432), mit dessen Wirken an der St. Petrikirche die Anfänge der Reformation in Rostock untrennbar verbunden sind. Dass es fast eines Jahrzehnts bedurfte, um der evangelischen Lehre in Rostock zum entscheidenden Durchbruch zu verhelfen, zeigt die Widerstände auf diesem Wege.

Die altkirchlichen Kräfte verfügten vor Ort mit dem Rat, der Universität, dem Kollegiatstift von St. Jakobi und dem Dominikanerkloster St. Johannis über starke Positionen. Demgegenüber fehlte eine als Ausschuss organisierte Bürgerschaft im Interesse der neuen Lehre zu Beginn der reformatorischen Bewegung, wie sie etwa in Wismar oder Stralsund existierte. Der Widerstand der altkirchlichen Kräfte in Rostock wurde dadurch verstärkt, dass sie frühzeitig eine soziale Komponente der Anhängerschaft um Joachim Slüter erkannten. Im Kirchspiel St. Petri dominierten Einwohner aus den Mittel- und Unterschichten. Die Oberschicht wohnte dort kaum, besaß dort höchstens Wirtschaftsgebäude, unter anderem Scheunen. Demzufolge qualifizierten die Anhänger der alten Kirche nach Aussage des Slüter-Biographen und

Rostocker Predigers Nikolaus Gryse (1534–1614) Slüters Hörer als geringes Volk ab:

Arme geringe verechtlyke luede hoeren tho S. Peter an den Slueterpredigen, de groten Ryken vorneme lude oeuerst in der Stadt, de kamen dar nicht hen, de sueth men dor nicht.

Das tat dem Zustrom in die Slüterpredigten jedoch keinen Abbruch. Im Gegenteil, Slüters bewusster Einsatz des Niederdeutschen in Predigt und im Kirchenlied verstärkte seine Wirkung. Der Kirchenraum fasste die Zuhörer nicht mehr, Slüter predigte fortan unter freiem Himmel. Landesherrlichen Rückhalt fand er bei Herzog Heinrich V., dem Friedfertigen (1479–1552), der ihn auch 1523 als Kaplan nach St. Petri gebracht hatte. Allerdings war damals bereits jener unselige Bruderzwist unter den mecklenburgischen Herzögen im Gange, der noch mehrere Generationen des Herzogshauses belasten und schädigen sollte. Heinrichs Bruder Herzog Albrecht VII., der Schöne (1488–1547), hielt es – nicht zuletzt aus politischen Überlegungen – eher mit der alten Kirche, so dass die Reformation in Mecklenburg landesweit erst 1549, zwei Jahre nach seinem Tode, eingeführt werden konnte. Von daher war es umso erstaunlicher, dass Anfang der 1530er Jahre in Rostock der Rat auf die Position der neuen Lehre umschwenkte und 1531 durch eine Ordnung in Religionssachen in den vier Hauptpfarrkirchen die reformatorische Lehre für verbindlich erklärte. Offenbar erfolgte dies nicht zuletzt, um Unruhen – man hatte das Beispiel anderer Hansestädte vor Augen – vorzubeugen. Slüter starb bereits ein Jahr später, was dem Verdacht eines gewaltsamen Todes durch die Anhänger der alten Lehre, die „Papisten", Nahrung gab.

An der üppig wuchernden Legendenbildung um diese entscheidenden Jahre Rostocker Stadtgeschichte hatte auch der Ratssyndikus Johannes Oldendorp (um 1488–1567) entscheidenden Anteil, der eine Selbststilisierung seiner eigenen vermeintlichen Verdienste um die Reformation vornahm. Schon ein anderer berühmter Mann vor Oldendorp, der streitbare Humanist Ulrich von Hutten (1488–1523), hatte seinen eigenen kurzen Rostock-Aufenthalt nachträglich sehr überhöht dargestellt. Auf festerem Boden der Tatsachen stehen wir dagegen beim Übergang des Oldendorp'schen Hauses am Mittelmarkt an den Rat im Jahre 1542. Oldendorps Frau, der nachgesagt wurde, wegen ihrer Spannungen mit dem Ratssyndikus an seinem Weggang aus Rostock nicht ganz unbeteiligt gewesen zu sein, verkaufte im genannten

Joachim Slüter predigt auf dem Kirchhof von St. Petri.
(Gemälde von Bernhard Reinhold, 1858, Ausschnitt)

Jahr das Haus an den Rat. Seitdem befindet sich dort bis auf den heutigen Tag die Ratsapotheke.

Die Ratsordnung in Religionssachen von 1531 bedeutete keineswegs die völlige Durchsetzung der Reformation in Rostock. Das betraf sowohl den Gottesdienst in den Pfarrkirchen als auch noch verbliebene Stützpunkte der alten Kirche wie etwa die Universität und die Klöster, von denen namentlich die Nonnen des Klosters zum Heiligen Kreuz, aber auch die Kartäuser

in Marienehe sowie die Dominikaner von St. Johannis erheblichen Widerstand leisteten. Hingegen gingen aus dem – ebenso wie St. Petri in der
Altstadt gelegenen – Franziskanerkloster St. Katharinen schon frühzeitig
Wegbereiter der neuen Lehre neben und mit Slüter hervor. Der weitere Verlauf der Reformation in Rostock verband sich seit Beginn der 1530er Jahre
mit erneut aufflammenden innerstädtischen Unruhen.

Kämpfe gegen den Rat: Vierundsechziger und Sechziger

Hatte ein Jahrhundert zuvor ein Krieg gegen Dänemark Unruhen in mehreren Hansestädten – darunter Rostock – ausgelöst, so geschah 1534 Ähnliches. Im Rahmen der sogenannten Grafenfehde suchte Lübeck unter dem
durch Unruhen zum Bürgermeister gewordenen Jürgen Wullenwever
(1494–1537) im Krieg gegen Dänemark vergeblich, die zerbrochene Mono-
polstellung der Hanse und insbesondere Lübecks wiederzubeleben. Die Unruhen in Lübeck sowie die Lasten, die Rostock und Wismar für den Krieg
trugen, führten auch in der Warnowstadt zur Bildung eines Bürgerausschusses, der am 14. Juni 1534 vom Rat anerkannt werden musste.

Bewusst wurde an die Bewegung von 1427 und den Bürgerbrief von
1428 angeknüpft. Die Tradition des damaligen Sechzigerausschusses lebte
nunmehr in den Vierundsechzigern wieder auf, die sich – wie damals – zur
einen Hälfte aus Kaufleuten, insbesondere aus Brauherren, und zur anderen
Hälfte aus Handwerkern zusammensetzten. Hauptsächlich entstammten
die Ausschussmitglieder daher aus der Mittel- und sogar der Oberschicht,
die Unterschichten waren hingegen nicht repräsentiert. Es war also eine
maßlose Übertreibung, wenn der 1534 abgesetzte Bürgermeister Bernd Murmann († nach 1534) kritisierte, dass Schuhmacher und Schmiede das Regiment haben wollten.

Seiner Zusammensetzung entsprechend wollte der Ausschuss die Exklu-
sivität der ratsfähigen und ratsverwandten Familien aufbrechen. Beharrt
wurde auch auf eine konsequente Weiterführung der Reformation, besonders hinsichtlich der Klöster, der Bürgerpflichten der Geistlichen und des
Kirchengutes. Sechzehn Älteste – neun Kaufleute oder Brauherren und sieben Handwerker – bildeten ihrerseits ein Repräsentativorgan der Vierundsechziger. Dies sollte später seine Fortsetzung in den Sechzehnern als
engerem Ausschuss des Hundertmännerkollegiums Ende des 16. Jahrhun-

derts finden. Neben den Vierundsechzigern bildete die Gemeinde noch einen Ausschuss von zwölf Personen zur Vertretung gegenüber Rat und Vierundsechzigern. Wurde daraus schon ersichtlich, dass die Interessen von Gemeinde und Vierundsechzigern nicht unbedingt deckungsgleich waren, so sank der Stern der Letzteren noch rascher, als 1535 der Krieg gegen Dänemark unglücklich endete und in Lübeck der alte Rat wieder eingesetzt wurde. Ein Jahr später kehrte man auch in Rostock ohne nennenswerten Widerstand zu den alten Verhältnissen zurück. Doch der Rat war damit der Bürgerausschüsse nicht ein für allemal Herr geworden. Nach der Mitte des 16. Jahrhunderts kam es zu neuerlichen schweren Auseinandersetzungen zwischen Rat und bürgerlicher Opposition. Indirekt hingen auch sie noch mit der Grafenfehde zusammen, in die sich der mecklenburgische Herzog Albrecht VII., der Schöne, eingeschaltet hatte, um – wie seine Namensvettern und Vorfahren im 14. Jahrhundert – nach den Kronen oder doch zumindest einer Krone Skandinaviens zu greifen. Das katastrophale Scheitern dieser Pläne hinterließ seinen Söhnen, den Herzögen Johann Albrecht I. (1525–1576) und Ulrich III. (1527–1603), einen riesigen Schuldenberg. Dessen Abbau wurde zu einem Machtkampf zwischen Landesherrschaft und Landständen, die seit der in Rostock 1523 geschlossenen Landständischen Union den Herzögen selbstbewusst gegenübertraten und für finanzielle Beihilfen die Bestätigung und den Ausbau ihrer Privilegien forderten. Nicht anders verhielt sich auch Rostock als wichtiger Teil der Landstände mit einem gewissen Sonderstatus als auch finanziell bedeutender Faktor des gesamten Landes. Die Atmosphäre besonders zwischen Herzog Johann Albrecht und Rostock wurde allmählich ähnlich vergiftet wie zu Zeiten von Herzog Magnus II. in der Domfehde. Schon in seinen ersten Regierungsjahren musste Johann Albrecht 1549 erleben, wie der Rostocker Rat den Straßenräuber und vermutlichen Mörder Vollrat von der Lühe (†1549) kurzerhand vor den Augen der herzoglichen Abgesandten hinrichten ließ, obwohl die Herzöge seine Überstellung an ihr Gericht gefordert hatten, da von der Lühe sich bei seiner Verhaftung in Roggentin durch Rostocker Bewaffnete auf herzoglichem Grund und Boden befand. Auch die Solidarität in den Landständen zwischen Rostock und der Ritterschaft war durch diese Hinrichtung zeitweilig gestört worden. Ein Loblied der adligen Partei auf von der Lühe endete mit einer unverhohlenen Drohung an Rostock:

Was wolenn wir aber Singenn
und sagen zu dieser frist,

von einem erlichen gesellen
der neulich gestorbenn isth.
Er war von erlichen Dathenn,
von geschlecht Edell gebornn,
Er denet Landt vnd Leutenn,
Daß thet den vonn Rostockh Zornn.

Wiewoll der stadth von Rostock
zeige ich nicht sonderlich darahnn.
aber Ire bosenn rete
habenn solchs darinnen gethann
Seinen todt, den wolln wir rechenn
vnd sagenn nicht mehr dauon
haben wir nicht zu reiten,
zu fuße mussen wir gehen.

Die Rostocker blieben der adligen Partei in dieser Frage nichts schuldig und
konterten mit Liedern, in denen sie Vollrat von der Lühe in den schwärzes-
ten Farben zeichneten und ihr Vorgehen gegen ihn rechtfertigten. Eines
dieser Lieder begann folgendermaßen:

Wyll gy horen eynn Niy Lidt,
wo yt ynn megkelburgk yß vth gericht,
mitt morden vnd mett rouen,
den kopman deden se gripen ahn,
Im frede vnd ock Im gelouen.

De Adel hedde eynn vorbundt vpgericht
dorch Schelme vnd velle bosewicht,
tho hape haden se sick geschwaren,
jegenn fursten beuel vnde verpott,
den kopman nicht tho sparen.
Vollart von der Lue waß eyn dar manck,
sampt syner selschafft woll bekandt,
datt spiel thet he regieren,
tho beschedigen so mangen fromen Mann,
Ann liff vnd ock an Ehren.

Johann Albrecht, als hochgebildeter Renaissancefürst sehr um „seine" Universität, das Kleinod des Landes in seinen Augen, besorgt, ärgerte sich des Weiteren über die Bevormundung der Rostocker Hohen Schule durch den dortigen Rat. Letzterer geriet in eine missliche Lage, da er einerseits die finanzielle Hilfe für den Landesherrn kaum generell ablehnen konnte, andererseits aber angesichts von geforderten 80 000 Gulden zu Recht Schwierigkeiten mit der Bürgerschaft bei der Aufbringung einer solchen Summe nahen sah. Das bekamen sogleich Bürgermeister Peter Brümmer († 1561) und Ratsherr Joachim Voß († nach 1558) zu spüren, die wegen der ihnen vorgeworfenen, von ihnen selbst allerdings abgestrittenen Zusage dieser Zahlung der Landesherrschaft gegenüber ihr Amt verloren.

Da die Gemeinde nicht zu umgehen war, installierte der Rat 1560 zunächst einen Sechzehnerausschuss mit von ihm ausgewählten Mitgliedern. Als der Rat aber den Vorschlag der Bürgerschaft ablehnte, den Hundertsten Pfennig als Finanzierungsquelle zu erheben – eine Vermögenssteuer, die die Reichsten stärker belastet hätte als die vom Rat vorgeschlagene Steuer auf Nahrungsmittel, Bier und Agrarprodukte –, setzte die Gemeinde 1561 erneut einen Sechzigerausschuss ein. Im Jahr darauf trotzte dieser dem Rat einen Bürgerbrief ab und wurde ihm im selben Jahr als gleichberechtigt zur Seite gestellt. Für drei Jahre, bis 1565, existierte nun eine Art Doppelherrschaft. Der Rat klagte immer wieder darüber, dass es der Stadt sehr schade, wenn es nicht nur ein Regiment, eine Herrschaft, gäbe. Die Sechziger betonten dagegen den auch in den innerstädtischen Bewegungen zuvor und danach wiederholt artikulierten Grundsatz, dass die Gemeinde mehr als der Rat und Letzterer nur deren Organ sei.

Der Rat suchte Rückhalt bei Herzog Johann Albrecht I. und den Hansestädten, die Sechziger fanden Unterstützung beim Herzogsbruder Ulrich III., der Johann Albrecht schon 1555 eine Quasiteilung des Landes abgerungen hatte und tunlichst darauf bedacht war, zumindest ein Gleichgewicht zwischen beiden Landesherren zu bewahren. Öl ins Feuer gossen Cliquenkämpfe innerhalb der Rostocker Oberschicht. So kam es 1563 zu erheblichen Konfrontationen, in deren Verlauf missliebige Ratsmitglieder oder gar der gesamte Rat kurzerhand unter Hausarrest bzw. tageweise gefangen gesetzt wurden. Paradoxerweise gelang es den sonst von Herzog Johann Albrecht so gehassten Sechzigern auf eben diesem Wege, den Rat am 11. Mai 1563 zur Unterzeichnung der „Formula concordiae", der Neuregelung der Zuständigkeit für die Universität zwischen Landesherrschaft und Stadt, zu bewegen. Als der Rat wenige Monate später im August 1563 die Ungeschick-

Historisierende Illustration von Egon Tschirch, 1922

lichkeit beging, einen der führenden Sechziger zu verhaften, kam es zu dessen gewaltsamer Befreiung und zu Übergriffen auf Gebäude von zwei der reichsten Rostocker Bürger.

Da der Rat der Sechziger allein nicht Herr zu werden vermochte, spielte er 1564/56 Herzog Johann Albrecht mehr und mehr in die Hände und sah stillschweigend einer militärischen Lösung des Konflikts entgegen. Die Bürgerschaft vermutete die beiden Brüder Lorenz (1528–1580) und Lambert Kerkhof als Verbindungsmänner zwischen Rat und Herzog. Besonders Lorenz, berühmter Jurist und mehrfacher Rektor der Universität, war als einer der letzten Vertreter des letzten bedeutenden Rostocker Patriziergeschlechts eine schillernde Gestalt. Beide Kerkhofs galten der Bürgerschaft wohl nicht zu Unrecht als Stadtverräter. Ein Spottlied von ca. 1566 goss ätzende Verachtung über sie und die von ihnen hintergangenen Rostocker aus:

Will gy hören ein nyes gedicht,
wo id to Rostock is utgericht
van wunderliken dingen:
dat de van Rostock solke apen sint,
mot man en wol ton ehren singen.
De forste dachte in sinem mot,
disse sake schal wol werden gout,

dar mot Unser Gnaden na dingen.
Dar Unser Gnaden so lange na gewest
dat schal uns nu gelingen.

Karckhoff is ein gelerder man,
de vor eine schelmerye wol reden kan,
den dot man nicht vernichten.
Dede land und stat verraden wil,
dat dede he sik verplichten.
Don Karckhoff wedder to Rostock quam,
wo balde de rath dat vernam,
se togen em entiegen in dat feld.
Wat em de börger hadden tho lede gedan,
dat scholden se don entgelden.

De rath makede einen anslag drade,
darmede wolden se de stat Rostock verraden,
und wolden dem forsten de stat upgeven.
Se wolden alle börger to dode slan
Unde nemand darinne laten leven.

Die Bürgerschaft, von Herzog Ulrich mehrfach vor seinem Bruder gewarnt, bereitete sich auf eine Verteidigung vor. Im Oktober 1565 zog Herzog Johann Albrecht vor Rostock bewaffnete Kräfte zusammen. Bevor es zu größeren Kampfhandlungen kam, gelang es der Ratspartei und namentlich dem Pastor von St. Jakobi und Theologieprofessor Simon Pauli d. Ä. (1534–1591), die Gemeinde zum Nachgeben zu überreden. Der Chronist Dietrich vam Lohe († 1590) kommentierte:

Wowol he it nicht arch mend, overst he word bedragen sowol alse de ganz gemene. Wi hebbens erfaren leider mit grotem schaden disser guden stadt. (Obwohl er es nicht arg meinte, aber er ward betrogen sowohl wie die ganze Gemeinde. Wir haben es leider dieser guten Stadt mit großem Schaden erfahren.)

Am 28. Oktober 1565 hielt Herzog Johann Albrecht seinen Einzug in Rostock. Von Zusicherungen an die Bürger war nun keine Rede mehr. Es wurden der Bürgerbrief vernichtet, die Sechziger aufgelöst, der Rat in seine

Rechte unter der Herrschaft des Herzogs wieder eingesetzt. Aber die Ratsherren waren betrogene Betrüger. Anfang 1566 zog auch Herzog Ulrich in
Rostock ein und einigte sich mit seinem Bruder über das Vorgehen gegen
die Stadt. Als Ausdruck ihres Sieges begannen sie den Abriss des Steintors
und der südlichen Stadtmauer sowie den Bau einer Festung vor der Stadt.
Nun regte sich auch im Rat deutlicher Widerstand gegen die Landesherren.
Der Konflikt schwelte noch jahrelang, bis er in den Erbverträgen von 1573
und 1584 eine Lösung erfuhr, mit der beide Teile – Landesherrschaft und
Stadt – einigermaßen leben konnten.

Neuordnung der Universität 1563

Mit großem Ungestüm hatte sich der junge Herzog Johann Albrecht I. nach
dem Tod seines altgläubigen Vaters, Albrechts VII., der Durchsetzung der
lutherischen Lehre angenommen. Bereits zwei Jahre nach seinem Regierungsantritt wurde auf dem Sternberger Landtag im Juni 1549 durch Landesherren und Landstände für Mecklenburg das Bekenntnis zur Reformation beschlossen. Mit teilweise brutaler Gewalt ging Johann Albrecht
daraufhin gegen die Klöster als letzte Stützpfeiler der alten Lehre vor. Im
Jahre 1552 wurden die meisten Klöster Mecklenburgs aufgelöst. Bei Rostock
ließ der Herzog mit bewaffneten Kräften das Kartäuserkloster Marienehe
aufheben. Heftigen Widerstand leisteten in Rostock selbst die Nonnen des
Klosters zum Heiligen Kreuz, weshalb sich die gewaltsame Reformation dort
noch jahrelang hinziehen sollte. Schließlich wurde das Kloster zum Damen-
stift, hauptsächlich für Töchter der städtebürgerlichen Oberschicht, ähnlich
wie die Klöster Malchow, Dobbertin und Ribnitz, die 1572 den Landständen
übergeben wurden und als Landesklöster primär für Töchter der Ritterschaft
reserviert waren.

Besondere Aufmerksamkeit schenkte der hochgebildete Herzog Johann
Albrecht der Universität. Sie hatte nach einem Höhepunkt unter den Ein-
flüssen des Humanismus zu Beginn des 16. Jahrhunderts infolge der Gründung der Universität Wittenberg 1502 in Verbindung mit dem Wirken
Martin Luthers (1483–1546) rasch an Bedeutung verloren. Das war nicht
zuletzt an der rapide abnehmenden Studentenzahl ablesbar. Mit der Reformation in Mecklenburg verbanden sich Bemühungen, die Krise der Rostocker Universität zu überwinden. Unter Mitwirkung Philipp Melanchthons

(1497–1560) kamen seit der Jahrhundertmitte wieder bedeutende Gelehrte nach Rostock. Obwohl bereits mit Konrad Pegel (1487–1567) und Arnold Burenius (1485–1566) Luther- und Melanchthonschüler in der Warnow-stadt wirkten, stellte 1551 die Berufung von David Chytraeus (1531–1600) die eigentliche Zäsur in der qualitativen Erneuerung des Lehrkörpers dar. Probleme bestanden aber noch hinsichtlich der materiellen Bedingungen sowie der Stellung der Universität zwischen Landesherrschaft und Stadt. Auf einem Höhepunkt der innerstädtischen Auseinandersetzungen zwischen Rat und Sechzigern verstand man sich am 11. Mai 1563 – der Rat war gerade aus dem Gewahrsam der Sechziger in seiner eigenen Schreiberei gegenüber der St. Marienkirche entlassen worden – zum Abschluss eines Kompromisses, der Formula concordiae, der Urkunde über die Herstellung der Eintracht zwischen Landesherrschaft und Stadt bezüglich der Universität. Bis dahin hatte es ein Gerangel um die Zuständigkeiten gegeben, wobei die Frage nach den eigentlichen Gründern der Universität eine Rolle gespielt hatte. Mit der Bestätigung der Rechte und Privilegien der Universität durch Kaiser Ferdinand I. (1503–1564) vom 18. August 1560 drohte sich die Waage gegen die Stadt zu neigen, die deshalb die kaiserliche Bestätigung auch als erschlichen attackierte. Die Formula concordiae gestand der Stadt nun neben den Herzögen ein Kompatronat über die Universität zu, was neben dem Recht der Mitzuständigkeit die Pflicht zur Mitfinanzierung und -ausstattung der Universität einschloss.

Die Teilung der Zuständigkeit zwischen Herzögen und Stadt beinhaltete auch eine Teilung des Lehrkörpers in herzogliche und rätliche Professoren. Die Herzöge konnten zur Finanzierung Einkünfte unter anderem aus den aufgehobenen Klöstern Doberan und Marienehe und derem umfänglichen Grundbesitz nutzen. Auch bezüglich der Baulichkeiten für die Universität in den Mauern Rostocks griff man auf ehemals geistlichen Grundbesitz zurück. Schon lange wurden durch die Universität mehr Gebäude genutzt als das Große und das Kleine Kollegiengebäude am Hopfenmarkt und am Alten Markt aus den Anfängen nach 1419. Das Große Kollegium am Hopfenmarkt auf dem Platz des heutigen Universitätshauptgebäudes, nach seinem Wiederaufbau 1566/67 im Anschluss an einen Brand seit 1649 auch als Weißes Kolleg bezeichnet, diente als Philosophisches Kolleg. Das Kleine Kollegium am Alten Markt, wohl das ehemalige Rathaus der Altstadt, nutzte die Juristische Fakultät. Das Rathaus der Neustadt, im Unterschied zu den Rathäusern der Alt- und Mittelstadt mitten auf dem Marktplatz stehend, war das Große Auditorium oder Lektorium der Universität. Der Marktplatz der Neu-

Der heutige Universitätsplatz im Jahre 1585 (die Regentien, das Kloster Zum
Heiligen Kreuz, das Weiße Kolleg und das Auditorium Magnum, von links,
Rekonstruktion nach der Vicke-Schorler-Rolle, 1844)

stadt, der Hopfenmarkt, trug auch die Bezeichnung Lateinischer Markt,
denn neben den beiden genannten Gebäuden befanden sich dort noch weitere Gebäude in Nutzung der Universität. Am berühmtesten wurden die
fünf Regentien an der Südseite des Marktes – Häuser, die unter der Leitung
von Professoren standen und Unterrichts- und Wohnräume auch für Studenten aufwiesen. Nach ihrem Bildschmuck über den Hauseingängen bzw.
nach ihrer Bestimmung hießen sie – von Ost nach West – Roter Löwe, Ein-
horn, Haus des ersten Theologen, Neues Haus und Adlersburg. Diese für die
Universitätsgeschichte so überaus bedeutenden Gebäude mussten später
den herzoglichen Palaisbauten weichen. Nur ein Adler über dem Eingang

eines dieser neuen Gebäude erinnert noch an die Adlersburg. Nördlich neben dem Weißen Kolleg wohnte der Universitätsbuchdrucker. Um die Ecke zur Kröpeliner Straße gab es noch ein Haus der Artistenfakultät sowie die St.-Olafs-Burse, in der – entsprechend dem Namen des norwegischen Nationalheiligen – hauptsächlich Studenten aus Skandinavien ihr Domizil hatten. Auf der anderen Seite in der danach später so genannten Pädagogienstraße befand sich gegenüber dem Chor der St. Jakobikirche die Regentie Himmelspforte, die auch einfach das Pädagogium genannt wurde. Allerdings geriet dieses bereits in den Jahren nach 1563 rasch in Verfall. Das Haus der medizinischen Fakultät auf der Ostseite der Breiten Straße hatte vorher den Marieneher Kartäusern gehört. Von der Regentie Halber Mond an der Ecke Badstüberstraße/Lange Straße war schon im Zusammenhang mit der Domfehde die Rede. In der Altschmiedestraße nahe dem Alten Markt hatte die juristische Fakultät außer dem dortigen Kleinen Kollegium noch ein weiteres Gebäude. Auch die Gebäude des St.-Johannis-Klosters sowie der Michaelisbrüder wurden zumindest zeitweilig von der Universität genutzt. Hierbei zeigte man wenig Pietät im Umgang mit ehemals geistlichen Einrichtungen. Das Johanniskloster fiel teilweise dem Abriss für den Aufbau der Festung vor Rostock durch die Herzöge zum Opfer, genauso wie das Kartäuserkloster Marienehe, das Steintor, Teile der Stadtmauer und die Wohnungen der „losen Weiber" auf dem möglicherweise wegen dieser Bewohnerinnen sogenannten Rammelsberg zwischen Kuhtor, Steintor und Lagebuschturm, der auch den bezeichnenden Namen Huren- oder Jungfrauenturm trug. Im Michaelis- oder Fraterkloster – immerhin einem der Geburtsorte des Buchdrucks in Mecklenburg Ende des 15. Jahrhunderts – wurde neben der Nutzung durch die Universität Korn aufgeschüttet und Getreide gedroschen, was der Hohen Schule nicht nur wegen der damit verbundenen Mäuseplage ein Dorn im Auge war. So blieben zwar auch nach der Übereinkunft in der Formula concordiae größere und kleinere Streitigkeiten zwischen Stadt und Universität auf der Tagesordnung, insgesamt aber war für einen erneuten Aufschwung der Hohen Schule auch materiell der Boden bereitet.

Die Studentenzahlen wuchsen bis zur Mitte des 17. Jahrhunderts stetig an. Zu den vielen Skandinaviern unter ihnen zählte auch der berühmte Astronom Tycho de Brahe (1546–1601), der in Rostock bei einem der nicht ganz seltenen studentischen Händel seine Nasenspitze einbüßte. Angesehene Professoren kamen neben Wittenberg besonders aus den Niederlanden und verliehen der Universität eine weitreichende Ausstrahlung. Das

Dreigestirn der Theologen David Chytraeus, Simon Pauli d.Ä. und Lucas Bacmeister d.Ä. begründete Rostocks Ruf als Wittenberg des Nordens, das Einfluss nahm auf die Ausgestaltung des Protestantismus weit über Norddeutschland hinaus. Allerdings verband sich damit auch eine unnachsichtige Bekämpfung der von Luther abweichenden Strömungen des Protestantismus, insbesondere des Kalvinismus. Das bekam als namhaftes Opfer der Chytraeus-Bruder Nathan (1543–1598) zu spüren, der Rostock ungeachtet der Vermittlungsversuche durch seinen Bruder verlassen musste und nach Bremen ging. An der Philosophischen Fakultät ragte neben Nathan Chytraeus – der 1580 die Große Stadtschule im ehemaligen Johanniskloster gründete – besonders Johann Caselius (1533–1613) als bekannter Philologe heraus. Berühmte Medizinprofessoren lehrten in Rostock, wie etwa Jacob Bording d.Ä. (1511–1560) und Heinrich Brucaeus (1530–1593). Schillernder waren die Persönlichkeiten der Juristischen Fakultät. Zum Teil international hoch geachtet, trugen sie in den Augen der Rostocker Bürger eher zu den Spannungen zwischen Universität und Stadt, Landesherrschaft und Stadt sowie Rat und Gemeinde bei, weil sie – als Kanzler, Berater, Räte, Syndici – eng mit der Landesherrschaft bzw. dem Rat verbunden waren, teilweise der städtischen Oberschicht selbst entstammten und zu den reichsten Leuten in Rostock zählten. Zu nennen sind Lorenz Kerkhof, Matthäus Röseler (um 1527–1569), Lorenz Pancklow († 1590), Michael Grassus (1541–1595), Jacob Bording d.J. (1547–1616) und Ernst Cothmann (1557–1624). Sie waren auch mit einem der dunkelsten Kapitel der frühneuzeitlichen Gerichtsbarkeit verbunden, den Hexenprozessen. Allein in den Jahren 1583 bis 1587 endeten in Rostock 22 Frauen auf dem Scheiterhaufen. Eine rühmliche Ausnahme bildete diesbezüglich der Professor und Jurist Johann Georg Godelmann (1559–1611), der zumindest ein maßvolles Vorgehen in der Hexenverfolgung anmahnte.

Triumph der Herzöge: Die Erbverträge von 1573 und 1584

Der bewaffnete Einzug der Herzöge 1565 und 1566 sowie der demütigende Abriss von Steintor und Stadtmauer hatten die Selbständigkeitsbestrebungen Rostocks nicht brechen können. Im Gegenteil, selbst die Ratspartei, bis dahin mit Herzog Johann Albrecht I. gemeinsame Sache gegen die Sechziger machend, fürchtete nun um die städtischen und damit in erster Linie ihre

Die mecklenburgischen Herzöge Johann Albrecht I. und Ulrich III. vereinbaren sich mit der Stadt Rostock im Erbvertrag vom 21. September 1573.

eigenen Privilegien. Auch die Verhaftung von Ratsherren durch die Landesherrschaft beeindruckte nicht sonderlich. Kaiser Maximilian II. (1527–1576) bot den Rostocker Klagen einen gewissen Rückhalt. Zum Dank zierte sein Konterfei demonstrativ den sogenannten Kaiser-, später Fürstensaal im Rostocker Rathaus.

Zwischenzeitlich hielt noch die Aufdeckung der Urkundenfälschungen des in Rostock wohnenden und wirkenden Notars Wilhelm Ulenoge (†1572) die Landesherren und die Stadt in Atem. Unter den Augen des Rates hatte Ulenoge seit Jahren Urkunden im Interesse vieler alter Familien des mecklenburgischen Adels gefälscht, hauptsächlich für den Toitenwinkler Zweig der Familie Moltke, der dem Notar auch zur erst im letzten Moment missglückten Flucht aus Mecklenburg verhelfen wollte. Ulenoge wurde 1572 auf dem Güstrower Marktplatz hingerichtet, seine Gönnerin und vermutliche Auftraggeberin, die Witwe des 1564 von seinem eigenen Müller erschlagenen Toitenwinkler Gutsherrn Carin Moltke (um 1520–1564), Katharina Halberstadt (um 1520–1600), zeitweilig des Landes verwiesen.

Ein Jahr später gelang den Herzögen dann die vorläufige Brechung des Rostocker Widerstandes gegen die landesherrlichen Ansprüche. Dazu griffen die Herzöge wieder einmal zum Mittel der Sperrung des Ostseezuganges bei Warnemünde und der Behinderung der Schifffahrt, diesmal durch den dänischen König. Am 21. September 1573 bequemte sich die aufsässige Stadt in einem Erbvertrag zur Anerkennung der landesherrlichen Oberhoheit. Insbesondere auf den Gebieten der Gerichtsbarkeit und der Steuerzahlung wurde Rostock der herzoglichen Herrschaft unterstellt und eingegliedert. Dennoch bewahrte der Rat der landesherrlichen Stadt – ähnlich wie die aufstrebende Ritterschaft im Rahmen der Landstände – erhebliche Befugnisse gegenüber den Bürgern und Einwohnern. Die Inschrift am 1576 wieder aufgebauten Steintor beschwor Eintracht und öffentliches Wohlergehen als wichtige Grundsätze für den angestrebten erneuten städtischen Aufschwung. Nach dem Tod von Herzog Johann Albrecht im selben Jahr, dem bis dahin ärgsten Gegner der städtischen Unabhängigkeit, wiederholte sich bis 1584 das Ringen zwischen Rostock und dem Landesherrn, diesmal mit Herzog Ulrich III. Wiederum musste die Stadt vor dem Hintergrund einer Blockade ihres Seehandels durch die mit den mecklenburgischen Herzögen familiär eng verbundene dänische Krone ihren Widerstand aufgeben. Ergebnisse waren nicht nur der Abschluss eines zweiten Erbvertrages 1584, sondern auch die dauerhafte Installierung des Hundertmännerkollegiums an der Jahreswende 1583/84.

Die Entstehung des Hundertmännerkollegiums

Neben der Formula concordiae von 1563 und den Erbverträgen von 1573 und 1584 war die Installierung des Hundertmännerkollegiums 1583/84 der wichtigste Baustein für eine prinzipielle Befriedung und Klärung der politischen und Verfassungsverhältnisse in der Stadt sowie ihrer Beziehung zur Landesherrschaft und Universität. Diese Beendigung der – mit Unterbrechungen – seit Jahrhunderten immer wieder offen ausgetragenen Konflikte sollte lange Zeit andauern. Sie bot die Grundlage für einen erneuten wirtschaftlichen und kulturellen Aufschwung, der dann eher durch äußere Einflüsse als etwa durch erneute innere Auseinandersetzungen beendet wurde.

Ungeachtet der immer wieder niedergeschlagenen Bewegungen der Rostocker antirätlichen Opposition war es dem Rat nach drei Jahrhunderten nicht gelungen, die Idee der Einrichtung eines Bürgerausschusses neben dem Rat und zu seiner Kontrolle auszulöschen. Dies ergab sich allerdings nicht allein aus den zahlreichen und wirkungsvollen Unruhen, sondern auch aus der bewussten Politik der Herzöge, Rat und Bürgerschaft möglichst – jedenfalls bis zu einem gewissen Grade – gegeneinander auszuspielen. Daher fielen bezeichnenderweise der Abschluss des Erbvertrages 1584 und die endgültige Einsetzung des Hundertmännerkollegiums – Ansätze hierzu gab es spätestens seit den 1560er und 70er Jahren – nicht nur zeitlich zusammen. War das Verhältnis von Rat und Hundertmännern in der Folgezeit erwartungsgemäß auch nie völlig frei von Spannungen, so hatte der Rostocker Stadtchronist Peter Lindeberg doch Recht, wenn er meinte, dass in Rostock am Ende des 16. Jahrhunderts das Verhältnis zwischen „Aristocratia" und „Democratia", also zwischen Rat und Gemeinde, ausgeglichen sei. Die Grundlage dafür bot das Fehlen einer krassen sozialen Kluft zwischen Ratsmitgliedern und Hundertmännern. Solange Bürgerausschüsse in Rostock in Erscheinung getreten waren, setzten sie sich stets aus Vertretern der Mittel- und Oberschichten zusammen und unterschieden sich daher teilweise nur graduell – hinsichtlich der Nichtratsfähigkeit von Handwerkern – von den Ratsverwandten. Die Bewohner der Buden oder gar der Keller nahmen zwar teil an den antirätlichen Unruhen und Aufständen, gelangten aber nicht in die Bürgerausschüsse der Sechziger, Vierundsechziger und schließlich der Hundertmänner.

In der sozialen Zusammensetzung des letztgenannten Kollegiums verschob sich das Gewicht sogar noch weiter zugunsten der Oberschichten. Waren bis dahin die Bürgerausschüsse zumeist jeweils zur Hälfte mit Kaufleuten und Handwerkern besetzt, so gehörten zum Hundertmännerkollegium nur 40 Handwerker, insbesondere Vertreter der sogenannten großen Gewerke der Schuster, Schmiede, Bäcker und Wollenweber. 60 Mitglieder des Kollegiums hingegen stellten die Brauherren – der damalige Begriff Brauer entsprach ihrer tatsächlichen Stellung im Brauwesen kaum – und Kaufleute, wobei – dem Stellenwert des Brauwesens in Rostock entsprechend – die Brauherren, die ja auch Kaufleute waren, 40 der Hundertmänner ausmachten. Die Handwerker unter den Hundertmännern rekrutierten sich aus den angesehensten, erfahrensten und reichsten Mitgliedern ihrer Ämter, oft waren sie Alterleute. Letztere wurden – ebenso wie die Hundertmänner und die Ratsherren – auf Lebenszeit eingesetzt. Die Brauherren und

Kaufleute unter den Hundertmännern wurden später nicht selten selbst Ratsherren. Dass Rat und Hundertmännerkollegium durch keine tiefe Kluft getrennt waren, zeigte auch ihre Wohnsituation. Die meisten Ratsherren und Hundertmänner wohnten in Giebelhäusern der Mittelstadt. Es gab regelrechte „Nester" benachbarter Wohnhäuser von Ratsmitgliedern und Hundertmännern. Die Einteilung der Hundertmänner in vier Quartiere mit jeweils 25 Mitgliedern, nämlich zehn Brauherren, fünf Kaufleuten und zehn Handwerkern, entsprach daher keineswegs einer räumlichen Untergliederung, etwa bezogen auf die vier Pfarrbezirke von St. Marien, St. Jakobi, St. Nikolai und St. Petri.

Als sozusagen engerer Ausschuss der Hundertmänner wurden Ende des 16. Jahrhunderts die Sechzehner eingeführt, wiederum mit der charakteristischen Zusammensetzung von je zwei Brauherren, einem Kaufmann und einem Handwerker aus jedem Quartier der Hundertmänner. War dies offenbar gedacht, um ein effektiveres Zusammenwirken von Rat und Hundertmännern zu gewährleisten, so wurde dies nur bedingt erreicht. Die Geschichte des Verhältnisses von Rat und Hundertmännern war ebensowenig frei von kleineren und größeren Streitigkeiten wie innerhalb beider Gremien selbst. Ein beliebtes und die Nerven des Rates arg strapazierendes Mittel der Verzögerung von Ratsbeschlüssen stellte das Nichterscheinen eines großen Teils der Hundertmänner über Tage und mitunter Wochen hinweg dar, so dass eine Stellungnahme ihres Kollegiums oft längere Zeit nicht zu erlangen war. Dadurch geriet der Rat gerade in Fragen, die eigentlich keinen Aufschub duldeten, mitunter in eine schwierige Situation. Doch erschöpfte sich die Tätigkeit des Hundertmännerkollegiums nicht in einem derart destruktiven Verhalten, sondern trug insgesamt dazu bei, dass das innerstädtische Herrschaftsgefüge auf eine breitere Basis gestellt wurde und daher auf Probleme, Konflikte und Spannungen im städtischen Leben rascher aufmerksam werden konnte als eine reine Ratsherrschaft. Die damals seit einem Jahrhundert immer wiederholten Auseinandersetzungen zwischen Rat und Bürgerschaft reflektierten auch einzelne Zeitgenossen am Beispiel ihrer eigenen Familiengeschichte. So versuchte der Professor Hinrich Warenius (†1582) an seinem Lebensabend der Bitte an den Rostocker Rat um Verbesserung seiner Besoldung Nachdruck zu verleihen, indem er auf den Schaden verwies, der seiner Eltern- und Großelterngeneration durch Unruhen zugefügt worden war. Die Aufständischen in der Domfehde hätten seinem Großvater, dem Ratsherrn Hermann von Waren (†1497), nach dem Leben getrachtet und ihn zeitweilig inhaftiert. Zahlungen, die jener für die Stadt an Herzog Magnus II. leistete, wären ihm nie erstattet worden. Auch Warenius' „Eltervater", Ratsherr Heinrich Mulsche († 1505), sei in der Zeit der Domfehde vertrieben worden und erst nach etlichen Jahren samt Frau und Kindern aus dem „Elend" zurückgekehrt. Für den Tod seines Vaters schließlich, des Bürgermeisters Heinrich Waren († um 1535), machte der gleichnamige Sohn und Professor die „Plage" durch die Aufständischen 1534 verantwortlich.

Regulierung des städtischen Lebens – die Rostocker Polizeiordnung von 1576

Im Gefolge des Erbvertrages von 1573 löste 1576 eine neue gedruckte Polizeiordnung Rostocks frühere Ordnung aus dem Jahre 1538 ab. Den Anfang bildeten allgemeine Grundsätze des ordentlichen christlichen Familienlebens. Die Ordnung ließ erkennen, dass es diesbezüglich nicht überall zum Besten bestellt war. Kritisiert wurden unter anderem der Alkoholausschank und -konsum in der Zeit der Predigt, die Verunreinigung der Kirchhöfe durch zahlreiche von den Rostockern gehaltene Schweine, das Anwachsen der Hurerei und viele Einbrüche in Häuser, Buden und Keller. Hochzeits- und Kleiderordnungen legten auch als Bestandteile der Polizeiordnung eine dreifache Gliederung der Rostocker Bürger in einen vornehmen, einen mittleren und einen niederen Stand zugrunde. Zum ersten Stand zählten Bürgermeister, Ratsherren und -sekretäre, die alten Patriziergeschlechter, Brauherren, Kaufleute, Gewandschneider und vornehme Gastgeber. Dieser vornehme Stand war nochmals unterteilt: Die exklusive Oberschicht bildeten nur die Bürgermeister, Ratsherren und „Geschlechter". Ihnen allein standen der Marderpelz und Samtbesatz zu. Die übrigen Standesangehörigen sollten sich mit Wolfs- und Fuchspelzen begnügen. Der mittlere Stand umfasste die sogenannten vornehmen Handwerksämter wie Goldschmiede und die übrigen Schmiede, Schuster, Bäcker, Wollenweber, Schneider, Kürschner, Fleischer, Böttcher, Kannengießer. Nur den Begüterten unter ihnen waren Wolfs- und Fuchspelze erlaubt. Dem dritten Stand, den geringen Bürgern, waren höchstens Schafsfelle gestattet. Ähnliche Abstufungen gab es für den Umfang der Bewirtung, die Zahl der Gäste und das Ausmaß der musikalischen Aufwartung bei den Hochzeitsfeierlichkeiten der drei Stände. Zahlenmäßig übertrafen die dem dritten Stand zugehörigen Bürger

Titelblatt der vom Rat 1625 erlassenen Ordnung zur Aufrechterhaltung der ständischen Unterschiede in Rostock

den ersten und zweiten Stand erheblich. Noch ein Jahrhundert später umfasste beispielsweise im Jahre 1663 der erste Stand 17%, der zweite 24% und der dritte Stand 59%. Für Handel, Handwerk und Gewerbe galt allgemein der Grundsatz, gute Ware zu nicht überteuerten Preisen abzugeben. Besonders die Schuster wurden diesbezüglich in ganz Mecklenburg kritisiert. Bei den Regelungen für einzelne Berufszweige, Gewerbe und Handwerke zeigte sich die Reihenfolge zugleich als eine tendenzielle Wichtung des Stellenwertes dieser Gewerbe und Berufe. Nicht von ungefähr standen die Bierbrauer, Gewandschneider und Krämer am Anfang. Den Apothekern wurde eingeschärft, sich nicht klüger zu dünken als die Ärzte. Die weitere Reihung der Berufe entsprach weitgehend der Abfolge der im zweiten Stand der Kleiderordnung oben bereits aufgezählten genannten vornehmen Ämter. Deutlich abgesetzt hiervon wurden Schnitticher, Zimmerleute, Maurer und andere gemeine Arbeiter und Tagelöhner behandelt. Für sie fielen die Regelungen weitaus schärfer aus als für die vornehmen Ämter. Umfänglichere Regelungen betrafen die im Transportwesen Tätigen: Träger, Prahm- und Fährleute, Fuhrleute und besonders die Schiffer. Neben Hochzeit und Kindtaufe wurde auch das Leichenbegängnis geregelt. Wiederum zeichneten sich auch hierbei die Ratsverwandten und „Geschlechter" durch besondere Vorrechte gegenüber den anderen Bürgern aus. Den Abschluss der Polizeiordnung bildete eine Feuerordnung. Als feuergefährdete Berufe wurden namentlich genannt die Gastgeber, Bierschenke, Brauer und Bäcker. Besondere Bedeutung für die Feuerwehr hatten die Turmmänner, Zimmerleute, Maurer, Träger, Knechte, Jungen, Mägde, reitenden Diener und sonstige Pferdehalter. Geräte zur Brandbekämpfung, wie Leitern und Feuerhaken, wurden an zentralen Plätzen aufbewahrt, beim Gericht auf dem Neuen Markt, beim Großen Auditorium auf dem Hopfenmarkt sowie auf dem Kirchhof von St. Nikolai. Im Unterschied zur Quartiereinteilung des Hundertmännerkollegiums erfolgte eine Einteilung der Stadtbevölkerung zur Brandbekämpfung in vier Teile gemäß den vier Kirchspielen St. Petri, St. Nikolai, St. Marien und St. Jakobi. Unter den Feuerherren, den Bürgermeistern sowie Vertretern des Rates und der Bürgerschaft, hatten sich die Einwohner dieser Quartiere im Notfall auf den zentralen Plätzen ihrer Kirchspiele, auf den Märkten bzw. bei den Pfarrkirchen, zur Feuerbekämpfung einzufinden. Spätestens 1677, ein Jahrhundert nach Erlass dieser Feuerordnung, sollte sich ihre Notwendigkeit in schrecklicher Weise herausstellen.

Städtische Gerichtsbarkeit

Ließ sich der Rat auch erst auf herzoglichen Druck dazu bewegen, nach den Erbverträgen von 1573 und 1584 neue Gerichtsordnungen zu verabschieden und 1574/1586 in Druck gehen zu lassen, hatten die Bürger auch immer wieder über Mängel, Verzögerungen und Parteilichkeit in der Rostocker Gerichtsbarkeit geklagt, so bedeutete dies keineswegs eine Geringschätzung der Gerichtsbarkeit durch die Stadtoberen. Im Gegenteil, die Gerichtshoheit rechnete die städtische Obrigkeit zu ihren vornehmsten Privilegien und Gerechtsamen. Das galt sowohl für die Rechtssprechung als auch die praktische Umsetzung ihrer Urteile. Der Rat suchte gerade auf diesem Gebiet seine Sonderstellung gegenüber den Landesherren und deren Hofgericht und stattdessen den Rechtszug nach Lübeck als hansischem Oberhof zu bewahren, obwohl in der frühen Neuzeit das „Lübsch Recht" als „glüpsch Recht", d.h. als vielfach unsicheres Recht, in Misskredit geriet. Ansatzpunkt dafür war unter anderem die traditionelle Betonung der mündlichen Prozessführung des Lübischen Rechts in Zeiten wachsender Verschriftlichung. Aus Gründen der Wahrung seiner Autorität pochte der Rostocker Rat, so unkriegerisch er sich häufig bei militärischer Bedrohung aus der Affäre zu ziehen trachtete, auf eine strikte Durchführung auch drastischer Bestrafungen. In diesem Zusammenhang wurde der Grundsatz kundgetan, dass Diebe die Galgen ebenso sehr zieren würden wie Diamanten die Krone. Dennoch waren Hinrichtungen keineswegs alltägliche Vorgänge, sondern etwas Besonderes. Dementsprechend lockten sie viele Zuschauer an und wurden durch die Rostocker Chronisten ebenso aufmerksam notiert wie die natürlichen Todesfälle von einflussreichen und bekannten Bürgern oder anderen Persönlichkeiten.

Die städtische Gerichtsbarkeit zeigte eine generelle Zweiteilung in das Ober- und Niedergericht. Diese entsprach nicht etwa der Schwere der Vergehen und ihrer Ahndung, sondern hing primär vom Stand der Betroffenen – für Ratsherren war sogleich das Obergericht zuständig – sowie vom Streitwert ab. Beispielsweise fielen die berüchtigten Hexenprozesse in die Zuständigkeit des Niedergerichts. Allerdings wurde über eventuelle Todesstrafen – bei Hexenprozessen eher die Regel als die Ausnahme – dann durch den Rat als Obergericht befunden. Auch räumlich unterschieden sich Ober- und Untergericht. Das Niedergericht, der sogenannte Stapel, befand sich bzw. tagte vor dem Rathaus, wo sich noch heute die mittelalterliche Darstellung Christi als Weltenrichter befindet. Das Niedergericht setzte sich aus Richteherren, zumeist zwei der Ratsherren, und den Urteilsfindern, Vertretern der Bürgerschaft, zusammen. Das Obergericht tagte oben auf dem Rathaus, da es aus dem Rat selbst bestand, in welchem seit Beginn der Neuzeit zunehmend juristisch gebildete Personen Sitz und Stimme hatten. Auch die Schreiberei an der Ecke des Ziegenmarktes bei St. Marien war mitunter Ort von Gerichtsverhandlungen oder der Protokollierung von Zeugenbefragun-

Professor Martin Chemnitz
rechts: Professor Johann Quistorp

gen. In ihr befanden sich Gefängnisse, ebenso wie unter dem Rathaus neben den Weinkellern der
sogenannte Finkenbauer. Besonders
berüchtigt war die Fronerei in der
Kibbenibberstraße, worauf ihre Bezeichnung „Fünf Rosen", die von
den dort überwachten Prostituier-
ten herrührte, nicht unbedingt
schließen ließ. Da sie dem Fronmeister, das heißt dem Scharf- oder
Nachrichter unterstand, der neben-
an wohnte, hieß die Kibbenibberstraße zeitweilig auch Scharfrich-
terstraße. Ende des 16. Jahrhunderts
setzte die Bürgerschaft die Umgestaltung des Kuhtors zur bürgerlichen
„Custodie", also zum Gefängnis
durch, um bei leichteren Delikten
einen ehrenhafteren Aufbewah-

Professor Johannes Posselius

rungsort für die Bestraften zu erhalten. Als Gefängnisse wurden mitunter
zudem der Lagebuschturm und der Blaue Turm genutzt, im Winter als nicht
oder schlecht geheizte Bestandteile der Stadtmauer eine zusätzliche Drangsal
für die Inhaftierten. Todesurteile wurden in der Regel außerhalb der Stadt,
vor dem Steintor, vollstreckt, die ehrenvolleren mit dem Schwert, die übrigen
mit dem Rad oder dem Galgen, ganz zu schweigen vom „Hexenbrennen".

Am Friedhof des nahegelegenen St.-Georg-Hospitals fanden die Leichen
der Hingerichteten ihre letzte Ruhestätte. Zuvor waren sie begehrte Objekte
für das „Anatomieren" der Rostocker Mediziner. Bildete der Fronmeister die
Hauptfigur der Exekution der schwereren Gerichtsurteile, so erinnern die
Straßennamen Altbüttelstraße – später verballhornt zu Altbettelmönchstraße – und Diebsstraße daran, dass auch in der Neu- und Altstadt Gerichts-
knechte ihrer Tätigkeit nachgingen, die Büttel und Prachervögte. Hinrichtungen auf dem Mittelmarkt waren die absolute Ausnahme. Der dort neben
der Wasserkunst, dem Mittelstädtischen Born, befindliche Kaak diente als
Schandpfahl eher der ehrmindernden Zurschaustellung und Anprangerung
von Delinquenten bzw. ihrer auch körperlichen Züchtigung. Gemäß der
Polizeiordnung unterlagen besonderer Überwachung der Markt, der Strand –

gemeint war der Hafen –, Warnemünde sowie die Rostocker Heide. Für sie zeichneten Markt-, Strand-, Warnemünder und Heidevögte verantwortlich, die in der Nähe ihrer Wirkungsorte wohnten. Für Eheprozesse war das Ministerium der Rostocker Geistlichkeit zuständig. Besondere Niedergerichte gab es außerdem noch für die zum nicht geringen Teil ländlichen Untertanen der Hospitäler, der Kämmerei, des Gewetts sowie des Klosters zum Heiligen Kreuz.

Neben Problemen mit den Landesherren, die für Rostock zunehmend ihr Hofgericht als alleinige Appellationsinstanz gegen Lübeck durchsetzen wollten, kam es zu ständigen Reibereien mit der Gerichtsbarkeit von Rektor und Konzil der Universität; insbesondere dann, wenn sowohl Angehörige der Universität (Academici) als auch die dem städtischen Gericht unterstellten Rostocker Bürger und Einwohner beteiligt waren. Auf Sonderrechte pochten auch die nicht ganz wenigen adligen Einwohner Rostocks, selbst wenn sie ausnahmsweise das Bürgerrecht erworben hatten. Gleichheit vor Gesetz und Recht galt nur sehr bedingt. Zeugenaussagen wurden nach der wirtschaftlichen Solidität gewichtet bzw. überhaupt erst zugelassen. Immerhin stellte man ärmeren Leuten kostenlos Anwälte zur Verfügung. Dass diese jedoch ein solches Mandat in aller Regel nicht gerade begeistert übernahmen, dürfte nicht verwundern. Mitunter war die Flucht aus der Stadt das einfachere Mittel für vom Arm des Gesetzes Verfolgte. Eine relativ bequeme Möglichkeit bestand in der bloßen Überquerung der Warnow. Bereits an der Gehlsdorfer Fähre befand man sich an einem Asyl- oder Friedensstein, der einen gewissen Schutz zu bieten vermochte. Das galt namentlich, wenn man mit der Herrschaft der Gehlsdorfer Fähre, die zum Moltke'schen Toitenwinkel gehörte, gut stand. Den Rostockern war dies ein besonderer Dorn im Auge und ein Pfahl im Fleische ihrer beinahe – eben mit der Ausnahme des Toitenwinkels – geschlossenen Herrschaft über ihre engere und weitere Umgebung. Da die Toitenwinkler – sowohl die Moltke'sche Herrschaft wie ihre Untertanen – überdies regelmäßig in durch die Stadt beanspruchte Rechte eingriffen, entluden sich die Spannungen mitunter gewaltsam. Die Bewohner der Toitenwinkler Dörfer übten das Strandrecht gegenüber scheiternden Schiffen, befischten die Unterwarnow und den Breitling, ernteten den Rohrgürtel am Fluss ab und bargen Ertrunkene aus der Warnow. Als 1572 auf diese Weise ein größerer dänischer Viehtransport nicht in Rostock, sondern auf dem Moltke'schen Gutshof in Toitenwinkel landete, erkämpften mehrere hundert Bewaffnete das dänische Vieh und führten es im Triumphzug nach Rostock.

Rostocks Landbegüterung

Neben der Finanzpolitik des Rates und der Gerichtsbarkeit hatte die anti-rätliche Opposition in den Auseinandersetzungen der 1560er und 1570er Jahre den Umgang mit den Rostocker „Landgütern" scharf kritisiert. Diese auf den ersten Blick für eine klassische See- und Hansestadt nebensächlich scheinende Problematik hatte durchaus erhebliche Bedeutung, so dass sich an ihr nicht von ungefähr die Gemüter erhitzten. Die engen Verbindungen Rostocks mit dem agrarischen Umland und dem Agrarwesen generell, ganz zu schweigen vom riesigen Stadtwald der Rostocker Heide als Holz-, Schwei-nemast- und Jagdreservoir, hatten sich seit dem Mittelalter keineswegs ge-lockert, sondern eher noch intensiviert. Nach Dutzenden zählten die Dörfer und Dorfanteile zwischen Doberan und Ribnitz, zwischen Warnemünde und Schwaan, die der Rostocker Rat bzw. seine Kämmerei, einzelne betuchte Bürger, zumeist Patrizier oder „Geschlechter", die Hospitäler sowie das Klos-ter zum Heiligen Kreuz seit der Mitte des 13. Jahrhunderts mehr oder we-niger kontinuierlich und systematisch erworben hatten. Das zeitigte den sicherlich nicht unbedeutenden Nebeneffekt, dass die mächtigste Stadt Mecklenburgs auf diese Weise – mit der aus städtischer Sicht ärgerlichen Ausnahme des Moltke'schen Toitenwinkels – Konflikten mit allzu nah an den Stadtmauern liegenden adligen Besitzungen aus dem Wege ging. Auch für die Bestandteile der Stadtfeldmark, Gärten, Hopfenhöfe, Äcker und Wie-sen, gab es ständig ein großes Interesse nicht nur der städtischen Ober-schicht, sondern auch der weniger privilegierten Bürger. Die sich in den Gartenbüchern als Sonderreihe der Stadtbücher niederschlagende Mobilität dieser Besitzungen belegt dies über viele Jahrhunderte hinweg. Sowohl bei der Landbegüterung außerhalb der Stadtfeldmark als auch innerhalb der-selben war die Dominanz der ratsfähigen Geschlechter unverkennbar. Bei Vermögensangaben – etwa zur Erhebung des Hundertsten Pfennigs – mach-ten die Werte des Landbesitzes einen erheblichen Teil des Oberschichten-vermögens aus. In gewisser Weise begründete diese starke agrarische Kom-ponente auch die Nähe von „Stadtjunkern" und ländlichem Adel, die sich nicht zuletzt in Heiratsverbindungen zwischen beiden Schichten bemerkbar machte. Dies nährte den traditionellen Argwohn der antirätlichen Opposi-tion gegen das Patriziat zusätzlich. Letzteres stand als (Groß)grundbesitzer vielen ländlichen Adligen kaum nach, sondern monopolisierte darüber hin-aus auch das Eigentum an den Mühlen und Scheunen innerhalb und un-mittelbar vor der Stadt.

Neben den Wassermühlen am Mühlendamm vor dem Mühlentor und den Windmühlen vor dem Kröpeliner Tor befanden sich die Scheunen wegen der Feuergefahr und wegen der Nähe zum agrarischen Umfeld ebenfalls am Stadtrand, in der Neustadt in der Schwaanschen und Baustraße sowie zwischen dem Kröpeliner und Bramower Tor, in der Altstadt zwischen dem Wenden- und dem Faulen oder Alten Tor. Einem der der antirätlichen Opposition verhassten Gebrüder Lorenz und Lambert Kerkhof brachte die Auseinandersetzung um die Verwaltung der städtischen Landgüter den Ruf

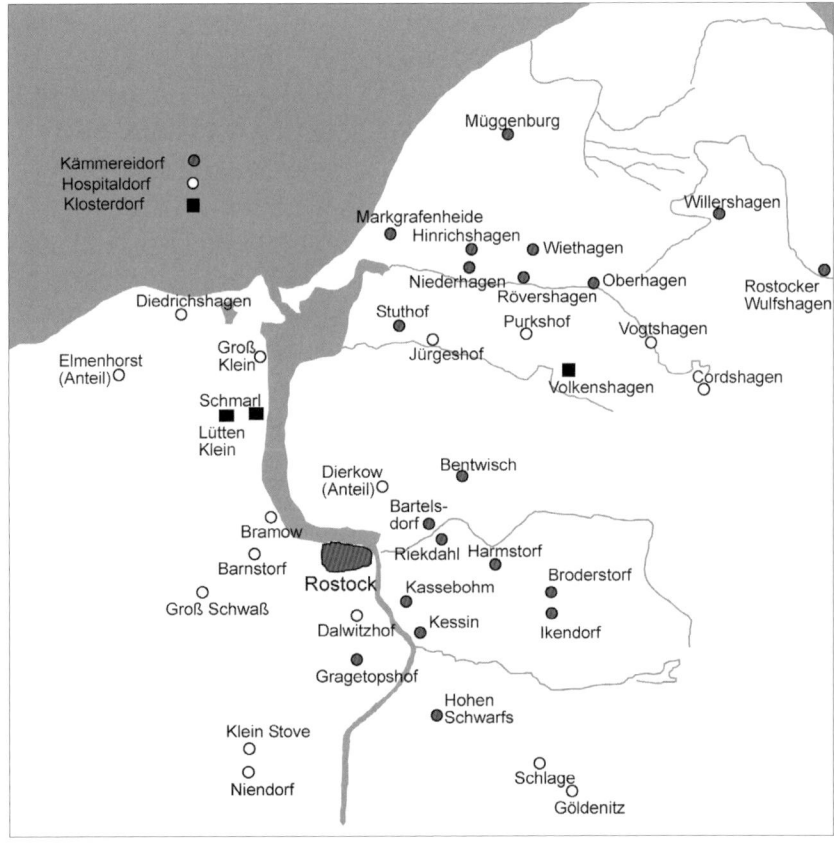

Rostocker Kämmerei-, Hospital- und Klosterdörfer im 16. bis 18. Jahrhundert

eines Heudiebes ein, den man als Dieb behandeln wollte. Die Kerkhofs nahmen diese Drohung – mit dem Galgen – immerhin so ernst, dass sie zeitweilig zu ihren adligen Vertrauten auf das Land flohen.

Da die Herzöge nach der Reformation auch über die Verwaltung des ehemaligen geistlichen Gutes ihren Einfluss in der Stadt ausweiten wollten, schürten sie die Kritik der bürgerlichen Opposition gegenüber dem Rat nach Kräften. Rat und Bürgerschaft trafen sich aber wieder in dem gemeinsamen Bemühen, besonders aus den Kämmereidörfern möglichst große Gewinne zu erzielen. Daher machte auch um die Rostocker Stadtdörfer die Tendenz zur Gutswirtschaft und -herrschaft keinen Bogen. Seit der zweiten Hälfte des 16. Jahrhunderts erschien es den Rostockern mitunter nämlich als einträglicher, größere Höfe anzulegen und sie gewinnbringend zu verpachten. Es kam zu regelrechten Bauernlegungen, die mitunter im Vorfeld durch wirtschaftliche Schwierigkeiten, Misserfolge oder Brandschäden der Bauern begünstigt worden waren. Im Jahre 1587 sah sich der namhafte Rostocker Theologieprofessor und Superintendent Simon Pauli d. Ä. veranlasst, den Rat zu kritisieren, da er Kassebohmer Bauern als bloße coloni mit angeblich schlechtem Besitzrecht behandelt und von ihrem Grund und Boden abgesetzt hatte. Es lag im Zuge der Zeit, dass Paulis Appell an eine christliche Obrigkeit damals ungehört blieb, bestenfalls ungnädig aufgenommen wurde.

Selbst vor den – übrigens wohl fälschlicherweise – traditionell als rechtlich besonders gut gestellt geltenden Hagenhufendörfern am Rande der Rostocker Heide machte die bauernfeindliche Rostocker Politik in der Folgezeit nicht halt. So erklärt sich auch der spätere Ortsnamenwechsel von Purkshagen zu Purkshof. Wenige Kilometer weiter schrumpfte Rövershagen von einem der größten mecklenburgischen Dörfer mit etwa vier Kilometern Dorfstraßenlänge zum Bauerndorf Mittelrövershagen zusammen. In Ober- und Niederhagen entstanden demgegenüber große Pachthöfe. Ein ähnliches Schicksal erlitten Bartelsdorf und Willershagen, die überdies noch für Jahrzehnte an das adlige Landeskloster Ribnitz fielen. Besser standen sich die Bauern zumeist in den Dörfern der beiden Rostocker Hospitäler zum Heiligen Geist und St. Georg, da hier die Tendenz zur Einrichtung von Gutshöfen schwächer ausgebildet war. So stellten etwa Diedrichshagen und Elmenhorst bei Warnemünde als Hagenhufendörfer ein Gegenstück im Vergleich mit den Heidedörfern dar. Wo Gutshöfe eingerichtet wurden, traf dies die bäuerliche Bevölkerung doppelt. Zum Teil musste erst Platz geschaffen werden für diese Höfe. Das bedeutete nicht selten das Eingehen der dort befindlichen bäuerlichen Stellen. Des Weiteren wurden dann auch die Nachbardörfer direkt einbezogen, da ihre Bauern die Dienste für die neuen Höfe leisten mussten. Auf diesem Wege wurde beispielsweise das in slawischer Zeit und für die Vorgeschichte Rostocks bedeutungsvolle Pfarrdorf Kessin zu einem bloßen agrarischen Anhängsel der Gutshöfe in Bartelsdorf bzw. in Kassebohm, wohin die Kessiner zu dienen hatten. Der Rostocker Chronist Lindeberg konnte erst die Anfänge dieser Entwicklung kennen, als er für Kessin am Ende des 16. Jahrhunderts bereits feststellte:

Da zuvor tapfere kühne Helden ihren Sitz gehabt, da wonet itzo ein armes geringer pauren volcklein.

Insofern hatten die Bauern um Rostock nur bedingt bzw. teilweise etwas davon – abgesehen von den nicht zu unterschätzenden Marktmöglichkeiten –, dass ihnen die Rostocker wenigstens die ritterschaftliche Form der Gutsherrschaft weitgehend vom Leibe hielten. Die Struktur der ländlichen Siedlungen im Besitz der Stadt, ihrer Hospitäler und anderen geistlichen Einrichtungen und einzelner Bürger blieb sehr differenziert. Es gab große Dörfer, zumeist Pfarrdörfer, wie Bentwisch und Rövershagen, die – regelmäßig in unmittelbarer Nähe der Kirchen – einen oder gar zwei Krüge aufwiesen. Letzteres traf insbesondere zu, wenn diese Dörfer von wichtigen Landstraßen berührt wurden. In solchen Dörfern fanden sich auch mehr Landhandwerker und ländliches Gewerbe als anderswo, etwa Müller, Schmiede, Schneider, Weber, Rademacher. In den Grenzbereichen des Rostocker Territoriums nach Doberan und nach Ribnitz dominierten die in nach wie vor noch ansehnliche Waldbestände hineingerodeten Hagenhufendörfer. Ihre Bauerngehöfte lagen – relativ weit von einander entfernt – meist auf einer Seite der Straße, wodurch sich teilweise sehr langgestreckte Dorfformen ergaben.

In anderen ländlichen Siedlungen herrschten die Kossatenstellen vor, etwa in Groß Klein. Etliche Siedlungen bestanden – wie ihr Ortsname schon zum Ausdruck brachte – im Wesentlichen nur aus einem einzelnen, zumeist größeren Hof, wie in Gragetopshof, Dalwitzhof, Stuthof oder Jürgeshof. Einige Dörfer um Rostock waren zwischen verschiedenen Herrschaftsträgern geteilt, die sogenannten Kommuniondörfer. Hierzu zählten Dierkow, Elmenhorst und Mönchhagen. Dort häuften sich verständlicherweise Auseinandersetzungen und Streitigkeiten zwischen den unterschiedlichen Herrschaften bzw. ihren Untertanen.

Die Stadt in den Augen eines zeichnenden Krämers

Die Rostocker konnten Ende des 16. Jahrhunderts mit einigem Recht stolz auf ihre Stadt sein, und sie zeigten dies auch, bisweilen mit einem Schuss Überheblichkeit. Den Herzögen gegenüber bezeichneten sie ihr Gemeinwesen in gewisser Doppeldeutigkeit als vornehmste Stadt, als Zierde und Kleinod des Landes. Selbst die Wismaraner, mit denen die Rostocker in der Hanse auf Gedeih und Verderb verbunden waren, galten ihnen als Krabbenfänger, wenn sie den Rostockern in den zahlreichen innerstädtischen Auseinandersetzungen wohlgemeinte, aber – wie man in Rostock urteilte – ungebetene Ratschläge erteilen wollten. Ausdruck solchen Selbstwertgefühls waren nicht zuletzt mehrere Stadtchroniken. Das höchste Loblied sang dabei der Kaufmanns- und Ratsherrensohn Peter Lindeberg seiner Heimat in Gestalt der ersten gedruckten Rostocker Stadtchronik, deren Erscheinen 1596 er aber nicht mehr erlebte. Weit weniger Erfolg hatten andere chronikalische Aufzeichnungen, nicht zuletzt die des Krämers Vicke Schorler († 1625). Im Unterschied zu seinem schon zu Lebzeiten hochberühmten Zeitgenossen Lindeberg wurde Schorler, dessen Biographie noch viele weiße Flecken aufweist, erst Jahrhunderte später einem größeren Publikum bekannt. Und dies nicht wegen der Qualität der als historische Arbeit nicht gerade überragenden Chronik, der das Fehlen eines direkten Zugangs zur städtischen Obrigkeit und zu ihrem Informationsstand anzumerken ist: Die Krämer führten zu Lebzeiten Schorlers einen hartnäckigen Streit, um wie die Brauherren, Gewandschneider und Fernkaufleute als vornehmer Stand anerkannt zu werden, doch erst seit dem 17. Jahrhundert wurden vereinzelt Krämer in den Rat gewählt. Schorlers Nachruhm begründete ein anderes Werk, das – wie seine Chronik – nicht seinem Beruf entsprach – die berühmte „Warhaftige Abcontrafactur der Hochloblichen und Weitberumten Alten See- und Hansestadt Rostock, Heubtstadt im Lande zu Meckelnburg" aus den Jahren 1578 bis 1586. Auf einem geistigen Fuß- oder besser Wasserweg entlang der Warnow von Warnemünde über Rostock bis Bützow – unter Einschluss des nahe gelegenen Güstrow – hielt der mit den Tücken des perspektivischen Zeichnens kämpfende junge Schorler insbesondere die ihm wichtig erscheinenden Gebäude der Rostocker Innenstadt und der Hafenseite auf einer viele Meter langen Darstellung fest. Neben den Kirchen und Klöstern, den Marktplätzen, dem Hafen mit seinen Schiffen und den Stadttoren galt seine besondere Vorliebe den Universitätsgebäuden und ihren Bewohnern bzw. Nutzern. Demgegenüber fehlen die wirtschaftlich bedeu-

Die Bildrolle des Rostocker Krämers Vicke Schorler (1578–1586, Ausschnitt)

tungsvollen Straßen zum Hafen in der Mittel- und Neustadt. Bei den Ge-
bäude- bzw. Wohnungstypen standen eindeutig im Vordergrund die teilweise reich verzierten Giebelhäuser, von denen – der Zahl nach – dennoch
höchstens die Hälfte Berücksichtigung fand. Einen vollständigeren Überblick bot wenige Jahrzehnte nach Schorlers Zeichnung die Vogelschaudar-
stellung Rostocks durch den Böhmen Wenzel Hollar (1607–1677), der über
sehr exakte Vorlagen verfügt haben muss. Die Darstellung von Buden unternahm Schorler nur ausnahmsweise. Die zahlreichen Keller fanden kaum
Berücksichtigung, waren naturgemäß als Ansicht auch schwer darstellbar.
So hielt der heimatstolze Krämer Vicke Schorler ein idealisiertes Bild Rostocks fest, aus dem die städtebaulichen und architektonischen Schattensei-
ten ausgeblendet blieben. Ungeachtet dieser inhaltlichen und handwerklichen Mängel schuf Schorler eine im wörtlichen Sinne einzigartige Bild-
quelle über das späthansische Rostock in seiner Blütezeit.

Spätblüte des hansischen Rostock

Als Vicke Schorler seine Abcontrafactur fertiggestellt hatte, stand Rostock für einige Jahrzehnte auf dem Gipfel seiner frühneuzeitlichen Entwicklung, die zum Teil sogar seine mittelalterliche Blütezeit übertraf. Das galt auf jeden Fall für die Einwohnerzahl, die mit etwa 14 000 einen mittelalterlich-frühneuzeitlichen Höchststand erreichte und – im Gegensatz etwa zum 15. Jahrhundert – Stralsund und Wismar deutlich hinter sich ließ. Daran konnten auch Pest- und Grippeseuchen, wie die von 1565 und 1580, nichts ändern. Peter Lindeberg, der berühmte Rostocker Chronist und Dichter, übertrieb wohl nicht, wenn er am Ausgang des 16. Jahrhunderts die Hanse- und Universitätsstadt Rostock als „lumen Vandaliae", als Zierde oder Glanz-licht des Wendenlandes bezeichnete, was man nicht nur auf die Universität beziehen muss.

Zur damaligen Internationalität Rostocks trugen nicht nur die häufig aus der Ferne kommenden und in dieselbe zurückkehrenden Professoren und Studenten der Hohen Schule bei, sondern auch die lebenswichtigen Handelsverbindungen, insbesondere nach Skandinavien. Erfahrene Politi-ker im Rat, oft juristisch gebildet, steuerten behutsam und lange Zeit erfolg-reich zwischen den Klippen des sich entwickelnden Kampfes der Ostsee-anrainerstaaten um das Dominium maris baltici, die Herrschaft über den Ostseeraum.

Neben den Einwohnerzahlen sprachen weitere Quantitäten vom be-trächtlichen Stellenwert Rostocks und wurden zum Teil auch schon von den damaligen Zeitgenossen inner- und außerhalb der Stadt mit Stolz oder auch Neid wahrgenommen. Vergleichsmaßstab war immer wieder Lübeck, an dem man sich – ungeachtet der Erbverträge mit den Landesherren – nach wie vor orientierte. So gingen auch wesentliche Impulse zur Revision des Lübischen Rechts im Jahre 1586 von Rostock aus. Betont wurde, dass Rostocks Stadtfläche der von Lübeck nur wenig nachstände. Die von Peter Lindeberg angegebene Zahl von eintausend Giebelhäusern in der Stadt war nur leicht übertrieben, etwa achthundert waren es tatsächlich. Auch die von den Herzögen den Rostockern als Hinweis auf ihre Finanz- und Wirt-schaftskraft vorgehaltene Zahl von dreihundert Brauhäusern in der Stadt entsprach etwa den tatsächlich nachweisbaren 250, wenn man berücksich-tigt, dass in letzterer noch nicht die Hersteller von Koventbier, einem Leicht- oder Schiffsbier, enthalten waren. Zu den Häusern kamen noch je-weils über eintausend Buden und Keller.

Ende des 16. Jahrhunderts schien sich allerdings das Anwachsen ärmerer Bevölkerungsteile zuungunsten insbesondere der Mittelschichten gegenüber dem 15. Jahrhundert und der ersten Hälfte des 16. Jahrhunderts zu verlangsamen.

Rostock war auch für den Adel als Aufenthaltsort attraktiv. Begnügten sich die Herzöge in der frühen Neuzeit zunächst – in Ermangelung einer Residenz in Rostocks Mauern – mit den immerhin besten Giebelhäusern am Mittelmarkt als Fürstenherbergen, so hatte eine Reihe wichtiger mecklenburgischer Adelsfamilien in Rostock ständigen bzw. längerfristigen Haus- und Grundbesitz, so die Barner, Bassewitz, Cramon, Hobe, Kardorff, Levitzow, von der Lühe, Malzahn, Moltke, Preen, Oertzen, Reventlow und Sperling. Auf die letztgenannte Familie ging die Straßenbezeichnung Sperlingsgasse oder -nest zurück. Einige von ihnen, wie die Alkun, Bützow, Genzkow, Gummern, Preen und Vieregge, brachten es sogar zu Ratsherren- und Bürgermeisterehren. Demgegenüber waren die städtischen Patrizier, der „Stadtadel", die „Stadtjunker" oder „Geschlechter" am Ende des 16. Jahrhunderts mit dem Erlöschen der Familie Kerkhof in männlicher Linie im Wesentlichen verschwunden. In die ratsverwandten Familien drängten neue Namen nach. Die Ratsmitglieder hatten nicht selten ein Universitätsstudium absolviert. Der juristisch ausgebildete und versierte Syndikus spielte zunehmend eine größere Rolle neben und mit den Bürgermeistern. Neben schon seit längerem einheimischen Familien, wie Beselin, Bolte, Dobbin, Geismar, Gerdes, Nettelbladt und Schwartzkopf, gelangten zunehmend auch Personen in den Rat, deren Familien erst seit kürzerer Zeit ansässig und Bürger geworden waren. Der Einzugsbereich entsprach hierbei im Wesentlichen auch dem der Universität im nordwest- und norddeutschen Raum weit über Mecklenburgs Grenzen hinaus. Was die Oberschicht damals einte, ob bürgerlicher oder adliger Herkunft, ob in Rostock gebürtig oder zugezogen, war ihre Beteiligung am Brauwesen. Fast ausnahmslos hatte sie die Braugerechtigkeit inne, das heißt ihre Vertreter besaßen je ein Brauhaus, in dem jährlich eine bestimmte Menge Bier gebraut und danach – zumeist über die Ostsee nach Skandinavien – verkauft werden durfte. Von daher erklärt sich auch der alte hansische Spruch:

Lübeck ein Kaufhaus, Köln ein Weinhaus, Braunschweig ein Zeughaus, Danzig ein Kornhaus, Hamburg ein Brauhaus, Magdeburg ein Backhaus, Rostock ein Malzhaus, Lüneburg ein Salzhaus, Stettin ein Fischhaus, Halberstadt ein Frauenhaus, Riga ein Hanf- und Butterhaus, Reval ein

Wachs- und Flachshaus, Krakau ein Kupferhaus, Wisby ein Pech- und Teerhaus.

Dies war auch für Rostock nur unwesentlich übertrieben. Fast die gesamte Wirtschaft der Stadt war durch Bierproduktion und Bierhandel bestimmt. Das reichte von den Bauersleuten, den (Hopfen)gärtnern, den Korn- und Hopfenmessern, den Müllern, den Schoppenbrauern, Böttchern und Trägern bis hin zu den Landfuhrleuten und Schiffern. Letztere, mehr als einhundert in Rostock (noch ohne das Schiffsvolk), unter denen – wie bereits im Mittelalter – offenbar nicht selten Skandinavier, besonders Dänen, vertreten waren, gerieten trotz der Konjunktur des Rostocker Bierexports Ende des 16. Jahrhunderts in Streit mit den Warnemündern. Letztere dachten gar nicht daran, sich ihren Lebensunterhalt nur als Fischer – wie seitens der Rostocker Schiffer gewünscht und gefordert – zu verdienen, sondern wollten am Biersegen partizipieren. Die Rostocker Brauherren bestätigten ihnen sogar, dass sie ihre Ware häufig rascher und unkomplizierter nach Dänemark brachten als die Rostocker Schiffer. Dennoch setzten diese durch, dass den Warnemündern Seeschifffahrt und -handel verboten wurde, es sei denn, sie zögen nach Rostock um und trügen dort die entsprechenden Bürgerlasten und -pflichten. Überhaupt wandte sich Rostock damals im Verein mit Wismar verschiedentlich gegen illegale, sogenannte Klipphäfen, die besonders auf dem Fischland und um die Halbinsel Wustrow herum in Blüte standen und den mecklenburgischen Hansestädten mit ihrem Monopol der Seehäfen ärgerliche adlige und bäuerliche Konkurrenz machten. Doch solange das Brauwesen blühte, geriet die Wirtschaft der Stadt in keine ernsthaften Probleme. Für die Qualität des Rostocker Bieres spielte die Versorgung mit gutem Wasser eine große Rolle. Es gelangte aus den Teichen südlich der Stadt durch Leitungen zu den Wasserbornen auf dem Mittel-, dem Hopfen- und dem Lohmarkt bei der Nikolaikirche. Von dort wurde es über sogenannte Posten hauptsächlich an die Brauhäuser geleitet, die sich daher gerade in den Straßen um die Wasserborne konzentrierten.

Fasst man die Eckpfeiler der Blütezeit ins Auge, so verliert auch der altbekannte Spruch über die sieben mal sieben Kennzeichen Rostocks viel von einer reinen Zahlensymbolik und zufälligen Auswahl:

Söben Toern to Sint Marien Kark,
söben Straten bi den groten Mark,
söben Doren, so dar gaen to Lande,

söben Kopmannsbrüggen bi dem Strande,
söben Toern, so up dat Rathus stahn,
söben Klocken, so dagliken slan,
söben Linnenböm up den Rosengorn:
dat syn de Rostocker Kennewohrn !

Die St. Marienkirche und das Rathaus repräsentierten als geistliche und
weltliche Prachtbauten die Einheit von Kirche und weltlicher Stadtobrigkeit. Der große Mittelmarkt bildete mit seinen – wenn man großzügig rech-
net – tatsächlich sieben auf ihn führenden Straßen das Zentrum Rostocks
als Knotenpunkt des Handels. St. Marienkirche, Rathaus und Großer Markt
unterstrichen zudem den zentralen Stellenwert der Mittelstadt, die übrigens
um 1600 in sieben (!) Quartiere unterteilt war, die sich alle um den Mittelmarkt gruppierten. Die Erwähnung der sieben Landtore wies nicht nur auf
die selbst für eine ausgesprochene Seestadt wichtigen Landverbindungen
nach Mecklenburg und darüber hinaus hin, sondern sollte sicher auch die
besonders eindrucksvolle Gestaltung der Land- im Vergleich zu den Strand-
toren unterstreichen, namentlich bezogen auf das Kröpeliner und das Steintor nach seinem Wiederaufbau 1576. Die für Rostock lebenswichtige
Bedeutung des Hafens aber wurde reflektiert in den Kaufmannsbrücken, die
von der Grube bzw. der Großen Mönchenstraße bis zur Schnickmannstraße
an die Unterwarnow heranführten.

Rostocker Sozialtopographie – das Prinzip der kurzen Wege

Schon seit der Entwicklung zur Gesamtstadt in der Mitte des 13. Jahrhunderts zeichnete sich innerhalb Rostocks auch topographisch ein deutliches
soziales Gefälle ab. Dieses wurde im Spätmittelalter und insbesondere in
der frühen Neuzeit noch stärker fassbar, da nunmehr flächendeckende
Quellen für die Gebäude der gesamten Stadt mit ihren Eigentümern oder
Besitzern vorlagen. Bis zu einem gewissen Grade spiegelten bereits die drei
grundlegenden Gebäude- bzw. Wohnungstypen der Stadt das soziale Gefälle
wider: die (Giebel)häuser, Buden und Keller. Selbständige Gebäude stellten
nur die Häuser und Buden dar. Die Keller hingegen waren in Rostock in

Rostock um 1625 (Kupferstich von Wenzel Hollar)

aller Regel Bestandteile von Häusern und Buden. Von den Kellern trugen die für Wohnzwecke dienenden die Bezeichnung Dörnsen- und Wohnkeller. Die Dörnse meinte hierbei eine beheizbare Stube. Die Häuser als wertvollster Gebäudetyp wurden in Giebel- und Querhäuser unterteilt, wobei letztere weit weniger zahlreich waren. Nach der Spezifik ihrer Verwendung wurden besonders unterschieden Brauhäuser, Backhäuser, Mehl-, Schmiede- und Töpferhäuser. Um die Zufahrt und den Zugang zu den Höfen auf den Grundstücken zu ermöglichen, befanden sich neben den Häusern direkt oder in den von den Hauptstraßen abbiegenden Seitenstraßen Torwege. Ebenso wichtig und darüber hinaus häufig umstritten waren die Wasserläufe, das heißt die Wasserabflüsse auf und von den Grundstücken. Die Kategorien Häuser, Buden und Keller lassen sich nur bedingt den drei sozialen Gruppen Ober-, Mittel- und Unterschicht zuordnen, da auch durchaus Teile der Mittelschicht Inhaber von Giebelhäusern waren. Daher fiel das zahlenmäßige Übergewicht von Buden und Kellern – jeweils deutlich über eintausend – gegenüber den Häusern – circa achthundert – nicht so krass aus wie das von Mittel- und Unterschicht gegenüber den wesentlich weniger zahlreichen Angehörigen der Oberschicht. Die Giebelhäuser trugen in ihren oftmals prachtvoll gestalteten namengebenden Bestandteilen die Merkmale der jeweiligen Architektur- und Kunstepoche, angefangen von der hansischen spätmittelalterlichen Backsteingotik über die Renaissance bis hin zu barocken und frühklassizistischen Formen. Die Buden waren meist weniger solide als die steinernen Giebelhäuser in Fachwerkbauweise errichtet. Zwar wohnten Ober- und Unterschicht durch die Lage der Keller hauptsächlich unter den Häusern vielfach auf relativ engem Raum beisammen, dennoch gab es auch ein soziales Gefälle zwischen den Stadtteilen. In der Mittelstadt dominierten die Häuser, während sich in der Neu- und noch deutlicher in der Altstadt mehr Buden fanden. Auch innerhalb der drei Teilstädte gab es wiederum ein soziales Gefälle. An den Marktplätzen und in den Hauptstraßen konzentrierten sich die Häuser, an der Peripherie der Teilstädte sowie in den Quer- bzw. Nebenstraßen hingegen häuften sich die Buden. Die politischen und geistigen Zentren der Stadt bildeten die Gebäude am Mittelmarkt und am Hopfenmarkt. Die sie verbindende Blutstraße bildete die Achse in diesem auch topographischen Spannungsverhältnis zwischen Rat und Universität. Bereits am Mittelmarkt und am Hopfenmarkt erwies sich das Prinzip der kurzen Wege zwischen Wohnlage und Haupttätigkeitsort als grundlegend, begleitet von dem Sozialprestige besonders exponierter und exklusiver Wohngegenden. So säumten den Mittelmarkt außer dem Rathaus Häuser vornehmlich von Bürgermeistern, Ratsherren, Hundertmännern, Gewandschneidern, Großkaufleuten und Syndici. Am Hopfenmarkt befanden sich das Große Auditorium und das Große Kollegium der Universität sowie allein fünf der Regentien von Universitätsprofessoren, die Universitätsbuchdruckerei und weitere Professorenhäuser. Ähnlich strukturiert waren ihren Bewohnern nach die wichtigsten Straßen in unmittelbarer Nähe des Mittel- und des Hopfenmarktes, wie etwa Vogelsang, Ortsund (nördlich des Rathauses gelegen), Hinter dem Rathaus, Obere Wasserstraße (westlicher Teil der Großen Wasserstraße), Steinstraße, Kröpeliner Straße, Pädagogienstraße und Breite Straße. Wirtschaftliches Zentrum der Stadt bildeten hingegen die Straßen mit den meisten der knapp 250 Brauhäuser, besonders stabil gebauten Giebelhäusern, denen zumeist noch ein Wohnhaus als Beihaus zugeordnet war. Die Keller der Brauhäuser wurden in der Regel nicht bewohnt, sondern dienten der Bierlagerung und der Vorbereitung des Biers für den Transport. Besonders konzentriert standen – oft Haus an Haus – Brauhäuser in den Hauptstraßen der nördlichen Mittelstadt sowie der nordöstlichen Neustadt, die zum Hafen – und damit zum Ausgangspunkt des Bierexports – führten: Koßfelderstraße, Große Mönchenstraße, Burgwall, Lagerstraße, Wokrenterstraße und Schnickmannstraße. Auch andere Gewerbzweige wiesen eine ausgesprochene Konzentration in bestimmten Straßen auf, denen sie mitunter ihren Namen gaben. Von den drei Bruchstraßen der Fischer, Gerber und Küter war schon für das Mittelalter die Rede. Die Fischer wurden – gemäß ihrer Wohnlage und der von ihnen befischten Gewässer – unterteilt in die genannten Bruchfischer für die Oberwarnow und die Strand- oder Straßenfischer in der Fischerstraße für die Unterwarnow. In gewisser Weise zählten als eine dritte Kategorie noch die Warnemünder Fischer, die Seefischer für den Breitling und die Ostseeküste, hinzu. Auch bezüglich der Spezialisierung von Handwerkern, Gewerben und Berufen zeichnete sich die Mittelstadt gegenüber Alt- und Neustadt durch die jeweils „feineren, gehobeneren" Amtsgenossen aus. Das galt etwa für die Weißgerberstraße und die Pelzergrube im Vergleich mit der Lohgerberstraße oder die Goldschmiedestraße (Glatter Aal) sowie die Kleinschmiedestraße bei der St. Marienkirche im Gegensatz zu den Grob- und Hufschmieden in der Alt- und Neustadt. Auch die Wollenweber-, Träger-, Kistenmacher-, Grapengießer- und Maler- bzw. Buchbinderstraße wiesen zumindest eine gewisse Konzentration der straßennamengebenden Berufe auf, wobei in der Kistenmacherstraße die Tischler oder Schnitticher beheimatet waren. In Nähe des Mittelmarktes häuften sich die Wohngebäude von Krämern, Haken, Barbieren, Riemenschneidern und Beutlern. Allerdings hätte unter diesem Gesichtspunkt die Straße Am Schilde neben dem Mittelmarkt viel eher den Namen Krämerstraße verdient als die tatsächlich so heißende Straße. Gleiches gilt für die Lange Straße bezüglich der Böttcher im Vergleich zur Großen Böttcherstraße (altstädtischer Teil der Fischbank). Die Untere Wasserstraße (südöstlicher Abschnitt der Großen Wasserstraße) beherbergte namentlich die Häuser von Schustern. Auch die Schüttinge und Gelage, d. h. die Versammlungen und Geselligkeiten dienenden Gemeinschaftshäuser der Handwerksämter, der Kaufleute und Schiffer, befanden sich in aller Regel in den Straßen mit hoher Konzentration des jeweiligen Gewerbes oder Berufes. Das vornehmste von ihnen, das Wieker Gelag, Junkergelag oder später das Haus der Brauerkompanie, stand bezeichnenderweise wiederum in der Mittelstadt in der Koßfelderstraße, der Rostocker Straße mit der höchsten Zahl von Brauhäusern. Stärker verteilt waren die Häuser der Schneider und Bäcker. Letztere bewohnten – vermutlich nicht zuletzt wegen der Feuergefahr – fast ausnahmslos Eckhäuser, die sogenannten Orthäuser, an Straßenkreuzungen bzw. -mündungen. Die ebenfalls feuergefährdeten Töpferhäuser befanden sich – ähnlich wie die Scheunen – in der Peripherie der Teilstädte. Gleiches galt für die Badestuben im neu- und mittelstädtischen Abschnitt der heutigen Strandstraße sowie im Fischerbruch und am altstädtischen Nordende der Grubenstraße. Möglicherweise kamen hier zur Feuergefahr noch sittliche Aspekte hinzu. In der städtischen Peripherie häuften sich des Weiteren die Wohngebäude von Leinewebern, Müllern, berittenen Ratsdienern, Knochenhauern, Landfuhrleuten, Gärtnern, Pächtern städtischer Landgüter, Pferdekäufern, Schweineschneidern und -hirten, was die inhaltliche und räumliche Nähe zum agrarischen Umfeld Rostocks widerspiegelt. Gleiches galt für die allerdings durchaus respektablen Stadthäuser Adliger in Rostock, die bezeichnenderweise den Stadttoren am nächsten lagen, durch welche die adligen Gutsherren auf dem kürzesten Wege ihre jeweiligen Lehngüter erreichen konnten. Vertrauenswürdige Bürger als Inhaber von Gebäuden in der Nähe der zahlreichen Land- und Strandtore hatten neben ihrem normalen noch einen zusätzlichen „Beruf": Sie verwahrten für das jeweilige Tor die Schlüssel und genossen dafür Steuervergünstigungen. So durchzog das sozialtopographische Prinzip der kurzen Wege die Stadt Rostock von ihren Zentren bis in ihre Peripherie.

Wallenstein vor den Toren – kaiserliche Besetzung im Dreißigjährigen Krieg

Der Ausbruch des Dreißigjährigen Krieges in Böhmen berührte Rostock und Mecklenburg nicht nur wegen der relativ großen Entfernung der Kriegsereignisse zunächst wenig. Das Land und seine größte Stadt hatten noch andere Sorgen. Wieder einmal stritt sich ein herzogliches Brüderpaar, Adolf Friedrich I. (1588–1658) und Johann Albrecht II. (1590–1636), um die Herrschaft. Die jungen Landesherren, die ihre Möglichkeiten und persönlichen Fähigkeiten offenbar maßlos überschätzten, reagierten allerdings auf Kritik empfindlich. Das bekam der Rostocker Bürgermeister Dr. Heinrich Stallmeister (†1632) zu spüren, dessen kritische Bemerkungen über den jungen Herzog Johann Albrecht letztlich zur Aufgabe seines Bürgermeisteramtes führten. Im Jahre 1621 setzten die Herzöge dann die zweite mecklenburgische Hauptlandesteilung in die Herzogtümer Schwerin und Güstrow durch, die sich schon seit etwa einem Jahrhundert angedeutet hatte. Die Landstände zementierten im Gegenzug ihre Rechte und konnten – angesichts der Neigung von Herzog Johann Albrecht zum Kalvinismus – als Wahrer der staatlichen und kirchlichen Einheit des Landes auftrumpfen.

Rostock selbst blieb bei beiden Herzogtümern gemeinsam und wurde mit Wismar, Parchim, Neubrandenburg und Güstrow städtisches Mitglied im Engeren Ausschuss der Landstände, sozusagen einer ständischen Nebenregierung, in der neben den fünf Städtevertretern vor allem sechzehn ritterschaftliche Mitglieder tonangebend waren.

In den ersten beiden Jahrzehnten des 17. Jahrhunderts wollte das wirtschaftlich florierende Rostock auch endlich das Ostufer der Warnow zwischen Breitling und Dierkow an sich bringen, da die Moltke auf Toitenwinkel völlig überschuldet 1598 das riesige Gut an die Stadt hatten verpfänden müssen. Mit Rückendeckung durch die Landesherrschaft und die Ritterschaft erwarb 1610 aber der Landrat Gebhard von Moltke (1567–1644) das Gut von seinem verschuldeten Toitenwinkler Verwandten. Über die Schuldentilgung entspann sich sogleich ein langwieriger Streit zwischen dem Landrat, der auch ein Haus in der Rostocker Steinstraße besaß, und der Stadt, der erst zu Beginn des Dreißigjährigen Krieges beendet wurde. Der Krieg näherte sich Mecklenburg und Rostock bedrohlich, als nach dem böhmisch-pfälzischen Auftakt Dänemark kurzzeitig zur Hauptkraft des protestantischen Lagers wurde. Da der Handel Rostocks, das 1625 gerade eine schwere Sturmflut überstanden hatte, mit Skandinavien und namentlich mit Dänemark von entscheidender Bedeutung war, berührte die neue Kriegskonstellation nunmehr auch die Stadt an der Unterwarnow. Noch 1621 war eine Rostocker Gesandtschaft beim dänischen König vorstellig geworden, um Probleme des Bierexportes zu regeln. Neutralität hieß das Mittel, mit dem man sich über die gefährlichen Zeiten retten wollte. Ähnliches versuchten auch die mecklenburgischen Herzöge, obwohl sie konfessionell und aus politischen Erwägungen eher dem Dänenkönig als dem Kaiser zuneigten. Aber die vernichtende Niederlage des dänischen Königs Christian IV. (1577–1648) gegen den Feldherrn der katholischen Liga, Johann Tserclaes Tilly (1559–1632), im Jahre 1626 und diplomatische Ungeschicklichkeiten der mecklenburgischen Herzöge zogen den Krieg 1627 auch nach Mecklenburg. Dabei wurde Tilly rasch vom kaiserlichen Feldherrn Albrecht Wallenstein (1583–1634) ausgestochen, in dessen kühnen und ehrgeizigen persönlichen Plänen Mecklenburg und auch Rostock neben Wismar eine besondere Rolle zugedacht war. Nicht so sehr seinen gar nicht so sicheren Mauern und Befestigungsanlagen, die allerdings seit dem Vorabend des Krieges modernisiert worden waren, sondern seiner Finanzkraft verdankte es Rostock, dass es als einzige Stadt in Mecklenburg bis 1628 keine kaiserliche Besatzung aufnehmen musste. Von den nach Plänen des berühmten holländischen Festungsingenieurs Johann van Valckenburg (1575–1625) angelegten Wehrbauten sind heute noch gut zu erkennen die Dreiwall-Bastion südlich des Kröpeliner Tors sowie die Fischerbastion vor dem Bramower Tor. Der Freikauf von einer kaiserlichen Besatzung war nur eine Atempause, da 1628 klar wurde, dass Wallenstein Mecklenburg als Herzogtum für seine Verdienste gegenüber dem Kaiser beanspruchte und die Vertreibung der angestammten Herzöge durchsetzte. Ohne Rostock wäre Wallensteins neues Herzogtum wesentlich weniger bedeutend gewesen. Daher nutzte er die traditionelle Schwachstelle der Rostocker Position, Warnemünde, um durch das oft bewährte Mittel der Blockade die Stadt in die Knie zu zwingen. In einem für Wallenstein typischen Wechsel von nackter Drohung und Entgegenkommen verstärkte er nach seinem Scheitern vor Stralsund den Druck auf Rostock. Bürgermeister und Rat, die Widerstand für aussichtslos und gefährlich hielten, aber auch auf zum Kampf entschlossene Teile der Bürgerschaft, die seit 1625 zu militärischen Zwecken anstelle von 24 in 18 und seit 1635 in 13 Fahnen organisiert war, Rücksicht nehmen mussten, handelten schließlich angesichts der vor der Stadt zusammengezogenen Truppen relativ glimpfliche Bedingungen einer Kapitulation aus. Nach dem damals führend beteiligten Bürgermeister Johann Luttermann (1582–1657) und Wallenstein, der das eigentliche Rostock nie betrat, wurden später zwei Straßen beim St.-Georg-Hospital vor dem Steintor benannt, wo die entscheidenden Verhandlungen stattfanden. Am 18. Oktober 1628 wurde Rostock mit eintausend Mann Garnison besetzt. Diese Besetzung und das Nachgeben gegenüber Wallensteins Forderungen haben – zumindest für einige Jahre – Rostock eher genützt als geschadet. Ganz ohne Heldentaten kam man aber auch in Rostock nicht aus. Wenn schon nicht in der Wirklichkeit, so doch zumindest in der Sage. Danach haben die Rostocker Träger während einer Belagerung durch die Kaiserlichen die geplante Überrumpelung der Stadt mittels eines unterirdischen Ganges vereitelt und die eindringenden Feinde am Ende des Ganges in der Nähe der St. Marienkirche nacheinander abgemetzelt. Die entsprechende Straße erhielt daher den Namen Blutstraße. Dem Amt der Träger aber wurden für diese Heldentat besondere Vergünstigungen zuteil. In Wahrheit entstand der Name Blutstraße nicht erst im Dreißigjährigen Kriege, sondern ist spätestens im 15. Jahrhundert belegt. Der in der Sage gleichfalls erwähnte Breite Stein diente nicht etwa als Denkmal für das Ende des unterirdischen Ganges, sondern könnte ein früherer Gerichtsstein in der nach ihm benannten südöstlichsten Ecke des Hopfenmarktes und damit an der Grenze zwischen Neu- und Mittelstadt gewesen sein.

Die Ermordung des kaiserlichen Kommandanten

Nachdem mit Rostock im Oktober 1628 ganz Mecklenburg in Wallensteins Hand war, kehrten nochmals relativ ruhige Zeiten für das Land und seine größte Stadt zurück, die seit dem Ausbruch des Dreißigjährigen Krieges nur durch die Ereignisse der Jahre 1627/28 unterbrochen worden waren. Wallenstein mühte sich bewusst, von seinem neuen Herzogtum Mecklenburg die negativen Kriegsauswirkungen möglichst fernzuhalten. Das bekam auch Rostock positiv zu spüren. Handel und Wandel wurden durch den Krieg – zumindest in ihren quantitativen Aspekten – wenig in Mitleidenschaft gezogen, erlebten sogar eine Blüte, ähnlich wie die Universität. Die oft hervorgehobene geplante Berufung eines der damaligen führenden Naturwissenschaftler, des Astronomen Johannes Kepler (1571–1630), kam zwar nicht mehr zustande. Doch stand ihm der damals in Rostock wirkende Philosoph und Naturwissenschaftler Joachim Jungius (1587–1657) in seiner internationalen Bedeutung kaum nach.

Rostocker Medizinprofessoren wie Johannes Fabricius (1576–1652) und Simon Pauli d.J. (1603–1680) führten nicht nur die ruhmvolle Tradition der Mediziner des 16. Jahrhunderts in Rostock fort, sondern halfen der Stadt auch in ihrem Umgang mit den Mächtigen der Zeit wie Wallenstein oder dem dänischen König. Die protestantische theologische Fakultät konnte unter dem Katholiken Wallenstein ebenfalls gedeihen. Davon zeugte die Wirksamkeit Paul Tarnows (1562–1633) und Johann Quistorps d.Ä. (1584–1648). Letzterer war es, der zum Ende der kaiserlichen Besetzung größeres Ungemach von der Stadt abwendete. Spannungen in Rostock zwischen der Besatzung und den Bürgern und Einwohnern hatten zugenommen, als der wagemutige Schwedenkönig Gustav II. Adolf (1594–1632) im Juli 1630 auf Usedom gelandet war und seine kriegerischen Aktivitäten nicht nur auf Pommern, sondern auch nach Mecklenburg auszudehnen begann. Die Rostocker Besatzung wurde dagegen vergrößert, der Druck auf die Bewohner stieg, die Nervosität wuchs. Vor diesem Hintergrund ermordete am 1. Februar 1631 der Jurist Jacob Vahrmeyer (um 1588–1631) den kaiserlichen Stadtkommandanten, zu dem er Zutritt hatte, da er ihm Unterricht zu erteilen pflegte. Die Tatmotive waren unklar. Vahrmeyer selbst interpretierte nach seiner Entdeckung die Tat als gottgefällig und daher als politischen Mord. Er selbst starb an den Folgen der Folter, der er unterzogen wurde. Das kaiserliche Militär, ohnehin durch die schwedische Bedrohung gereizt, war willens, Rache an der Rostocker Bevölkerung zu nehmen. Da schaltete sich

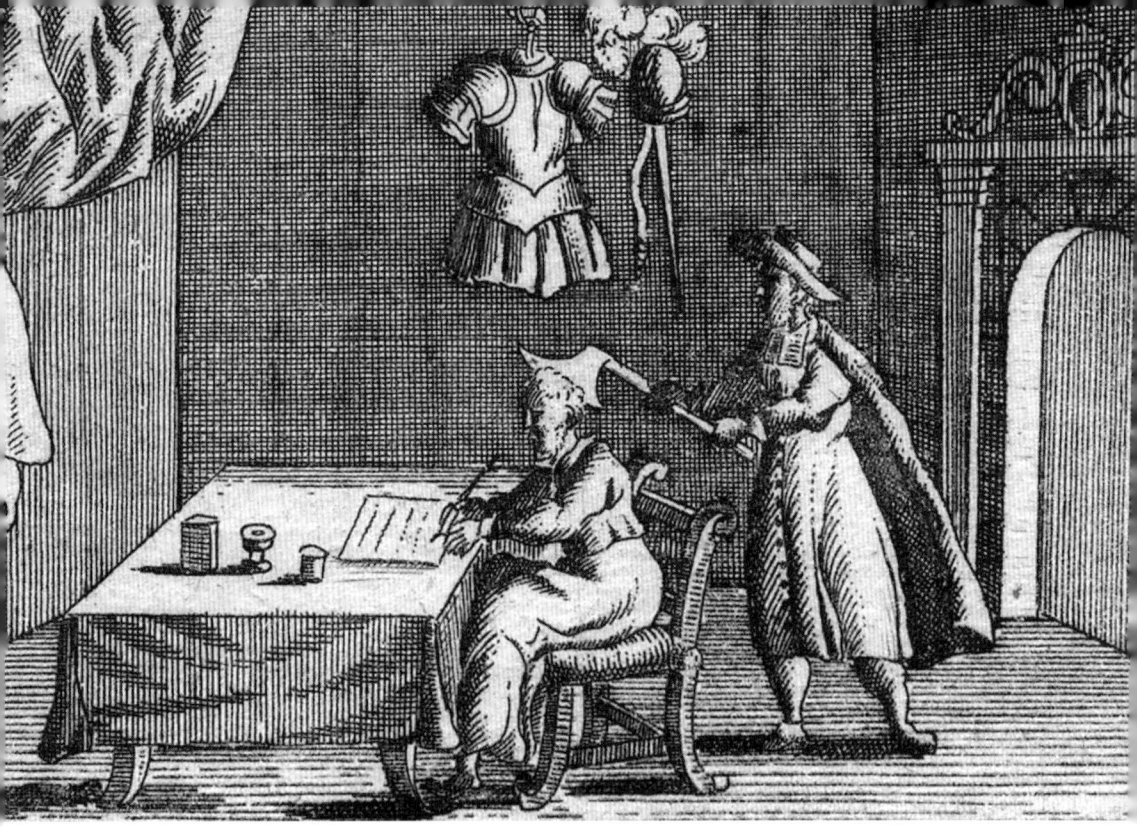

Vahrmeyer erschlägt am 1. Februar 1631 den kaiserlichen Stadtkommandan-
ten Rostocks, Heinrich Ludwig von Hatzfeld. (Kupferstich, 1704)

Johann Quistorp als Rektor der Universität ein und erwies sich nicht nur
als tüchtiger Theologe, sondern auch als exzellenter Politiker und Diplomat.
Ihm gelang es, den Unmut des erregten Militärs zu besänftigen. Wenige
Wochen später zeigte das Massaker bei der Erstürmung Neubrandenburgs
durch Tillys Truppen, welch möglichem schrecklichen Schicksal die Rostocker entgangen waren. An Vahrmeyer erinnert in gewisser Weise die berühmte astronomische Uhr in der Rostocker St. Marienkirche. Sie wurde
wenige Jahre nach dessen Tod einer gründlichen Reparatur unterzogen, verbunden mit einer Erneuerung ihrer Kalenderscheibe. Hierfür soll nach einer
Überlieferung ursprünglich der astronomisch gebildete und mit Astrologie
beschäftigte Vahrmeyer Berechnungen angestellt haben. An der Uhr selbst
deutet die nach ihrer Erneuerung 1643 angebrachte Abbildung auf den
Ratsherrn Zacharias Sebes (1601–1650) als offensichtlich um ihre Reparatur
verdiente Persönlichkeit hin. Sein Grabstein befindet sich noch heute unweit der Uhr. Ähnlich wie bei Vahrmeyer sind die tatsächlichen Leistungen
Sebes in diesem Zusammenhang bislang nicht näher bekannt. Immerhin

war wohl auch die Erneuerung der Uhr mitten im Dreißigjährigen Kriege ein Indiz für die relativ glimpflichen Verhältnisse in Rostock im Vergleich mit großen Teilen des übrigen Mecklenburg. Durch diese Reparatur wurden in schweren Zeiten die Voraussetzungen dafür geschaffen, dass die astronomische Uhr der St. Marienkirche aus dem 15. Jahrhundert noch heute als eine der wenigen ihrer Art ihre ursprüngliche Funktionstüchtigkeit bewahrt hat.

Herzogliche Rückeroberung im Schatten der Schweden

Die Stadt Stralsundt ist Ehren werth,
Rostock hatt sich gantz umbgekehrtt,
Wißmar ist gar sehr betrogen,
Stade hatt großen muth bewogen,
Lübeck dem Kayser will hofiren,
Hamburg thutt hin und her lafiren,
Lüneburg thutt schlaffen gar,
Bremen merckt numehr die gefahr,
Braunschweig sich helt beym alten standt,
Dantzig wirtt baldt reichen die Handt.
Der Hanse bundtnuß weinig schafft,
Der Staaden witz den vortheil rafft.

Dieses Gedicht aus dem Jahre 1629 zeigt sehr plastisch sowohl die Unsicherheit der Situation von zehn Hansestädten, darunter Rostock an zweiter Stelle, als auch ihre sehr unterschiedliche Politik nach dem ersten Jahrzehnt des Dreißigjährigen Krieges. Prophetisch deutet sein Schluss an, dass das hansische Bündnis der wachsenden Macht der Staaten unterliegen wird.

Im Laufe des Jahres 1631 begann für große Teile Mecklenburgs die Schwedenzeit. König Gustav Adolf ermöglichte den angestammten Herzögen Adolf Friedrich I. und Johann Albrecht II. die Rückkehr aus dem Exil, pochte dafür allerdings auf ein Bündnis mit ihnen. Wiederum war das befestigte Rostock, wie bereits 1628, eine der letzten Bastionen, damals vor den Kaiserlichen, diesmal vor den Schweden. Nach fast genau drei Jahren kaiserlicher Besatzung kapitulierte Rostock am 16. Oktober 1631. Erneut liefen Belagerung und Übergabe der Stadt recht glimpflich ohne größere

Verluste an Menschen und Gebäuden ab. Vor diesem Hintergrund fanden es die Ratsprotokolle mitten in der Belagerungszeit noch für wichtig genug, über das Eindringen eines Wildschweins durch das Steintor zu berichten, das dann von den Kaiserlichen gefangen wurde. Einige Brandschäden gab es allerdings in der Fischerstraße. Zu beklagen war auch die Zerstörung der St.-Georg-Kirche im Hospital vor dem Steintor. Schlimmer erging es denjenigen Angehörigen der Ritterschaft, die durch Wallenstein in seine Verwaltung des Landes einbezogen worden waren, wie etwa Gebhard Moltke auf Toitenwinkel. Er floh ins Exil nach Lübeck und wurde wegen Verrats gegenüber seinen Landes- und Lehnsherren durch Letztere seiner Güter entsetzt. Rostock gelangte aber wiederum nicht in den begehrten Besitz Toitenwinkels, weil später hohe Offiziere der schwedischen Armee damit abgefunden wurden. Als die Rostocker ihnen wenigstens die offenen Schuldforderungen an Gebhard Moltke präsentieren wollten, wurden sie von den neuen Machthabern daran erinnert, dass Rostock von den Siegern über die Kaiserlichen keine Zinszahlungen verlangen könne, da die Stadt selbst ihren angestammten Herzögen die Treue gebrochen hätte, als sie ihre Tore den Wallenstein'schen öffnete. Vorwürfe wurden diesbezüglich übrigens auch einigen prominenten Mitgliedern des Rostocker Rates seitens der Landesherrschaft gemacht. Sie mussten aus diesem Grund zeitweilig ihre Ämter ruhen lassen, wie etwa Bürgermeister Johann Luttermann und Ratsherr Johann Maeß (†1636). Die „Befreiung" durch die Schweden hatte eben auch für Rostock ihren Preis. Dies bezog sich namentlich auf den 1632 durch die mecklenburgischen Herzöge den Schweden zugebilligten Zoll vor Warnemünde. Eine große Bedeutung als Zufluchtsort für Angehörige aller Stände aus seiner näheren und ferneren ländlichen und kleinstädtischen Umgebung gewann Rostock, als sich 1635 nach dem Prager Frieden auch die mecklenburgischen Herzöge dem Kaiser wieder annäherten und damit die Vergeltung der zeitweilig ins Hintertreffen geratenen Schweden herausforderten. Hinter den Mauern Rostocks lebte es sich auf jeden Fall erträglicher als in den meisten Gebieten Mecklenburgs, die immer mehr zu wehrlosen Objekten entarteter Soldateska aller Kriegsparteien wurden. Auch der todkranke Begründer der Völkerrechtslehre, der Niederländer Hugo Grotius (1583–1645), fand nach einem Schiffbruch Unterschlupf in Rostock und starb dort 1645 – ungeachtet des konfessionellen Gegensatzes zwischen Lutheranern und Kalvinisten – unter dem geistlichen Beistand Johann Quistorps. Die eigentliche Katastrophe stand Rostock erst Jahre nach dem Westfälischen Frieden von 1648 bevor.

NIEDERGANG UND STAGNATION.
1648 BIS 1806

Vom Krieg in die Katastrophe: Westfälischer Frieden und Stadtbrand

Hatte Rostock den Dreißigjährigen Krieg glimpflich überstanden, so erlebte es in der zweiten Hälfte des 17. Jahrhunderts eine entscheidende Wende seiner Geschichte, die der Stadt an der Unterwarnow bis zum Ende der frühen Neuzeit Niedergang und Stagnation brachte. Zunächst herrschte auch in Rostock Freude über den endlich beschlossenen Frieden, den man sich schon kaum mehr hatte vorstellen können. Selbst der Schwedenzoll vor Warnemünde und die Beteiligung Rostocks an der sogenannten schwedischen Satisfaktion – Zahlungen Mecklenburgs an die schwedische Krone – bedeuteten keinen sofortigen Niedergang oder gar Ruin von Wirtschaft und Handel, auch wenn es die Rostocker wurmte, dass obendrein zum Schwedenzoll der schwedische Kommandant in Warnemünde, ein mecklenburgischer Adliger, vor ihrer Nase und ohne Nutzen für sie, Getreide aus seinen mecklenburgischen Gütern über die Ostsee ausschiffte. Gravierender war demgegenüber das Siechtum der hansischen Verbindungen, das nicht zuletzt durch die Zerschlagung des ehemals führenden wendischen Quartiers in ihrem völligen Niedergang endete. Stralsund, Wismar, Greifswald – an Schweden gefallen – hatten nunmehr günstigere Verbindungen nach Skandinavien als Rostock, das erst allmählich an die alten Kontakte anknüpfen konnte. Stralsund überflügelte Rostock erneut, ähnlich wie bereits in früheren Rostocker Krisenzeiten.

Angesichts der grundlegend veränderten politischen und wirtschaftlichen Verhältnisse und Bedingungen in der zeitweiligen schwedischen Vor-

Der Stadtbrand des Jahres 1677

herrschaft im Ostseeraum traten die schon immer vorhandenen Interessen-
unterschiede der Hansestädte noch stärker in den Vordergrund und ließen
den Hansetag von 1669 zum letzten werden. Rostock musste ohne den traditionellen hansischen Rückhalt zusehen, wie es zwischen den teilweise
sehr gegensätzlichen Interessen der für die Stadt wichtigen politischen
Kräfte, der Herzöge von Mecklenburg, der schwedischen Krone und dem
für den Rostocker Handel besonders bedeutsamen dänischen Königreich
zurechtkam. Die zeitweilige Wiederherstellung der Einheit Mecklenburgs
nach dem frühen Tode des Güstrower Herzogs Johann Albrecht II. 1636
unter seinem Bruder Herzog Adolf Friedrich, der seinen unmündigen Neffen kurzerhand in seine Gewalt gebracht hatte, war nach dem Tode Adolf
Friedrichs 1658 neuem Zwist gewichen. Auch Rostock wurde hierin wieder
verwickelt: Bereits 1659 kam es beinahe zur nur mühsam beigelegten Konfrontation des Schweriner Herzogs Christian I. (Louis) (1623–1692) und des
Güstrower Herzogs Gustav Adolf (1633–1695) mitten in Rostock. Inzwischen hatten auch neue Kriege gegen die schwedische Vorherrschaft in

(Kupferstich, Amadeus von Fridleben, 1678, seitenverkehrt)

Nordeuropa und Norddeutschland begonnen, die wiederum Mecklenburg in Mitleidenschaft zogen.

Aber erst der verheerende Stadtbrand von 1677 bedeutete für Rostock den Umschwung von allmählich zunehmenden Problemen in eine schlagartig eintretende Katastrophe mit Langzeitwirkung. Nicht von ungefähr hatte die Feuerordnung als Bestandteil der Rostocker Polizeiordnung vom 14. April 1576 darauf hingewiesen, dass neben den Gastwirten, Herbergsleuten und Brauern besonders die Bäcker morgens und abends auf Feuer und Licht sorgfältig achten sollten.

Am 11. August 1677 passierte es: In einem Backhaus – wie die meisten Rostocker Backhäuser an einer Straßenecke Altschmiedestraße / Große Goldstraße gelegen – entstand ein Brand, der nicht rechtzeitig gelöscht werden konnte. Verheerend wirkte ein starker und trockener Südostwind, der die Flammen unaufhaltsam geradewegs in die Stadt hinein vorantrieb. Erst nach zwei Tagen wurde man des Feuers Herr, nicht zuletzt, weil es zu regnen begann. Die Verluste an Gebäuden waren niederschmetternd. Fast die gesamte nördliche Altstadt – unter anderem die Kirche des ehemaligen Katharinenklosters – war den Flammen zum Opfer gefallen. Zu den zerstörten circa siebenhundert Häusern und Buden, etwa ein Drittel aller Gebäude überhaupt, zählten aber auch erhebliche Teile der nördlichen Mittelstadt. Erst in der Wokrenterstraße, also am Anfang bereits der Neustadt, endete die Vernichtungsspur des Brandes. Noch dramatischer als die zahlenmäßigen Verluste war die Tatsache, dass gerade die Zentren des Rostocker Brauwesens zerstört worden waren. Die abgebrannten Straßen Große Mönchenstraße, Koßfelderstraße, Burgwall und Lagerstraße wiesen bis dahin die höchste Zahl an Brauhäusern auf. Zwar war deren Zahl bereits nach dem Dreißigjährigen Kriege leicht rückläufig, doch nun fiel sie schlagartig von knapp zweihundert auf unter einhundert. Die Brauhäuser der Altstadt, bis 1677 immer hinter den Zahlen der Mittel- und Neustadt zurückstehend, rückten jetzt unvermutet in den Vordergrund. Die Einwohnerzahl sank auf unter die Hälfte der besten Jahre.

Die besonders stark betroffene 8. und 9. Fahne in der nordwestlichen Altstadt sowie in der Mittelstadt wurden mit benachbarten Fahnen zusammengelegt. Die Zahl der Fahnen betrug daher seit 1682 nur noch 11 statt 13. Rostocks mittelalterlich-frühneuzeitlicher Glanz war an zwei Augusttagen des Jahres 1677 in Schutt und Asche versunken, was Prediger als Gottesgericht angesichts der Sündhaftigkeit der Stadtbewohner interpretierten. In der literarischen Verarbeitung der Katastrophe leuchtete nochmals die ehemalige Bedeutung der alten Hansestadt auf, auch wenn man sich in der barocken Schwülstigkeit der Zeit bis in unangebrachte Vergleiche mit den Hauptstädten der Antike verstieg:

So sahe Troja aus ! So hatte Welschlands Macht
Durch ungeheuren Brand der Afrikaner Pracht
Die stolze Didons-Burg verheert ! verseert ! zustöhret !
So ward dein Guth in Gluth / dein ichts in nichts verkehret
Du edles Kapua ! So fiel Korinthus hin
Indem die Loh aufflog. Der Erden Kayserin
Das Rom der Römer Ruhm war also anzusehen
Als es des Wütrichs Wuth in Flammen auf ließ gehen
Und sands dem Himmel zu; wie unser Rostock liegt
Zutrümmert ! halb geschleifft ! zerstückt ! verrückt besiegt
Von vieler Gluthen Wuth ! Wo schöne Häuser stunden
Wird weder Fach noch Dach und nichts als ach ! gefunden.

Bis zur Mitte des 18. Jahrhunderts sollte es dauern, bis die wüst gewordenen Gebäudegrundstücke wieder aufgebaut wurden. Sorgen und Resignation machten sich breit. Unter diesem Gesichtspunkt gewann auch das private, sehr drastische Lebensmotto eines damaligen Ratsherrn, Matthias Priestaff (†1691), dem wir auch Tagebuchaufzeichnungen über das endende 17. Jahrhundert in Rostock verdanken, eine Dimension, die über seine individuellen Befindlichkeiten hinausreichte:

Scheißen und Sorgen
Weckt mich all Morgen:
Scheißen laß vorgehen,
Sorgen zurückestehen.

Residenz unter Herzog Friedrich Wilhelm

Im letzten Drittel des 17. Jahrhunderts machte sich in Rostock Lethargie breit, die nicht zuletzt durch den großen Stadtbrand von 1677 sowie dänische und brandenburgische Besatzungen in den Kämpfen gegen die allmählich abbröckelnde schwedische Vorherrschaft ausgelöst wurde. Namentlich Warnemünde hatte wiederum unter den wechselvollen militärischen Konstellationen zu leiden. Auch nach dem zeitweiligen Abebben kriegerischer Ereignisse von 1686 bis 1711 gingen von Rostock selbst kaum Impulse im Sinne eines erneuten Aufschwungs aus. Mehr und mehr griff – auch an der Universität – Provinzialität um sich. Bezeichnenderweise weckten erst die absolutistischen Absichten der Schweriner Herzöge nach 1700 Rostock aus seinem Dämmerschlaf zu neuen Kämpfen für seine nach wie vor gegebene relativ selbständige Stellung innerhalb Mecklenburgs – allerdings auch zu erneut aufflammenden innerstädtischen Auseinandersetzungen. War Rostock seit der zweiten Hauptlandesteilung von 1621 den beiden mecklenburgischen Herzogtümern Schwerin und Güstrow gemeinsam verblieben, so änderte sich 1695 durch den Tod des Güstrower Herzogs Gustav Adolf und das Erlöschen der Güstrower Linie die Situation wiederum. Der Schweriner Herzog Friedrich Wilhelm (1675–1713) wollte die Chance nutzen, die Landeseinheit – selbstverständlich unter seiner Regie – wiederherzustellen. Doch sein Onkel Adolf Friedrich II. (1658–1708) machte ihm einen Strich durch die Rechnung. So kam nach sechs Jahren 1701 im Hamburger Ver-

gleich die dritte Hauptlandesteilung Mecklenburgs zustande. Der größere
Teil des Landes, die ehemaligen Herzogtümer Schwerin und Güstrow und
damit auch Rostock kamen als Herzogtum Mecklenburg-Schwerin an Friedrich Wilhelm, während sein Onkel mit dem ostmecklenburgischen Land
Stargard und dem nordwestmecklenburgischen Fürstentum Ratzeburg als
Herzogtum Mecklenburg-Strelitz abgefunden wurde. Herzog Friedrich Wilhelm trachtete als echtes Kind seiner Zeit danach, sein Herzogtum im
absolutistischen Sinne zu regieren. Heftige und zum Teil kleinlichste Auseinandersetzungen mit der Ritterschaft standen auf der Tagesordnung. Hingegen gestaltete sich das Verhältnis des hochfahrenden Herzogs gegenüber
den Städten günstiger. Nicht nur Schwerin hatte ihm städtebauliche Förde-

rung zu danken. Zuvor war Rostock seit 1702 für einige Jahre als herzogliche
Residenz auserkoren worden – ein Vorhaben bzw. eine Absicht, die auch
Friedrich Wilhelms Nachfolger immer wieder als Kombination von Dro-
hung und Verlockung gegenüber der Stadt bekundeten. Drohend wirkte die
Gefahr der schwindenden politischen Selbständigkeit, lockend die Aussicht
auf Förderung von Handwerk, Handel und Gewerbe durch die dauerhafte
Anwesenheit des Hofes. Unter Friedrich Wilhelm begann denn auch der
Bau des Neuen Palais an der Südseite des Hopfenmarktes. Möglicherweise
stellten sich aus Rostocker Sicht die Zeiten Friedrich Wilhelms nur im Nach-
hinein als relativ günstig dar, weil durch seinen Bruder und Nachfolger,
Herzog Karl Leopold (1678–1747), der Stadt und ihrer Stellung ungleich
größere Gefahren erwuchsen. Immerhin deutete auch schon die von Herzog Friedrich Wilhelm veranlasste gewaltsame Besetzung des großen adligen

Die Deportation der Ratsherren und Hundertmänner der Stadt Rostock durch Herzog Karl Leopold von Mecklenburg am 3. Juni 1715 (zeitgenössische Bildrolle)

Gutskomplexes Toitenwinkel sowie des Stadtgutes Stuthof an, wie sich der herzogliche Druck auf Rostock verstärkte. Zunächst machten dem Rostocks erneute dänische Besetzung 1711 im Zuge des Nordischen Krieges und der frühe Tod des Herzogs 1713 ein Ende.

Herzog Karl Leopold contra Rostock

Mit dem Regierungsantritt Herzog Karl Leopolds begann für Mecklenburg bis 1755 und für Rostock bis 1788 eine Zeit langwieriger heftiger Auseinandersetzungen zwischen den Landesherren einerseits und den Landständen bzw. Rostock andererseits. Sie endeten für die Landstände, insbesondere die

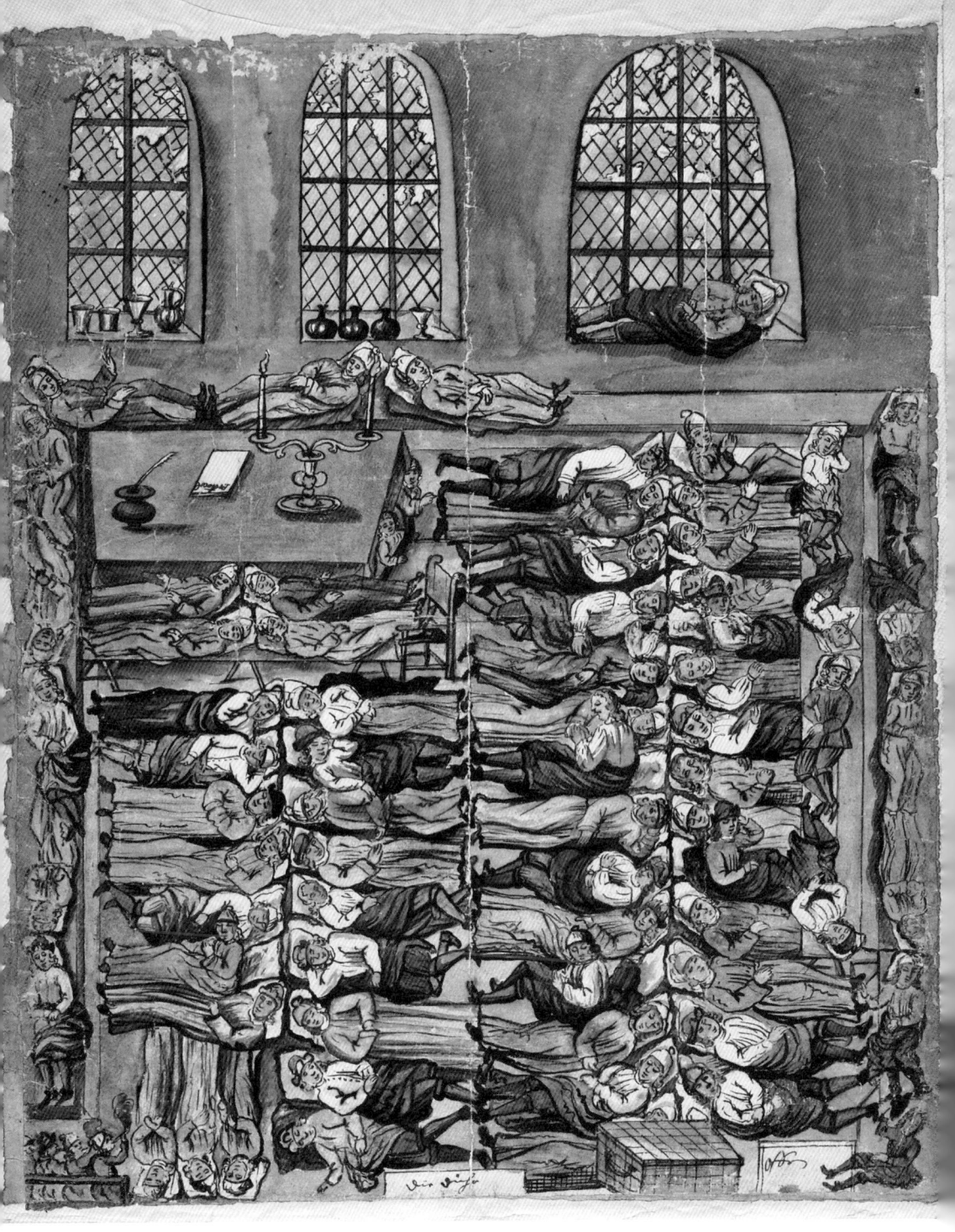

Die Inhaftierung der Ratsherren und Hundertmänner durch Herzog Karl Leopold im Rostocker Rathaus, Februar 1715 (zeitgenössische Darstellung)

Ritterschaft, mit bemerkenswerten Erfolgen im berühmten Landesgrundgesetzlichen Erbvergleich von 1755. Für Rostock allerdings bedeutete der
neue Erbvertrag von 1788 eine endgültige Unterstellung unter die herzogliche Landeshoheit. Ausgelöst wurden diese Auseinandersetzungen durch
die gewalttätige Politik Karl Leopolds, der die absolutistischen Bestrebungen
seines Bruders Friedrich Wilhelm nahtlos fortsetzte und auf die Spitze trieb.
Noch 1713 begannen die Streitigkeiten mit Rostock. Militärische Machtde-
monstration, Terror und die altbekannten Widersprüche zwischen der städtischen Oberschicht und den weniger privilegierten Stadtbewohnern aus-
nutzend, presste der Herzog 1715 Rostock im Schweriner Vertrag die Mili-
tärhoheit, das Jagdrecht in der Rostocker Heide sowie die Steuerhoheit ab.
Zuvor hatte er kurzerhand den gesamten Rostocker Rat und das Hundertmännerkollegium in Rostock und später in Schwerin inhaftieren lassen.
Doch schmiedete Karl Leopold, der parallel auch gegen die Ritterschaft gewaltsam vorging, durch diese Repressalien die Front seiner Gegner nur noch
fester zusammen. Rostock und die Ritterschaft liefen Sturm beim Kaiser und
bei den Nachbarn Mecklenburgs, um dem gewalttätigen Herzog Einhalt zu
gebieten. Letzterer, der seit 1714 auch den Warnemünder Zoll von den
Schweden an sich gebracht hatte, setzte gegen den sich formierenden inneren und äußeren Widerstand auf die Hilfe des mit ihm verschwägerten
Zaren Peter I. (1672–1725). Russische Truppen verliehen den herzoglichen
Forderungen gegenüber den Ständen und namentlich auch Rostock Nachdruck. Das Weiße Kolleg am Rostocker Hopfenmarkt wurde zeitweilig zum
Gefängnis für einige Angehörige der Ritterschaft, die sich nicht wie viele
ihrer Standesgenossen rechtzeitig aus Mecklenburg abgesetzt hatten.
Schließlich wurde 1719 das außergewöhnliche Mittel einer militärischen
Reichsexekution gegen Karl Leopold eingesetzt, was eine jahrzehntelang
anhaltende Konfusion der Herrschaftsverhältnisse in Mecklenburg auslöste,
da der halsstarrige Herzog keineswegs aufzugeben gedachte. Für Rostock
immerhin, das 1719 Sitz der kaiserlichen Kommission gegen Karl Leopold
wurde, schienen die alten Zustände zurückzukehren. Die städtische Obrigkeit ließ das Rathaus im Gefühl ihrer wiedererlangten Machtposition durch
einen barocken Vorbau verschönern. Doch man sollte sich verrechnet
haben. Zwar wurde Karl Leopold schließlich 1728 als Herzog suspendiert
und sein Bruder Christian Ludwig II. (1683–1756) folgte ihm nach, zunächst als kaiserlicher Beauftragter, nach Karl Leopolds Tod 1747 als Herzog.
Doch so sehr sich der neue Herzog in seinem Wesen auch von seinem Vorgänger unterschied, der ihn abgrundtief gehasst hatte, gegenüber Rostock

knüpfte Christian Ludwig sofort an dessen Politik an. Allerdings hatte der neue Landesherr ein viel größeres diplomatisches Geschick. Er nutzte die Unzufriedenheit vieler Rostocker und der Warnemünder mit der Stadtobrigkeit aus. Als neues Forum der Opposition – ihr Versammlungsort war der Schusterschütting direkt hinter dem Rathaus – hatten sich die von Handwerkern dominierten „Gewerker" oder „Tausende" in deutlichem Gegensatz nicht nur zum Rat, sondern auch zu den Hundertmännern mit ihrem Übergewicht der Brauherren und Kaufleute gebildet. Auf der Woge der Proteste der Tausende sowie verbunden mit militärischer Drohung brachte der Herzog im April 1748 eine Konvention mit dem Rostocker Rat zustande, die zumindest auf dem Papier im Prinzip das realisierte, was Karl Leopold mit brachialer Gewalt vergeblich hatte durchsetzen wollen.

Der neue Herzog vermochte es durch sein geschicktes Verhalten danach sogar, den früheren Rostocker Bürgermeister Dr. Johann Christian Petersen (1682–1766) zunächst zum Rücktritt zu bewegen, um ihn dann wenig später in seine herzoglichen Dienste zu übernehmen.

Das Stadtrecht von 1757

Es mutete schon eigenartig an, dass erst Jahrhunderte nach der Stadtrechtsbestätigung ein Rostocker Stadtrecht schriftlich fixiert und im Druck erschien. Die Präambel wies daher ausdrücklich darauf hin, dass der Rat lange Zeit die 1586 publizierten Statuten der Stadt Lübeck auch als Rostocker Stadtrecht angesehen und benutzt hatte. Wegen vieler inzwischen eingetretener Missverständnisse, Irrungen und kostspieliger Prozesse hätte man sich aber nunmehr entschlossen, ein eigenes Stadtrecht zu verfassen, allerdings auf Grundlage des Lübischen Rechts, dem das Rostocker Stadtrecht bis in die Einzelformulierungen weitgehend und oft wörtlich folgt. Tatsächlich erklärt sich das späte Erscheinen wohl eher durch die Besorgnis des Rates, Handlungsspielräume und Privilegien durch eine schriftliche Rechtsfixierung zu gefährden. Schon im 16. Jahrhundert waren in Rostock neue Gerichtsordnungen 1574 und 1586 und eine neue Polizeiordnung 1576 erst auf herzoglichen Druck und nach entsprechenden Festlegungen in den beiden Erbverträgen von 1573 und 1584 fixiert worden.

Die Gliederung des Rostocker Stadtrechts – maßgeblich beteiligt an seinem Erscheinen war der spätere Ratsherr und Bürgermeister Jacob Heinrich

Balecke (1731–1778) – in sechs große Teile entsprach der Schwerpunktset-
zung des Lübischen Vorbildes. Hauptsächlich fanden sich Bestimmungen
erstens über Bürgermeister, Ratsherren, Bürger und Einwohner der Stadt
und deren Ehesachen, zweitens über Erbschaftsangelegenheiten, drittens
über Geldgeschäfte und Bausachen, viertens über Verbrechen und ihre Bestrafung, fünftens über die Prozessführung vor Gericht und sechstens
schließlich über den Seehandel. Im ersten Abschnitt klangen bezüglich der
Bürgermeister und Ratsherren – damals hatte sich allmählich der Begriff
Senatoren eingebürgert – traditionelle Kritikpunkte der antirätlichen Opposition an, wenn genaue Bestimmungen über die Unzulässigkeit von
gleichzeitiger Ratsmitgliedschaft zu naher Verwandter getroffen wurden.
Die damalige Herrschaft der Leibeigenschaft auf dem Lande – durch den
Landesgrundgesetzlichen Erbvergleich des Jahres 1755 für Mecklenburg gerade wieder festgeschrieben – zeigte sich am strikten Verbot der Aufnahme
entlaufener leibeigener Untertanen als Bürger in Rostock. In Familiensa-
chen gab bezeichnenderweise in strittigen Fragen die väterliche Meinung
den Ausschlag. Typisch für das Fortwirken des traditionellen Lübischen

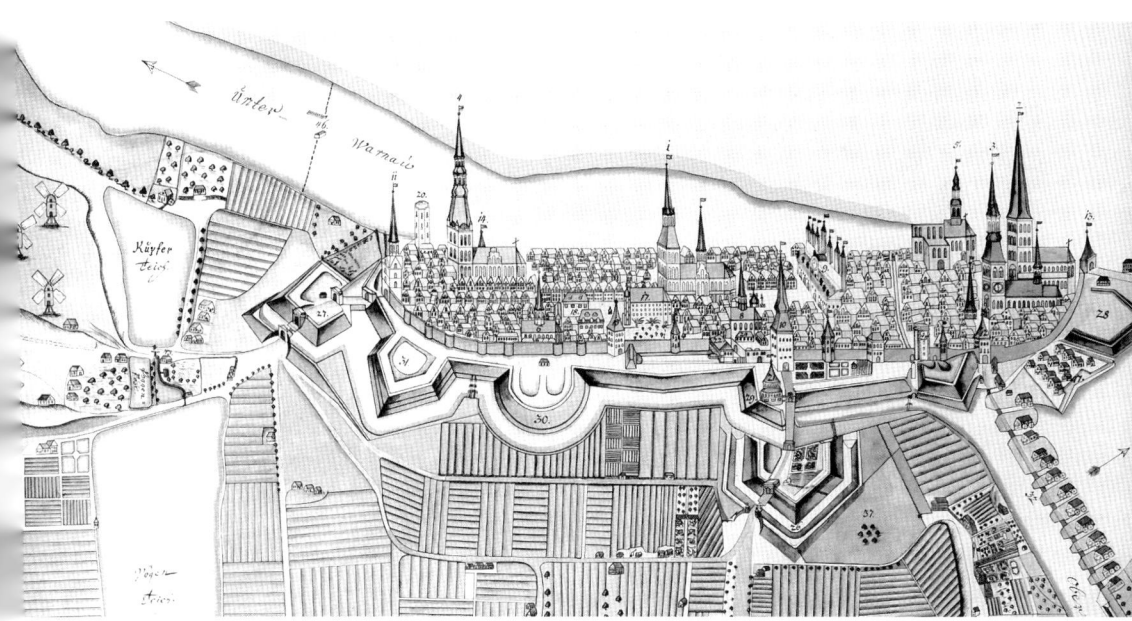

*Rostock in der ersten Hälfte des 18. Jahrhunderts (Kolorierte Zeichnung,
Zacharias Voigt, 1737)*

Rechts war die Zulässigkeit auch eines mündlichen Testaments. Besondere Aufmerksamkeit fanden die Bauangelegenheiten. Wüste Stellen sollten mit Häusern innerhalb von sechs Jahren bei angedrohtem Verlust wieder bebaut werden, Gartenplätze und Torwege noch kurzfristiger. Der Nachbar durfte beim Neu- oder Wiederaufbau nicht geschädigt werden, alle Gebäude sollten mit Stein und Kalk errichtet und ein „Privet" oder ein Schweinekoben nicht zu nahe an eine Straße, einen Kirchhof oder einen Nachbarn erbaut werden. Ohne Zustimmung durch die Nachbarn durften feuer- und sonstige gefährliche Gebäude nicht neu eingerichtet werden. Hierzu zählten Brau-, Schmiede-, Töpfer- und Lehmhäuser oder gefährliche und „unleidliche" Handwerke wie Talgschmelzer, Gold- und Kupferschläger, Grapengießer, Knochenhauer, Böttcher, Seifensieder, Branntweinbrenner und Krüger. Bei den Verbrechen und Schädigungen standen der Diebstahl von Pferden sowie Verstöße durch Hufschmiede, Kutscher und Fuhrleute sehr im Vordergrund. Unzüchtige Weiber sollten in der Stadt nicht geduldet, Huren und Kuppler gleichermaßen gestraft werden. Ehebruch und Totschlag wurden gemäß der Peinlichen Halsgerichtsordnung Kaiser Karls V. (1500–1558) an Leib und Leben, Notzucht mit dem Schwert geahndet. Selbstmord galt bei „Melancholie" oder „Tollheit" als weniger strafbar. Feuer oder Rad standen auf Zauberei, Wahrsagerei und Giftmischerei.

Als Orte mit besonderem Rechtsschutz, dem sogenannten Burgfrieden, fanden Hervorhebung: der Rat, das Gericht, die Kirchen, die Friedhöfe, das Rathaus, die Marktbuden, die Weinkeller, die Fleisch-Schrangen (Fleischverkaufsstände), die Waage (am Beginn der Großen Mönchenstraße), die Märkte und der Strand (der Rostocker Stadthafenbereich).

In der Gerichtsbarkeit bestanden offenbar noch immer altbekannte Probleme: Erneut wurde eingeschärft, dass niemand in eigener Sache Richter sein könne und dass eine unparteiische Rechtsprechung erforderlich sei. Der letzte Abschnitt des Stadtrechts über den Seehandel enthielt unter anderem interessante schifffahrtstechnische Bestimmungen, zum Beispiel über die Notwendigkeit des Kühlens von Getreide als Frachtgut, das Verbot der Fahrt bei Nebel oder über den Transport zwischen Rostock und Warnemünde auf Prahmen, d.h. kleinen, flachen Lastkähnen. So widerspiegelte das – spät entstandene – Stadtrecht von 1757 nicht nur die alte hansische Verbundenheit mit Lübeck, sondern auch damals aktuelle Sorgen und Nöte in Rostock. Zwar legte es primär nur die Rechtsnorm fest, doch schimmerte zwischen den Zeilen oft auch die Realität des städtischen Lebens durch.

Die Universität in Bützow

Die Rostocker Stadtobrigkeit hatte der herzoglichen Konvention von 1748 – abgesehen von der Aufhebung des Zolls vor Warnemünde – nur zähneknirschend zugestimmt. Wenige Jahre später ergaben sich daher erneute Auseinandersetzungen über das Verhältnis von Landesherrschaft und Stadt. Vordergründig begann der Streit als gelehrte Auseinandersetzung über die Geschichte dieses Verhältnisses, in der auch die Position der Universität eine wichtige Rolle spielte.

Der herzogliche Professor Angelius Johann Daniel Aepinus (1718–1784) suchte 1754 in einer ausführlich kommentierten Quellensammlung die landesherrlichen Rechte gegenüber Universität und Stadt Rostock historisch nachzuweisen. Der Rostocker Bürgermeister Heinrich Nettelbladt (1715–1761) konterte 1757 mit einer ebenfalls vordergründig historisch angelegten Gegendarstellung, die letztlich die ehemalige Freiheit Rostocks gegenüber der Landesherrschaft herausarbeiten sollte.

Inzwischen war nicht nur Friedrich der Fromme (1717–1785) seinem 1756 verstorbenen Vater als Herzog in Schwerin gefolgt, sondern Mecklenburg-Schwerin durch die sehr unkluge Außenpolitik des neuen Herzogs dem preußischen Militär im Rahmen des Siebenjährigen Krieges ausgeliefert worden. Davon war in den Jahren 1758 bis 1762 auch Rostock betroffen.

Damit nicht genug, schürte der pietistisch gesinnte Herzog den Konflikt mit Rostock so, dass er angesichts des Widerstandes sowohl in der Universität als auch in der Stadt Rostock 1760 eine herzogliche Universität in Bützow eröffnete. Fast drei Jahrzehnte, bis 1789, bestanden nun zwei Universitäten in Mecklenburg. Angesichts ihrer jeweils mangelhaften Ausstattung – ganz zu schweigen von dem bestenfalls kleinstädtischen Umfeld in Bützow – drohte beiden Hochschulen auf Dauer der Untergang. Immerhin wirkten damals besonders in Bützow einige namhafte Gelehrte, wie der Orientalist Oluf Gerhard Tychsen (1734–1815), der Ökonom Franz Christian Lorenz Karsten (1751–1829) und der Mediziner Georg Christoph Detharding (1699–1784).

Den Bützower Professoren wurde rasch klar, dass die neue Universität, die „Fridericiana", keine Zukunft hatte. Aber solange ihr namengebender Stifter, Herzog Friedrich der Fromme, lebte, war an eine Rückkehr nach Rostock nicht zu denken. Folgerichtig wurde dieser Schritt erst 1789 nach dem

Tode des Herzogs vollzogen. Inzwischen hatte auch das Verhältnis Landesherr – Stadt 1788 eine bis 1918 endgültige Regelung erfahren.

Endgültige Regelung mit dem Landesherrn: Der Erbvertrag von 1788

Mit dem Ende des Siebenjährigen Krieges trat neben den Konflikt Friedrichs
des Frommen mit Rostock wegen der Universität erneut die Auseinandersetzung zwischen Rat und Hundertmännerkollegium einerseits und der Bewegung der Tausende bzw. Gewerker andererseits. Auslösender Faktor war
wiederum – wie schon so oft in der Rostocker Geschichte – der Versuch der
Stadtobrigkeit, die immensen Kriegslasten und -folgen hauptsächlich den
weniger oder nicht privilegierten Einwohnern aufzubürden. Die innerstädtischen Auseinandersetzungen zogen sich ungeachtet eines direkten herzoglichen Eingreifens noch über zwei Jahrzehnte hin, weil Rat und Hundertmännerkollegium hartnäckig ihre Privilegien verteidigten, Rückhalt
beim Reichskammergericht und Reichshofrat fanden und nach bewährtem
Muster alle Fragen nach Möglichkeit auf die lange Bank schoben.

Die Bewegung der Gewerker bzw. Tausende wollte dagegen eine Neuordnung der bürgerlichen Vertretung und eine wirksame Kontrolle der Rats-
tätigkeit erreichen. Herzog Friedrich griff dieses Bestreben auf und setzte
1763 eine Kommission zur Untersuchung der Rostocker Probleme ein. Diese
förderte haarsträubende Fälle von Misswirtschaft und zumindest äußerst
mangelhafter Finanzverwaltung durch den Rat zutage. Daraufhin erließ der
Herzog 1766 eine Resolution zur Neuordnung des Hundertmännerkollegiums, deren Inhalt Rat und Hundertmänner schließlich 1770 in einem
neuen Hundertmänner-Regulativ – wenn auch protestierend – akzeptieren
mussten.

An die Stelle der ehemals vier Quartiere mit dem Übergewicht der Brauherren und Kaufleute in jedem Quartier wurden nunmehr nur zwei Quartiere installiert, die sich paritätisch aus 50 Kaufleuten und 50 Handwerkern
zusammensetzen sollten. Stieg somit schon der Anteil der Handwerker gegenüber den Brauherren und Kaufleuten, so wurde auch innerhalb des zweiten Quartiers, dem der Handwerker, eine größere Zahl von Ämtern
berücksichtigt als im ehemaligen Hundertmännerkollegium. In den Jahren
1583/84 stellten allein die sieben Ämter der Bäcker, Böttcher, Haken,

Schmiede, Schneider, Schuster und Wollenweber mit je vier Vertretern die absolute Mehrheit der Handwerker unter den Hundertmännern. Mit mehreren Sitzen vertreten waren 1770 die Schuster, Bäcker, Lohgerber, Schneider, Schonenfahrer, Leineweber, Riemer und Beutler. Weitere 30 Ämter entsandten jeweils einen Vertreter. Aber auch das neue Hundertmänner-Regulativ beendete die Spannungen zwischen Landesherr, Stadtobrigkeit und Bürgerschaft noch nicht endgültig. Neben der Neuregelung des Hundertmännerkollegiums ergaben sich schwierige Auseinandersetzungen über das Kassenwesen und die Finanzverwaltung der Stadt.

Pokal des Rostocker Amtes der Bäcker, 1593

Erst unter dem Herzog Friedrich Franz I. (1756–1837) zeichnete sich eine relativ rasche Lösung der Probleme ab. Auf Kosten weitergehender Forderungen der Gewerker einigten sich Rat und Landesherr in einem Kompromiss. Der Rat hatte durch seinen Syndikus und Bürgermeister Heinrich Askan Engelcken d.J. (1744–1792) noch zu Lebzeiten Friedrichs des Frommen Kontakte mit dem damaligen Erbprinzen hergestellt. So konnte bereits 1788, wenige Jahre nach dessen Regierungsantritt, der neue Rostocker Erbvertrag geschlossen werden. Einerseits erkannte Rostock hierin die Landeshoheit des Herzogs endgültig an. Andererseits behielt der Rat aber nach wie vor weitgehende Privilegien und Rechte, insbesondere in den Bereichen des Stadtregiments, der Gesetzgebung, der Gerichtsbarkeit und der Finanzhoheit. Dafür verzichtete der Rat auf die Verlegung der Residenz nach Rostock, die schon unter Christian Ludwig II. 1748 seitens der Landesherrschaft nicht ernsthaft betrieben worden war, sowie auf das militärische Mitbesatzungsrecht. Bezüglich der Universität, die 1789 in Rostock wiedervereint wurde, kehrte man zugunsten des Rates zur Formula concordiae von 1563 zurück. Wenn Rostock somit insgesamt auch nicht solche weitreichenden Rechte durchsetzen konnte wie 1755 die Ritterschaft im Landesgrundgesetzlichen Erbvergleich, so war der Rostocker Erbvertrag dennoch in mancherlei Hinsicht nur ein äußerlicher Sieg der Landesherrschaft. Rostocks Sonderstellung in Mecklenburg, v. a., aber nicht allein auf wirtschaftlichem Gebiet, endete hiermit keineswegs.

Ende und Anfang einer Epoche: Rostock um 1800

Während sich 1788/89 das Verhältnis Landesherr/Stadt wieder normalisierte, begann im nicht nur geographisch fernen Frankreich das weltgeschichtliche Ringen des Dritten Standes um seine Position, mit dem eine neue Epoche der Geschichte eingeläutet wurde. Diese sollte auch Mecklenburg und Rostock spätestens anderthalb Jahrzehnte später direkt – und dann vordergründig militärisch – erreichen. Bis dahin erlebte Rostock nochmals einen relativen Aufschwung, ähnlich wie zwei Jahrhunderte zuvor im Anschluss an die Erbverträge im Ausgang des 16. Jahrhunderts. Allerdings wurde das damalige internationale Niveau der Stadt an der Unterwarnow nun nicht mehr erreicht. Aber genauso wie um 1600 strebte die Seeschifffahrt Rostocks – gemessen an der Zahl der Segelschiffe – einer neuen Blüte zu. Statt des Malzes und Bieres standen um 1800 Getreidetransporte im Vordergrund.

Allmählich wurden auch die letzten Baulücken geschlossen, die der Stadtbrand von 1677 hervorgerufen hatte. Über die Rostocker Grundstücksverhältnisse fertigte im Jahrzehnt zwischen 1780 und 1790 der Meister des Heilig-Geist-Hospitals Julius Michael Tarnow (1725–1813) einen umfassenden Plan an. Anstelle der im 19. Jahrhundert aufkommenden, nach Straßen geordneten Zählung mit Hausnummern kennzeichnete Tarnow die Grundstücke mit fortlaufenden Nummern in der Reihenfolge der Fahnen, also der ursprünglich aus den militärischen Pflichten der Bürger erwachsenen Einteilung des Stadtgebietes. Spätestens seit Mitte des 16. Jahrhunderts hatte neben einer entsprechenden Einteilung in vier große Quartiere, die identisch waren mit den Kirchspielen, eine parallele Unterteilung dieser Einheiten in 24 kleinere Quartiere existiert, von denen sich jeweils acht auf die „reichen" Kirchspiele St. Marien und St. Jakobi sowie jeweils nur vier auf die „armen" Altstadtkirchspiele St. Petri und St. Nikolai verteilten. Im Dreißigjährigen Krieg war dann 1625 eine Reorganisation dieser Quartiere in zunächst 18 Fahnen erfolgt, die eine möglichst gleiche Mannstärke (ca. 200) aufweisen sollten. Eine ursprünglich vorgesehene Zahl von 20 Fahnen ließ sich nicht realisieren. Angesichts der direkten Kriegseinwirkungen der folgenden Jahre gerade in der Peripherie der Stadt wurde vielmehr bereits 1635 eine Reduzierung auf 13 Fahnen vorgenommen, wobei die 13. Fahne die Bruchstraßen namentlich der Fischer und Gerber außerhalb der Stadtmauern umfasste. Dass diese Organisation nach dem verheerenden Stadtbrand von 1677 im Jahre 1682 erneut und endgültig um zwei Fahnen reduziert wurde, ist bereits angedeutet worden. Auch die Gesamtzahl der 1782 Grundstücke auf Tarnows Plan am Ende des 18. Jahrhunderts hatte sich im Vergleich zum ausgehenden 16. Jahrhundert mit ehedem über 2000 Grundstücken deutlich verringert. Unter Einbeziehung der zumeist unter den Häusern und Buden befindlichen Wohnkeller wies Rostock noch 1625 rund 4000 Häuser, Buden und Keller auf. Davon entfielen damals 1453 auf das Kirchspiel St. Jakobi, 1433 auf St. Marien und lediglich 1100 auf die beiden Altstadtkirchspiele St. Petri und St. Nikolai. Der Tarnow-Plan zeigte auch, dass sich die herzogliche Präsenz in Rostock, obwohl die Residenz nicht in die Stadt verlegt worden war, verstärkt und ausgeweitet hatte: Am südlichen Hopfenmarkt gehörte nunmehr ein großes Areal zum herzoglichen Palais und seinen Nebenbauten und -anlagen.

Das auf dem Plan als „Schauspielhaus" bezeichnete Gebäude im Bereich des ehemaligen Johannisklosters am Steintor deutete auf einen Theaterbau von 1786 hin. Theateraufführungen allerdings hatte es in Rostock schon viel früher gegeben: Der vermutlich älteste gedruckte Theaterzettel Deutschlands aus dem Jahre 1520 stammt aus Rostock. Die herzoglichen Palaisbauten Anfang und Mitte des 18. Jahrhunderts trugen noch die Merkmale des Barock. Das Schauspielhaus hingegen, vom Rostocker Professor Gustav Schadeloock (1732–1819) entworfen, der auch den Neubau des Mönchentors Anfang des 19. Jahrhunderts schuf, zeigte schon die Merkmale des frühen Klassizismus.

Der wirtschaftliche und kulturelle Aufschwung Rostocks am Ende des 18. Jahrhunderts war allerdings begleitet von erneuten innerstädtischen Auseinandersetzungen. Im letzten Jahrzehnt vor 1800 kam es zu einer Reihe von Unruhen der Gesellen einzelner Ämter, etwa der Tischler, Zimmerer, Bäcker, Schiffszimmerleute und Gerber. Am bekanntesten und aus der Sicht des Rates wohl am bedrohlichsten – einer der ausgeplünderten Ratsherren beging kurz danach Selbstmord – wurden die Unruhen, die als Rostocker „Butterkrieg" oder „Butterrevolution" in die Geschichte eingingen. Die

*Prangertafel für die Bestrafung von Aufrührern während der sogenannten
Butterrevolution des Jahres 1800*

Konjunktur des Exports von Lebensmitteln führte zu Teuerungen innerhalb
der Stadt. Das löste Unwillen bei größeren Teilen der Rostocker Bevölkerung
aus, der sich schließlich in gewaltsamen Preisreduzierungen auf dem Markt
und aufsehenerregenden Plünderungen und Zerstörungen in Speichern,
aber auch in Wohngebäuden einiger Kaufleute Luft machte. Auffälliger-
weise wurden am schwersten Kaufleute und Ratsherren betroffen, die keine
alteingesessenen Rostocker waren. Soweit die Unruhen nicht nur spontane
Plünderungen und Zerstörungen darstellten, spielten in ihrer Organisation
die Zimmerer und Maurergesellen eine besondere Rolle, die ihre Zusammenkünfte im Zimmerleuteschütting am Beginenberg als einem Zentrum
der Vorbereitung und Durchführung der Unruhen abhielten. Am 30. Oktober 1800 konnten die militärischen Formationen der Rostocker Bürger und
der fürstlichen Truppen feststellen, dass die Unruhen in der Nacht zuvor
abgeebbt waren.

Nur wenige Jahre später brachten französische Truppen auch den Rostockern die europäischen Stürme und die Unsicherheiten des gerade begon-
nenen neuen Jahrhunderts in die Stadt.

NAPOLEONISCHE FREMDHERRSCHAFT UND BEFREIUNGSKRIEGE. 1806 BIS 1815

Unter französischer Herrschaft

Beide Mecklenburg nahmen an den Koalitionskriegen zunächst nicht teil. Statt Truppen aufzustellen und auf die Schlachtfelder zu schicken, hatten sich die Herzöge vielmehr entschlossen, der größten deutschen Militärmacht nördlich des Mains, dem Königreich Preußen, eine Kontingentsersatzzahlung zu leisten. Als Napoleon Bonapartes (1750–1821) Sieg bei Jena und Auerstedt am 14. Oktober 1806 das Schicksal der preußischen Armee besiegelt hatte, war der Schild für Mecklenburgs Souveränität verloren. Die hastig erklärte Neutralität konnte nicht verhindern, dass preußische Militärverbände auf der Flucht vor den Franzosen durch das Land zogen. Ihnen auf dem Fuße folgten die Truppen der Marschälle Jean Baptiste Bernadotte (1763–1844), Joachim Murat (1767–1815) und Nicolas Soult (1769–1851), die gleich den Preußen eine Spur des Schreckens, der Plünderung und der Zerstörung hinterließen. Wenngleich sich Napoleon quasi dafür entschuldigte und die eigentlich willkürlich in Mecklenburg stehenden Truppen nach Berlin und Stettin schickte, erklärte er keine sieben Tage darauf Mecklenburg zu seinem Feind – weil die Preußen Hilfe erhalten hätten – und ließ die beiden Herzogtümer am 29. November 1806 besetzen. Die Besatzungsadministration nahm ihren Sitz in der Residenzstadt Schwerin.

Das Leben im Rostock der Franzosenzeit konnte nicht weiter in den gewohnten Bahnen verlaufen, zumal Napoleon in Berlin am 21. Oktober 1806 das Dekret über die Kontinentalsperre unterzeichnet hatte. Die französischen Soldaten bewachten fortan die beiden mecklenburgischen Seehäfen Rostock und Wismar sowie die gesamte Küste auf das Schärfste. Überall wurde Jagd auf Waren von den britischen Inseln gemacht. Die Ausfuhr nach England, auch in zahlreiche andere Länder, zu denen die Rostocker traditionell enge Handelsbeziehungen unterhielten, war strengstens verboten. Das traf die Lebensadern Rostocks, den Handel und die Schifffahrt, empfindlich. Vor diesem Hintergrund provozierten die starke mecklenburgische Nachfrage nach englischen Manufakturwaren und der im eigenen Lande produzierte Getreideüberschuss einen großangelegten Schmuggel herauf. Wurden Waren gefunden, gleich ob vor Inkrafttreten der Kontinentalsperre rechtmäßig erworben oder geschmuggelt, konfiszierten sie die Franzosen. Was nicht für die Versorgung der Armee Verwendung finden konnte, wurde den Flammen überantwortet. So hieß es in einem Bericht des französischen Kriegsministers an Napoleon, dass am 24. November 1810 in Rostock im Beisein einiger städtischer Ratsherren, des französischen Konsuls sowie von Zolloffizieren die Ladung des Schiffes „Frau Anna" verbrannt wurde. Sie bestand hauptsächlich aus Stoffen englischer Produktion mit einem Wert von mehr als einer halben Million Kurantmark. Die Flammen loderten von 8 Uhr in der Frühe bis 4 Uhr nachmittags. Das Jahr 1807 schien den Rostocker Schiffern und Kaufleuten wieder bessere Möglichkeiten für ihr Tun zu eröffnen. Im Sommer unterwarfen sich Russland und Preußen im Frieden von Tilsit den Bestimmungen der Kontinentalsperre, während das neutrale Dänemark, von den Engländern im Herbst 1807 mit der Bombardierung Kopenhagens und der Beschlagnahmung seiner Flotte gedemütigt, sich endgültig auf die Seite Frankreichs schlug. Die Häfen dieser Länder hätten von Schiffen aus Rostock nun wieder angelaufen werden können. Doch die Franzosen hielten große Getreidemengen für ihre Heeresmagazine zurück, so dass Rostocker Kaufleute ihren gegenüber Geschäftspartnern in Dänemark und Russland eingegangenen Verpflichtungen nicht nachkommen konnten. Als Herzog Friedrich Franz I. von Mecklenburg-Schwerin (1756–1837) sich am 22. März 1808 entschloss, dem Rheinbund beizutreten, sahen die französischen Truppen keinen Grund mehr, im Land zu bleiben. Ihre Aufgaben übertrugen sie mecklenburgischem Militär, das die Kontrolle längst nicht so genau nahm und damit dem Schmuggelhandel zu einer erneuten Blüte verhalf. Die Wiederbelebung des Rostocker Seehandels förderte auch Schwedens Beitritt zur Kontinentalsperre im Frühjahr 1809. Bald konnten zumindest die Häfen an den Küsten der gesamten Ostsee Ziel für Rostocker Schiffe sein, wenngleich die Franzosen durch ihre Statthalter hin und wieder selbst den Getreidehandel in befreundete und neutrale Länder verboten und den Rostocker Kaufleuten zeitweise Restriktionen, etwa die

Stellung von Kautionen für auslaufende Schiffe, auferlegten.

Die Bürger hatten natürlich an der Besetzung ihrer Stadt schlechthin hart zu tragen gehabt. Einquartierungen, Kontributionszahlungen, Befehle, Androhung von Gewalt oder Pöbeleien strapazierten ihre Geduld und ihren Geldbeutel. Doch blieben sie wenigstens von direkten Kriegshandlungen verschont. Nur einmal, im Frühjahr 1809, drohten Schüsse zu fallen. Eine Vorhut preußischer Freischärler, zum Verband des Majors Ferdinand von Schill (1776–1809) gehörend, der sich auf dem Weg von Dömitz nach Stralsund befand, stand am 21. Mai vor dem Kröpeliner Tor und begehrte

Major Ferdinand von Schill – Verbände des preußischen Freischärlers besetzten Ende Mai 1809 Rostock.

Einlass. Sollte er verweigert werden, wolle man ihn mit Waffengewalt erzwingen, drohten die zweihundert Schill'schen. Mit Wissen und Duldung des Herzogs, eigentlich Verbündeter der Franzosen, aber doch deutscher Fürst genug, um den gegen Napoleon kämpfenden Preußen nicht schaden zu wollen, verließen 120 Infanteristen und 20 Husaren seiner Rostocker Garnison die Stadt sofort durch das Petritor, um nach Ribnitz zu marschieren. In den Mauern verblieben waren ganze 56 Soldaten, die wahrlich nicht den Stolz der mecklenburgischen Armee repräsentierten. Ihr Durchschnittsalter betrug 51 Jahre, der Älteste im Mannschaftsdienstgrad brachte es gar auf 78 Jahre. Doch damit nicht genug: „7 Musketiere waren ganz unbrauchbar und von den übrigen waren 1 blödsinnig, 1 taub, 10 engbrüstig, 2 verwundet, 8 litten an Gicht, 2 an Bruch, je 1 an Epilepsie, blöden Augen, inneren Leiden, erfrorenen oder schlimmen Füßen, steifer Hand, Lähmung des Knies, Schwäche im Rücken", hieß es in einem zeitgenössischen Bericht. Daher war es nicht verwunderlich, dass nach einstündiger halbherziger Verhandlung die Tore kampflos geöffnet wurden. Für fünf Tage lagen zeitweise bis zu 2000 Kämpfer des Schill'schen Freikorps in und um Rostock. Sie nutzten den Aufenthalt um mehrere Hundert Uniformen, 200 Hüte, 100 Tschakos, 50 Garnituren Reitzeug und 400 Piken von Rostocker Handwerkern zur

Siegel des Schill'schen Armeecorps

Ausrüstung der Truppe anfertigen zu lassen. Verständlich, dass es in jenen Tagen zu Lieferengpässen kam, und dass die Handwerker mit Recht fürchteten, den ihnen zustehenden Lohn nie zu Gesicht zu bekommen. Doch der Rat übernahm die Kosten und so hatte mancher nicht gerade schlecht verdient. Die Waffen der kleinen Garnison gingen an das Schill'sche Korps, genauso wie die der städtischen Polizei, der Schützengilde und jedes nur brauchbare Gewehr eines Rostocker Bürgers. Mit Pulver und Blei versah man sich aus den Depots. Wohl gerüstet zog Schill am 24. Mai in Richtung Stralsund weiter, wo er – nachdem in einem Gefecht an der Recknitz zwischen Ribnitz und Damgarten das mecklenburgische Rheinbundkontingent vernichtend geschlagen worden war – am 31. Mai 1809 im Kampf fiel. Die Nachhut seines Verbandes brachte die in Rostock erworbenen und konfiszierten Ausrüstungen und Lebensmittel nach Warnemünde. Dort wurden zahlreiche Rostocker Schiffe beschlagnahmt und beladen. Als sie am 28. Mai in See stechen wollten, um sich auf Rügen mit dem Schill'schen Korps zu vereinigen, sahen sie sich unversehens niederländischen Truppen gegenüber, die im Auftrage Napoleons Jagd auf die Freischärler machten. Die offene See erreichten 16 der Schiffe, zwei, die den Hafen noch nicht verlassen hatten, wurden aufgebracht.

Doch nahmen die Franzosen es den Mecklenburgern offenbar nicht übel, dass sie Schill mehr Sympathie entgegengebracht hatten als ihren „Bundesgenossen". Die großen Kontingente des napoleonischen Heeres verließen das Land. Die zurückbleibenden französischen Besatzungsbehörden hatten weder den Willen noch die Möglichkeit, den freien Handel auf der Ostsee entscheidend zu behindern. So konnte die Rostocker Wirtschaft einen deutlichen Aufschwung nehmen. Allerdings kehrte das französische Militär am 17. August 1810 nach Rostock zurück. Die Einquartierung von 2000 Soldaten lastete schwer auf den Bürgern. Die Franzosen errichteten umgehend ein Regime aus Restriktionen und Verboten, das die Wirtschaft faktisch zum Erliegen brachte. Die Stadttore wurden geschlossen. Nur durch das Steintor konnte Rostock verlassen werden. Dort verursachten Kontrollen und die Formalitäten der Zollentrichtung lange Staus der Lastenfuhrwerke. Jeder Schiffsverkehr wurde unterbunden, die Schiffe Rostocker Reeder für eine Seefahrt unbrauchbar gemacht, die Seeleute sollten im April 1811 in die Flotten Napoleons gepresst werden. Statt der 600 Matrosen, die Mecklenburg auf Befehl des französischen Kaisers zu stellen hatte, heuerten jedoch weniger als einhundert, darunter auch einige Rostocker, an. Bevor die Werber der Franzosen ans Werk gingen, waren die meisten jungen Männer geflohen. Herzog Friedrich Franz I. eröffnete am 23. August 1811 dem Rostocker Bürgermeister Joachim Friedrich Zoch (1750–1833), dass Rostock als Standort der Division des französischen Generals Louis Friant (1758–1829) vorgesehen sei. Auch wenn sich die Stadtoberen mit allen ihnen zu Gebote stehenden Mitteln zur Wehr setzten, konnten sie nicht verhindern, dass in den Barnstorfer Tannen ein großes Areal abgeholzt wurde. In kürzester Zeit errichteten Rostocker Handwerker dort 764 Baracken für etwa 9500 Soldaten. Exerzierplätze mussten planiert werden, 775 Pferde waren unterzustellen, die Versorgung mit Wasser zu sichern. Täglich mussten etwa 7100 Kilogramm Roggen- und 1200 Kilogramm Weizenbrot, 3600 Kilogramm Fleisch, 1200 Kilogramm Hülsen- früchte sowie 15250 Liter Bier, 1150 Liter Branntwein und 930 Liter Essig für die Versorgung der Soldaten bereitstehen. Des Weiteren forderten die Franzosen monatlich 1400 Festmeter Feuerholz. Aus jedem Winkel der beiden mecklenburgischen Herzogtümer wurden Getreide und Vieh in die Stadt geschickt. Die Verarbeitung lag meist in den Händen der Rostocker, die in jenen Monaten aber einen guten Gewinn erzielten.

Auch die Warnemünder hatten ihre Last an der Besatzung zu tragen. Nachdem die Franzosen den ständigen Übergriffen der Engländer auf den Hafen mit den herkömmlichen Mitteln nicht mehr begegnen konnten, ließen sie die sogenannte Redoute errichten. Die kleine Festung war mit zwei Grabensystemen und mehreren Wällen gesichert, so dass der Komplex schließlich die stattliche Grundfläche von 13 225 Quadratmetern einnahm. Ab November 1811 taten dort 150 Soldaten ihren Dienst. Im Laufe des Jahres 1812 leerte sich das Lager vor den Toren Rostocks. Die Soldaten marschierten im Verbande der Großen Armee gen Osten. Mit ihnen zog ein mecklenburgisches Kontingent von etwa 2000 Mann, seinen Verpflichtungen als Rheinbundmitglied nachkommend. Am 4. Oktober 1812 feierte die französische Garnison in der St. Marienkirche noch die Einnahme Moskaus, in der Nummer der Rostocker „Auszüge aus den Neuesten Zeitungen" vom

27. Dezember 1812 wurde dann schon ausführlich über die Zerschlagung der französischen Armee in Russland und die Flucht Napoleons durch Deutschland berichtet. Die Geschäftigkeit im Franzosenlager – ständig kamen Truppenverbände an, andere marschierten ab – konnte nicht darüber hinwegtäuschen, dass Napoleons Nimbus der Unbesiegbarkeit und Allmacht ins Wanken geraten war. Vor allem die preußisch-russische Konvention von Tauroggen, am vorletzten Tag des Jahres 1812 geschlossen, ließ in Deutschland wie in Rostock Hoffnung aufkeimen. Tatsächlich verließen am 26. März 1813 die letzten Soldaten die Stadt. Aus Warnemünde waren sie bereits am 10. März abgezogen.

Während der Befreiungskriege

Sieben Tage nachdem die letzten französischen Soldaten das Stadtgebiet geräumt hatten, wandten sich junge Männer, Bürger und vor allem Studenten aus Rostock, an ihren Landesherrn mit der Bitte, ein freiwilliges Korps aufstellen zu dürfen. Friedrich Franz I. aber konnte sich zu einem solchen Schritt noch nicht entschließen und hob zunächst alle Verordnungen, die gegen eine freie Schifffahrt gerichtet waren, auf, was – zumal unter den Rostockern – in ganz Mecklenburg Freudenfeste auslöste. Doch schließlich konnten ihn die Preußen bewegen, am 25. März 1813 den Rheinbund zu verlassen und seine Untertanen zu den Waffen zu rufen. Die beiden mecklenburgischen Herzogtümer waren übrigens die ersten deutschen Staaten, die sich dazu entschlossen. Als das Königreich Preußen am 27. März 1813 Frankreich den Krieg erklärte, war man in Mecklenburg bereits an die Aufrüstung der regulären Truppen und die Aufstellung freiwilliger Jägerverbände gegangen, die dann unter dem Kommando der Verbündeten in den Befreiungskriegen kämpften. Rostock erfasste eine Welle nationaler Euphorie. Innerhalb weniger Tage spendeten die Bürger der Stadt 31 000 Reichstaler sowie Waffen, Reitpferde, Uniformstücke und andere Ausrüstungsgegenstände. Zahlreiche Studenten, aber auch etliche Bürgersöhne, einige von ihnen gerade einmal 18 Jahre alt, meldeten sich freiwillig zu den Korps. Schließlich wurden 59 reitende Jäger und 55 zu Fuß nach Güstrow verabschiedet, wo sich die beiden mecklenburgischen freiwilligen Jägerregimenter formierten. Weitere Rostocker standen während der Befreiungskriege ihren Mann in den regulären mecklenburgischen Truppen und in den

Armeen der Verbündeten. Die Freiwilligen Jäger aus Mecklenburg, dem Oberbefehl des russischen Generals Ludwig von Wallmoden-Gimborn (1769–1862) unterstellt, nahmen am Frühjahrsfeldzug an die Unterelbe teil, der am 5. Juni 1813 durch einen Waffenstillstand vorerst beendet wurde. Doch in den ersten Augusttagen besetzten französische Truppen des Marschalls Louis Davout (1770–1823) die Städte Schwerin und Wismar sowie große Teile des Landes und standen Ende des Monats in Schwaan und Doberan. Die Rostocker Bürger bereiteten sich bereits auf die Aufnahme der Verbündeten und die Verteidigung der Stadt vor, als Davout plötzlich – wahrscheinlich als Reaktion auf die für die Franzosen verloren gegangene Schlacht von Großbeeren – den Rückzug auf Hamburg befahl. Die Verbündeten nutzten die Gelegenheit, um den Franzosen in kleineren Gefechten Schaden zuzufügen. Eines davon fand am 28. August 1813 bei Retschow in der Nähe von Kröpelin statt. Bei diesem Gefecht wurde der Oberjäger Hans Behrens (1784–1813) schwer verwundet. Zur Pflege brachte man ihn nach Rostock, wo er am 1. September 1813 starb. Der erste Gefallene des freiwilligen mecklenburgischen Jägerregiments zu Fuß fand einen Tag darauf seine letzte Ruhestätte auf dem Kirchhof der St. Marienkirche zu Rostock. Nachdem sich die freiwilligen Jäger unter anderem in Gefechten bei Schlagbrücke, bei Sehestedt in Schleswig-Holstein und bei der Belagerung Jülichs ihre Verdienste erworben hatten, wurden sie nach dem am 30. Mai 1814 in Paris geschlossenen Frieden zusammen mit regulären Truppen nach Mecklenburg zurückgeführt. Über Boizenburg, Schwerin, Wismar und Doberan zogen die Soldaten nach Rostock, wo sie am 17. Juli 1814 von der Bevölkerung und den Honoratioren der Stadt feierlich empfangen wurden. Am Abend des Festtages bewirteten die Bürger ihre Gäste im alten Rosengarten vor dem Steintor. Nach einem Ruhetag paradierten die Truppen vor dem Kröpeliner Tor, bevor sie in ihre Garnisonen abmarschierten. Die beiden freiwilligen Jägerkorps aber wurden noch im August und September 1814 aufgelöst.

Marschall Blücher und seine Geburtsstadt

Für die Stadt blieb im Ergebnis der Befreiungskriege eigentlich nur ein Problem, das ihr von der offensichtlich bereits damals allmächtigen Presse „aufgedrängt" worden war. In der Ausgabe des „Hamburgischen Unpartheyischen Correspondenten" vom 22. Juli 1814 war folgende Kurzmel-

Das Rostocker Blücher-Denkmal in einer zeitgenössischen Darstellung (Kupferstich von Carl Friedrich Thiele, Berlin, als Beilage zum Schweriner „Freimütigen Abendblatt" des Jahrgangs 1819)

dung zu lesen: „Mit allgemeinem Jubel ist in Rostock der Plan aufgefasst worden, dem Fürsten Blücher in dieser seiner Geburtsstadt ein Monument zu setzen. In noch nicht völlig einer Stunde hatten die Kaufleute allein schon 2 500 Thlr. dazu unterzeichnet. Der Plan dazu ist einfach und schön. Ein für Rostock großer Platz der alte Markt, wird in einen Spaziergang verwandelt, und in dessen Mitte soll sich das Denkmal erheben." Die Idee, dem aus Rostock gebürtigen Helden der Befreiungskriege Gebhard Leberecht von Blücher (1742–1819) ein Denkmal zu setzen, mag noch so gut und begrüßenswert gewesen sein, jedoch entbehrten jene Zeilen jeder Grundlage. Aber es kam für die Rostocker noch schlimmer. Die Meldung des hamburgischen Blattes wurde von anderen Zeitungen übernommen und befand sich bald in den Händen des Feldmarschalls. Dieser, gerührt von der avisierten Ehre, griff am 19. August 1814 zur Feder und schrieb an den Rostocker Rat: „Aus den öffentlichen Blättern ersehe ich, dass die von mich so innig geliebte Vaterstadt sich meiner erinnert. Ich finde nicht Worte, Ihnen, Hochverehrte Herrn, und den sämtlichen Einwohnern von Rostock meinen Danck so auszudrücken, wie ihn mein Herz fühlt." Und „Marschall Vorwärts" machte seinem Namen nun alle Ehre, riss er doch die Rostocker aus ihrer Lethargie und schnitt ihnen den Rückzug ab. Derartig in die Pflicht gezwungen, wandte sich der Rat, mit den Planungen und der Finanzierung eines solchen Denkmals überfordert, eiligst an den Landesherrn und bereits im Dezember 1814 war die Entscheidung für ein Monument gefallen. Den Zuschlag für die Gestaltung des Platzes vor dem herzoglichen Palais am Hopfenmarkt und des Denkmales selbst erhielt der bekannte Bildhauer Johann Gottfried Schadow (1764–1832) aus Berlin. Ihm und dem großherzoglichen Kammerherrn August Claus von Preen (1776–1821), der die

Arbeiten für das Denkmal leitete, stand kein Geringerer als Johann Wolfgang von Goethe (1749–1832) beratend zur Seite. Aus der Feder des Dichters stammt auch die Inschrift am Postament des Blücher-Denkmals. Bei der Einweihung am 29. August 1819 richteten die Rostocker ein großes Fest aus, blieben aber unter sich. Den greisen Feldherrn fesselte eine Krankheit an sein schlesischen Gut Krieblowitz, wo er am 12. September 1819 starb; Schadow, ebenfalls krank, pflegte sich in Warnemünde und musste den Feierlichkeiten fernbleiben; Goethe erhielt die Einladung zu spät; Großherzog Friedrich Franz I. von Mecklenburg-Schwerin ließ sich „wegen zu vieler Geschäfte und wirklich vorhandener Unpässlichkeit" entschuldigen und auch

Dem

Durchlauchtigen Fürsten

Blücher von Wahlstadt,

Königlich Preußischen General = Feld = Marschall,

Großkreuz des eisernen Kreuzes, Ritter des Schwarzen und Rothen Adler = Ordens, des Oesterreichischen Maria Theresien =, Russischen Andreas = und großen Georgen = Ordens, des Englischen Bath = Ordens, des Dänischen Elephanten und Schwedischen Seraphinen = Ordens, des Spanischen Ordens der heiligen Maria ꝛc. ꝛc.,

Diesem

allgemein verehrten Helden und Wiederhersteller der Freiheit Deutschlands,

bey Hochdesselben

Beglückung Seiner Vaterstadt mit Seinem Besuche,

erlauben Bürgermeister und Rath der Stadt Rostock sich

das Ehren = Bürger = Recht

hiedurch ganz gehorsamst anzubieten, und zu bitten:

daß Hochderselbe geruhen wolle, dies geringe Merkmal ihrer Verehrung mit gewohnter Huld und Güte anzunehmen, und hiemit dieser Stadt, welche sich durch diese Annahme höchst geehrt und beglückt finden wird, stets zugethan zu bleiben.

Rostock den 15ten August 1816.

Bürgermeister und Rath
der Stadt Rostock.

Urkunde zur Verleihung des ersten Ehrenbürgerrechts in der Geschichte der Stadt Rostock an Gebhard Leberecht von Blücher vom 15. August 1816 der Großherzog aus dem Strelitz'schen machte sich nicht auf den Weg in die alte Hansestadt. Nur einmal hatten die Bürger Gelegenheit, dem berühmt gewordenen Sohn ihrer Stadt, den lediglich Geburt, Kindheit und Schulzeit mit Rostock verbanden, persönlich zu huldigen. Blücher hielt sich im Sommer 1816 zur Kur in Doberan auf. Am 15. August kam er beinahe unbehelligt von den zahlreichen ihn verehrenden Rostockern für ein paar Stunden in die Stadt, besuchte das Grab seiner Eltern in der Petrikirche und sein Geburtshaus in der Altbettelmönchstraße (heute Rungestraße). Am darauf folgenden Sonntag, dem 18. August 1816, hielt der Fürst zu Wahlstatt dann festlichen Einzug in Rostock. Die Stadtväter überreichten ihm bei dieser Gelegenheit das „Diplom des Bürgerrechts der Stadt Rostock" und machten Blücher somit zum ersten Ehrenbürger in der Geschichte der Stadt.

VORMÄRZ, REVOLUTION UND RESTAURATION. 1815 BIS 1851

Die Stadt im Biedermeier

Nach den Wirren der Kriegsjahre zog in Rostock Ruhe, ja Beschaulichkeit ein. Der Alltag war schwerfällig, aber berechenbar. Entwicklungen zeigten sich eher zaghaft. Ein Schwabe, in der zweiten Hälfte der 1820er Jahre reisend, schrieb: „Rostock ist nur recht lebhaft am Pfingstmarkt … trotz des Handels mit Getreide und Rostocker Äpfeln, die es ausführt, und der Weine, Liköre und Kolonialwaren, die es einführt, (gehe es – d. A.) stille zu."

Ein wirtschaftlicher Wandel war zunächst kaum zu erkennen. Die Nachkriegsjahre brachten zwar einen Aufschwung für Schifffahrt und Handel, hervorgerufen durch eine erhöhte Nachfrage nach englischen Manufakturwaren, als diese jedoch gedeckt war, mussten die Rostocker alles daransetzen, die alten Beziehungen zu pflegen und zu entwickeln. Am erfolgversprechendsten war noch der Getreidehandel, dessen Ausfuhrvolumen 1845 erstmals eine Million Zentner (50 000 Tonnen) erreichte. Damit einher ging eine stetige Erhöhung der Tonnage Rostocker Handelsschiffe. Ihre Reisen führten jetzt auch bis ins Mittelmeer und ins Schwarze Meer. Die Erfordernisse eines wirtschaftlichen Transports zwangen zum Bau immer größerer Einheiten, die zunächst noch hauptsächlich bei Rostocker Schiffbaumeistern und bei hiesigen Werften auf Kiel gelegt wurden. So nahm die Zahl der Rostocker Segler zwar ab, dennoch verfügte die Stadt nach der Tonnage um die Mitte des 19. Jahrhunderts über die größte Handelsflotte im Ostseeraum und nach Hamburg über die zweitgrößte Deutschlands. Eigner dieser Schiffe waren meist die Parten, Privatpersonen und Handelshäuser, die Anteile erworben hatten. Kaufleute, wie die Gebrüder Burchhard, die Gebrüder Mann

Briefkopf der Firma Conrad Lehment

oder Ernst Brockelmann (1797–1879), die sich auch als Großreeder betätigten und, wie Letzterer, später gar Firmenanteile von Industriebetrieben hielten, stellten noch eine Ausnahme dar. Finanzkräftige Kaufleute waren es, die durch Auftragsarbeiten vielen Meistern und ihren Gesellen Arbeit gaben und dadurch erste Schritte der Konzentrierung von Produktion gingen. Doch die Zunftzwänge bewirkten, dass derartige Aufträge nicht in für die speziellen Bedürfnisse der Produktion errichteten Fabriken, sondern weiterhin in den Werkstätten der Meister bearbeitet wurden, worunter die Effektivität erheblich litt. Im Manufaktur- oder Verlagssystem produzierten vor allem die Tabak- und Zigarrenhäuser in der Stadt. Das verarbeitende Gewerbe war noch am ehesten in der Lage, zaghafte Ansätze industrieller Produktion zu entwickeln. Insbesondere die Kornbrennereien Julius Krahnstöver, gegründet 1803, und das 1810 entstandene Unternehmen von A. F. Lorenz waren sehr erfolgreich. Lorenz' Fabrik begründete die Tradition des Rostocker Doppelkümmels und machte dieses Produkt gemeinsam mit der 1864 gegründeten Brennerei Conrad Lehment über Norddeutschland hinaus bekannt und sehr erfolgreich. Die Kranstöver'sche Firma wurde 1888 berühmt, als es gelang, Aromapräparate aus der afrikanischen Kolanuss herzustellen. Der Kolanusslikör, eine auch international bekannte Spezialität, kam zwar fortan aus Rostock, weltberühmt wurde das Kolaaroma aber erst durch seine Verwendung in der Limonadenherstellung. Allerdings stammte diese Idee – so sehr man es bedauern mag – nicht aus Rostock. Der Kaufmann Diedrich Riedel (1804–1859) betrieb seit 1833 eine Buchbinderei, eine Tütenfabrik sowie eine Handlung für Papier- und Schreibwaren in Rostock. Im Jahre 1838 ließ er Pappen in Pech tränken und danach einseitig mit Sand bestreuen. Diese Dachpappe, damals noch quadratisch und wohl das erste derartige Erzeugnis in Deutschland, fand einen solch guten Absatz, dass Riedel sich 1842 entschloss, an den Cramonstannen im heutigen Stadtteil Brinckmansdorf eine Dachpappenfabrik zu errichten. Dachpappe in Form von gerollten Bahnen bot die Riedel'sche Firma ab 1858 an.

Für Verbesserungen der Rahmenbedingungen in Mecklenburg, vornehmlich auf wirtschaftlichem Gebiet, setzte sich der Patriotische Verein ein, der 1798 unter dem ursprünglichen Namen Mecklenburgische Landwirtschaftsgesellschaft in Rostock gegründet worden war. Er widmete sich auch produktions- und finanztechnischen Fragestellungen, nahm Einfluss auf die Volks- und Berufsbildung, wirkte auf sozialem Gebiet. So ist die Idee der Gründung einer Sparkasse in Rostock einer Initiative des Patriotischen

Landwirtschaftliche Preisverleihung auf dem Neuen Markt in Rostock am 7. Oktober 1858

Die Riedel'sche Dachpappenfabrik in den Cramonstannen (heute Brinckmans-dorf) in der zweiten Hälfte des 19. Jahrhunderts

Vereins zuzuschreiben. Die Stadt, um Hilfe und Unterstützung in den ersten schweren Jahren des Beginns gebeten, konnte sich zu nicht viel mehr entschließen, als einen Kassenraum im Rathause zur Verfügung zu stellen. Das notwendige Grundkapital entsprang dem Erlös einer Geldsammlung, zu der 46 Rostocker Bürger, der Patriotische Verein sowie seine Unterabteilung, der Rostocker Distrikt, zeichneten. Für 91 Taler und 20 Schillinge wurden ein eiserner Geldkasten, ein Hauptbuch, ein Kassenbuch, etliche Sparbücher und ein Stempel beschafft. Namhafte Rostocker Kaufleute traten dem neuen Institut Wertpapiere zur Deckung der Finanzgeschäfte ab, so dass am 26. September 1825 die erste Schalterstunde abgehalten werden konnte. Der Erfolg der Rostocker Sparkasse konnte sich sehen lassen: In den neun Monaten des ersten Geschäftsjahres hatten 614 Personen Sparbücher einrichten lassen, auf denen Einlagen in Höhe von insgesamt 18 389 Talern gebucht waren. An Hypotheken gab die Sparkasse 18 540 Taler im gleichen Zeitraum aus. In der Folgezeit profilierte sich das Institut, gemäß den Ideen seiner Gründer, als Förderer des Spargedankens in breiten Bevölkerungskreisen und der wirtschaftlichen Aktivitäten in Rostock und seiner Umgebung. Auch die Gründung des Rostocker Gewerbevereins am 12. März 1835 ging auf eine Initiative des Patriotischen Vereins zurück. Anlässlich des

Pfingstmarktes 1835 trat der Gewerbeverein mit der ersten Gewerbeausstellung in der Stadt, die im sogenannten Fürstensaal des Rathauses ein Domizil gefunden hatte, an das Licht der Öffentlichkeit. Eine Sonntagsschule für Handwerkerlehrlinge, gefördert und geleitet durch die vereinte Freimaurerloge „Irene zu den drei Sternen, Tempel der Wahrheit und Prometheus", gab es in Rostock bereits zu Beginn der 1830er Jahre. Doch ein großherzogliches Edikt des Jahres 1836 forderte neue Wege der Heranbildung des handwerklichen Berufsnachwuchses. Schließlich übernahm der Gewerbeverein die Sonntagsschule und gestaltete sie mit Unterstützung der vereinten Loge, der Stadt Rostock und des Landesherrn zu einer öffentlichen Gewerbeschule um. Diese eröffnete ihr erstes Ausbildungsjahr am 31. Oktober 1842 mit 38 Schülern. Nicht ohne Einfluss blieb das Wirken des Patriotischen Vereins für das äußere Erscheinungsbild der alten Hansestadt. In den ersten Jahrzehnten des 19. Jahrhunderts sah sich der Rostocker Rat vor einer Reihe von Entscheidungen zur Zukunft jahrhundertealter, das Stadtbild prägender Gebäude oder Gebäudekomplexe. Diese waren inzwischen baufällig geworden. Wie häufig bei derartigen Problemen, hatte die Geldknappheit öffentlicher Kassen entscheidenden Einfluss auf das Schicksal der Bauten. Die mächtige, fünfschiffige Kirche des Hospitals Zum Heiligen Geist am Hop-

Das Kröpeliner Tor, St. Jakobi und die gärtnerisch gestalteten Wallanlagen in der zweiten Hälfte des 19. Jahrhunderts

fenmarkt wurde 1818 genauso zum Abriss freigegeben wie das ehemalige Dominikanerkloster St. Johannis an der Steinstraße. Wenngleich einzelne Gebäude des Komplexes erhalten blieben und genutzt wurden – so war die Große Stadtschule dort untergebracht –, verschwand die Klosterkirche 1831 wegen Baufälligkeit. Auch Stadtbefestigungen hatten an Bedeutung verloren. Sei es wegen der voranschreitenden Entwicklung der Militärtechnik, die diese Wehranlagen sinnlos erscheinen lassen musste, oder wegen der zunehmenden Enge innerhalb der historischen Stadtanlage: Immer häufiger wurde statt Erhaltung und Restaurierung für einen Abriss plädiert. Das Mühlentor musste bereits 1802 weichen. An seine Stelle trat ein einfaches Flügeltor mit Säulen. Im Mauerring an der Warnow verschwanden der Blaue Turm 1819 (seine Reste 1825), der Kaiserturm 1828 sowie das Wokrenter Tor 1844 und in den folgenden Jahrzehnten weitere Tore und Stadtmauerbereiche, um den Bedürfnissen von Schiffbau und Schifffahrt Platz zu machen. Nachdem man die Zugbrücken vor dem Kröpeliner, Mühlen-, Petri- und Steintor zwischen 1815 und 1820 durch feste Brücken ersetzt hatte, ließ der Rat nun auch Stadtmauern schleifen. Die Arbeiten begannen im

Jahre 1832 im südlichen Bereich, zunächst zwischen Kuh- und Mühlentor. Doch den freien Zugang zum städtischen Umfeld hemmten noch die Wälle und Gräben aus den Zeiten des Dreißigjährigen Krieges. Um diesem Mangel abzuhelfen, war allerdings wiederum Bürgersinn gefragt. Schließlich griff man eine Idee des Patriotischen Vereins auf und gründete 1836 einen Verschönerungsverein. Dieser ließ die Treppenwälle abtragen, die Gräben zuschütten und sorgte für die Anlage der Neuen Wallstraße. An der ursprünglichen Wallstraße hingegen entstand der neue Rosengarten als Ersatz für seinen legendären Namensvetter, einem zuletzt häufig zum Exerzieren genutzten Platz, den man in einem alten Memorialvers mit sieben Linden in Verbindung gebracht und der sich wenige hundert Meter südöstlich der neuen Anlage befunden hatte. Er ist, obgleich erst 1877 endgültig seiner Bestimmung übergeben, neben den erhaltenen, aber parkähnlich gestalteten Wallanlagen um die Teufelskuhle und die Fischerbastion das bekannteste Zeugnis des Wirkens des Verschönerungsvereins. Die nach dem Zweiten Weltkrieg abgebrochenen neogotischen Anbauten des Kröpeliner Tores stammten aus dem Jahre 1847. Sie gingen ebenfalls auf eine Initiative des Verschönerungsvereins zurück.

Auch der Großherzog in Schwerin und der Rostocker Rat taten Einiges für eine Umgestaltung des Stadtbildes im Interesse der neuen Zeit. An der Südseite des Blücherplatzes (früher Hopfenmarkt) hatten die typischen Treppengiebel von Bürgerhäusern aus hansischer Zeit bereits in der ersten Hälfte des 18. Jahrhunderts einem barocken Ensemble bestehend aus dem Palais (1714), dem Saalanbau (der sogenannte Barocksaal, um 1750) und dem Palaisgarten (1749), weichen müssen, das als Residenz der Landesherren vorgesehen war. Im Verlauf dieser Häuserzeile ließ man auf Landeskosten nun im klassizistischen Stil die Neue Wache (1820–1825) und ein Gebäude für das Oberappellationsgericht (1840–1842) errichten. Zwischen 1816 und 1847 wurden nahezu alle Straßen Rostocks gepflastert, ja man begann ab 1827 sogar Bürgersteige anzulegen. Auch in die Errichtung von Überlandstraßen, also in den Chausseebau, wurden viel Geld und Mühe investiert. Die Verbindung über Laage, Teterow und Malchin nach Neubrandenburg mit einem Abzweig nach Güstrow entstand in den Jahren 1830 bis 1833. Eine Chaussee nach Kröpelin wurde 1840 ihrer Bestimmung übergeben, 1842 erfolgte ihre Weiterführung bis Wismar. Im Jahre 1844 baute man eine Straße von Rostock nach Tessin. Mit Ribnitz verband Rostock eine Chaussee ab 1846, die in östlicher Richtung weiter bis ins vorpommersche Stralsund führte. Von diesen neuen Überlandverkehrswegen profitierten

*Konzert anlässlich des 4. Norddeutschen Musikfestes 1843 in der St. Marien-
kirche zu Rostock*

natürlich die Kaufleute, aber auch die Post, deren erstes Dienstgebäude 1834
in der Krämerstraße eröffnet worden war. Die Post selbst unternahm einige
Anstrengungen auch seeseitige Verbindungen zu unterhalten. So wurde
1842 eine Postschifflinie zwischen Rostock und dem schwedischen Ystad
eingerichtet, die Teil der Verbindung Lübeck–Stockholm war.

Der gewachsene Bürgersinn jener Zeit war auch Motor für die Entfaltung
des geistigen und kulturellen Lebens. Eine grundlegende Reformierung der
Lehrinhalte an der Großen Stadtschule erfolgte 1828. Die Arbeit dieser seinerzeit einzigen höheren Schule Rostocks wurde auf die ganzheitliche Ausbildung der ihr anvertrauten Jungen orientiert. Sie sollte nicht mehr nur
auf akademische Studien vorbereiten, „sondern auch den des Handels, den
Gewerken, Künsten und der Seefahrt gewidmeten Knaben und Jünglingen
diejenige Ausbildung … gewähren, welche einen guten Erfolg in dem gewählten Berufe bedingt". Diesem Wandel der Bildungsziele trug auch die

am 8. August 1833 vorgenommene Einführung des Abiturexamens Rechnung. Eine Volksschule hatte in Rostock 1835 ihre Tätigkeit aufgenommen. Der Entwicklung des Elementarschulwesens begann sich 1839 eine Kommission zu widmen, und selbst eine Kleinkinderwarteschule öffnete am 1. Mai 1833 ihre Pforten. Innerhalb weniger Jahre entfaltete sich ein städtisches Bildungssystem, das von der vorschulischen über die Elementar- und Sekundarbildung bis zur Berufsausbildung in der Gewerbe- und der später dazugekommenen Kaufmannsschule führte. Längst nicht alle Kinder und Jugendlichen konnten – schon auf Grund finanzieller Zwänge in ihren Familien – diese Bildungsgänge in ihrer Geschlossenheit durchlaufen. Dennoch galt das Rostocker Bildungsangebot als eines der modernsten in ganz Mecklenburg. Die Einführung der allgemeinen Schulbildung am 27. März 1845 sicherte schließlich jedem Rostocker Jungen und Mädchen die Grundbildung. Selbst dem Wunsche nach Körperertüchtigung und Sport wurde von öffentlicher Seite nun Raum gegeben. Dazu vermerkte seinerzeit Senator Johann Friedrich Schrepp (1771–1839) unter dem 9. Mai 1827 in seinem Tagebuch: „Heute Nachmittag wurde der Turnplatz, welcher auf einem Garten zwischen dem Kröpeliner und dem Steinthor eingerichtet ist, zum ersten Male von den Theilnehmern, Studenten und Schülern, besucht. Es waren viele Leute zum Zusehen hingegangen. Ich ging gegen 7 Uhr auf dem Walle und konnte die Menge Menschen und das Jubelgeschrey von der Heu=Magazins=Bastion deutlich sehen und vernehmen. Die Turner kamen ohngefähr 8 Uhr durchs Steinthor nach Hause." Zusammenschlüsse zur Hebung des geistigen Lebens, für Wissenschafts-, aber auch Bildungspflege hatten sich in der bürgerlichen Gesellschaft Rostocks bereits im ausgehenden 18. Jahrhundert formiert. Vor allem die Förderung der Künste profitierte von der weiteren Entfaltung des bürgerlichen Selbstbewusstseins. Im Jahre 1819 hatte die „Philharmonische Gesellschaft" mit ihrem Wirken begonnen, 1841 folgte der „Rostocker Kunstverein". Gemeinsam mit zahlreichen Privatpersonen und mit Unterstützung der Stadt bestimmten sie in der Folgezeit die Entwicklung des kulturellen Lebens in Rostock.

Im kaum 15 Kilometer entfernten Warnemünde begann sich seit der Wende vom 18. zum 19. Jahrhundert ein neuer Erwerbszweig zu entfalten, der dem 1819 gerade einmal 913 Seelen zählenden Fischerdorf großartige Entwicklungsperspektiven zu eröffnen schien. Im etwas westlich entlang der Küste gelegenen Heiligendamm nahm man auf Anregung des (groß-)herzoglichen Hofmedicus und Badearztes Gottlieb Samuel Vogel (1750–1837) im Jahre 1793 den Badebetrieb auf. Die „Weiße Stadt" erwarb sich auf diese

Warnemünde vom Spill, 1841

Weise als erstes deutsches Seebad einen rühmlichen Platz in den Geschichtsbüchern. Doch keine 24 Jahre später lassen sich bereits Nachrichten über Sommerfrischler in Warnemünde finden. Zu den ersten gehörte die Familie des in Rostocker Diensten stehenden Forstinspektors Hermann Friedrich Becker (1766–1852) aus Rövershagen, die sich 1817 ab dem Juni für mehrere Wochen in Warnemünde aufgehalten hat und sogar ein Bad in der Ostsee gewagt haben soll. Und wenn man es ganz genau nehmen wollte, kamen die „Badegäste" sogar schon 1811 in Gestalt französischer Besatzungssoldaten, deren Kommandant damals vom Rostocker Rat die Errichtung eines Warmbades in Warnemünde gefordert hatte. Trotz ermutigender Anfänge war allerdings vorerst kaum an Bequemlichkeit zu denken. Logis fand man in aller Regel in den Häusern der Fischer oder in den wenigen Gasthöfen des Ortes. Noch mussten sich die damals geradezu spartanisch betreuten Gäste Warnemündes mit dem ursprünglichen, naturbelassenen Sandstrand zufrieden geben. Bald engagierten sich aber Rostocker Mediziner während der Sommermonate als Badeärzte. Im Jahre 1834 entstand dann – quasi auf den Mauern des alten Franzosenbades – die Warmbadeanstalt Warnemündes. Nun konnte mit warmen Meerwasser- und Schwefelbädern gekurt werden und das neue Gebäude ermöglichte sogar die Unterbringung eines Lesesaals. Im Jahr darauf wurden am Strande Badeanstalten aus Holz errichtet. Über einen Laufsteg erreichte man von den Dünen aus einen Kabinentrakt zum Umkleiden. Von dort aus konnten sich die Badelustigen über Treppen direkt in die Fluten der Ostsee stürzen. Der Etikette jener Zeit geschuldet, gab es – getrennt nach Geschlechtern – ein Herren- und einhundert Meter davon entfernt das Damenbad.

Seit 1834 verkehrte ein Raddampfer regelmäßig zwischen Warnemünde und Rostock. Dies erleichterte Reisenden das Erreichen des Bades und bot den Gästen in umgekehrter Richtung eine bequeme Möglichkeit für einen Abstecher in die alte Hansestadt an der Warnow. Zudem führten erste Wanderwege in die landschaftlich reizvolle Umgebung des Ortes. Bald schuf das Warnemünder Badewesen – um die Mitte der 1830er Jahre wird man in einer Saison eintausend Gäste begrüßt haben – für zahlreiche ortsansässige Familien eine nicht zu verachtende Verdienstmöglichkeit.

Die Märzereignisse in Rostock

Die wirtschaftlichen Erfolge des Rostocker Bürgertums, so zaghaft und sporadisch sie in den ersten Jahrzehnten des 19. Jahrhunderts im Vergleich mit anderen deutschen Städten und Regionen auch gewesen sein mögen, schufen ein neues Selbstverständnis in dieser zahlenmäßig wachsenden, wohlhabenden Schicht. Selbstbewusstsein, Risikobereitschaft, Neugier auf Neuerungen oder Initiative, Tatkraft und Bürgersinn waren zwar Tugenden aus hansischer Zeit, die aber unter den Vorzeichen kapitalistischer Entwicklung einen neuen Stellenwert bekamen. Wie in Deutschland, so auch in Mecklenburg und Rostock, entstand eine unüberbrückbare Kluft zwischen der wachsenden Bedeutung des Handels- und Industriebürgertums in der Wirtschaft, aber auch in nahezu allen Bereichen des gesellschaftlichen Lebens einerseits und seiner politischen Unmündigkeit andererseits. Die mecklenburgischen Landstände, hauptsächlich getragen von Ritter- und Landschaft, also landbesitzendem Adel und Ratsoligarchien, sahen nicht die Notwendigkeiten der Schaffung von Rahmenbedingungen zur wirtschaftlichen Entfaltung des Bürgertums, etwa die Errichtung einer zeitgemäßen Infrastruktur, die Verabschiedung wirtschaftsfördernder Gesetze, den Abbau von hemmenden Zollschranken oder die Auflösung des mittelalterlichen Zunftwesens. Reformunfähigkeit und das Festhalten am Alten ließen eine Einflussnahme des Bürgertums auf die Politik nicht zu und mussten den

Der Neue Markt zu Rostock, um 1840

Ständen und den regierenden Großherzögen schließlich den Ruf des Reaktionären eintragen. Es konnte nur eine Frage der Zeit sein, bis Mittel und Wege zur Lösung dieses Widerspruchs gefunden waren. Die mecklenburgische Opposition gegen den hemmenden Ständestaat rekrutierte sich hauptsächlich aus den Reihen bürgerlicher Gutsbesitzer und liberaler Angehöriger der Rostocker Universität, schließlich aber auch aus denen des kapitalistisch wirtschaftenden Bürgertums, das vornehmlich in den beiden Seestädten Rostock und Wismar sowie in Güstrow und Schwerin ansässig war. Sie sammelte sich um die Redaktion der liberal-bürgerlichen Zeitung „Mecklenburgische Blätter" die von Anfang 1847 bis in die ersten Wochen des Jahres 1848, verantwortet vom Universitätsprofessor Karl Türk (1800–1887), in Rostock erschien. Nicht von ungefähr gab sich auch der „Auszug der Neuesten Zeitungen", ein Presseerzeugnis mit einer Tradition, die bis 1711 zurückreichte, am 1. Januar 1847 einen neuen Namen. Unter dem Titel „Rostocker Zeitung" avancierte dieses Blatt ebenfalls zu einem Sprachrohr der Liberalen und blieb es über viele Jahrzehnte. Erst in den 1920er Jahren nahmen ihr die Polarisierungen im bürgerlichen Lager und die wachsende Konkurrenz die Abonnenten und damit die Wirtschaftlichkeit.

Missernten führten in der zweiten Hälfte der 1840er Jahre zu Engpässen bei der Versorgung mit Lebensmitteln, deren Preise deshalb manchmal ins Unerschwingliche stiegen. In der Folge litten gerade ärmere Bevölkerungsschichten unter Hunger und Mangelernährung. Krankheiten kamen auf, die Verelendung nahm zu. Zur Verschärfung der Lage trug eine wachsende Arbeitslosigkeit unter den Handwerksgesellen und in der Arbeiterschaft bei. So sahen jene im Aufbegehren gegen die Verhältnisse eine Möglichkeit, die Besserung ihrer Situation zu erreichen. In Rostock entstand im November 1848 ein Arbeiterverein, der sich vor allem die Durchsetzung wirtschaftlicher und sozialer Ziele auf die Fahnen geschrieben hatte. Doch anders als in weiten Teilen Deutschlands, wo im Revolutionsjahr 1848 unter aktiver Beteiligung der Handwerker und der Arbeiterschaft radikale Forderungen erhoben wurden und es zu gewaltsamen Auseinandersetzungen zwischen Demonstranten und dem Militär kam, wurde in Rostock eine Radikalisierung der Volksmassen offensichtlich bewusst vermieden. Stattdessen versuchte man die notwendigen Veränderungen mit einer überaus lebhaften Versammlungs- und Petitionstätigkeit, also auf reformerischem Wege, durchzusetzen. Folgerichtig stand die „Reform der Landesvertretung und die Frage der Preßfreiheit" am 9. März 1848 in Rostock erstmals öffentlich auf der Tagesordnung. Sie war Gegenstand einer Petition an den Großherzog in Schwerin, die 19 „Männer des Gelehrten-, Handels- und Gewerbestandes" unterzeichnet hatten. Zuvor hatten im Apollosaal des Hotels „Sonne" am Neuen Markt an diesem Donnerstag ab vier Uhr nachmittags eintausend Rostocker ihre Forderungen diskutiert und sich schließlich geeinigt, den Landesherrn zu bitten, eine Reform der Landesverfassung mit dem Ziel der Schaffung einer wirklichen Volksvertretung durchzuführen, aktiv bei der Errichtung eines gesamtdeutschen Parlaments mitzuwirken, Presse- und Vereinigungsfreiheit zu gewähren, die allgemeine Volksbewaffnung zuzulassen und die Justiz zu reformieren. Da eine Antwort auf sich warten ließ, trat die Versammlung am 15. März erneut zusammen, um eine zweite Petition zu verabschieden, in der sie ihre Forderungen, zum Teil sogar konsequenter formuliert, bekräftigte. Acht Tage darauf reagierte der Großherzog, offensichtlich unter dem Eindruck der revolutionären Ereignisse in Berlin, und versprach, dass eine Reform der Landesverwaltung durchgeführt, Presse-, Versammlungs- und Vereinsfreiheit gewährt und Mecklenburg „in die Reihe der konstitutionellen Staaten" eintreten werde. In Rostock hatte sich inzwischen am 18. März 1848 ein Reformkomitee gegründet, in das von einer Volksversammlung 16 Mitglieder gewählt wur-

Das Hotel „Sonne" in der ersten Hälfte des 19. Jahrhunderts

den. Seine Aufgabe bestand vor allem darin, Rostock auf dem für den
2. April nach Güstrow einberufenen Kongress aller mecklenburgischen Re-
formvereine zu vertreten. In Vorbereitung auf die Zusammenkunft entstand
der Entwurf eines 17 Punkte umfassenden Programms, dessen Inhalt auf
eine Demokratisierung des bestehenden politischen und wirtschaftlichen
Systems abzielte. In Güstrow wurde dieses Programm angenommen. Des
Weiteren bestimmten die 173 Delegierten aus ganz Mecklenburg das Rostocker Reformkomitee zum Zentralkomitee aller mecklenburgischen Re-
formvereine. Fortan hatte die revolutionäre Bewegung Mecklenburgs ihr
organisatorisches Zentrum in Rostock. Der außerordentliche Landtag, der
am 26. April 1848 auf Druck der revolutionären Kräfte in Schwerin zusam-
mentrat, beschloss zwar nicht seine Auflösung, wohl aber ein Wahlgesetz

für eine neue Ständeversammlung. Bei den Wahlen für das Großherzogtum Mecklenburg-Schwerin am 3. Oktober 1848 und in den zwei weiteren, erforderlich gewordenen Wahlgängen gewannen Rostocker 27 der 85 Mandate. Vereinigte allerdings ein Kandidat mehrere Mandate auf sich, musste er sich für eines entscheiden. Für die zurückgegebenen schrieb man einen neuen Wahlgang aus. Schließlich zogen 14 Rostocker in das neue, demokratisch gewählte Parlament. Die konstituierende Sitzung des neuen Landtages am 31. Oktober 1848 bestimmte den Rostocker Advokaten Dr. Moritz Wiggers (1816–1894) zum Präsidenten. Mit Prof. Dr. Christian Wilbrandt (1801–1867) hatte ein Rostocker auch das Amt des Vizepräsidenten inne.

Die Rostocker Bürgergarde, 1848

Die Rostocker selbst gingen – durch die Initiative und den Druck der revolutionären Kräfte getrieben – den Weg der Schaffung eines demokratischen Stadtregiments. Am 10. März 1848 hatte eine Abordnung von Bürgern dem Rat ihre Forderungen vorgelegt: Errichtung einer Bürgergarde statt der auf Stand und Besitz begründeten Bürgerwehr; Reform der Bürgervertretung, die die Einteilung des Hundertmännerkollegiums in Quartiere überwinden und Bürgern unabhängig von ihrem Stand Sitz und Stimme ermöglichen sollte; Ergänzung des Ratskollegiums durch Personalvorschläge aus der Bürgervertretung statt durch Selbstergänzung; Schaffung des Zuganges von Handwerkern zu einem Sitz im Rat, der ihnen bislang vorenthalten worden war, und anderes mehr. Der Rat sah sich durch eine angespannte Atmosphäre in der Stadt veranlasst, umgehend zu reagieren. So wurden bald öffentliche Aufträge vergeben oder Großbauprojekte wie der Eisenbahnbau finanziell unterstützt, um die Arbeitslosigkeit in den ärmsten Schichten der Rostocker Bevölkerung abzubauen. Am 15. März 1848 – bereits fünf Tage

E. E. Rath hegt zu den Gesinnungen aller Stände seiner Mitbürger und Einwohner hiesiger Stadt das Vertrauen, daß ein stadtväterlicher An- und Aufruf vorzugsweise geeignet sein werde, die gesetzliche Ordnung und öffentliche Sicherheit von Personen und Eigenthum zu erhalten und zu befestigen. In diesem Vertrauen ergeht hiedurch an alle Mitbürger und Einwohner die Aufforderung: daß ein Jeder in seinem Wirkungskreise zur Beruhigung der Gemüther mitwirke und zur Abstellung von Störungen der Ordnung und Sicherheit, namentlich seine Dienstboten, Lehrburschen und Kinder nach 7 Uhr Abends bis auf Weiteres zu Hause halte.

Gegeben im Rathe. Rostock, den 28. März 1848.

J. C. T. Stever, Protonotarius.

Aufruf des Rates der Stadt Rostock vom 24. März 1848 zur Wahrung von Ruhe und Ordnung nach dem Vortrag der Forderungen beim Rat – entstand die Rostocker Bürgergarde. Die Kommandeure, Offiziere und Unteroffiziere wählten die mehr als 800 Dienstpflichtigen fortan aus ihren Reihen. Es war bestimmt worden, dass die Gardisten sich an den Kosten für die erstmals einheitliche Uniform und für die Ausrüstung nur noch teilweise zu beteiligen hätten, so dass Angehörige aller Schichten der Rostocker Bevölkerung Zugang zur Garde hatten. Jedoch machte die Reaktion 1853/54 diese Errungenschaft wieder zunichte. Fortan erhielt die Bürgerwehr, die noch bis 1868, dem Jahr des Beitritts Mecklenburgs zum Norddeutschen Bund, bestand, ihre Offiziere wieder durch Ratsorder und die Ausrüstung musste wieder selbst beschafft werden.

Auch hinsichtlich der Errichtung einer demokratischen Bürgervertretung zeigte sich der Rat verhandlungsbereit. Die Vorbereitungen brauchten jedoch Monate und erst am 29. Januar 1849 fanden die Wahlen statt. Die meisten Stimmen vereinigten ein Schmied, ein Kürschner, ein Schuster und gar ein Maurergeselle auf sich. Advokaten und Kaufleute konnten für sich erst das fünft- und sechstbeste Wahlergebnis verbuchen. Unter den 48 Männern der Stadtverordnetenversammlung befanden sich erstmals in der Rostocker Geschichte mit drei Handwerksgesellen und zwei Arbeitern insgesamt fünf Vertreter unterer Schichten. Doch auch dieser Errungenschaft aus den Revolutionstagen des Jahres 1848 war nur ein kurzes Leben beschieden. Die erste demokratische Stadtverordnetenversammlung Rostocks fand sich am 16. August 1851 – nach kaum mehr als 30 Monaten Existenz – zu ihrer letzten Beratung zusammen. Fortan galt wiederum das großherzogliche Regulativ für die Hundertmänner.

Grundlage für die Rücknahme der Demokratisierung war der Freienwalder Schiedsspruch vom 11. September 1850, der die Ergebnisse der Revolution von 1848/49 für unrechtmäßig erkannte. Dies gab dem Großherzog von Mecklenburg-Schwerin die Handhabe, die alten Verhältnisse wieder herzustellen. Das Staatsgrundgesetz vom 10. Oktober 1849, die Verfassung Mecklenburgs, überdauerte das Urteil kaum einen Monat. Gegen die Presse wurde mit Zensur vorgegangen. Progressive Redakteure und Journalisten verwies man des Landes. Im Januar 1851 verfügte der Großherzog in Schwerin die Auflösung politischer Vereine. Einige Rostocker Demokraten rückten nochmals 1850 in das Licht der Öffentlichkeit. Am 6. November des Jahres befreite Carl Schurz (1829–1906) seinen Freund, den Dichter Gottfried Kinkel (1815–1882) aus dem Spandauer Gefängnis. Schurz kannte Kinkel, der als Professor arbeitete, aus seiner Studentenzeit an der Universität Bonn.

Der Reeder, Unternehmer und liberale Politiker Ernst Brockelmann

Gemeinsam hatten sie in den Revolutionstagen an den bewaffneten Kämpfen gegen die Reaktion in Baden teilgenommen. Als Kinkel vom preußischen Militär gefangen genommen und in Berlin zu einer lebenslangen Zuchthausstrafe verurteilt worden war, entschloss sich Schurz zu seiner abenteuerlichen Aktion. Im Gasthaus „Zum Weißen Kreuz" vor dem Rostocker Mühlendamm trafen beide den Kaufmann und Reeder Ernst Brockelmann, den Advokaten Moritz Wiggers sowie dessen Bruder Professor Julius Wiggers (1811–1901), um gemeinsam nach einer Fluchtmöglichkeit ins Ausland zu suchen. Die drei Rostocker Demokraten versteckten Kinkel und Schurz bis zum 17. November. Dann endlich lief ein Schiff Brockelmanns nach England aus, mit dem die steckbrieflich Gesuchten in die Freiheit entkamen. Kinkel arbeitete später an Universitäten in England und in der Schweiz. Schurz hingegen reiste nach Amerika weiter. Dort schloss er sich der Republikanischen Partei an, wurde in den Sessionskriegen Divisionsgeneral der Unionisten und wirkte zwischen 1877 und 1881 als Innenminister der USA.

Brockelmann, den Gebrüdern Wiggers und weiteren Demokraten aus Mecklenburg konnte ihre Fluchthilfe nicht nachgewiesen werden. Als im Frühjahr 1853 gegen 14 Rostocker Demokraten, zu denen auch Julius und Moritz Wiggers zählten, ein Hochverratsprozess eröffnet wurde, rechnete die Justiz aber sicher auch für diese ihr zugefügte Niederlage mit ihnen ab und verurteilte alle Angeklagten zu hohen Zuchthausstrafen. Für Mecklenburg und für Rostock hatte sich im Ergebnis dieser aufgeregten, ereignisreichen und zunächst so hoffnungsvollen Jahre nur eine altbekannte Wahrheit bestätigt: Alles bleibt beim Alten.

INDUSTRIALISIERUNG UND REICHSGRÜNDUNG.1851 BIS 1914

Zwischen Norddeutschem Bund und Reichseinigung

Den Ruf nach Freiheit, Demokratie, Einheit und Fortschritt konnten auch der Freienwalder Schiedsspruch und die zahlreichen harten Urteile gegen die Demokraten der Jahre 1848 und 1849 nicht dauerhaft unterdrücken. Die Großherzöge mussten, wenn auch überaus zögerlich und inkonsequent, Zugeständnisse machen. Doch änderten diese nichts grundlegend, sodass die politischen Zustände in Mecklenburg-Schwerin und -Strelitz bis 1918 die rückständigsten in ganz Deutschland blieben. Der Schweriner Großherzog regte 1853 an, mit einem politischen Tabu zu brechen: Der Rat in Rostock möge auf sein Selbstergänzungsrecht verzichten. Im Mittelalter hatte man verhindern wollen, dass Männer, die Amt oder Lehen des Landesherren innehatten, in den Rat gewählt wurden. Im Streit zwischen Stadt und Herzog hätten sie den Interessen Rostocks schaden können. So bildete sich das Recht heraus, das den Ratsherren erlaubte, selbst zu bestimmen, wem ein vakant gewordener Ratsstuhl zugesprochen wurde. Da sie meist nur ihre Interessen im Blick hatten und den Handwerkern der Zugang zum Rat verwehrt war, entstanden ratsfähige Geschlechter, ein exklusiver Kreis von Kaufmannsfamilien, der jahrhundertelang verhinderte, dass sich breite Einwohnerschichten am Stadtregiment beteiligen konnten. Nach zahllosen Diskussionen und unter sanftem Druck aus Schwerin entschloss sich der Rat, sein Privileg aufzugeben: Ab dem 1. November 1853 entschieden Rat und Bürgervertretung gemeinsam, wer die Stadt regieren sollte.

Inzwischen begann sich in Mecklenburg der Fortschritt in Gestalt von Eisenbahnlinien einen Weg zu bahnen. Mit der Eröffnung der Bahnlinie

Rostock–Bützow–Kleinen am 13. Mai 1850 erhielt die alte Hansestadt an der Warnow endlich Anschluss an das deutsche Schienennetz, was gebührend gefeiert wurde. Im Jahre 1859 war dann die Verbindung Stralsund–Neubrandenburg–Berlin hergestellt, zu der Rostock 1864 mit einer Strecke über Güstrow nach Neubrandenburg Anschluss erhielt. Doch der Jubel am Orte war leiser geworden, denn die landwirtschaftlichen Erzeuger aus Ostmecklenburg und Vorpommern transportierten immer mehr Produkte an Rostock vorbei mit der Eisenbahn direkt zu den Märkten. Als 1870 gar eine Stecke von Hamburg über Lübeck, Kleinen, Güstrow und Neubrandenburg nach Stettin quer durch Mecklenburg führte, traf es die maritime Wirtschaft Rostocks hart. Vor allem der Hafen verlor an Bedeutung, konnten die mecklenburgischen Landwirte doch nun entscheiden, von wo ihre Produkte den Seeweg antraten: in Richtung Osten von Stettin aus, in Richtung Westen von Hamburg aus. Getreide oder Kartoffeln in Güstrow zu verladen, um sie in Rostock auf ein Schiff zu bringen, lohnte nicht und war kaum billiger als in den beiden großen Häfen. Zudem sparte man Zeit. Dabei waren die Rostocker Reeder und der Hafen glänzend in die zweite Hälfte des 19. Jahrhunderts gestartet. Im Krimkrieg 1853/54 bis 1856 blieben die russischen Getreidelieferungen nach England aus, denn die beiden Länder standen sich auf dem Schlachtfeld gegenüber. Rostocker Kaufleute und Reeder hatten die Lücke gefüllt und Getreide zu Preisen verkauft, die oft über den marktüblichen lagen. Auf den britischen Inseln wurde vor allem Steinkohle gebunkert. Diese wiederum ließ sich in Mecklenburg und gerade auch in Rostock, wo 1856 eine Gasanstalt errichtet worden war, die mit Kohle arbeitete, gewinnbringend absetzen. Die europäischen Bündnispartner des Osmanischen Reiches, England und Frankreich, konnten ihre Kontingente auf der belagerten Krim nur durch neutrale Schiffe versorgen lassen. Rostocker Reeder übernahmen den Transport von Waffen, Ausrüstungen und Lebensmitteln ins Schwarze Meer und erzielten so nicht selten einen Gewinn von bis zu 240 Prozent. Dieser floss in Schiffsneubauten, an denen die Rostocker Schiffbaumeister partizipierten. Am Strande wurde ein Segler nach dem anderen auf Kiel gelegt. Die Meister nutzten die Gunst der Stunde und gründeten Werften mit häufig dreißig und mehr Beschäftigten. Im Jahre 1853 richtete der aus Stettin stammende und seit 1849 in Rostock arbeitende Otto Ludewig (1826–1901) seine Werft auf dem sogenannten Neuen Lande in der Nachbarschaft des Wendentores ein. Weiter westlich, auf der Lastadie, war 1843 die Werft des Stralsunders Wilhelm Zeltz (1819–1879) entstanden. Zeltz wagte sich gemeinsam mit dem aus Rostock stam-

menden Ingenieur Albrecht Tischbein (1803–1881) auf technisches Neu-
land. Beide gründeten 1850 die Werft Tischbein & Zeltz, deren Zweck der
Bau von eisernen Schiffen war. Dort entstanden mit dem „Erbgroßherzog
Friedrich Franz" im November 1851 und dem „Großfürst Constantin" im
Mai 1852 zwei seegehende eiserne Schraubendampfer für eine Schifffahrts-
linie zwischen Rostock und St. Petersburg. Es waren die ersten Schiffe dieser
Art, die in Deutschland gebaut wurden. Während Zeltz sich 1853 aus dem
Unternehmen zurückzog und sich auf der Lastadie wieder dem Holzschiff-
bau zuwandte, versuchte Tischbein sich auf diesem für Deutschland speziellen und jungen Feld des Schiffbaus mit wechselhaftem Glück weiterhin
einen Namen zu machen. Ernst Burchard (1843–1917) hatte 1868 seine
Schiffbaumeisterprüfung abgelegt und unmittelbar darauf mit dem Aufbau
der Werft Ernst Burchard & Co. begonnen. Die genannten Unternehmen,
denen noch die seit 1866 arbeitende Werft N. H. Witte (ab 1871 Rostocker
Aktiengesellschaft für Schiffs- und Maschinenbau) zuzurechnen wäre, begründeten in der Stadt die neuzeitliche Schiffbautradition. Allerdings erkannten die Rostocker Reeder die Zeichen, die Tischbein & Zeltz im Schiffbau gesetzt hatten, nicht. Sie ließen statt Dampfern weiterhin Segler bauen,
die zwar wesentlich billiger, aber dem wachsenden Termindruck im Trans-
portgeschäft nicht mehr gewachsen waren. Die Folge war Auftragsmangel,
der die Kapitäne auf andere Regionen der Erde ausweichen ließ, wo man
mit Seglern noch guten Gewinn machen konnte, während der Heimathafen
verödete.

Die Stadt hatte bereits 1833 Bestimmungen zur Prüfung der Schiffer und
Seesteuerleute erlassen. Beeinflusst vom Aufschwung der Rostocker Schifffahrt und unterstützt von den unerwartet hohen Steuereinnahmen, eröffnete der Rat 1854 eine Schule, die der Ausbildung der Seeleute dienen sollte.
Vier Jahre später erhielt sie 1858 im Friedhofsweg ein auf ihre Bedürfnisse
abgestimmtes Schulgebäude. Die Rostocker Navigations- und Maschinis-
tenschule war die einzige Mecklenburgs, die sich in städtischer Hand befand. Die Absolventen allerdings heuerten, weil es in Rostock für sie kaum
noch berufliche Perspektiven gab, immer öfter bei Reedereien an, deren
Schiffe ihren Heimathafen in Bremen, Hamburg, Lübeck, Stettin, Danzig
oder anderswo hatten. Und schließlich musste sich der Rat auch gefallen
lassen, dass man seine zögerliche Haltung in Sachen Hafenausbau und Ver-
tiefung der Fahrrinne kritisierte. Der desolate Zustand der Schifffahrtswege
und des Hafens ließ größere Dampfer Rostock meiden. Als am 1. April 1868
von den Masten der Rostocker Schiffe die alte Greifenflagge für immer ver-

Lastadie und Stadthafen am Ausgang des 19. Jahrhunderts, von der Fischerbastion gesehen

schwand, mag dies als Symbol für den beginnenden Niedergang der stolzen Flotte der alten Hansestadt angesehen worden sein, der in den 1870er Jahren dann drastische Ausmaße annahm. Fortan wehte an ihrer statt das Schwarz-Weiß-Rot des Norddeutschen Bundes, das auf seine Weise Schwarz und Weiß aus Preußens Fahne mit Weiß und Rot, den Farben der Hanse, verband. Die beiden mecklenburgischen Großherzogtümer waren dem Norddeutschen Bund am 21. August 1866, drei Tage nach seiner Gründung beigetreten. Nach der 1863 ins Werk gesetzten, längst überfälligen mecklenburgischen Reform des Steuer- und Zollwesens standen nun weitere wesentliche gesetzliche Neuerungen auf der Tagesordnung. Doch schon die Steuer- und Zollreform hatte gezeigt, dass es den Rostockern schwerfallen würde, ihre Privilegien für eine deutliche Liberalisierung des Steuer-, Zoll- und Wirtschaftssystems herzugeben. Immerhin hatte man sich bereitfinden können, gegen eine jährliche Ausgleichszahlung durch die großherzogliche Kasse auf die Erhebung der Akzise, des Dammzolls und des Brückengeldes zu verzichten. Als letzte deutsche Stadt – neben Wismar – gab Rostock 1864 auch das Münzrecht auf. Die neuen Steuerbestimmungen hingegen akzeptierten die Rostocker erst 1870. Am 1. Januar 1868 trat im Norddeutschen Bund das Gesetz über die Freizügigkeit in Kraft. Wenige Monate später wurde Mecklenburg Mitglied im Allgemeinen Deutschen Zollverein. Die neue Gewerbeordnung erhielt am 21. Juni 1869 Rechtskraft. Die Einführung der neuen Bestimmungen forderte auch von den Rostockern die Aufgabe von Althergebrachtem.

Das alte Bürgerrecht hörte auf zu existieren. Jeder konnte sich in der Stadt niederlassen. Dies traf nun auch für Juden zu, die nach den großen Pogromen des 14. und 15. Jahrhunderts aus dem Land getrieben worden waren. Obgleich die Herzöge Ende des 17. Jahrhunderts jüdischen Familien wieder zögerlich Zuzug gewährt hatten, blieben ihnen die im mecklenburgischen Staatsgefüge seit jeher mit einer politischen Sonderstellung ausgestatteten Seestädte Wismar und Rostock auf Beschluss ihrer Räte bis 1868 verschlossen. Auch die Zunftschranken fielen. Jedem, der eine entsprechende Berufsausbildung nachweisen konnte, musste die Möglichkeit gegeben werden, seinem Gewerbe nachzugehen. Die Rostocker Handwerker hatten sich nun dem freien Wettbewerb zu stellen, was ihnen schwerer fiel als den Fabriken, die in der Zwischenzeit entstanden waren.

In das Jahr 1851 fiel die Gründung der Firma Jürß & Crotogino, die im Holzhandel tätig war, ein Sägewerk sowie eine Fabrik für die Herstellung von Holzleisten besaß. Mit Niederlassungen in Stralsund, Eberswalde, Berlin

Briefköpfe der Rostocker Firmen Hofwolt und Ferd. Schulz Nachfolger

und in Ostpreußen galt das Unternehmen als recht erfolgreich. Jürß & Crotogino leisteten sich 1882 gar den Luxus einer elektrischen Beleuchtungs-
anlage, der ersten Rostocks, die allerdings noch mit hausgemachtem Strom
betrieben werden musste. Der Apotheker Dr. Friedrich Witte (1829–1893)
erwarb 1856 die Hirschapotheke in der Nachbarschaft der St. Marienkirche.
Schon sechs Jahre darauf verkaufte er sie wieder, um mit ihrem Erlös eine
chemische Fabrik zu gründen, die auf einem Gelände Ecke Lange Straße/
Schnickmannstraße entstand. Vor allem in den 1870er und 80er Jahren gelang es Dr. Carl Großschopf (1835–1908), dem Ersten Chemiker der Firma,
eine Reihe von industriellen Produktionsverfahren zu entwickeln, die die
Herstellung von Coffein, Pepsin, Pepton, Pankreatin und Papain in besonders reiner Form und in größeren Mengen ermöglichten. Auf der Basis seiner Erfolge während der Weltausstellung in Chicago 1873, wo er mit seinen
Coffein- und Pepsinprodukten Furore machte, erschloss Witte mit großem
persönlichen Einsatz Märkte in den USA, Großbritannien, Italien, den Niederlanden, Österreich, Polen, Rumänien, der Türkei, Ungarn und vor allem
in Russland. In jener Zeit deckte das Rostocker Unternehmen den Weltbe-
darf an Coffein. Auch beim Verkauf von Pepsin galt es als internationaler
Marktführer. Neben diesen Erzeugnissen, die damals wie heute bei der Behandlung von Stoffwechselerkrankungen Verwendung finden, produzierten die „Fr. Witte. Chemischen Fabriken" ab 1877 Labpulver, das für die
Herstellung von Käse benötigt wurde. Wegen seiner Haltbarkeit und beque-
men Verwendbarkeit genoss auch dieses Produkt einen guten Ruf. Firmen-
gründer Friedrich Witte war politisch als Liberaler in Rostock, in Mecklenburg und im Deutschen Reich bekannt und aktiv. Von 1878 bis 1890 hatte
er Sitz und Stimme im Deutschen Reichstag. Parlamentskollegen schätzten
ihn vor allem als Steuerexperten. Witte galt auch als Schöngeist und Mäzen
und engagierte sich für Stadtentwicklung, Fremdenverkehr, Kunst und Kultur in seiner Heimatstadt. Besonders enge Kontakte pflegte er zu Theodor
Fontane (1819–1898), den er während seiner Lehre und seines Studiums
in Berlin kennengelernt hatte. Der berühmte märkische Dichter weilte, allein oder mit der Familie, einige Male bei den Wittes in Rostock zu einem
Besuch. Die Firma „Fr. Witte. Chemische Fabriken" galt zeit ihrer Existenz –
1952 erfolgte die Enteignung, wenige Jahre später die Produktionsverlage-
rung nach Berlin – als Rostocker Musterbetrieb, der den Beweis dafür angetreten hatte, dass man selbst mit einem kleinen Mitarbeiterstamm, 1888
gab es 36 Arbeitsplätze, überaus innovativ und unternehmerisch erfolgreich
sein konnte. Für den gelungenen Versuch aus handwerklichen oder klein-

gewerblichen Traditionen heraus eine leistungsfähige, wenn auch über-
schaubare Industrie aufzubauen, standen in jenen Jahren in der Metallbran-
che die 1858 gegründete Firma Ferdinand Schultz, im Bereich der
Möbelproduktion seit 1857 der Betrieb A. Strobelberger und in der Tabak-
und Zigarrenfabrikation das 1861 geschaffene Unternehmen Pfenningsdorf
& Genssen.

Rostocks „Goldenes Zeitalter"

Mit der Reichseinigung des Jahres 1871 begann sich in der Stadt ein dyna-
mischer Entwicklungsprozess zu zeigen, der seine Wurzeln vor allem in den
durch die Gesetzgebung des Norddeutschen Bundes hervorgerufenen Veränderungen in den mecklenburgischen Großherzogtümern hatte. Weitere
Impulse erhielt er durch die Neuerungen aus dem Deutschen Reichstag, die
in Mecklenburg eingeführt werden mussten, ob es den Herrschenden nun
passte oder nicht. Die Auswirkungen dieses Prozesses, der immer umfassen-
der und tiefgreifender wurde und bald keinen Bereich des gesellschaftlichen
Lebens mehr ausließ, veränderten Rostock und seine Einwohnerschaft
grundlegend. Ohne Übertreibung darf festgestellt werden, dass sich die
Stadt in jener Zeit durch diese Entwicklungen, die durch den Beginn des
Ersten Weltkrieges unterbrochen wurden und danach nie mehr diese Tota-
lität erreichten, endgültig von „ihrem Mittelalter" verabschiedete und den
Schritt in die Moderne vollzog. Trotzdem blieb der Wandel im deutschen
Vergleich bescheiden. Die politischen und wirtschaftlichen Ausgangsbe-
dingungen im landwirtschaftlich geprägten, bevölkerungsarmen und in
halbfeudalen Verhältnissen erstarrten Mecklenburg sowie Rostocks geographische Lage im Zentrum der deutschen Ostseeküste, aber fernab bedeutender Verkehrswege ins Landesinnere, bewirkten eine Abkoppelung vom
Prozess der nationalen und internationalen Konzentration von Kapital und
Produktion und wiesen Rostock keine Aufgabe im Zuge der Konstituierung
des deutschen Einheitsstaates zu. So blieb die Stadt in ihrer Entwicklung
zum Beispiel deutlich hinter dem ebenfalls an der Ostsee liegenden Kiel zurück, obwohl beide Städte in der ersten Hälfte des 19. Jahrhunderts durchaus noch vergleichbar gewesen waren. In Mecklenburg allerdings – und viel-
leicht war es das Schicksal Rostocks, darin fortan das Maß aller Dinge sehen
zu müssen – baute die einstmals nahezu autonome Hansestadt ihre Stellung

Die Belegschaft des Städtischen Schlachthofes an der Schwaaner Landstraße, 1892

im Rahmen der modernen Gesetzgebung als einwohner- sowie politisch, wirtschaftlich und kulturell einflussreichste Kommune deutlich aus. Das Handelskapital, durch den Niedergang der Schifffahrt auf der Suche nach neuen Anlage- und Verwertungsmöglichkeiten und begünstigt durch Freizügigkeit und Gewerbefreiheit, setzte weiterhin auf Fabrikgründungen. Im gleichen Zuge brachen die alten Strukturen des Rostocker Handwerks nun endgültig zusammen. Die Gewandschneiderkompanie löste sich 1871 als erstes der Ämter, wie in Rostock die Zünfte genannt wurden, auf. Zögerlich folgten bis 1890 dreizehn weitere Ämter. Andere zeigten ihre Auflösung gar nicht erst an und gingen nach und nach in den entstehenden Innungen auf. Wer als Handwerksmeister dem Druck des Wettbewerbs nicht mehr gewachsen war, musste sich als Lohnarbeiter verdingen. Andererseits gelang es finanziell unabhängigen und unternehmerisch denkenden Meistern, ihre

Werkstätten zu erhalten und häufig sogar zu leistungsfähigen Firmen mit lokaler und regionaler Bedeutung auszubauen, wie etwa den Bauunternehmungen L. Berringer, C. Heinig oder Heinr. Quade. Der ebenfalls aus dem Baufach stammende Georg Mahn (1849–1935) kaufte 1878 mit seinem Partner Friedrich Ohlerich (1851–1889) die an der Doberaner Chaussee gelegene Julius Meyersche Bierbrauerei, die sie zu einer erfolgreichen Großbrauerei entwickelten. Im Jahre 1884 erwarben Mahn und Ohlerich die wirtschaftlich erfolglose Rostocker Aktienbrauerei, einen von dreizehn Wettbewerbern in der Stadt, und 1888 beschäftige die Firma bereits 125 Arbeiter. Nach dem Tode Ohlerichs wandelte Mahn das Unternehmen in eine Aktiengesellschaft um und hatte nun alle Mittel für die weitere Expansion in der Hand. Die Biere der Brauerei Mahn & Ohlerich waren bald in ganz Norddeutschland zu haben, in Rostock und Mecklenburg galt man ohnehin schon lange als Marktführer. Auch im Schiffbau war ein derartiger Konzentrationsprozess bald ablesbar. Die N. H. Witte'sche Werfte und Maschinenbauanstalt trat ab 1871 als „Rostocker Aktiengesellschaft für Schiff- und Maschinenbau" auf. Auch Tischbein hatte sich 1873 entschließen müssen, Aktien zu verkaufen und firmierte fortan unter dem Namen „Hansa. Werfte für eiserne Schiffe und Maschinenbau". Im Jahre 1881 kaufte die Burchhard's Schiffswerfte und Maschinenbauanstalt die Hansa. Allerdings ging Burchards Firma noch im selben Jahr in den Besitz der Rostocker Aktiengesellschaft über. Entstanden war ein leistungsfähiges Unternehmen, das schnell expandierte. Die Aktionäre gründeten 1890 die „Aktiengesellschaft Neptun", die dem Unternehmen nun ein starkes finanzielles Fundament gab. Damit waren die Neptunwerft und die moderne Großschiffbautradition Rostocks geboren. Der in den folgenden Jahrzehnten größte und bedeutendste Betrieb Rostocks erwarb sich bald in ganz Deutschland und im europäischen Ausland einen Namen als leistungsfähiger Schiffbaubetrieb. Die Rostocker Flotte, deren Tonnage von ca. 105 000 Nettoregistertonnen im Jahre 1870 auf etwa 6 800 Nettoregistertonnen (1900) gefallen war, profitierte von der Leistungsfähigkeit der Neptunwerft, die wiederum einen beträchtlichen Anteil daran hatte, dass die Tonnage Rostocker Reedereien bis 1914 auf beachtliche 42 800 Nettoregistertonnen ansteigen konnte. Gleichwohl war das Engagement Rostocker Reeder für diese Entwicklung entscheidend, aus deren Kreis vor allem Otto Zelck (1880–1931) und August Cords (1859–1919) als die maßgeblichen Vertreter einer neuen Generation von Schiffsbesitzern herausragten. Ihre Reedereien setzten in den ersten Jahren des 20. Jahrhunderts auf Dampfer und eine moderne Unternehmensstrate-

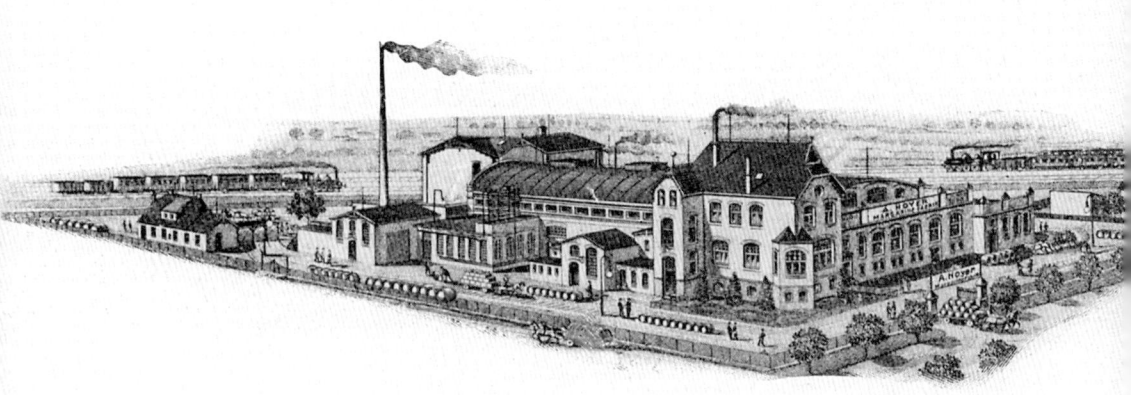

Die neue Margarinefabrik A. Hoyer, 1910

gie, deren Know-how Zelck beispielsweise von Praktika in Dänemark und
England mitbrachte. Beide beteiligten sich vor allem erfolgreich am Getreidehandel, der bis zum Ausbruch des Ersten Weltkrieges boomte. In der Le-
bensmittelbranche wurden vor allem zwei Unternehmen bestimmend: die
1884 gegründete Rostocker Aktienzuckerfabrik, bald einer der größten Arbeitgeber der Stadt, und die Mecklenburgische Margarinefabrik A. Hoyer.
Diese entstand 1892 unter beengten Verhältnissen in einem alten Giebelhaus der Kistenmacherstraße. Als 1910 eine großzügig angelegte Fabrik eröffnet werden konnte, war der Weg zum Marktführer in Mecklenburg und
weiten Teilen Norddeutschlands frei. Auch Unternehmer aus dem näheren
und weiteren Umland sahen in dieser Phase der Industrialisierung in Rostock offensichtlich Standortvorteile, so dass sie sich im Zuge der Expansion
bestehender Betriebe für eine Umsiedlung an die Warnow entschieden. Der
Darguner Rudolf Dolberg (1834–1893) hatte 1861 in Bützow ein kleines
Geschäft für den Vertrieb von landwirtschaftlichen Maschinen eröffnet.
Bald entschloss er sich, die Konstruktion und den Bau von Maschinen für
die Torfgewinnung und die Ziegelherstellung selbst in die Hand zu nehmen. Mit etwas unternehmerischem Geschick konnte man mit diesen Produkten auf dem mecklenburgischen Markt erfolgreich sein. Die Idee, nach
Rostock zu gehen, kam Dolberg 1878, als er in der Stadt eine Vertriebsstelle
eröffnete. Ein Jahr darauf erwarb er ein 50 000 Quadratmeter großes
Grundstück im Bereich der Niederbleiche vor dem Steintor. Dort entstanden die damals hochmodernen Produktionsanlagen der R. Dolberg. Ma-

schinen- und Feldbahnfabrik Rostock. Schließlich gründete man 1905 sogar einen Betrieb in Dortmund, womit das Unternehmen wohl zu den wenigen mecklenburgischen Firmen gehörte, die in traditionellen Industriezentren Deutschlands Arbeitsplätze schufen. Weitere Zweigbetriebe folgten.

Aus Güstrow kam 1885 eine Firma nach Rostock, deren Hauptprodukt eine ungewöhnliche Geschichte hatte. Auf der Gründungsversammlung des Zentralvereins Deutscher Zahnärzte im Jahre 1859 sah sich Wilhelm Lippold (1809–1885), herausgefordert durch die Feststellung, dass das erste für die Zahnsanierung brauchbare Amalgam der Firma des Dr. William Pilplod leider nur aus London zu beziehen sei, zu folgender Erklärung veranlasst: „Der Fabrikant bin ich. Den Titel Dr. habe ich des guten Klanges wegen zugelegt. William ist auf deutsch Wilhelm und wenn Sie die einzelnen Buchstaben des Wortes Pilplod richtig umstellen, so bekommen Sie ‚Lippold' heraus. Ich habe dieses Amalgam selbst erfunden, aber nicht gewagt, aus Güstrow in Mecklenburg es zu versenden, denn dann hätten Sie alle … gesagt, was kann aus dem Obodritenlande Mecklenburg und besonders aus der Kleinstadt Güstrow … Gutes kommen." Nach dem Tode des Hofzahnarztes wurde die Firma, die Patente für Kupferamalgam hielt, 1885 unter dem Namen „Wilh. Lippold sen. Erben. Zahnfüllungsmaterialienfabrik" nach Rostock verlegt.

Bei der Abwicklung der im Zuge der Industrialisierung notwendigen Geld- und Kreditgeschäfte blieben die Rostocker vorerst auf sich allein gestellt. Noch im Jahre 1900 verfügte keines der großen deutschen Privatbankinstitute in Rostock über eine Filiale, abgesehen von einer kleinen Agentur der Mecklenburgischen Hypotheken- und Wechselbank zu Schwerin, die eine Tochter der Deutschen Bank war. Diesem schon früher bestehenden Mangel abzuhelfen, hatten sich Geschäftsleute entschlossen, 1850 die Rostocker Bank ins Leben zu rufen. Dieses Unternehmen wurde in ganz Mecklenburg und großen Teilen Vorpommerns aktiv, wo zahlreiche Filialen und Schalterstellen entstanden. Als Kreditanstalt förderte die Bank die Entwicklung einer Infrastruktur in den Städten sowie auf dem Lande und den Bau von Verarbeitungsbetrieben landwirtschaftlicher Produkte, bevor sie Ende der 1920er Jahre in der Mecklenburgischen Hypotheken- und Wechselbank aufging. Auf dem Genossenschaftsgedanken beruhte die Schaffung eines weiteren bedeutenden Kreditinstituts, der Rostocker Gewerbebank AG, die seit 1872 tätig war und neben der Rostocker Sparkasse vor allem klein- und mittelständische Unternehmen förderte.

Urbanisierung und Stadtentwicklung

Die Schaffung zahlreicher Arbeitsplätze in Rostock bewirkte einen Zustrom von Menschen in einem nicht bekannten Ausmaß. Bisher hatte Rostock nicht einmal seine Einwohnerzahl aus dem Mittelalter halten können und sich erst Anfang des 19. Jahrhunderts wieder langsam dem Niveau aus den Hochzeiten der Hanse genähert. Das nun einsetzende Bevölkerungswachstum resultierte auch aus der Gewerbefreiheit und der gerade gewonnenen Freizügigkeit sowie aus dem Fehlen von Erwerbsmöglichkeiten auf dem Lande, so dass sich viele Bauern mit ihren Familien entschlossen, ihr Glück in der Stadt zu suchen.

Im Jahre 1819 zählte man in Rostock knapp 13 000 Bürger, 1871 etwa 31 000 und 1919 über 67 000 Einwohner. In einhundert Jahren hatte sich die Einwohnerzahl also mehr als verfünffacht. Dies stellte die Kommune, verbunden mit der Notwendigkeit, den Bedürfnissen der Industrie Rechnung tragen zu müssen, vor einen riesig anmutenden Komplex von Problemen. Bei dessen Lösung waren auch die sich entfaltenden besseren technischen Möglichkeiten sowie die geforderte Umsetzung der zahlreichen neuen gesetzlichen Bestimmungen zur Versorgung der Bevölkerung zu berücksichtigen. Innerhalb weniger Jahre musste die Stadtentwicklung umfassend vorangetrieben, musste Infrastruktur geschaffen oder erweitert und modernisiert werden. Der Mauerring Rostocks verlor seine Funktion als Grenze gänzlich. Vor dem Kröpeliner Tor wurde immer häufiger gebaut. Immerhin 135 Häuser gab es 1856 im Bereich um den Doberaner Platz sowie die Doberaner und Wismarsche Straße. Auch im Süden wuchs ein Straßenzug nach dem anderen. Im Jahre 1868 erreichte die Bebauung den Bereich der heutigen St. Georg-Straße. Aber geplant war nichts. Mit Mühe gelang es dem Rat, einige wenige Normen durchzusetzen. Diese waren dennoch kaum geeignet, die öffentliche Meinung zu beschwichtigen, die den „Wildwuchs" seit langem kritisiert hatte und forderte, ihm Einhalt zu gebieten. Erst in den späten 1880er Jahren lagen endlich Bebauungspläne für die beiden großen Vorstädte vor. Auf ihrer Basis wurde die Entwicklung der Stadtteile bis zum Beginn des Ersten Weltkrieges abgeschlossen. Die Steintor-Vorstadt zeigte sich mit einer zeittypischen geschlossenen Villenbebauung, die vor allem in der heutigen Rosa-Luxemburg-Straße Mängel offenbarte. Anstatt dort, wie von Zeitgenossen angemahnt, kombinierte Wohn-Geschäftshäuser zu errichten und so eine Einkaufsstraße entstehen zu lassen, wich man nicht von der Villenbebauung ab. Damit war die

Chance, eine lebendige Verbindung zwischen Bahnhof und Stadt zu schaffen, vertan. In der Kröpeliner-Tor-Vorstadt entstanden meist Mietshäuser mit mehreren Wohnungen. Die Nähe des Wohngebietes zu zahlreichen großen Betrieben förderte den Zuzug von Arbeiterfamilien. Die bei flüchtigem Hinschauen sichtbaren Unterschiede in Bebauung und Einwohnerschaft zwischen Steintor- und Kröpeliner-Tor-Vorstadt ließen viele schon damals von der „reichen" und der „armen" Vorstadt sprechen. Auf den zweiten Blick schien dies nur noch bedingt richtig zu sein. Gab es doch vor dem Kröpeliner Tor auch zahlreiche dort ansässige Geschäftsleute, Beamte, Angestellte und Angehörige freier Berufe, so, wie es vor dem Steintor in nicht zu übersehender Zahl Mietshäuser gab, in denen Arbeiter mit ihren Familien wohnten.

Wenngleich die neuen Häuser in ihrer übergroßen Mehrheit privat finanziert wurden, lastete auf der Kommune ein scheinbar ihre Möglichkeiten übersteigender Investitionszwang. Für die etwa 65 neuen Straßen Rostocks, die zwischen 1871 und 1914 bebaut wurden, musste die Stadt Versorgungsleitungen und die Kanalisation verlegen, Straßen und Gehwege bauen und für die Straßenbeleuchtung sorgen. Die Gas-, Wasser- und Stromversorgung für die wachsende Zahl der Einwohner und Firmen war sicherzustellen. Rostocks erstes Gaswerk ging im November 1856 auf der sogenannten Niederbleiche in Betrieb. Die ursprüngliche Zahl von 5 778 Abnahmestellen wuchs jährlich. Im Jahre 1856 betrug die Gesamtlänge des Rostocker Gasleitungsnetzes fast 25 Kilometer, 1899 nahezu 58 Kilometer. Eine Erweiterung der Produktionsanlagen sicherte 1893 eine Verdoppelung des Gasangebots im Vergleich zum Gründungsjahr des Werkes. Doch schon im Mai 1898 erfolgte der erste Spatenstich für seinen vollständigen Umbau. Die neue Anlage musste in der Lage sein, täglich statt 8 000 Kubikmetern 22 000–24 000 Kubikmeter Gas zu liefern. Für die Abnehmer erfreulich, fiel der Kubikmeterpreis für Gas durch die Modernisierungen von 25 Pfennig im Jahre 1856 auf 13 Pfennig (1899). Doch selbst die erhebliche Kapazitätssteigerung sicherte den Bedarf nur bis 1913. Dann musste wiederum eine Erweiterung der Produktionsstätte vorgenommen werden.

Die Wasserversorgung konnte nicht mehr in althergebrachter Weise erfolgen. Öffentliche und private Brunnen sowie die Pfeiffenteiche im Süden vor der Stadt mussten ab 1866 durch die Bereitstellung von Oberflächenwasser aus der Warnow entlastet werden. In der Nähe der Gasanstalt entstanden dafür eine Filtrieranlage und eine Pumpstation. Es war jedoch nur eine Frage der Zeit, bis die Kapazitäten den Bedarf nicht mehr decken konnten. So entstand an alter Stelle, auf der Niederbleiche, das neue Wasserwerk, dessen erste Ausbaustufe ab Februar 1893 Wasser lieferte. Die Fertigstellung des Gesamtprojekts feierte man im Jahr darauf. Schließlich wurde auf der Anhöhe über der Bleiche ein neuer Wasserturm errichtet, der 1903 in Betrieb ging. In der Nachbarschaft von Gas- und Wasserwerk ließ die Stadt 1899 und 1900 ihr Elektrizitätswerk errichten. Ab dem 15. Dezember 1900 lieferten zwei durch Gasmotore angetriebene Dynamomaschinen Strom. Um die potentiellen Kunden erreichen zu können, wurden jeweils etwa 36 Kilometer Kabel unterirdisch und als Oberleitung verlegt. Angesichts dieser Anstrengungen muss es eher entmutigend erscheinen, dass am 1. Juni 1901 die Kundenkartei des E-Werkes lediglich 295 Positionen umfasste. Insgesamt 6 105 Glühbirnen, 144 Bogenlampen und 54 Motore mit einer Leistung von insgesamt 152,5 PS wurden in Rostock mit Strom versorgt. Nur 147 Privatpersonen leisteten sich damals den Luxus einer elektrischen Beleuchtung. Doch der Verbrauch stieg schnell und schon am 1. Juli 1911 ging in Bramow ein neues Werk ans Netz, das mit Hilfe von Dampfkraft Drehstrom erzeugte. Ab 1913 wurde die Stadt bei der Stromversorgung durch die Elektrizitäts-Lieferungs-Gesellschaft in Berlin, einer Tochter der Allgemeinen Elektrizitätsgesellschaft (A.E.G.) unterstützt, an die sie ihre Anlagen verpachtete, sich aber das volle Aufsichtsrecht vorbehielt.

Die verkehrstechnische Erschließung machte weitere Fortschritte. Doberan konnte man mit der Eisenbahn ab Juli 1883 erreichen. Ein halbes Jahr darauf waren die beiden mecklenburgischen Seestädte Rostock und Wismar miteinander verbunden. Am 1. Juni 1889 erfolgte die Freigabe der Bahnstrecke Rostock–Ribnitz, die später bis Stralsund führte. Besondere Sympathien in der Öffentlichkeit aber gewann ein Projekt, dessen Verwirklichung der 1883 gegründete Deutsch-Nordische Lloyd anstrebte: eine Reiseverbindung per Bahn und Schiff zwischen den Hauptstädten Berlin und Kopenhagen. Dazu wurde zunächst der Bau einer Eisenbahnstrecke von Neustrelitz nach Rostock ins Auge gefasst, die allerdings bis Warnemünde führen musste, um von dort aus die Reise per Schiff nach dem dänischen Gedser fortsetzen zu können. Die Nutzung des seit 1853 bestehenden Bahnhofs der Friedrich-Franz-Eisenbahn in der Nähe des Steintores für dieses Projekt erwies sich als unmöglich, weil man von ihm aus nicht quer durch die Stadt eine Schienentrasse nach Warnemünde führen konnte. Am Hafen lagen zwar Gleise, die aus der Grubenstraße kommend eine Verbindung mit dem Friedrich-Franz-Bahnhof herstellten. Doch scheute man sich offensichtlich berechtigterweise, diese Strecke auszubauen und für die „Königslinie" zu nutzen. Aus diesem Grunde entstand 1886 eine neue, zweite Station, der sogenannte Lloyd-Bahnhof im Westen der Steintor-Vorstadt. Im Jahre 1895 erhielt er den Namen „Centralbahnhof". Der Friedrich-Franz-Bahnhof verlor für den Personenverkehr fortan an Bedeutung und wurde ab 1905 nur noch als Güterbahnhof genutzt. Die dritte Bahnstation Rostocks öffnete ebenfalls 1886 in Warnemünde, wo sich die Reisenden auf einen Raddampfer begaben, der sie über die Ostsee trug. Unter dem seit 1885 für die Stadt tätigen Hafenbaumeister Karl Friedrich Kerner (1847–1920) wurde auch die Umgestaltung und Modernisierung des Hafens in Angriff genommen. Nach und nach verschwanden vor allem im Bereich der Lastadie die vielen kleinen Firmen. Den Platz benötigte man für den Ausbau der Kaianlagen, für Lagerhäuser und -plätze sowie für die Schienenstränge der Hafenbahn. Der alte Holzdrehkran musste 1885 weichen. Doch der Ersatz, ein 1909 angekaufter elektrischer Turmdrehkran, konnte es in Sachen Beständigkeit mit dem über einhundert Jahre alten Vorgänger nicht aufnehmen. Schon 19 Jahre später musste er durch einen Brückenkran ersetzt werden. Zwischen 1893 und 1899 ging Kerner daran, die Fahrrinne auf der Unterwarnow um 1,5 auf 5 Meter vertiefen zu lassen. Als 1910 in zweijähriger Bauzeit ca. 3000 Meter neue Kaianlagen fertiggestellt waren, konnten sogar Schiffe mit bis zu 6 Metern Tiefgang in den Hafen einlaufen. Stadtentwicklung und Fernverkehr verlangten von den Rostockern innerstäd-

Der Friedrich-Franz-Bahnhof nahe des Steintores in den 1850er Jahren

Die Rostocker Pferdestraßenbahn in den 1880er Jahren

tisch die Überwindung immer größerer Distanzen. Zu Fuß konnte man
längst nicht mehr jeden Ort der Stadt mühelos und ohne erheblichen Zeit-
aufwand erreichen. Anfang der 1880er Jahre wurden deshalb vom Friedhof
(heute Lindenpark am Saarplatz) durch die Wismarsche Straße, über Doberaner und Schröderplatz, durch die Kröpeliner Straße, über den Neuen
Markt, am Steintor vorbei, über den Mühlendamm bis zum Weißen Kreuz
Schienen verlegt, auf denen ab dem 16. Oktober 1881 Pferdebahnen fuhren. Eine weitere Linie führte vom Schröderplatz über die Augustenstraße
und den Platz am Steintor zum Neuen Markt und weiter zum Stadthafen.
Später erfolgte die Anbindung des Zentralbahnhofs über die Bismarck-
(heute Gerhart-Hauptmann-) und Brandesstraße an die Gleise in der Augustenstraße. Diese Strecke erhielt dann einen Abzweig in die Doberaner
Straße mit Endhaltepunkt Kasernenstraße (heute Fritz-Reuter-Straße).
Schließlich fuhr die Bahn bis in die Barnstorfer Anlagen. Während die Berliner bereits bei Eröffnung der Rostocker Pferdebahn die „Elektrische"
benutzen konnten, mussten die Rostocker noch 23 Jahre auf diesen vermeintlichen Großstadtluxus warten. Das neue Verkehrsmittel beförderte im
ersten Jahr seiner Indienststellung, das am 22. Mai 1904 begann, 1,8 Millionen Fahrgäste.

Die Rostocker Post, seit 1834 in einem repräsentativen Gebäude in der
Krämerstraße, die damals für Jahrzehnte sogar ihren altehrwürdigen Namen
hergeben musste und Poststraße hieß, hatte 1854 auch noch die erste Tele-
graphenstation der Stadt aufnehmen müssen. Den gewachsenen Bedürfnis-

sen der Rostocker konnte man in dem zu eng gewordenen Amtsgebäude bald nicht mehr gerecht werden. Vor allem der Oberpostamtsdirektor Friedrich Flügge (1815–1898) engagierte sich für einen großzügigen und repräsentativen Neubau, der am 20. August 1881 an der Wallstraße beim Rosengarten seiner Bestimmung übergeben werden konnte. Auch die Segnungen von Wissenschaft und Technik nutzen die Rostocker bald zur Nachrichtenübermittlung: Die ersten Telefone klingelten in der Stadt 1893. Mit ihnen konnte man zwar vorerst nur nach Schwerin, Wismar, Güstrow, Lübeck und Hamburg verbunden werden, doch zwei Jahre später waren auch Anrufe nach Berlin möglich. In einem kleinen Postamt Ecke Doberaner/Friedrichstraße wurde 1901 Rostocks erste öffentliche Fernsprechstelle eingerichtet, im selben Jahr ging auf einem Flur des Rathauses gar der erste Fernsprechautomat in Betrieb. Flügge begleitete im amtlichen Auftrage auch das Wirken der Rostock-Nykjöbing-Dampfschiffahrts-Aktien-Gesellschaft, die am 13. Januar 1872 ins Leben gerufen worden war. Das Unternehmen betrieb bis 1885 eine Postlinie nach dem schwedischen Nykjöbing, auf der dreimal wöchentlich Dampfer verkehrten.

Bildung, Universität und geistliches Leben

Die Entwicklungen in der Wirtschaft und der fast rasante Anstieg der Bevölkerung Rostocks warfen auf nahezu allen Gebieten Probleme auf, die einer schnellen Lösung bedurften, eröffneten aber auch Chancen, die bisher nicht abzusehen waren. Dem Aufbruch in die moderne Zeit war das Rostocker Schulsystem, das unter der Verwaltung der Stadt stand, nicht mehr gewachsen. Das erhöhte Schüleraufkommen zwang zu wohnbereichsnahen Neubauten in schneller Folge. So entstanden für den Elementarschulbereich zwischen 1892 und 1914/15 die St. Georgschule, die Margaretenschule, die Altstädtische Mädchenschule, die Borwinschule, die Augustenschule und in Warnemünde die Knaben- und Gewerbeschule. Das höhere Schulwesen hatte mit dem repräsentativen Neubau der Großen Stadtschule am Rosengarten bereits 1864 ein neues Gebäude erhalten und sein seit 284 Jahren angestammtes Domizil in einem Haus des ehemaligen Johannisklosters endgültig verlassen. Jahrzehnte später, 1901 und 1913, konnten auch die neuen Gebäude der Realschule und des Realgymnasiums in der Lindenstraße ihrer Bestimmung übergeben werden. Mädchen konnten sich in Ros-

Der Blücherplatz mit dem 1870 eingeweihten Hauptgebäude der Universität

tock erstmals ab 1909 in einer eigens für sie an der Großen Stadtschule eröffneten Klasse auf ein Abitur vorbereiten. Ein Reifezeugnis erhielten die
ersten Rostocker 1913. Für eine eigenständige Institution des Höheren Mäd-
chenschulwesens wurden im selben Jahr erstmals eigene Lehrkräfte aufge-
boten – ein Fakt, der den schweren Weg der Geschlechteremanzipation im
Rostocker Schulwesen illustriert. An ein eigenes Schulgebäude war gar erst
in den 1920er Jahren zu denken. An der Großen Stadtschule hatte 1872 Albrecht Kossel (1853–1927) sein Abitur abgelegt. Der Sohn eines Rostocker
Bankiers und Reeders studierte an der hiesigen Alma mater und an der Universität Straßburg Medizin. Er erhielt im Jahre 1910 den Nobelpreis für Medizin und dürfte damit der einzige gebürtige Rostocker sein, dem diese Ehre
bislang zuteilwurde.

Die Stadt hatte bereits 1827 auf ihr Kompatronat für die älteste Universität Nordeuropas zu Gunsten des Landesherrn verzichtet. In den folgenden
Jahrzehnten waren in Rostock neue Wissenschaftsdisziplinen und Fachrich-
tungen heimisch geworden, was sich in der Gründung einer Reihe von In-
stituten und Seminaren zeigte. Die Zahl der Lehrstühle stieg von 23 im
Jahre 1858 auf 32 im Jahre 1896. Frauen wurden zum Studium in Rostock
erstmals 1907 zugelassen. Die Bestände der Universitätsbibliothek wuchsen
zwischen 1789 und 1900 von 19 000 auf 300 000 Bände. Die Landesregierung musste nun dafür Sorge tragen, dass die äußeren Gegebenheiten
diesen positiven Entwicklungen angepasst wurden. Schon in den 1870er

Jahren kaufte man eine Reihe von Gebäuden für Universitätszwecke an oder errichtete sie neu. Allerdings blieb die Raumsituation für die Belange der Krankenbetreuung sowie für die medizinische Forschung und Lehre unzureichend. Das 1855 geschaffene städtische Krankenhaus am Schröderplatz wurde zwar von Universitätsangehörigen betreut und ging 1901 sogar in die Verwaltung der Akademie über, doch gerade den sich entfaltenden Spezialdisziplinen der Medizin fehlte es an Raum. An der Doberaner Straße entstanden deshalb von 1885 bis 1899 drei damals hochmoderne Häuser für die Frauen- und für die Augenklinik sowie für die Klinik für Hals-, Nasen- und Kehlkopfkranke. Von diesen ging die Letztgenannte als erste Klinik ihrer Art in die deutsche Geschichte ein. Noch 1914 erfolgte auf einem weitläufigen Gelände am westlichen Stadtrand die Grundsteinlegung für die Chirurgische Klinik. An der Westseite des Blücherplatzes war 1866 das Weiße Kolleg abgerissen worden. An seiner Stelle ließ der Großherzog von Mecklenburg-Schwerin ein neues Universitätshauptgebäude nach Plänen des Oberhofbaumeisters Hermann Willebrand (1816–1899) errichten. Das prunkvolle Haus entstand in einer für mecklenburgische Staatsbauten jener Epoche typischen Nachempfindung der italienischen Renaissance (häufig

Das ehemalige Stadtkrankenhaus am Gertrudenplatz, um 1900

auch „Johann-Albrecht-Stil" genannt) und wurde am 27. Januar 1870 festlich eingeweiht.

Das geistliche Leben dominierten seit der Reformation lutherische Protestanten. Im Jahre 1902 lebten ca. 53 100 von ihnen in der Stadt, fast zehn Prozent aller Mecklenburger dieser Konfession. Die vier mittelalterlichen Kirchen, ausgelegt für insgesamt ca. 14 000 Gläubige, konnten den Ansturm neuer Gemeindeglieder nicht mehr bewältigen. Eine angemessene seelsorgerische Arbeit stellte die überlasteten Pastoren vor eine unlösbare Aufgabe. Die evangelische Kirche besaß als die Staatskirche in Mecklenburg durchaus das Potential, dieser Situation angemessen zu begegnen. Jedoch hatte der Rostocker Rat nicht gerade gering zu nennende Pflichten aus dem Mittelalter übernommen, die aus seiner Stellung als Patron resultierten. Das bedeutete zum Beispiel, dass er Kirchenbauten und neue Pastorenstellen finanzieren musste. Folglich wollte er bei Neuerungen im Gemeindesystem Rostocks mitreden und musste Einigkeit mit dem Oberkirchenrat in Schwerin herstellen. Einer Entscheidung bezüglich der in den letzten beiden Dekaden des 19. Jahrhunderts vehement vorgetragenen Forderungen nach Kirchenbauten für die neuen Vorstädte versuchte sich der Rat durch Verlagerung von Pfarrstellen an stärker frequentierte Gotteshäuser zu entziehen. Vor allem an der St. Jakobikirche wuchs der Druck allerdings weiter. Da Rat, Bürgervertretung und Kirche keine Einigkeit erzielten, handelten Vertreter der Geistlichkeit und Bürger der Stadt selbst. Sie gründeten am 2. Februar 1894 einen Kirchenbauverein, der zwischen Stadt und Kirche vermittelte und die Öffentlichkeit für die notwendigen Veränderungen mobilisierte. Allerdings brauchte es noch fünf Jahre, bis Stadt und Kirche sich vertraglich einigten. Erst nach sechs weiteren wurden die Kirchgemeindegrenzen verlegt und 1905 über den mittelalterlichen Stadtkern hinaus auf die Vorstädte ausgedehnt. Zudem rief man die Heiligen-Geist-Gemeinde ins Leben, die der Kröpeliner-Tor-Vorstadt zugeordnet wurde. Ziel war eine deutliche Entlastung der St.-Jakobi-Gemeinde. Im selben Jahr erfolgte der Spatenstich für den ersten Kirchenneubau auf Kosten der Stadt seit dem Mittelalter: An der Margaretenstraße wurde die mit 1 000 Sitzplätzen ausgestattete Heiligen-Geist-Kirche nach Plänen des Lübecker Kirchenbauspezialisten Prof. Dr. Johannes Adolf Vollmer (1845–1920) für eine Summe von ca. 439 000 Mark errichtet und am 26. April 1908 geweiht.

Den Anhängern katholischer Konfession standen im evangelisch geprägten Rostock nach der Reformation nur bescheidene Möglichkeiten zu, ihren Glauben zu praktizieren. Erst in der zweiten Hälfte des 19. Jahrhunderts verbesserten sich für sie die äußeren Bedingungen, so dass sie über einen losen Zusammenschluss hinaus 1872 wieder eine eigene Gemeinde gründen konnten. Jedoch fehlte eine Kirche als Zentrum der Gemeinde und Raum für ihre Gottesdienste. Unter der Ägide des auf allen Gebieten katholischer Gemeindearbeit verdienstvollen Pastors Wilhelm Leffers (1871–1952) entstand 1906 eine Notkirche. Ein repräsentatives katholisches Gotteshaus nach Plänen des Doberaner Architekten Ludwig Möckel (1838–1915) wurde am 25. Oktober 1909 am Schröderplatz geweiht.

Als im Norddeutschen Bund das Gesetz über die Freizügigkeit wieder die Ansiedlung von jüdischen Menschen möglich machte, zog eine Reihe von Familien aus dem weiteren und näheren Umland nach Rostock. Am 12. Januar 1870 erhielten sie die landesherrliche Erlaubnis, eine jüdische Gemeinde zu bilden. Negativ auf das Gemeindeleben, die religiöse Betätigung und die Glaubensunterweisung von Kindern wirkte das Fehlen eines Gotteshauses. An das Aufbringen der notwendigen Finanzmittel konnte die zahlenmäßig recht kleine Gemeinde nicht denken, so dass eine testamentarische Stiftung des Kaufmanns Meyer Gimpel (1834–1897) von 80 000 Mark für den Bau einer Synagoge sowie für ihre Ausstattung mit Torarollen und Kultgegenständen mehr als gelegen kommen musste. Sie ermöglichte die Weihe eines neu erbauten jüdischen Gotteshauses in der Augustenstraße am 14. September 1902.

Die drei, sicher nicht bloß zufällig in der ersten Dekade des 20. Jahrhunderts entstanden neuen Sakralbauten Rostocks dokumentierten nicht nur symbolisch die gewachsene Vielfalt der Religionen, sondern zeigten darüber hinaus einen neuen Geist von Toleranz und Meinungsvielfalt, der auch in Rostock mehr und mehr Raum gewann. Die religiösen Gemeinschaften haben beim Aufbruch Rostocks in die Moderne auch auf den rein praktischen Gebieten ihrer Tätigkeit, wie etwa der Seelsorge, der Kranken- und Altenpflege, der Wohltätigkeit, der Kinderbetreuung oder des Schulwesens, einen unübersehbaren Beitrag geleistet, ohne den eine ausgewogene Stadtentwicklung nicht möglich gewesen wäre.

Kultur und Freizeit

Städtische Prosperität bedeutete in jenen Jahren auch Entfaltung moderner und breiter kultureller Angebote sowie eine deutliche Steigerung des Freizeitwertes Rostocks für Bürger, Umlandbewohner und Gäste. Maßgeblich hierfür war weniger der Rat, der eher eine regulierende und begleitende Funktion wahrnahm, wenngleich er so manches Mal auch tatkräftig bzw. finanziell unterstützte, sondern die Initiative und das Engagement der Bürger. Die Basis dafür bildeten zahlreiche Vereine und Initiativen, in denen Menschen mit gleichen Interessen zusammenkamen, Ideen und Projekte entwickelten und ihre Umsetzung vorantrieben. Die ersten dieser Vereine waren bereits Ende des 18. Jahrhunderts entstanden. Geradezu massenhaft kamen sie dann in der zweiten Hälfte des 19. Jahrhunderts auf und kurz vor dem Ersten Weltkrieg erstreckte sich ihre Tätigkeit auf nahezu alle Felder des gesellschaftlichen Lebens. Der Rostocker Kunstverein von 1841 und der 1883 gegründete Verein für Rostocks Altertümer engagierten sich beispielsweise für ein Museum. Aus bescheidenen Anfängen heraus gelang es, den Rat zu überzeugen, das repräsentative Gebäude der Societät vor dem Steintor im Jahre 1900 anzukaufen und umzubauen. Am 4. Oktober 1903 eröffnete dort Rostocks Kunst- und Altertumsmuseum. Der Kunstverein hatte nun beste Bedingungen für die Ausstellung seiner wertvollen Gemälde- und Graphiksammlungen und der Altertumsverein Gelegenheit, anhand zahlreicher Exponate die Geschichte Rostocks vorzustellen.

Rostocks reiche Theatertradition hatte 1786 mit dem auch Ballhaus genannten Schauspielhaus am Rosengarten eine feste, städtisch finanzierte Spielstätte erhalten. Als diese im Februar 1880 abbrannte, trauerten ihr jedoch wenige Rostocker nach: Der Bau war ohnehin marode gewesen, die Einrichtung hätte dringend einer Modernisierung bedurft. Als Ausweichspielstätte kam das 1871 privat finanzierte Thalia-Theater in der Steintor-Vorstadt in Betracht. Doch es war vorerst nur für die Sommerbespielung geeignet. Erst 1886 entschloss sich der Rat, das Gebäude so herzurichten, dass auch während der Winterzeit Theaterbetrieb möglich war. Diese offenkundige Notlösung nährte bei vielen Rostockern die Hoffnung, dass der Rat bald Geld für einen Neubau bereitstellen würde.

Neun Jahre vergingen, bis am 5. Oktober 1895 das neue Stadttheater festlich eingeweiht werden konnte. Die Bau- und Einrichtungskosten, die der Stadt in Rechnung gestellt wurden, betrugen 609 000 Mark, wozu Bürger durch Spenden fast 113 000 Mark beitrugen. Der prunkvolle Bau nach Plänen des wohl bedeutendsten Theaterarchitekten Deutschlands in jener Zeit, Heinrich Seeling (1852–1932), entstand mit 1 000 Sitzplätzen auf einem großzügig angelegten Platz vor dem Steintor. Dieser entbehrte nun im Ensemble mit dem Museum und mit dem 1889 nach Plänen von Ludwig Mö-

Das Rostocker Stadttheater vor dem Steintor, um 1900

ckel errichteten Ständehaus nicht einer gewissen Mondänität, die für die Kaiserzeit in Deutschland typisch war.

Rostocks Theaterspielpläne galten als überaus abwechslungsreich und zugleich anspruchsvoll. Davon zeugen nicht zuletzt die fast 10 000 Theaterzettel aus jenen Tagen, die im Stadtarchiv zu einer Sammlung zusammengefasst worden sind. Das Ensemble wuchs mit seinen Aufgaben. Bereits 1854 stand Richard Wagners „Tannhäuser" auf dem Programm und in den 1860er Jahren wurden der „Fliegende Holländer" und „Lohengrin" aufgeführt. Der erste Direktor des neuen Stadttheaters, Richard Hagen (1843–1905), entwickelte aus diesen bescheidenen Anfängen einer Rostocker Wagner-Pflege eine Tradition. Die hiesigen Wagner-Aufführungen wurden bald mit denen Bayreuths verglichen. Wagner gehörte bis in die Zeit des Zweiten Weltkrieges hinein zu den Schwerpunktbestandteilen der jährlichen Spielpläne. Entscheidenden Anteil an der Blüte des Musiktheaters und an einem Aufschwung des Konzertwesens hatte das unter dem Musikdirektor Heinrich Schulz (1864–1940) im Jahre 1897 ins Leben gerufene Städtische Orchester. Im Musikleben spielten auch die zahlreichen Gesangsvereine – 1913 gab es 14 öffentliche und dazu eine nicht zu benennende

Zahl von Chören der Handwerksinnungen, der Berufsverbände und einiger Firmen – eine große Rolle.

Mehr und mehr Künstler fanden in Rostock eine Heimstatt. Nach dem Tode der beiden herausragenden Vertreter der neuzeitlichen niederdeutschen Literatur, Fritz Reuter (1810–1874) und John Brinckman (1814–1870), führten in Rostock unter anderem die Brüder Friedrich (1819–1872) und Karl Eggers (1826–1900) sowie Adolf Brandt (1851–1910), der sich den Künstlernamen Felix Stillfried zugelegt hatte, und Johannes Trojan (1837–1915) die Tradition fort. Der renommierte Theatermann und Schriftsteller Adolf Wilbrandt (1837–1911), der zwischen 1871 und 1887 in Wien gelebt und dort als Direktor des Burgtheaters gearbeitet hatte, wirkte in seinen beiden letzten Lebensjahrzehnten wieder in Rostock, wo er große Popularität erlangte. Als Kunstmaler machte sich vor allem Paul Tischbein (1820–1874) um die Mitte des 19. Jahrhunderts einen Namen. Von Bedeutung für Künstler und das Verlagswesen Mecklenburgs schlechthin war die Existenz der lithographischen Anstalt von Johann Gottfried Tiedemann (1803–1850), die nach dessen frühem Tode von Verwandten fortgeführt wurde. In den Jahren des Ersten Weltkrieges ließen sich nach Lehre und Ausbildung oder beruflichen Wanderjahren die Maler Rudolf Bartels (1872–1943), Georg Kaulbach (1866–1945), Paul Martin Leonhardt (1883–1971), Egon Tschirch (1889–1948) und Paul Wallat (1879–1966) in Rostock, das einigen auch die Geburtsstadt war, nieder. Sie entwickelten zeitweise einen regen künstlerischen Austausch mit Kollegen und brachten es zu einer weit über die Grenzen Mecklenburgs hinaus anerkannten Meisterschaft.

Auch der Wunsch nach sportlicher Betätigung brachte zahlreiche Vereine hervor und gestattete die Anlage einiger Sportstätten. Das Schützenwesen, dessen Wurzeln in aus dem Mittelalter überkommenen Pflichten und Bräuchen lagen, war in Rostock traditionell stark vertreten. Auch der Reitsport – vor allem Pferderennen – hatte viele Freunde. Eine erste Pferderennbahn war 1881 entstanden, auf der neuen Rennbahn in den Barnstorfer Anlagen fanden ab 1906 Wettkämpfe statt. Das Segeln gehörte wie selbstverständlich zu den vom Publikum vielbeachteten sportlichen Aktivitäten, bei denen der Rostocker Yacht Club und der Großherzoglich-Mecklenburgische Yacht Club die Maßstäbe setzten. Dem Fußball widmeten sich schon 1900 insgesamt neun Vereine, aus deren Kreis der Rostocker Sport Club von 1895, der 1899 gegründete Rostocker Sportverein und später der Verein für Rasensport, der 1903 ins Leben gerufen worden war, als die erfolgreichsten herausragten. Zudem spielten Rudern, Tennis, Schwimmen,

Vor einer „Ausfahrt" haben sich Mitglieder des Rostocker Radfahrer-Vereins von 1886 auf dem Neuen Markt versammelt. Ende der 1890er Jahre

Turnen, Radfahren und Kegeln eine große Rolle und selbst exklusivere Sportarten wie alpines Wandern, Hockey, Golf und gar Eishockey fanden eine breite Anhängerschaft. Als Sportflächen dienten in jenen Jahren die Rasenareale in den Barnstorfer Anlagen, die bald dafür entsprechend hergerichtet wurden, etwa die Plätze des Rostocker Lawn-Tennis-Clubs. Überhaupt wuchs damals die Bedeutung des Waldstücks um das Hospitaldorf Barnstorf für die Freizeitgestaltung. Nicht unwesentlichen Anteil daran hatte der um die Jahrhundertwende dort tätige Förster. Geschäftstüchtig entwickelte er sein Haus von einem konzessionierten Ausschank für Wanderer zur Ausflugsgaststätte „Trotzenburg". In ihrer unmittelbaren Nähe richtete er 1899 einen sogenannten Hirschgarten ein. Das rege Interesse der Rostocker an den zur Schau gestellten Tieren veranlasste den Rat, dort im Juni 1910 einen Tiergarten zu eröffnen, in dem vor allem einheimische Arten zu sehen waren. In der Anlage wurden zudem zahlreiche, auch seltene und überseeische Gehölze angepflanzt, so dass nun im Barnstorfer Wald nicht nur ein zoologisches, sondern auch ein dendrologisches Kleinod Rostocks wuchs.

Den Freizeitwert bestimmten in jenen Jahren Kneipen und Gasthäuser in großer Zahl, die Zerstreuung jeder Art boten und wie selbstverständlich zur Hafenstadt Rostock gehörten. Es gab großartige Balltraditionen. In der Ballsaison, die in den Herbst- und Wintermonaten lag, hatten vor allem das Hotel de Russie und das Haus „Sonne" am Neuen Markt Konjunktur. Die feste Abfolge von Bällen, von denen der von Studenten ausgerichtete immer als Höhepunkt und gleichzeitiger Abschluss der Saison galt, war für viele, nicht nur für die bessergestellten Rostocker, eine willkommene Abwechslung. Im Apollosaal des Hauses „Sonne" wurden 1907 erste kinematographische Veranstaltungen durchgeführt. Darin hatten die nach dem Ende des Ersten Weltkrieges an gleicher Stelle eröffneten Kammerlichtspiele „Sonne" ihren Ursprung, die zu den ersten Kinos der Stadt gehörten.

Rostock erlangte im ausgehenden 19. Jahrhundert den Ruf einer Einkaufsstadt für das Umland. Maßgeblichen Anteil daran hatten die vielen kleineren und größeren Geschäfte, die sich oft schon viele Jahrzehnte in Familienhand befanden. Der Beginn des Wandels im Konsumverhalten – man kaufte den Mantel von der Stange, statt ihn beim Schneider in Auftrag zu geben – führte zu einer Konzentration leistungsfähiger und bald das Angebot bestimmender Geschäfte in der Langen, Kröpeliner, Breiten und Steinstraße, auf dem Neuen Markt, am Doberaner Platz sowie in der Wismarschen und Doberaner Straße. Im Gegensatz dazu spielten Läden in der Altstadt sowie in den nördlichen Teilen der Mittel- und Neustadt nur noch für die Versorgung der dort wohnenden Bevölkerung mit Lebensmitteln und Waren des täglichen Bedarfs eine Rolle.

In der Verkaufskultur hielt nach der Jahrhundertwende eine Neuerung Einzug, die mit den Namen Karstadt, Hertie oder Wertheim – übrigens alles mecklenburgische bzw. vorpommersche Gründungen – in Verbindung stand. In Rostock siedelten sich die Stralsunder Kaufleute Gustav Zeeck (1868–1921) und Georg Wertheim (1857–1939) in den 1880er Jahren mit bescheidenen Wäsche- und Konfektionsgeschäften in der Kröpeliner Straße an. Wertheim entschloss sich umliegende Grundstücke anzukaufen und 1903/04 Rostocks erstes Großwarenhaus zu errichten. Zeeck tat es ihm 1911/12 in unmittelbarer Nachbarschaft nach. Beide Kaufhäuser waren Filialen von in Ost- und Mitteldeutschland rasch expandierenden Warenhausimperien.

Warnemünde als Seebad

Eine verbesserte Verkehrsanbindung Warnemündes – seit 1859 gab es eine Chaussee nach Rostock, 1886 war die Eisenbahnverbindung fertiggestellt – diente der Entwicklung des Kur- und Erholungsortes. Hatte man 1882 fast 4000 Badegäste gezählt, waren es 1900 schon über 14000 und 1905 fast 20000. Um den Gästen einen angenehmen Aufenthalt zu ermöglichen, investierten zahlreiche Gastwirte in moderne Hotelneubauten, wie das Hotel „Stralendorf" (1853/54), das Hotel „Hübner" (1853) oder das Hotel „Berringer" (1886). Der Anschluss des Ortes an das Stromnetz im Jahre 1895 und an das Rostocker Wassernetz acht Jahre später machten das Leben bequemer. Die Anlage von Parks, die Einrichtung von Ausflugsgaststätten, eine Strandbahn, die ab 1910 die Hohe Düne mit Markgrafenheide verband, und ein Kurhaus, für das 1914 der Grundstein gelegt wurde, leisteten ihren Beitrag zur Erhöhung der Attraktivität des Ortes für Urlauber und Sommerfrischler.

Die Stadtentwicklung war auch an Warnemünde nicht vorübergegangen. Vor allem in den 1880er und 90er Jahren wuchsen eine Reihe neuer Straßenzüge westlich des ursprünglichen Ortskerns. Eine neue Kirche

Der Strand von Warnemünde nahe des Hotels „Pavillon" im Jahre 1906

Einweihung der Eisenbahnfährverbindung Warnemünde–Gedser, 1903

konnte 1871 geweiht werden, nachdem die aus dem Mittelalter stammende baufällig und für die anwachsende Gemeinde zu klein geworden war.

Die einschneidendste Veränderung brachten jedoch der Bau einer sogenannten Trajektanlage, die es ermöglichte Züge auf Fähren zu verladen, und – damit verbunden – die Anlage einer neuen Warnowmündung. Zwischen 1900 und 1903 entstand wenige hundert Meter östlich des Alten Stroms, der ursprünglichen Warnowmündung, die seit Menschengedenken auch als Hafen diente, ein Kanal, der das Einlaufen größerer Schiffe in den Flussabschnitt bis zum Rostocker Stadthafen ermöglichte. Die alte Mündung wurde zur „Sackgasse", blieb aber Hafen.

Auf der Halbinsel zwischen Altem und Neuem Strom errichtete man die Trajektanlage mit zwei Fährbetten. Den Bahnhof, ebenfalls auf der neuen Halbinsel gelegen, verband eine Drehbrücke mit dem Ort. Die Eisenbahnfährlinie zwischen Warnemünde und Gedser nahm am 1.Oktober 1903 im Beisein des Großherzogs von Mecklenburg-Schwerin und des dänischen Königs den Betrieb auf. Zur Sicherung der Hafeneinfahrt wurde das System aus drei Molen modernisiert, ein 1898 errichteter Leuchtturm – fortan ein Wahrzeichen Warnemündes – wies den Schiffen auch bei Nacht und schlechtem Wetter den Weg. Zollamts- und ein Postgebäude ließen unschwer erkennen, dass Warnemünde zu einem nicht unbedeutenden Verkehrsknotenpunkt geworden war.

Im Jahre 1899 konnte die Lotsenstation eingeweiht werden, auf der noch vier Jahre Warnemündes legendärer Lotsenkommandeur Stephan Jantzen (1827–1913) seinen Dienst tat, bevor er in den Ruhestand ging.

Während seiner 37-jährigen Amtszeit hatte Jantzen entscheidenden Anteil an der Rettung von 90 Schiffbrüchigen aus akuter Lebensgefahr gehabt und war dafür national wie international hoch dekoriert worden. Den Lotsen stand bei ihren Rettungsaktionen ab 1867 die Deutsche Gesellschaft zur Rettung Schiffbrüchiger zur Seite, die damals in Warnemünde die erste Rettungsstation Mecklenburgs eröffnete.

Die „kleine" und die „große" Politik

Die sprunghafte Entwicklung der Hafen- und Universitätsstadt seit der zweiten Hälfte des 19. Jahrhunderts musste ungeachtet verschiedenster Zwänge und allen Handlungsdrucks gelenkt und geleitet werden. Es blieb keine Zeit, Spezialisten anzufordern oder bei anderen Kommunen anzufragen, ob es Erfahrungen über „Spätfolgen" der einen oder anderen Entscheidung gab. Zudem wurden in einem relativ kurzen Zeitraum für die Stadtentwicklung Gelder in einer Größenordnung benötigt, die bis dahin in Rostock als unvorstellbar galt. Zentrale Finanzmittelzuweisungen gab es damals nicht. Freilich hatte die Stadt noch relativ eigenständige, meist aus dem Mittelalter überkommene Möglichkeiten der Geldbeschaffung und Entscheidungsfreiheiten für ihre Verwendung, doch das Mögliche musste mit dem Notwendigen verantwortungsvoll in Einklang gebracht werden.

Die Entscheidungen – um die Jahrhundertwende waren jährlich fünf- bis sechstausend Sachen zu behandeln – hatte nach wie vor der Rat mit seinen umfassenden Vollmachten zu treffen. Allerdings war in den 1880er Jahren auf Veranlassung des liberalen Bürgertums eine erneute Diskussion über die Reform der Bürgervertretung entfacht worden, die auch eine bessere Einflussnahme der Bürger auf die Zusammensetzung des Rates und seine Arbeit ermöglichen sollte. Da sich Hundertmänner und Rat nicht einigen konnten, entschied der Landesherr. Die Reform wurde 1887 eingeführt und im Laufe der Jahre mehrfach ergänzt und verändert. Danach wählten jetzt die Bürger die Repräsentierende Bürgerschaft mit sechzig Sitzen, die bis 1909 grundsätzlich nicht öffentlich tagte. Ein aktives oder passives Wahlrecht erlangte jedoch nur, wer über ein bestimmtes Jahreseinkommen verfügte. Nach dessen Höhe wurden die Bürger in drei Wählerklassen eingeteilt, die aus ihrer Mitte jeweils zwanzig Bürgervertreter für eine Amtszeit von acht Jahren bestimmten. Im Jahre 1900 gab es unter den ca. 54 000

Empfang der im Deutsch-Französischen Krieg eingesetzten mecklenburgischen Truppen auf dem Neuen Markt, 1871

Einwohnern Rostocks nur 1632 wahlberechtigte und wählbare Bürger. Der Rat setzte sich aus drei Bürgermeistern, einem Bevollmächtigten für Rechtsgeschäfte, dem sogenannten Ratssyndikus, und zehn, später acht Senatoren zusammen. Zwei der Bürgermeister, der Syndikus und die Hälfte der Senatoren mussten das zweite juristische Examen nachweisen. Dem Rat gehörte man auf Lebenszeit an, nur dem Syndikus konnte gekündigt werden. Die Leitung der Ratsgeschäfte oblag dem worthabenden Bürgermeister. In der Wortführung wechselten sich die drei Bürgermeister vierteljährlich ab. Musste der Rat ergänzt werden, durfte er der Repräsentierenden Bürgerschaft drei Kandidaten vorschlagen, von denen diese einen wählen musste. Die Reform der Bürgerschaft schuf unter den Einwohnern kaum ein Gefühl gewachsener Demokratie. Ihre übergroße Mehrheit durfte sich auch weiterhin nicht an der Meinungsbildung in der Kommune beteiligen. So war die eigentliche Aufgabe der Reform nicht gelöst worden. Im Vergleich zum früheren Hundertmännerkollegium, in das nur Kaufleute und Handwerksmeister gewählt werden konnten, hatten zwar nun auch sieben Intellektuelle und sogar ein Arbeiter einen Sitz in der Bürgerschaft errungen, die übrigen Repräsentanten kamen jedoch nach wie vor aus den politisch seit jeher privilegierten Schichten. Frauen durften sich an den Wahlen nicht beteiligen und selbst die Warnemünder blieben ausgeschlossen. Erst 1909 war es Bürgern des Ostseebades erlaubt, sechs Abgeordnete zu wählen und sie in die Repräsentierende Bürgerschaft zu entsenden. Die Revolution 1918 schuf erstmals die Möglichkeit für allgemeine, freie, gleiche und geheime Wahlen zur Rostocker Bürgervertretung. Bis dahin behielt ein eher kleiner und festumrissener Kreis von Männern die Geschicke der Stadt in der Hand, aus dem durch Leistungen im Amte und Länge ihrer Dienstzeit die Bürgermeister Eduard Burchard (1819–1896), Ferdinand Crumbiegel (1800–1882), Magnus Maßmann (1835–1915) sowie Adolph Simonis (1823–1918) herausragten.

Es schien, dass die Parteienpolitik schon wegen der in Rostock recht eigenwilligen Wahlbestimmungen kaum Fuß fassen konnte. Dennoch gab es in der Stadt einflussreiche politische Gruppierungen, von denen sich die bürgerliche Nationalliberale Partei (NLP) und zunächst auch die liberale Deutsche Fortschrittspartei (DFP) durchsetzten. Der im mecklenburgischen Wahlkreis 5 (Rostock und Bad Doberan) zu vergebende Sitz im Deutschen Reichstag ging bis 1898 regelmäßig wechselnd an die Kandidaten dieser beiden Parteien. Unter den Arbeitern und Handwerksgesellen hatte sozialdemokratisches Gedankengut Einfluss gewonnen. Ein erster politischer Zusammenschluss von Vertretern der unteren Schichten der Rostocker Bevölkerung vollzog sich 1872 mit der Gründung einer Ortsgruppe des Allgemeinen Deutschen Arbeitervereins (ADAV). Trotz Sozialistengesetz wuchs auch in Rostock in den letzten beiden Jahrzehnten des 19. Jahrhunderts das politische Gewicht der Sozialdemokratie, deren Anhänger im Jahre 1890 erstmals den 1. Mai in der Stadt feierten. Seit 1892 verfügte die SPD über eine eigene Zeitung, die in Rostock gedruckte „Mecklenburgische Volkszeitung". Bürgerliche Kreise abonnierten den „Rostocker Anzeiger", der 1881 gegründet worden war und bald die Medienlandschaft in Mecklenburg und angrenzenden Teilen Vorpommerns beherrschte. Die Liberalen hielten hingegen zur traditionsreichen „Rostocker Zeitung". Ihren ersten großen politischen Erfolg verbuchte die SPD 1898, als ihr Kandidat, der Berliner Rechtsanwalt Dr. Joseph Herzfeld (1853–1939), den fünften mecklenburgischen Reichstagswahlkreis gewann. Bei den Wahlen 1906 siegten die Nationalliberalen, aber 1912 konnte Herzfeld die Mehrheit der Rostocker und Doberaner Wähler erneut überzeugen, ihm das Mandat anzuvertrauen.

Die Vielfalt des gesellschaftlichen Lebens und die gewachsene Ausstrahlungskraft der Stadt suchte auch die Verwaltung des Großherzogtums Mecklenburg-Schwerin bzw. der Großherzog selbst für sich zu nutzen. Als im Vollzug der Reichsjustizreform die Rechtsprechung zur Staatsaufgabe wurde,

Anlässlich des 125. Gründungsjubiläums des Füsilier-Regiments Nr. 90 schreiten Kaiser Wilhelm II. und Großherzog Friedrich Franz IV. in der Wallstraße die Front der Veteranen ab. 10. August 1913

musste Rostock seine diesbezüglich im Mittelalter erworbenen Privilegien aufgeben. Im Jahre 1879 wurde die Stadt Sitz eines Amts-, eines Land- und des Oberlandesgerichts und damit ein Zentrum der praktischen Rechtsprechung in Mecklenburg. In jener Zeit erfolgte auch die Stationierung des ersten und dritten Bataillons des Infanterie-Regiments Nr. 90. An der Ulmenstraße entstand ein großer Kasernenkomplex, ein Lazarett wurde am St. Georg-Platz errichtet. Die Stadt, die über Jahrhunderte ihre Verteidigung selbst organisiert hatte, deren Bürger sich immer gegen die Einquartierung von Soldaten, gleich welcher Macht, oft wirkungsvoll und erfolgreich zur Wehr gesetzt hatten, war Garnisonsstadt geworden. Die deutlichste Aufwertung in der Landespolitik erfuhr Rostock aber durch den Bau des Ständehauses am Rosengarten. Ihre Sonderstellung im Ständesystem prädestinierte die Stadt als Standort, denn die permanenten Unstimmigkeiten zwischen Ritterschaft, Landschaft, den Seestädten und dem Landesherrn verboten es geradezu, an einen Bauplatz in der Residenzstadt Schwerin auch nur zu denken. Bis 1918 durfte Rostock für sich in Anspruch nehmen, als Sitz und Tagungsort der mecklenburgischen Stände einen, wenn auch kleinen und im politischen Leben weniger beachteten Teil der Hauptstadtfunktion zu erfüllen.

ROSTOCK IM ERSTEN WELTKRIEG.
1914 BIS 1918

Als am 28. Juni 1914 Schüsse in Sarajewo fielen, war Rostocks Geschäftswelt mit dem Sommerschlussverkauf beschäftigt und Konfektionsgeschäfte warben bereits für die neue Herbst- und Winterkollektion. Dass die überaus angespannte politische Situation auf einen Krieg hinführen musste, war bald vielen Bürgern bewusst. Aber dass dieser Krieg wie keiner zuvor ihren Lebensalltag, ihr Land, ja die gesamte Welt verändern würde, schien wohl niemandem vorstellbar. Die Mobilmachung im Deutschen Kaiserreich am 1. August 1914 sahen die meisten Rostocker dann auch als folgerichtige Reaktion auf die „erlittene Schmach". Am Tage darauf marschierten die in Rostock stationierten Verbände des Füsilier-Regiments Nr. 90 „Kaiser Wilhelm" in Richtung Westen, wo sie noch im August beim Sturm auf die Festung Lüttich eingesetzt wurden und große Verluste davontrugen.

Die verwaisten Kasernen an der Ulmenstraße dienten als Bereitstellungs- und Ausbildungsstandort immer neuer Truppenverbände. Das Sommersemester an der Universität war beendet. Viele Studenten, aber auch 18-jährige und ältere Schüler Rostocker Gymnasien, für die in großer Hast ein „Notabitur" durchgeführt wurde, meldeten sich zu den Waffen. Das Standesamt hatte zahlreiche „Kriegstrauungen" zu vollziehen. Schließlich zogen allein in den ersten Monaten mehr als 600 junge Rostocker und Studenten freiwillig an die Fronten. Doch genauso schnell, wie nationale Euphorie und die Überzeugung, sehr bald einen glorreichen Sieg erringen zu können, die Atmosphäre in der Stadt bestimmten, zeigte sich bei den Bürgern eine große Verunsicherung. Der Rat der Stadt sah sich deshalb am 3. August 1914 zu folgender Bekanntmachung veranlasst: „Die Mobilmachung geht in aller Ruhe vor sich. Pflicht der Zivilbevölkerung ist es, nicht durch unbegründete

Verabschiedung von Soldaten des Füsilier-Regiments Nr. 90 an die Front,
Friedrich-Franz-Bahnhof im August 1914

Besorgnis Störungen hervorzurufen. Der Einkauf von größeren Vorräten an Lebensmitteln ist durchaus verwerflich. Er führt nur zu einer unbegründeten Steigerung der Preise. Die Abhebung der Bankeinlagen ist verkehrt. Das Geld ist bei den Banken sicher aufgehoben und als Privateigentum jedem Zugriff des eigenen Staates sowie des Feindes entzogen. Papiergeld ist auch in Kriegszeiten dem gemünzten Gelde völlig gleich zu achten. Geschäfte, die die Annahme von Papiergeld ablehnen, sollten vom Publikum bei Einkäufen nicht berücksichtigt werden." Extradepeschen des „Rostocker Anzeigers" bejubelten jeden militärischen Erfolg. Rostocker Industriebetriebe stellten auf Rüstungsproduktion um. Auf der Neptunwerft entstanden Torpedoboote und Bauteile für U-Boote, gegen Ende des Krieges wurden zehn U-Boote auf Kiel gelegt. Die Maschinenfabrik Dolberg stellte unter anderem Lafetten für Geschütze und Lazarettfahrzeuge her.

In Warnemünde ging der gerade fertig gestellte Flugplatz an die Marine über, die dort Fliegerkräfte stationierte. Weitere kaiserliche Marineverbände, die in das Ostseebad verlegt wurden, bezogen in einigen Hotels des Ortes Quartier. Als der Herbst nahte, zeigte sich bei der Einbringung der Ernte erstmals ein Arbeitskräfteproblem. Und schon in den ersten Tagen des Winters 1914/15 wurde der Mangel der deutschen Kriegswirtschaft mit großer

Härte für die Rostocker offenbar. Es fehlte an Heizmaterial, so dass manche Familie fror. Schulen wurden geschlossen, nur einige wenige noch beheizt, wo sowohl vormittags als auch nachmittags – quasi in Schichten – Unterricht erfolgte. Ende Januar 1915 musste eine staatliche Getreidebewirtschaftung eingeführt werden, die in eine Rationierung von Brot und im August 1915 in die Ausgabe von Brotkarten mündete. Vor den Geschäften bildeten sich lange Schlagen. Der Mangel trieb die Preise in die Höhe. Für Butter, Eier, Fleisch, Obst, Gemüse, Kartoffeln, Marmelade, Milch, Zucker und Kaffee legten die Behörden Preisspitzen fest, um den zahlreichen – häufig ohne den Haupternährer dastehenden – Familien mit Kindern überhaupt noch eine Versorgung sichern zu können. Doch führte dies dazu, dass die so kategorisierten Waren völlig aus den Regalen verschwanden und fortan zu schwindelerregenden Preisen unter dem Ladentisch gehandelt wurden. Um den Bürgern den Lebensunterhalt auf der Basis ihres meist kargen Lohnes zu sichern, gab man schließlich Registrierkarten und Bezugsscheine für Lebensmittel und andere Versorgungsgüter aus. Trotzdem fehlte es bald an Fleisch, Fett und Kartoffeln.

Ungeachtet dessen konnte man 1915 die Kriegsbegeisterung der Rostocker für Rüstungszwecke nutzen. Im September des Jahres war im Rathaus mit der Nagelung des „Eisernen Greifen" begonnen worden. Mit einer Spende erwarb man einen Nagel, dessen Größe mit dem Betrag in einem Verhältnis stand – je mehr Geld, desto größer der Nagel. Die in eine Holztafel eingeschlagenen Nägel fügten sich zum Bild eines aufrecht schreitenden Greifen, Rostocks Wappentier, das so von der Opferwilligkeit der Hansestädter zeugte. Eine ähnliche Aktion, die die Kriegskassen füllen sollte, gab es 1916 unter dem Motto „Gold gab ich zur Wehr – Eisen nahm ich zur Ehr!" Doch jeder Kriegsmonat machte die Not der Be-

Der aus Nagelköpfen gestaltete „Eiserne Greif" vor dem Rostocker Rathaus im September 1915

Die Goldaufkaufstelle im Fürstensaal des Rathauses, 1916

völkerung schlimmer, ihre Situation auswegloser. Im Jahre 1917 wurden die ohnehin schmalen Brotrationen drastisch gekürzt und „fleischlose Tage" eingeführt.

Als die Petroleumlieferungen ausblieben, forderten nun auch diejenigen, die bis dahin auf Strom und Gas verzichtet hatten, um beim Gewohnten zu bleiben oder Geld zu sparen, Lieferungen vom Elektrizitäts- und vom Gaswerk. In der Folge wurden Gas und Strom in Rostock knapp. Die Situation verschärfte sich dadurch, dass der Energieträger Kohle in benötigter Qualität und Menge fehlte. Strom- und Gassperren waren die Folge. Die Straßenbeleuchtung wurde eingeschränkt. Die Geschäfte schlossen aus Mangel an Tageslicht in den Herbst- und Wintermonaten meist schon vor 17 Uhr und schließlich – in Erwartung eines Energiespareffekts – führte man 1916 die sogenannte Sommerzeit ein.

Nach zwei Jahren Krieg waren Web-, Wirk-, Strick- und Wollwaren rar geworden. Fortan erhielt man sie nur noch über einen Bezugsschein. Die Treibriemen der Transmissionsmaschinen zahlreicher Betriebe lieferten Leder, benötigt für die Sohlen der Soldatenstiefel. Kinder wie Erwachsene sammelten Gummi, Korken, Flaschen, Papier oder Teppiche, die einer Wiederaufbereitung zugeführt wurden und den Mangel im Alltag überdecken halfen. Schließlich kamen die Druckereien mit dem Drucken der Regierungserlasse zur Konfiszierung von Kupfer, Zinn, Messing, Nickel, Eisen und Bronze bald nicht mehr nach. Die Münzen verschwanden aus dem Zahlungsverkehr, um im eingeschmolzenen Zustand den Rohstoff für Waffen und Munition zu liefern.

Der Landstrich nördlich der Bahnstrecke Wismar–Rostock–Ribnitz war zum Sondergebiet erklärt worden. Die Hafengelände von Rostock und von Warnemünde standen unter Aufsicht des Militärs. In diesem Gebiet wurde die Post geöffnet ausgeliefert, das Führen von Telefongesprächen war verboten. Das Ostseebad Warnemünde durften nur noch Personen besuchen, die über einen speziellen Ausweis verfügten. Besonders diese Bestimmung verursachte 1915 eine Halbierung der Badegästezahl im Vergleich zum letzten Friedensjahr 1913. Wenngleich die Zahlen selbst in den folgenden schweren Jahren wieder stiegen, musste das Warnemünder Beherbergungswesen erhebliche Geschäftseinbußen hinnehmen. In den Rostocker Betrieben nahmen immer mehr Frauen an den Werkbänken den Platz ihrer im Felde stehenden Ehemänner ein. In ungeheizten Gebäuden mussten sie häufig hungernd einen meist mehr als zwölfstündigen Arbeitstag hinter sich bringen. Nach Feierabend warteten die häuslichen Pflichten, die kaum bewältigt werden konnten, weil es am Notwendigsten fehlte. Mit den kargen Löhnen

Ausstellung von erbeuteten Artilleriewaffen im Hof des Feuerwehrdepots an der Helenenstraße, 1915

gelang es vielen Familien nicht mehr, den Lebensunterhalt zu sichern. Der Gesundheitszustand vieler Rostocker, vor allem der Kinder, verschlechterte sich rapide. Im August und September 1917 starben fünfunddreißig Menschen an Typhus. Trotz aller Mühe, ein wenig Normalität im Kriegsalltag zu gewinnen, musste der Rostocker Stadtarzt konstatieren: „So wie es jetzt steht, stehen wir am Rande des Abgrundes, denn es kann keinem Zweifel unterliegen, dass eine auch nur geringe Verschlechterung unserer Ernährung zum gesundheitlichen Zusammenbruch der Bevölkerung führen muss."

Frontnachrichten vom Stellungskrieg und vom massenhaften Sterben auf den Schlachtfeldern sowie die zunehmende Zahl von Todesanzeigen in den Rostocker Zeitungen demoralisierten die geschwächte und leidende Bevölkerung weiter. So war es nur eine Frage der Zeit, bis die katastrophale Züge annehmende Alltagssituation außer Kontrolle geraten musste. Am 1. Juli 1917 begab sich eine größere Zahl Rostocker Hausfrauen auf das städtische Polizeiamt und versuchte, die dortigen Beamten zur Herausgabe von Brotzusatzkarten zu bewegen. Als die Frauen merkten, dass auf diese Weise kein Brot für ihre hungernden Familien zu erhalten war, drangen sie in Bäckerläden ein und nahmen sich, was sie brauchten. Als sie schließlich ein Fleischereigeschäft in der Augustenstraße belagerten, forderte die Polizei militärische Unterstützung an. Soldaten lösten die Ansammlung auf und

Weihnachtskarte karitativer Vereine Rostocks für die im Felde stehenden Soldaten, 1917 (Gestaltung: Thuro Balzer)

Verwundete Soldaten vor dem vom Roten Kreuz zum Lazarett umgerüsteten Alexandra-Haus in Warnemünde, Winter 1915

nahmen einige der Frauen fest, die zu Gefängnisstrafen verurteilt wurden. Auch an anderer Stelle formierte sich Unmut. Im Spätsommer hatten Arbeiter der Neptunwerft kürzere Arbeitszeiten und höhere Löhne gefordert. Als dies ohne Wirkung blieb, begannen sie am 21. September 1917 einen Streik, mit dessen Hilfe sie die Zahlung einer Beihilfe für den Kauf von Kartoffeln und eine Erhöhung der Aufschläge für Akkordlöhne erreichen wollten. Die Firmenleitung, die Rückstände bei der Produktion kriegswichtiger Güter befürchtete, lenkte umgehend ein und zahlte höhere Löhne.

Im Herbst 1917 traten politische Forderungen neben die ökonomischen und sozialen. Im Zentrum stand dabei der Ruf nach Beendigung des Krieges, den immer mehr Menschen als sinnlos empfanden. Die aus dieser Überzeugung entstehende und zunehmende Politisierung des öffentlichen Lebens zeigte sich unter anderem auch in der Gründung von Ortsgruppen neuer Parteien. In nur wenigen Tagen des Herbstes 1917 entstanden in schneller Folge eine Rostocker Gruppe der Deutschen Vaterlandspartei (DVLP) mit etwa 500 Mitgliedern, der Liberale Verein als Lokalorganisation der Fortschrittlichen Volkspartei (FoVP), aus der nach rund einem Jahr die vor Ort sehr einflussreiche Deutsche Demokratische Partei (DDP) hervorging, sowie eine Gruppe der Unabhängigen Sozialdemokratischen Partei

Deutschlands (USPD), aus der sich später der revolutionär orientierte „Spartakusbund", Vorläufer der Kommunistischen Partei Deutschlands (KPD), abspaltete. Derartige Entwicklungen sind auch unter dem Eindruck der ersten spärlichen Nachrichten über die Oktoberrevolution in Russland zu sehen. Besonders der Wille der dort nun Herrschenden, einen kompromisslosen Frieden für Russland zu schließen und damit den Weltkrieg an der Ostfront zu beenden, verfehlte seine Wirkung im linken politischen Spektrum, aber auch bei großen Teilen der notleidenden Bevölkerung nicht. Am 30. Januar 1918 fand im Rostocker Gewerkschaftshaus „Philharmonie" eine Frauenkundgebung für Frieden statt. Weitere derartige Zusammenkünfte folgten. Vor allem Vertreter der USPD, aber auch bürgerliche Parteien, freie Initiativen und Privatpersonen traten mit der Forderung nach der Beendigung des Krieges auf. Der Wandel der öffentlichen Meinung wurde von Tag zu Tag spürbarer.

Aber noch am 13. März 1918 feierten zahlreiche Bürger den Fregattenkapitän der kaiserlichen Marine Karl August Nerger (1875–1947) anlässlich eines für ihn ausgerichteten Empfanges als Kriegshelden. Nerger hatte mit einer fünfzehnmonatigen Kaperfahrt als Kommandant von SMS „Wolf" im Indischen und Atlantischen Ozean nicht nur in Deutschland für Aufsehen gesorgt. Nun verlieh dessen Geburtsstadt dem Marineoffizier die Ehrenbürgerschaft. Der Mannschaft der „Wolf", die zu dieser opferreichen Fahrt in die Ungewissheit abkommandiert worden war, setzte Theodor Plievier (1892–1955) mit seinem vielbeachteten Roman „Des Kaisers Kulis" ein literarisches Denkmal.

Den 700. Jahrestag der Bestätigung des lübischen Stadtrechts für Rostock zu begehen, hatten weder die Stadtoberen noch die Bürger die Kraft. So fand am Johannistag 1918 lediglich ein Festgottesdienst in der St. Marienkirche zum Gedenken an dieses Ereignis statt. Nach vier Jahren Krieg mit Millionen toter Soldaten sowie Not, Krankheit und Erschöpfung der Zivilbevölkerung war kein Ende absehbar, vielmehr stand ein wiederum harter Winter bevor. Trotz Androhung drastischer Strafen wuchsen deshalb Auflehnung und Widerstand. Als sich am 3. November 1918 in Kiel stationierte Marineeinheiten ihren Offizieren widersetzten, Kriegsschiffe in ihre Gewalt brachten und die Beendigung des Krieges forderten, sprang der Funke auf die Bevölkerung über. Die Revolution begann.

DIE STADT IN DER ZEIT DER WEIMARER REPUBLIK. 1918 BIS 1933

Vom Kaiserreich zur Diktatur

Am Abend des 5. November 1918 liefen Torpedoboote mit Kieler Matrosen in Warnemünde ein. An den Masten wehten rote Fahnen. Die vor Ort stationierten Mannschaften der 7. Torpedo-Halbflottille, der Vorpostenhalbflottille West und des Seeflugzeug-Versuchskommandos gingen auf die Seite der Aufständischen über. Den Kommandeuren gelang es nicht mehr, den Befehl zum Auslaufen der ihnen unterstellten Torpedo- und Minenboote durchzusetzen. Die jüngeren Offiziere verließen mit dem letzten Zug Warnemünde in Richtung Rostock, mit den älteren wollten die Matrosen verhandeln, sofern sie sich mit ihnen solidarisch erklärten.

Am Morgen des 6. November versammelten sich die Matrosen auf dem Platz hinter dem Warnemünder Friedhof. Sie forderten einmütig die Abschaffung der Grußpflicht, gleiche Verpflegung für Offiziere und Soldaten, die Schließung des Offizierskasinos, die Freilassung der aus politischen Gründen verhafteten Soldaten sowie ein Mitspracherecht bei der Erstellung der Dienstpläne und Fragen der Verpflegung und Bewaffnung. Einige Matrosen wurden zur Rostocker Garnison in die Ulmenstraße entsandt, um den dort stationierten Soldaten über die Versammlung in Warnemünde zu berichten. Am Abend versammelten sich etwa 1 500 Infanteristen, Matrosen und Landsturmleute in der Gaststätte „Lindenhof" in Gehlsdorf. Sie unterstützten die Forderungen ihrer Warnemünder Kameraden und beschlossen die Bildung eines gemeinsamen Soldatenrates. Zum Vorsitzenden wurde ein Sergeant Corth gewählt. Eine erneute Versammlung der Garnison am nächsten Morgen auf der Rennbahn in Barnstorf bekräftigte die Forderungen noch einmal einstimmig. Anders als in anderen deutschen Städten zielten die Forderungen der Militärangehörigen zunächst nicht auf politische Veränderungen, sondern nur auf die Verbesserung ihrer Situation in Marine und Heer. In seiner Rede auf der Rennbahn betonte der Vorsitzende des Soldatenrates, dass man keinen Umsturz und keine Revolution wolle, sondern dass es um die Bezwingung des „Übermilitarismus" gehe. In einem Telegramm an das Kriegsministerium in Berlin verpflichtete man sich, außerhalb des Dienstes keine Waffen zu tragen und die soldatische Pflicht in Ruhe und Ordnung zu erfüllen. Dennoch versuchte das Garnisonskommando, zur Unterdrückung der revolutionären Bewegung zusätzliche Truppen nach Rostock zu befehligen. Unter dem Druck der Ereignisse sahen sich die Offiziere jedoch gezwungen, von diesem Vorhaben Abstand zu nehmen, den Forderungen der Soldaten und Matrosen nachzugeben und sich ehrenwörtlich den Anordnungen des Soldatenrates zu unterstellen. Die Munitionsdepots gingen in die Verwaltung des Soldatenrates über. Nachdem eine erneute Soldatenversammlung auf der Rennbahn am 9. November diesen Verhandlungsergebnissen die Zustimmung erteilt hatte, unterstellte sich am Abend auch Rostocks Polizeidirektor Heinrich Altvater (1878–1940) ehrenwörtlich dem Soldatenrat.

Bereits am Vormittag des 6. November hatten die etwa 1 700 Arbeiter der Neptunwerft unter dem Eindruck der revolutionären Ereignisse spontan die Arbeit niedergelegt und sich in der Philharmonie (dem Gewerkschaftshaus im Patriotischen Weg) versammelt. Sie bekundeten Sympathie für die Kieler Matrosen, wandten sich gegen jede Aktion, die den Krieg verlängern könnte, und drängten auf die Einführung des allgemeinen, gleichen, geheimen und direkten Wahlrechts. Zur Verbesserung der angespannten Versorgungslage sollten durchgreifende Maßnahmen erfolgen. Die Führer der Rostocker Sozialdemokratie und der Gewerkschaften waren von der spontanen Versammlung überrascht worden. Der herbeigerufene Redakteur und Bürgervertreter Franz Starosson (1874–1919) hielt eine Ansprache und versuchte zu verhindern, dass die Versammelten zum Neuen Markt demonstrierten, um dem Rat ihre Forderungen zu übergeben. Um Ruhe und Ordnung nicht zu gefährden, sollten die Forderungen der Arbeiter der Bürgervertretung vorgelegt werden. Ungeachtet dessen formierten sich die Versammelten zu einem Demonstrationszug durch die Stadt. Gegen Mittag legte man auch in der Munitionsfabrik Dolberg in der Bleicherstraße die Arbeit nieder und zog geschlossen zur Philharmonie. Weitere Rostocker Belegschaften folgten diesem Beispiel. Bis in die Abendstunden fanden Versammlungen statt, bevor am nächsten Morgen alle Fabriken die Arbeit wieder aufnahmen.

Ein Rostocker Arbeiterrat entstand am 7. November. Vertreter der Sozialdemokratischen Partei (SPD) und der Unabhängigen Sozialdemokratischen Partei (USPD) hatten dafür das Vertrauen erhalten. Den Vorsitz übernahm der sozialdemokratische Gewerkschaftssekretär Julius Asch (1875–1932). Noch am selben Tag fand ein Treffen mit dem Soldatenrat statt, bei dem eine Zusammenarbeit beschlossen wurde. Es entstand ein gemeinsamer Arbeiter- und Soldatenrat, der seinen Sitz in der Philharmonie nahm. Für den 10. November berief dieser Rat eine öffentliche Volksversammlung zur Rennbahn ein. Der Hauptredner Starosson, inzwischen Minister in der neuen Landesregierung, verkündete, dass der Volksstaat und die reine Demokratie auf dem Vormarsch seien. Vor diesem Hintergrund versprach er eine baldige Reform der Verfassung Mecklenburgs und freie Wahlen.

In den folgenden Tagen wurden öffentliche Einrichtungen, wie die Post und die Bahn, vom Arbeiter- und Soldatenrat besetzt, Telegramme und Telefongespräche einer Zensur unterworfen. Der Rat der Stadt erklärte sich zur Zusammenarbeit mit dem Arbeiter- und Soldatenrat bereit, um Ruhe und Ordnung aufrecht zu erhalten. Die Bürgervertretung wurde unter Aufsicht gestellt. Bei den Bürgerlichen herrschten Skepsis und Besorgnis. Zur Wahrung eigener Interessen bildeten sich mehrere größere Zusammenschlüsse, so ein Bürgerrat, dem Vertreter des Bürgertums angehörten, und ein Frauenrat, dem 21 bürgerliche Frauenvereine und Fürsorgevereine Rostocks beitraten, um für die Einbeziehung von Frauen in die Politik sowie für das Frauenwahlrecht zu streiten. Ein Bauernrat orientierte sich auf den Schutz der landwirtschaftlichen Betriebe, um die Basis der darniederliegenden Ernährungswirtschaft zu sichern.

Bereits am 8. November war die mecklenburgische Regierung in Schwerin durch Großherzog Friedrich Franz IV. (1882–1945) entlassen und durch eine neue unter dem liberalen Reichstagsabgeordneten Dr. Hugo Wendorff (1864–1945) ersetzt worden. Fünf Tage später erklärten die sozialdemokratischen Minister Heinrich Dethloff (1883–1963) und Franz Starosson im Rostocker Ständehaus den Engeren Ausschuss der Ritter- und Landschaft für aufgelöst. Die Stände, die seit 1523 Mecklenburgs Geschicke maßgeblich beeinflusst hatten, waren bedeutungslos geworden. Am 14. November 1918 dankte der Großherzog ab und begab sich zu Verwandten nach Dänemark. Mit politischem Druck, jedoch ohne Gewalt, war das alte halbfeudale Herrschaftssystem in Mecklenburg ein für allemal gestürzt worden. In Rostock wehten auf dem Rathaus, dem Palais, dem Postamt und dem Ständehaus die roten Fahnen der Arbeiterbewegung. Die Zukunft des Landes und der Stadt hing nun von der Sozialdemokratie ab. In der mecklenburgischen SPD, die ihr Zentrum in Rostock hatte, war die reformerische Richtung, die Gewalt als Mittel der Politik ablehnte und eine parlamentarische Demokratie erstrebte, seit langem bestimmend. Die radikalen Kräfte in der USPD und im mitgliederschwachen Spartakusbund konnten sich mit ihrer Forderung nach einer Fortsetzung der Revolution auch in Mecklenburg nicht durchsetzen. Ein am 15. November 1918 veröffentlichtes Programm des Rostocker Arbeiter- und Soldatenrates ließ das deutlich erkennen. Gefordert wurden die völlige Demokratisierung der Verfassung Rostocks und für Mecklenburg die soziale Republik.

Die Ablösung des Klassenstaates sollte sich in ruhigen Bahnen vollziehen. Darum kündigte die neue Regierung in Schwerin unverzüglich eine Volkswahl für den Verfassungsgebenden Landtag in allgemeiner, gleicher, geheimer und direkter Wahl an. In Rostock drängte der Arbeiter- und Soldatenrat vehement auf eine Änderung der rückständigen kommunalen Verfassung. Besonders die Abschaffung des Dreiklassenwahlrechtes für die Bürgervertretung war in den zurückliegenden Jahren vom Rat immer wieder verhindert worden, um den Sozialdemokraten den Zugang zu diesem Gremium zu erschweren. Am 13. November erschienen Vertreter des Arbeiter- und Soldatenrates beim worthabenden Bürgermeister Johann Paschen (1852–1927) und verlangten, auch in Rostock auf Grundlage eines demokratischen Wahlrechtes eine verfassungsgebende Versammlung wählen zu lassen. Dieser Konstituante sollte alleine das Recht auf eine demokratische Reform der Stadtverfassung zustehen. Die Auseinandersetzung um diese Wahl entwickelte sich in den folgenden Wochen zum wichtigsten politischen Streitpunkt um die Gestaltung der kommunalen Machtverhältnisse. Trotz Widerstand des alten Rates stimmte die Bürgervertretung auf ihrer Sitzung am 14. November einstimmig den Forderungen des Arbeiter- und Soldatenrates zu. Die Landesregierung wies konsequent die Einwände des Rostocker Bürgermeisters zurück. Die veränderten Machtverhältnisse wurden auch bei der Wahl des ersten sozialdemokratischen Ratsmitgliedes in der Stadtgeschichte sichtbar. Am 14. November 1918 wählte die Bürgervertretung den Parteisekretär Wilhelm Kröger (1873–1932) zum unbesoldeten Stadtrat. Er sollte die anstehenden Wahlen organisieren und überwachen. In Vorbereitung der Kommunalwahlen Ende Dezember 1918 sowie der

Wahlen zum Verfassungsgebenden Landtag und zur Nationalversammlung im Januar 1919 begannen sich die politischen Parteien neu zu formieren. Vertreter des linksliberalen Bürgertums schlossen sich Ende November 1918 der Deutschen Demokratischen Partei (DDP) an. Zu den Gründungsmitgliedern des Landes- und Ortsverbandes gehörten der Chemiefabrikant Dr. Friedrich Carl Witte (1864–1938) und der Direktor der Rostocker Straßenbahn AG, Richard Siegmann (1872–1943). Gemeinsam mit ihnen setzten sich Männer wie der Universitätsprofessor Hans Winterstein (1879–1963), der Rechtsanwalt Dr. Hugo Sawitz (1885–1922), der Unternehmer Max Samuel (1883–1942) sowie die Eheleute Dr. Hans (1887–1944) und Edith

Mitarbeiter der mecklenburgischen SPD-Zentrale und Mitglieder der Fraktion im Stadtparlament auf dem Innenhof des Parteihauses Doberaner Straße 6

Lindenberg (1887–1944) – übrigens gehörten jene, wie auch Siegmann, zur
jüdischen Bevölkerung Rostocks – aktiv für den Aufbau der parlamentarischen Demokratie ein. Im Verlauf der folgenden zwei Monate entstanden
ebenfalls Landes- und Ortsverbände der nationalliberalen Deutschen Volkspartei (DVP) unter Führung des Geschichtsprofessors Hermann Reincke-
Bloch (1867–1929) und der konservativen Deutschnationalen Volkspartei
(DNVP), deren herausragendste Persönlichkeit der bekannte Zahnmediziner
Prof. Johannes Reinmöller (1877–1955) wurde. Auf Seiten der Arbeiterparteien bildete sich in den späten Januartagen des Jahres 1919 in einer Gast-
wirtschaft der Kröpeliner-Tor-Vorstadt eine Ortsgruppe der Kommunistischen Partei Deutschlands (KPD).

Im Gegensatz zu den anderen Städten und Gemeinden des Landes wählten die Einwohner Rostocks am 29. Dezember 1918 eine verfassungsgebende Versammlung. Um die 66 Mandate bewarben sich vier Parteien. Die
Anwendung des allgemeinen, gleichen, geheimen und direkten Wahlrechts
führte nicht nur zu veränderten Mehrheitsverhältnissen in der Bürgervertretung, sondern gab erstmalig auch sechs Frauen Sitz und Stimme. Die Sozialdemokraten zogen mit 31 Mandaten als stärkste Fraktion in die Bürgervertretung ein. Zweitstärkste Kraft wurde die DDP mit 23 Abgeordneten.
Die DVP gewann zehn Sitze, die USPD erlangte zwei. Die Konstituierung
der neu gewählten Bürgervertretung am 6. Januar 1919 setzte eine entscheidende Zäsur in der Geschichte der Demokratie in Rostock. Die rote Fahne
auf dem Rathaus wurde wieder eingeholt. Als wichtigste Aufgabe stand vor
den Bürgervertretern zunächst die Ausarbeitung der Stadtverfassung, die
nach der zweiten Lesung am 16. Juni 1919 verabschiedet wurde. Die Grund-
züge des Gesetzes, als dessen geistiger Vater Hugo Sawitz galt, waren im starken Maße von den verfassungsrechtlichen Vorstellungen des bürgerlichen
Liberalismus geprägt. Der radikale Bruch mit den rückständigen kommunalen Verfassungsverhältnissen von vor 1918 war vollzogen. Wenige Tage
nach Verabschiedung der Rostocker Stadtverfassung begannen im Verfassungsgebenden Landtag in Schwerin die Beratungen über den Entwurf einer
Städteordnung. Die politische Umwälzung hatte endlich den Weg frei gemacht, um das zersplitterte kommunale Verfassungsrecht im Freistaat
Mecklenburg-Schwerin zu vereinheitlichen. Bereits am 18. Juli 1919 erfolgte
die Annahme des Gesetzes, das für alle Städte gleichermaßen galt. Damit
war auch die gerade verabschiedete Rostocker Stadtverfassung wieder aufgehoben. Deren demokratische Intentionen blieben jedoch von Bestand,
denn Städteordnung und Stadtverfassung gingen vom Prinzip des kommu-

nalen Selbstverwaltungsrechts aus und wiesen in wesentlichen Punkten Übereinstimmung auf. Gemäß der Städteordnung führte die Rostocker Bürgervertretung fortan die Bezeichnung Stadtverordnetenversammlung. In Ausführung des Gesetzes verblieb den Rostocker Abgeordneten nur noch die Verabschiedung einer Ortssatzung, in der man die zahlenmäßige Zusammensetzung des Rates sowie die Zahl der Stadtverordneten festlegte. Man blieb für Letztere bei der gewohnten Stärke von 66 Abgeordneten, sechs davon sollten Warnemünde vertreten. Der Rat sollte sich künftig aus einem Bürgermeister, acht besoldeten und sechs unbesoldeten Stadträten, die auf Zeit von der Stadtverordnetenversammlung gewählt wurden, zusammensetzen. Zum Bürgermeister wählten die Stadtverordneten den bürgerlichen Demokraten Dr. Ernst Heydemann (1876–1930), zuvor Senator in Altona bei Hamburg. In der entscheidenden Abstimmung konnte er sich knapp gegen Julius Asch von der SPD durchsetzen. Am 1. Juli 1919 wurde er in sein Amt eingeführt. In den Rat zogen entsprechend des Kräfteverhältnisses in der Stadtverordnetenversammlung sechs Stadträte der SPD und vier Stadträte der DDP neu ein. Nur vier Mitglieder des alten Rates verblieben im Amt. Eine Bürgerinitiative, die sich mit dieser Konstellation nicht abfinden konnte, versuchte vergeblich, mittels Volksbegehren die Wahl rückgängig zu machen und die Stadtverordnetenversammlung vorzeitig aufzulösen. Allerdings schieden bis 1924 die politischen Stadträte nach und nach wieder aus. Die Kräfte, die nach der Novemberrevolution die demokratische Entwicklung am stärksten befördert hatten, waren mit ihrem Versuch gescheitert, einen nachhaltigen Einfluss auf den von Fachbeamten dominierten Rat zu erlangen.

Die Einführung der mecklenburgischen Städteordnung am 18. Juli 1919 und die Verabschiedung des Grundgesetzes des Freistaates Mecklenburg-Schwerin am 17. Mai 1920 hatten gravierende Auswirkungen auf die verfassungsrechtliche Stellung Rostocks. Die Privilegien und Sonderrechte, die teilweise aus dem Mittelalter überkommen waren und welche die Stadt über Jahrhunderte zäh gegenüber den Landesherren verteidigt hatte, gingen mit der Einordnung in das demokratische Staatsgefüge verloren. Der Landtag ging von der rechtlichen Gleichstellung aller Kommunen aus und sah daher keine Notwendigkeit, der größten Stadt im Lande weiterhin eine Sonderstellung einzuräumen. Als noch viel schwerwiegender sollte sich die von Reichsminister Matthias Erzberger (1875–1921) in die Wege geleiteten Reform der Reichsfinanzen erweisen. Unter dem Druck der erwarteten Reparationslast stellte man die Reichsfinanzverfassung in den Jahren 1919/1920 vom Kopf auf die Füße, indem die Steuerhoheit des Reiches begründet und damit den Gemeinden ihr Zuschlagsrecht zur Einkommenssteuer entzogen wurde. Auf diesem Zuschlagsrecht aber hatte bis dahin der maßgebliche Anteil der Gemeindefinanzen geruht. Ein komplexes System des Finanzausgleichs zwischen Reich, Ländern und Gemeinden entstand. Die Städte waren die politischen Verlierer der Reform. Auch Rostock entwickelte sich vom einstigen Steuersouverän zum Zuschussempfänger. Dauernde finanzielle Krisen waren vorprogrammiert. Der Handlungsspielraum der Stadt blieb stark eingeschränkt. Ein dauerhafter Spannungszustand zwischen dem Prinzip und der Realität der kommunalen Selbstverwaltung war die Folge.

Im Verlauf des Jahres 1919 hatten sich die Gegensätze zwischen den Vertretern der drei Arbeiterparteien in Rostock weiter vertieft. Sichtbares Zeichen dafür waren die getrennten Maikundgebungen von SPD und USPD. Die KPD begann sich organisatorisch zu formieren, präsentierte sich als Vorkämpferin des radikalen Klassenkampfes und der Rätediktatur. Nur im Zusammenhang mit dem Staatsstreich des Generallandschaftsdirektors Wolfgang Kapp (1858–1922) gegen die verfassungsmäßige Reichsregierung in Berlin kam es zu einer kurzfristigen Aktionseinheit. Am 13. März 1920 hatten reaktionäre Militärverbände Berlin besetzt und versuchten, in allen Teilen Deutschlands mit Gewalt die politische Macht in ihre Hände zu bringen. Noch am selben Tag übernahm in Mecklenburg Generalmajor Paul von Lettow-Vorbeck (1870–1964) das Kommando über die im Land stationierte Reichswehrbrigade 9 und setzte die Regierung unter Dr. Hugo Wendorff ab. Die drohende Gegenrevolution der reaktionären Kräfte bewirkte, dass sich die drei zerstrittenen Arbeiterparteien in Rostock zu einer Gegenbewegung zusammenschlossen und am 14. März gemeinsam zum Generalstreik aufriefen. Das in Rostock stationierte Reichswehrbataillon zog auf Befehl von Lettow-Vorbeck nach Schwerin ab. In der Kaserne in der Ulmenstraße versammelten sich zur Unterstützung des Putsches bewaffnete Zeitfreiwillige, hauptsächlich Studenten, die von Professoren, wie dem Pathologen Prof. Ernst Schwalbe (1871–1920), angeführt wurden. Auch die Arbeiter bewaffneten sich. Etwa 700 ließen sich für die Arbeiterwehr aufstellen, deren Leitung Karl Otto (1891–1966) übernahm. Strategisch wichtige Punkte der Stadt, wie Post, Telegrafenamt, Bahnhof, Banken, wurden besetzt. Bei Nantrow in der Nähe von Neubukow baute die Arbeiterwehr eine Verteidigungslinie auf, um einen Marsch der Reichswehr auf Rostock abwehren zu können. Die übergroße Mehrheit der Rostocker begrüßte und unterstützte diese Maßnahmen. Die Ortsgruppe der DDP etwa gab durch

Rostocker Arbeiterwehr während des Kapp-Putsches, März 1920

öffentliche Anschläge bekannt, dass sie hinter dem Generalstreik stehe. Am 16. März zog eine Kompanie von Zeitfreiwilligen zum Flugplatz nach Warnemünde, um sich die dort lagernden Waffen zu sichern. Die Arbeiter hatten den Flugplatz aber bereits besetzt, so dass die Zeitfreiwilligen wieder abziehen mussten. Bei Schutow kam es einen Tag später zu einem Gefecht zwischen Zeitfreiwilligen und einer Hundertschaft bewaffneter Arbeiter. Nach kurzem Feuerwechsel, in dem Prof. Schwalbe fiel, wurden die Zeitfreiwilligen entwaffnet und festgenommen. Als sich das Scheitern des Putsches abzuzeichnen begann, zogen die Zeitfreiwilligen am 17. März in Richtung Bad Doberan ab. Auf dem Gut Katelbogen, 7 km westlich von Bützow, richteten sie schließlich ihr Quartier ein. Dort wurden sie am 19. März von Rostocker Hundertschaften gemeinsam mit Güstrower und Bützower Arbeitern gezwungen, die Waffen niederzulegen. Tags zuvor war der Putsch zusammengebrochen, Lettow-Vorbeck floh aus Mecklenburg. Die auf dem Vögenteichplatz versammelten Rostocker Arbeiter stimmten am 21. März 1920 einer Beendigung des Generalstreiks und der Waffenablieferung zu. Anschließende Verhandlungen betreffend die Übernahme von bewaffneten Arbeitern in die mecklenburgische Sicherheitspolizei und die Rückkehr der Reichswehr nach Rostock zogen sich bis Mitte April hin.

Auf Verlangen der Stadtverordnetenversammlung stellte der Rat Strafanzeige gegen einzelne Unterstützer des Putsches, unter ihnen der ehemalige Ratssyndikus Hans Linck (1863–1945) sowie die Professoren Rudolf Helm (1872–1966) und Gerhard Hilbert (1868–1936), die sich mit Handgranaten bewaffnet auf dem Telegrafenamt als Zensoren betätigt hatten. Das Reichsgericht verwarf eine Anklage jedoch als unzulässig, so dass die Beschuldigten straffrei blieben.

Ereignisse wie der Kapp-Putsch ließen die seit der Revolution entfachten politischen Leidenschaften nicht zur Ruhe kommen. Die ideologisch motivierten Auseinandersetzungen zwischen den Arbeiterparteien hielten an. Selbst unmittelbar nach der gemeinsamen Abwehr des Kapp-Putsches fanden am 1. Mai 1920 wieder getrennte Kundgebungen und Demonstrationen statt. Die linken Kräfte innerhalb der USPD schlossen sich im November 1920 an die KPD an, die in Rostock an Einfluss gewann. Bei den Betriebsrätewahlen auf der Neptunwerft erreichte sie im Oktober 1922 erstmals mehr Mandate als die SPD. Die politischen Aktivitäten der Arbeiterbewegung wurden von den politischen Wirren der Weimarer Republik und der sich im Zuge der Inflation verschlechternden Lebenslage bestimmt. Als Antwort auf den Mord an Reichsminister Walter Rathenau (1867–1922) riefen die Gewerkschaften am 27. Juni 1922 einen zwölfstündigen Generalstreik aus. 16 000 Menschen demonstrierten zum Schutz der Republik sowie für den Erhalt der sozialen und demokratischen Errungenschaften der Revolution. Am 4. Juli 1922 kam es erneut zu einer großen Kundgebung und Arbeitsniederlegungen, um der Forderung nach einem Gesetz zum Schutz der Republik Nachdruck zu verleihen. Die Krisen des Jahres 1923 spiegelten sich in einer Reihe von Großdemonstrationen, in anhaltenden Streiks der Metallarbeiter und Bauhandwerker sowie in mehrstündigen Generalstreiks am 14. September 1923 und 20. Oktober 1923. Neben politischen Forderungen zur Sicherung der Demokratie wurden wirksame Maßnahmen zur Verbesserung der Versorgungslage und im Kampf gegen die Teuerung verlangt. Im Untergrund bildeten die Kommunisten im Herbst 1923 auch in Rostock bewaffnete Hundertschaften, die allerdings vergeblich auf ein Signal zum Umsturz warteten. Wegen illegalen Waffenbesitzes und der Vorbereitung zum Hochverrat erhielten maßgebliche Führer dieser Aktion später Geld- und Zuchthausstrafen. Als Gegenpol zum Auftreten der Linksextremisten mit ihren radikalen weltrevolutionären Parolen hatten sich auch in Rostock rechtsradikale und völkische Gruppierungen formiert. So entfalteten der deutschvölkische Schutz- und Trutzbund und der Verband nationalgesinnter Soldaten bis zu ihrem Verbot nach dem Rathenau-Mord im Juli 1922 eine rührige Versammlungs- und Propagandatätigkeit. Zum neuen Sammelbecken der rechtsradikalen Kräfte entwickelte sich seit Dezember 1922 die Deutschvölkische Freiheitspartei (DVFP), der sich in Mecklenburg auf Grund eines Verbotes auch die Nationalsozialisten anschlossen. In Rostock hatte die völkische Partei ein wichtiges Zentrum, denn hier verlegte man das Parteiblatt „Mecklenburger Warte" und in Dr. Kurt Blome (1894–1969), Assistenzarzt an der Universitäts-Hautklinik, fand die DVFP einen ihrer wichtigsten Organisatoren. Unter seiner Führung wurden 600 bewaffnete Zeitfreiwillige aufgestellt, die im November 1923 Adolf Hitlers (1889–1945) Putschversuch von Norden her abschirmen sollten. Getarnt als National-Soziale Vereinigung entstand am 5. März 1924 in Rostock die erste Ortsgruppe der NSDAP Mecklenburgs nach dem gescheiterten Putsch. Sie zählte acht Gründungsmitglieder und wurde vom Maschinenschlosser Walter Stopperam (1891–1946) geführt. Aus organisatorischen und wahltaktischen Gründen schlossen sich die Nationalsozialisten in Mecklenburg zwar zeitweise wieder der DVFP an. Da sie in diesem Bündnis aber ihren Führungsanspruch nicht durchsetzten konnten, erfolgte seit Anfang 1925 der Aufbau einer eigenständigen Parteiorganisation.

Nach den kampferfüllten Jahren kam das politische Geschehen ab 1924 in ruhigere Bahnen. Zahllose Wahlen gaben den Parteien und politischen Gruppierungen aber immer wieder die Möglichkeit, das eigene Programm in den Blickpunkt der Öffentlichkeit zu rücken und die Gegner zu attackieren. Die Wahlkämpfe entwickelten sich so zu wahren Wahlschlachten, die mit öffentlichen Versammlungen, Demonstrationszügen, Anzeigenkampagnen und anderen wirksamen Mitteln geschlagen wurden. Insgesamt waren die Rostocker zwischen Dezember 1918 und November 1932 achtmal zur Wahl des Reichstages, zweimal zur Wahl des Reichspräsidenten, achtmal zur Wahl des Landtages und siebenmal zur Wahl der Stadtverordnetenversammlung aufgerufen. Hinzu kamen die Abstimmungen über Volksbegehren und Volksentscheide. Das stetige Ansteigen der eingereichten Wahlvorschläge war Ausdruck einer zunehmenden Zersplitterung der Gesellschaft. Bei der Wahl zur Stadtverordnetenversammlung am 16. November 1930, der letzten vor der Machtübernahme durch die Nationalsozialisten, vermerkte der Stimmzettel 14 unterschiedliche Wahlvorschläge, von denen 11 den Einzug ins Parlament schafften. Die stabilste Wählerbindung konnte in Rostock noch die SPD aufbauen, aber auch deren Ergebnisse waren starken Schwankungen unterworfen. Ihr Anteil an den abgegebenen Stimmen bei den Wahlen zur Stadtverordnetenversammlung bewegte sich zwischen 46,54 Prozent (1918), 30,52 Prozent (1924) und 35,63 Prozent (1930). Die Sozialdemokraten stellten, da sie die größte Fraktion in der Stadtverordnetenversammlung bildeten, über Jahre auch deren Vorsitzenden. 1919 war es Julius Asch, von 1919 bis 1922 Emil Werner (1873–1929), von 1923 bis 1924 Rudolf Puls (1879–1950) und von 1928 bis 1930 Gustav Segnitz (1865– um 1942). Extreme Wählerbewegungen hatten die bürgerlichen Parteien und Gruppierungen zu verzeichnen. Die DDP, die 1918 mit 30,07 Prozent noch zweitstärkste Kraft im Kommunalparlament geworden war, hatte 1930 noch 1,22 Prozent (1 Sitz) aufzuweisen. Die Zersplitterung des bürgerlichen Lagers nahm in dem Maße zu, in dem sich wirtschaftliche Interessengruppen zur Wahl stellten, die ihre Belange von den politischen Parteien nicht vertreten sahen. Bei der Kommunalwahl im Juli 1920 hatten sich mit Hausbesitzerverein und Wirtschaftlicher Vereinigung erstmals zwei solcher Gruppierungen zur Wahl gestellt und den bürgerlichen Parteien Wählerstimmen abgenommen. Alle mahnenden Rufe nach Einheit mussten angesichts der unterschiedlichen Interessenlagen ohne großen Erfolg bleiben.

Rostocker Arbeitersportler während einer KPD-Demonstration anlässlich des 1. Mai 1931

Nur zur Wahl der Stadtverordnetenversammlung im November 1924 gelang die Bildung eines breiteren Bündnisses unter der Bezeichnung Wirtschaftliche Arbeitsgemeinschaft, die dann auch einen Stimmenanteil von 29,87 Prozent erzielte und nach Anschluss der drei Abgeordneten der Wirtschaftlichen Vereinigung Warnemünde die stärkste Fraktion stellte. Mit dem Rechtsanwalt Dr. Friedrich Moncke (1873–1962) von der DVP übernahm bis 1927 erstmals ein bürgerlicher Politiker den Vorsitz in der Stadtverordnetenversammlung, von 1931 bis 1933 folgte dann seine zweite Amtsperiode.

Im Sog der Staats- und Wirtschaftskrisen gelang es den extremistischen Parteien, die Wähler zunehmend von ihren Parolen zu überzeugen. Die Kommunisten zogen erstmalig im November 1921 mit fünf Abgeordneten in das Stadtparlament ein. Die rechtsextremen Parteien profitierten stark von den wirtschaftlichen Verwerfungen der Inflation 1923 und der Weltwirtschaftkrise ab 1929, die ihnen vor allem Wähler aus dem Mittelstand zuführten. Waren die sechs völkischen Abgeordneten, die im November 1924 Sitze in der Stadtverordnetenversammlung erobert hatten, noch ein Zwischenspiel geblieben, endete die Wahl zur Stadtverordnetenversammlung im November 1930 mit einem lange nachhallenden Paukenschlag. 16 Abgeordnete der NSDAP zogen in die Bürgervertretung ein und bildeten nach der SPD die zweitstärkste Fraktion. Im Januar 1931 konnten die Nationalsozialisten einen ersten unbesoldeten Stadtrat in den Rat wählen lassen, im Oktober 1931 rückte mit dem NSDAP-Kreisleiter Walter Volgmann (1893–1945) ein zweiter Vertreter dieser Partei in den Rat auf.

Trotz der über die gesamte Zeit der Weimarer Republik zu verzeichnenden gesellschaftlichen und politischen Spannungen gelang es Rostocks Stadtoberhaupt Dr. Ernst Heydemann, eine sachbezogene Kommunalpolitik zu gestalten. Im März 1927 hatte die Stadtverordnetenversammlung ihm den Titel eines Oberbürgermeisters verliehen. Als zuständiger Dezernent für die Finanzverwaltung war es ihm zu verdanken, dass Rostock trotz der permanenten Geldnot eine geordnete Haushaltsführung aufzuweisen hatte. Der von Grund auf unausgewogene, sich Jahr für Jahr zum Nachteil der Stadt verschlechternde Finanzausgleich zwischen dem Reich, dem Land Mecklenburg-Schwerin und den Gemeinden stellte in Kombination mit den wirtschaftlichen und politischen Instabilitäten jedoch jede geordnete langfristige Finanzplanung in Frage. Die Schwierigkeiten, ausgeglichene Haushaltsvoranschläge vorzulegen, wuchsen mit der beschleunigten Ausweitung der kommunalen Aufgaben, vor allem im sozialen Bereich. Immerhin war der alte Schuldenbestand der Stadt, der im April 1919 noch bei 42,5 Mio.

Oberbürgermeister Dr. Ernst Heydemann empfängt Reichspräsident Paul von Hindenburg in Rostock. 24. Juli 1927

Mark gelegen hatte, durch die Inflation auf rund 3 Mio. Mark zusammengeschmolzen. Nach der Währungsstabilisierung begann der Rat ab Mitte der 1920er Jahre wieder, in die kommunale Infrastruktur und in den Städtebau zu investieren und nahm dazu neue Kredite auf. Heydemann scheute dabei vor kühnen Finanzierungen und auch vor kurzfristigen Anleihen nicht zurück. Bis 1930 stieg die Höhe der neu aufgenommenen Schulden auf 10,47 Mio. Mark an. Mit seinem reichen Grundbesitz war und blieb Rostock aber für die Banken ein absolut sicherer Kreditnehmer. Nach Heydemanns plötzlichem Tod im Juli 1930 verschärfte sich die finanzielle Lage in Folge der Weltwirtschaftskrise dramatisch. Die Stadtverordnetenversammlung hatte am 6. Oktober 1930 den konservativen Dr. Robert Grabow

(1885–1945) zum Nachfolger gewählt. Grabow, der zuvor Oberbürgermeister im baltischen Memel gewesen war, konnte sich gegen einen sozialdemokratischen Bewerber aus Berlin durchsetzen und bemühte sich fortan, an den Kurs Heydemanns anzuknüpfen. Doch die politischen, wirtschaftlichen und sozialen Rahmenbedingungen wurden immer unbeherrschbarer. Nach dem Zusammenbruch der deutschen Banken im Sommer 1931 entzogen die ausländischen Kapitalgeber der deutschen Wirtschaft ihre Kredite. Die kurzfristigen Anleihen der Stadt mussten in langfristige Verbindlichkeiten umgewandelt werden. Bis Anfang 1993 erhöhte sich der Stand an neuen Schulden auf 13,14 Mio. Mark. Der Haushaltsvoranschlag für 1933 musste mit einer Deckungslücke von 1,43 Mio. Mark vorgelegt werden.

Die Machtlosigkeit der Politik gegenüber der wirtschaftlichen und sozialen Krise trieb immer breitere Kreise der Bevölkerung in Richtung der NSDAP. Bei den Landtagswahlen im Juni 1932 entfielen in Rostock 40,33 Prozent der abgegebenen Stimmen auf die Nationalsozialisten. Die Kreisleitung der Partei sorgte für eine entsprechende Propaganda, deren Höhepunkte zwei Wahlveranstaltungen mit Adolf Hitler als Redner darstellten. Auf der Rennbahn sprach der NSDAP-Führer am 29. Mai 1932 vor nahezu 40 000 Men-

Der Führer der NSDAP Adolf Hitler spricht auf einer Wahlkundgebung am 29. Mai 1932 auf der Alten Rennbahn in den Barnstorfer Anlagen.

schen, am 25. Oktober 1932 dann in einer leerstehenden Halle der Neptunwerft vor 16 000 Zuhörern. Da die demokratischen und sozialistischen
Kräfte, insbesondere SPD und KPD, sich zu keinem gemeinsamen Bündnis
gegen die Nationalsozialisten zusammenfanden, geriet die parlamentarisch-
demokratische Republik in existentielle Gefahr.

Wirtschaft in der Krise

Rostocks wirtschaftliches Leben wurde in seinen Grundzügen weiterhin
durch die geographische Lage bestimmt. So blieb die Stadt durch ihre Nähe
zur Ostsee ein wichtiger Standort für Schifffahrt, Hafen, Schiffbau und
Fischwirtschaft. Im toten Winkel zwischen Hamburg und Stettin gelegen,
hatte die maritime Wirtschaft aber einen offensichtlichen Bedeutungsverlust hinzunehmen. Zum anderen hatten sich Großhandel und Industrie in
starkem Maß auf die Bedürfnisse des landwirtschaftlich geprägten Umlandes eingestellt. Rostocker Großhändler kauften agrarische Erzeugnisse wie
Korn, Kartoffeln, Hülsenfrüchte und boten im Gegenzug Futter- und Dün-
gemittel, Maschinen und Baustoffe an. Zu den auf die Landwirtschaft ausgerichteten Firmen gehörten auch die Zuckerfabrik, Getreide- und Ölmüh-
len, Brennereien, Molkereien, Seil- und Planenfabriken.

Infolge des verlorenen Krieges und der hohen Reparationsforderungen
der Entente gewann die Wirtschaft nach 1919 nur zögerlich an Fahrt. Von
Betriebserweiterungen und Neuanlagen war man weit entfernt. Als Hemm-
schuh kritisierten Unternehmer die nach der Revolution erlassenen gesetzlichen Vorschriften, wie die Einführung des Achtstundentages, die betrieb-
lichen Mitbestimmungsrechte und die Sonntagsruhe im Handel. Hinzu
kamen gestiegene Material- und Lohnkosten sowie hohe Steuern, die vielen
Betrieben einen schweren Stand bereiteten. Andauernde Tarifstreitigkeiten
und zahllose Streikaktivitäten sorgten für zusätzliche Belastungen. Zudem
hatte die Wirtschaft unter Stromabschaltungen zu leiden, die lange Zeit
unumgänglich waren; denn auf Grund der Ausfuhr von Kohle als Reparationsgut gab es nicht genügend Brennstoff für die Energieerzeugung. An-
haltender Lebensmittelmangel und die damit verbundene Rationierung
schränkten den Einzelhandel stark ein und hatten zu einer starken Erhöhung der Preise geführt. Der Kampf gegen Wucher und Schleichhandel gehörte zu den vordringlichsten Aufgaben, um den sozialen Frieden zu

wahren und Lebensmittelunruhen zu vermeiden. Im Frühjahr 1919 erhielt in Rostock eine Person pro Woche 1 Pfund Rübensirup, 1 Pfund Marmelade, 5 Pfund Kartoffeln sowie 100 Gramm Fleisch auf Zuteilung. Butter, Zucker und Kunsthonig wurden nach Aufruf ausgegeben. Erst nach und nach konnte ein Abbau der kriegsbedingten Zwangswirtschaft erfolgen. Ab 1921 kam es zu einer spürbaren Belebung des Einzelhandels, aber mit zunehmender Geldentwertung und sinkender Kaufkraft taten sich neue Hindernisse auf.

Die Arbeitslosigkeit war unmittelbar nach Kriegsende im Februar 1919 mit über 2 300 registrierten Arbeitsuchenden für Rostocker Verhältnisse ungewöhnlich hoch. Öffentliche Notstandsarbeiten, insbesondere aber der erhöhte Arbeitskräftebedarf, der aus der Einführung des Achtstundentages resultierte, trugen dazu bei, dass diese Zahl bis Januar 1920 auf 940 sank.

Für viele Betriebe hieß es, sich auf die Bedürfnisse der Friedenswirtschaft einzustellen. Der Rudolf Dolberg Maschinen und Feldbahnen AG etwa, die 1918 im In- und Ausland noch etwa 2 000 Beschäftigte gezählt und während des Krieges in der Rostocker Fabrik hauptsächlich Munition hergestellt hatte, waren die Aufträge des Heeres weggebrochen, und auch das Geschäft mit Torfstechmaschinen entwickelte sich rückläufig. Lediglich die Herstellung von Feldbahnen sicherte das bescheidene wirtschaftliche Überleben. Im Juli 1920 zerstörte ein Großbrand Teile der in der Bleicherstraße befindlichen Produktionshallen. Unter großen Anstrengungen wurden die Anlagen wieder aufgebaut, zu retten war die Fabrik aber nicht mehr. Die Aktienmehrheit übernahm die Berlin-Burger Eisenwerke AG. Doch diese stellte im Sog der sogenannten Barmat-Krise, ausgelöst durch einen Kreditbetrug in bis dahin unbekanntem Ausmaß, die Produktion in Rostock 1924 ein. Vor Ort verblieb nur eine Handelsniederlassung.

Rostocks Dampferflotte, die 1914 noch 56 Frachtdampfer mit 73 180 BRT aufzuweisen hatte, erreichte 1921 mit 18 Dampfern und 15 169 BRT ihren Tiefststand. Dieser dramatische Schwund resultierte aus Kriegsverlusten und der im Versailler Vertrag festgelegten Auslieferungspflicht. Prozentual hatten die Rostocker Reeder die schwersten Verluste im Ostseeraum hinzunehmen. Im Hafen, den zudem der Wegfall der billigen Seehafentarife der Eisenbahn besonders hart traf, bot sich den Zeitgenossen ein trostloses Bild.

Ohne Erfolg endete der Versuch, in das internationale Fischgeschäft einzusteigen. Bereits im Frühjahr 1918 hatten lokale Unternehmer die Rostocker Hochseefischerei AG gegründet. Nach dem Krieg beteiligte sich auch

die Landesbehörde für Volksernährung, um bei der anhaltenden Fleisch-
knappheit die Versorgung mit Fisch zu gewährleisten. Im Jahre 1920 stellte
die Gesellschaft die ersten neuerbauten Dampfer in den Dienst. Die Stadt
unterstützte das mit der Errichtung des Fischereihafens, der am zugeschüt-
teten Kehrwiederhafen entstand. Im Oktober 1920 ging hier die neue Fisch-
versteigerungshalle in Betrieb. Doch bereits im Dezember 1921 musste der
Fischmarkt wieder schließen: Gegen die Konkurrenz aus den Nordseehäfen
konnte sich Rostock nicht durchsetzen. Die aus sechs Dampfern bestehende
Flotte wurde zunächst nach Geestemünde verlegt, dann übernahm eine Al-
tonaer Importfirma die Aktienmehrheit, die 1924 die Firma nach Bremer-
haven umziehen ließ.

Fast völlig umstellen musste sich auch die seit 1917 auf dem westlichen
Ufer des Breitlings bestehende Werft Warnemünde der Flugzeugbau Fried-
richshafen GmbH. Da der Bau von Flugzeugen nach dem Krieg untersagt
war, befasste sie sich mit der Herstellung von Möbeln, Fischkuttern und
Motorbooten. Die Werft wurde 1920 vom Stinnes-Konzern übernommen
und gehörte fortan als Zweigniederlassung zu den Dinos-Automobilwerken
Charlottenburg. In unmittelbarer Nachbarschaft, auf Hohe Düne, musste

Die Neptunwerft in der ersten Hälfte der 1920er Jahre

nach dem Krieg auf Anordnung der Siegermächte das Seeflugzeug-Versuchs-kommando der Marine aufgelöst werden. Einen Teil der Hallen hatte man demontiert, andere standen leer. Da die Start- und Landebahn erhalten blieben, nutzte die Luftverkehrs-Gesellschaft Sablatnig GmbH Berlin die Gegebenheiten am 19. März 1919 zur Eröffnung einer täglichen Flugverbindung mit der Reichshauptstadt. Neue Routen folgten. So flog am 21. April 1919 eine Maschine von Warnemünde nach Dänemark und wenige Tage danach hob ein Flugzeug mit vier Passagieren in Richtung Stockholm ab. Auch die Deutsche Luft-Reederei bot Flugverbindungen über Warnemünde an. Die hoffnungsvollen Anfänge für den Zivilflugverkehr kamen jedoch Ende 1922 durch Flugverbote der Entente zum Erliegen.

Durchaus günstig gestaltete sich die Lage im größten mecklenburgischen Betrieb, der Neptunwerft. Auf Grund der Reparationsforderungen und der staatlich gestützten Ersatzbauten für die deutschen Reedereien konnten sich die Schiffbauer über mangelnde Arbeit nicht beklagen. So wurden 1919 die „Lennep" und 1920 die „Ansgir", die „Marie Reppel" und die „Witram" an Großbritannien übergeben. Ab 1921 baute die Werft wieder Schiffe für deutsche Auftraggeber, unter anderem für die Deutsche Levante Linie und für die HAPAG in Hamburg. 1830 Beschäftigte fanden 1920 auf der Werft Arbeit, die bis dahin höchste Beschäftigungszahl in der Geschichte des Betriebes. Die wirtschaftlichen Ergebnisse gestalteten sich bis 1923 günstig, der erzielte Reingewinn und die gezahlten Dividenden fielen erheblich aus. Der Bau eines neuen Verwaltungsgebäudes begann 1920. Auch die Folgen der Inflation trafen die Werft vorerst nicht so hart wie andere Betriebe. Aus Inflationsgewinnen wurde noch 1923 die Neptun-Sauerstoff AG gegründet, ferner der Bau moderner Metallguss- und Schweißanlagen beschlossen. Das weltweite Tonnageüberangebot und die am Boden liegende Wirtschaft verhinderten aber die Realisierung dieser Pläne.

Durch die ständige Geldvermehrung, hervorgerufen durch die ungehemmte Finanzierung der Staatsausgaben seitens der Reichsbank, war die Inflationsrate bis 1922 bedenklich angestiegen. Die eigentliche Ursache der Inflation lag in der riskanten, weitgehend auf Anleihen gestützten Kriegsfinanzierung des Deutschen Reiches und nicht in den Reparationsbestimmungen des Versailler Vertrages, wie die meisten Zeitgenossen meinten. Die Konsolidierungsbemühungen der Wirtschaft mussten angesichts des Währungsverfalls, der sich mit der Besetzung des Ruhrgebietes durch französische Truppen im Januar 1923 auf ungeahnte Weise beschleunigte und im Herbst 1923 seinen Höhepunkt erreichte, ins Leere laufen. Besonders die

Auswirkungen auf den Arbeitsmarkt und die Lebenshaltung waren fatal. Die Zahl der Arbeitslosen stieg in Rostock von 1 380 im Januar 1922 auf 1 758 im März 1923, um sich dann bis Januar 1924 noch auf 3 799 zu erhöhen. Die bodenlose Geldentwertung traf vor allem jene, die gehofft hatten, dass ihre Ersparnisse ihnen eine gewisse Sicherheit geben würden. Immer mehr Menschen mussten staatliche Fürsorge in Anspruch nehmen. Das Wohlfahrtsamt hatte zur Bedarfsdeckung Kleider, Schuhe und Wäsche aller Art sowie größere Vorräte an Nahrungsmitteln und Kohlen für die ständig wachsende Zahl von Bedürftigen bereitzustellen. Um den in Elend geratenen Menschen zu helfen, bildeten Rostocker Behörden, Verbände, Vereine und Firmen im November 1922 die sogenannte Notgemeinschaft. Zu deren wichtigsten Aufgaben gehörten die Einrichtung und der Unterhalt von Notstandsküchen. Hier fanden sich in steigender Zahl vor allem kinderreiche Familien, Klein- und Sozialrentner, Kriegsbeschädigte und Kriegshinterbliebene zu den Speisungen ein. Der harte Winter 1923 – die Warnow war zugefroren, während der Weihnachtstage tobte ein Schneesturm – verschärfte die Situation, vor allem für die Bedürftigen und Obdachlosen. Von der Stadt erhielten die Ärmsten kostenlose Zuweisungen für einen Zentner Brikett, so dass trotz eisiger Kälte keine Todesopfer zu beklagen waren.

Die Warenangebote wurden mit dem Verlust der Kaufkraft immer knapper, die schlechte Ernte des Jahres 1923 verschlimmerte die Situation weiter. Die Geldentwertung hatte zu einem sprunghaften Anstieg der Preise geführt. Hatte eine Familie für den notwendigsten Lebensunterhalt wöchentlich im Dezember 1922 noch 25 000 Mark benötigt, so waren im März 1923 die Preise bereits so angestiegen, dass sie 71 000 Mark brauchte. Anfang Juli 1923 kosteten in Rostock ein Pfund Butter 28 800, ein Liter Milch 3 776, ein Ei 1 600, ein Hähnchen 30 000 und ein Salzhering 1 800 Mark. Am 1. November 1923 bezahlte man für ein Pfund Brot 260 Milliarden, für ein Pfund Zucker 250 Mrd., für ein Pfund Fleisch 3,2 Billionen und für ein Pfund Butter 6 Billionen Mark. Löhne und Gehälter blieben weit hinter dem Preisanstieg zurück. Gerade ausgezahlt, schrumpften sie im Laufe von Tagen und schließlich Stunden auf ein Bruchteil ihrer ursprünglichen Kaufkraft. Kein Bereich blieb von der schwindelerregenden Geldentwertung verschont. Am 25. August 1923 gab die Rostocker Straßenbahn AG bekannt, dass eine Fahrkarte nun 100 000 Mark kosten würde. Vier Jahre zuvor hatte man noch 20 Pfennig gezahlt. Die Fahrgastzahlen stürzten in die Tiefe, das Streckennetz wurde auf die Linien Hauptbahnhof–Werft, Schröderplatz–Barnstorf und Steintor–Weißes Kreuz reduziert. Der größte Teil der Aktien war zu Papiermarkwert an ein Konsortium gefallen, das sich mit der Absicht trug, den Straßenbahnbetrieb einzustellen und die Anlagen zu verschrotten. Abgewendet werden konnte dies nur durch weitgehende Zugeständnisse der Stadt, insbesondere durch die Senkung der vertraglichen Konzessionsabgabe sowie der Strompreise. Auch die Mieten stiegen ins Grenzenlose. Im Oktober 1923 teilte das Rostocker Mieteinigungsamt mit, dass für 100 Mark Friedensmiete (Vergleichsjahr 1914) nun 57,9 Mio. Mark zu zahlen seien.

Die Lage begann sich erst mit Einführung der Rentenmark am 15. November 1923 zu stabilisieren, die durch staatliche Schuldverschreibung auf Vermögenswerte in Industrie und Landwirtschaft geschaffen worden war. Der Kurs der Rentenmark wurde mit 4,20 Goldmark oder 1 Billion Papiermark festgesetzt. In den ersten Monaten des Jahres 1924 stabilisierte sich die neue Währung. Am 30. August 1924 wurde schließlich die Reichsmark als neues Zahlungsmittel ausgegeben. Damit war die Inflation endgültig eingedämmt. Die Stabilität der neuen Währung konnte nur gesichert werden, indem der Notenumlauf niedrig gehalten wurde und der Staat seine Ausgaben im Wesentlichen aus den Steuern bestritt. Langsam begann sich so auch in Rostock die Wirtschaft wieder zu erholen, wenngleich die Klagen über hohe Steuern, fehlende Kreditmittel und hohe Zinssätze auch in den folgenden Jahren nicht verstummten. Die Unternehmer versuchten nun massiv, gegen den Widerstand der organisierten Arbeiter ihre Politik der niedrigen Löhne und die Abschaffung des Achtstundentages durchzusetzen. Einen Höhepunkt erreichten die Auseinandersetzungen im ersten Halbjahr 1924, als die Arbeiter der Neptunwerft 14 Wochen für Arbeitszeit- und Lohnforderungen streikten. Die neue Arbeitszeitverordnung der Reichsregierung hatte im Dezember 1923 zwar generell die Beibehaltung des Achtstundentages festgeschrieben, eine Fülle von Ausnahmemöglichkeiten gestattete jedoch die Verlängerung auf zehn Stunden. Um die Werftarbeiter zu unterstützen, streikten auch die Transportarbeiter, Maurer, Zimmerer und Bauarbeiter für den Erhalt des Achtstundentages. Die Werftarbeiter konnten letztlich höhere Lohnforderungen durchsetzten, die Arbeitszeit wurde jedoch auf 54 Stunden in der Woche festgesetzt.

Nach den massiven Auseinandersetzungen des Jahres 1924 nahmen die Streikaktivitäten zwar ab, Lohn- und Sozialabbau wurden aber auch weiterhin nicht kampflos hingenommen. Sowohl auf Arbeitgeberseite als auch bei den Arbeitnehmern neigten viele zu Pauschalurteilen, um die anhaltenden Schwierigkeiten zu erklären. Die Unternehmer schoben die Schuld auf die überhöhten Forderungen der Arbeiter, die Arbeiter sprachen von einer

Der Stadthafen in der Mitte der 1920er Jahre

Ausbeutung durch die Kapitalisten und von Handlangerdiensten des Staates. Das Misstrauen in den Wirtschaftsegoismus des „anderen" saß tief.

Nach Jahren des Tiefstandes erfuhren Hafenverkehr und Handelsschifffahrt in der Zeit der wirtschaftlichen und sozialen Stabilisierung bis 1929 eine Wiederbelebung, deren Ergebnisse an den Vorkriegsstand heranreichten. Im Vergleich zu den großen Küstenstädten im Ostseeraum, Stettin und Danzig, besonders aber zu denen an der Nordsee, hier vor allem Bremen und Hamburg, blieb die maritime Wirtschaft in Rostock aber weit zurück. Die zwölf Rostocker Reedereien konnten bis 1928 ihren Schiffsbestand auf 41 Dampfer mit 61 229 BRT erhöhen. Die Kapitalknappheit der kleinen Rostocker Reederein bedingte aber, dass für den Wiederaufbau der Handelsflotte vor allem der Ankauf älterer Tonnage in Frage kam. Die dazu notwendigen Mittel hatten die Reeder aus der Entschädigung des Reiches für die Kriegsverluste in die Hand bekommen. Die Überalterungserscheinungen in der Rostocker Handelsflotte standen im völligen Gegensatz zur allgemeinen deutschen Flottenentwicklung. Ausgenommen hiervon war die Reederei August Cords, die seit 1921 ihren Bestand ausschließlich durch Neubauten ergänzt hatte und in Rostock mit zehn Schiffen über die größte und modernste Flotte mit 14 014 BRT verfügte. Weitere wichtige Reederein vor Ort waren Hugo Ferdinand (5 Schiffe – 7 800 BRT), Otto Zelck (5 Schiffe –

7 224 BRT), Erik Larsen (4 Schiffe – 7 238 BRT) und Erich Ahrens (4 Schiffe – 4 526 BRT). Die Fahrgebiete der Dampfer lagen hauptsächlich in den kleinen nichtdeutschen Häfen im Nord- und Ostseeraum, die auf Grund geringer Hafentiefen und kleinerer Frachtmengen von größeren Schiffen nicht angelaufen wurden. Da es an einer kontinuierlichen heimischen Befrachtungsbasis fehlte, suchten die Rostocker Reeder in Trampfahrten, auf denen sie vorrangig Kohle, Holz, Erze und Steine beförderten, ihr Auskommen. Eine Hochkonjunktur brachte der englische Kohlenstreik im Jahr 1926. Trotzdem blieb die wirtschaftliche Lage der Reedereien äußerst angespannt. Insbesondere die im Vergleich zu anderen Ostseehäfen hohen Gewerbesteuererforderungen führten seit 1924 zu massiven Auseinandersetzungen. Immer wieder drohten die Reedereien geschlossen damit, Mecklenburg zu verlassen, wenn ihnen keine steuerlichen Entlastungen zugesichert würden. Die Stadt Rostock, die naturgemäß ein stärkeres Interesse als das Land am Erhalt der Reedereien hatte, unterstützte deren Anliegen und setzte die kommunalen Zuschlagsrechte auf die Landessteuer schließlich so weit herab, dass es 1927 zu einem Ausgleich kam.

Im Rostocker Hafen konnte die Umschlagsleistung zwischen 1925 und 1929 bei der Einfuhr von 87 978 auf 118 953 t und bei der Ausfuhr von 61 721 auf 125 194 t gesteigert werden. Hauptbetätigungsfelder blieben der Export mecklenburgischen Getreides und die Einfuhr von nordischen Hölzern und Steinen sowie englischen Kohlen. Der Güterumschlag blieb trotz dieser Steigerung weit hinter den bedeutenden Häfen zurück. In Stettin lag er etwa zehnmal so hoch, in Hamburg betrug er das 30-Fache. Besonders nachteilig wirkte sich das Fehlen eines industriell entwickelten Hinterlandes aus. Das brennendste Problem, der Anschluss an das mitteldeutsche Wirtschaftsgebiet durch eine Binnenwasserverbindung nach Berlin, konnte trotz intensiver öffentlicher Diskussion nicht gelöst werden.

Die geringe Fahrwassertiefe ließ für Rostock nur kleinere Schiffe mit einer Ladefähigkeit bis 3 500 t zu. Auch die Lösch- und Lademöglichkeiten entsprachen nicht den technischen Anforderungen der Zeit. Für Getreide, das wertvollste Massengut, mangelte es an Lagerhäusern und Silos, für Holz gab es zu wenige geeignete Stapel- und Lagermöglichkeiten. Auch leistungsfähige Kräne fehlten. Der Stadtverwaltung wurde immer wieder mangelnde Initiative bei der Hafenentwicklung vorgeworfen. Ab 1925 erweiterte man jedoch die Kaianlagen am Kabutzenhof, im gleichen Jahr errichtete die zum Krupp-Konzern gehörende Eisenfirma Druckenmüller zwei neue Lagerstätten am Kehrwieder, 1927 siedelte sich ein Großtanklager der Rhenania-

Ossag Mineralölwerke an, 1928 ging ein moderner Brückenkran mit 5 t Ladefähigkeit in Betrieb.

Eine Besonderheit im Rostocker Hafenverkehr stellte die Trajektverbindung Warnemünde–Gedser dar. Die Fähren bescherten Rostock hohe Hafenfrequenzziffern, so dass die Stadt in der Statistik als fünftgrößter deutscher Verkehrshafen galt, was aber im Gegensatz zur tatsächlichen Situation stand. Denn der mit der Eisenbahn abgewickelte Durchgangsverkehr blieb für Rostocks Handel weitgehend ohne Bedeutung, nur das eingeführte dänische Vieh wurde aus hygienischen Gründen in Rostock geschlachtet. Verschärfte Bestimmungen zur Abwehr von Seuchen machten schließlich den Bau eines neuen Seegrenzschlachthofes notwendig, der im Oktober 1929 in Bramow in Betrieb ging.

Zum Problemfall entwickelte sich seit Mitte der 1920er Jahre die Neptunwerft, die in guten Zeiten der größte Arbeitgeber in der Stadt gewesen war. Die Geschäftsführung hatte die soliden Ergebnisse in den Jahren der Schiffsbaukonjunktur nicht genutzt, um den Betrieb an das technische und technologische Niveau der deutschen Werftindustrie anzupassen. So war die Neptunwerft schließlich dem Konkurrenzkampf nicht länger gewachsen. Als objektives Hindernis erwies sich die ungünstige Lage am Westufer der Warnow, 10 km von der Ostsee entfernt. Die Größe der Schiffe, die man bauen konnte, blieb durch die Fahrwassertiefe begrenzt. Finanzielle Verluste waren die Folge, die Arbeiter und Angestellten fanden nur entsprechend der Auftragslage Beschäftigung. Um den Betrieb aufrechtzuerhalten, bedurfte es seit Herbst 1924 staatlicher und städtischer Unterstützung sowie der Aufnahme privater Kredite. Die Hauptgläubiger, der Kölner Stahlkonzern Otto Wolff AG und die Girozentrale Hannover, schlossen die Neptunwerft im Januar 1928 schließlich an den größten deutschen Schiffbaukonzern, die Deutschen Schiffs- und Maschinenbau AG (Deschimag), an. Gerettet war damit allerdings nichts, denn dem Konzern war hauptsächlich daran gelegen, der Bremer Stammwerft AG Weser lukrative Aufträge zu sichern und die Kapazitäten der übrigen angeschlossenen Werften abzubauen. Im April 1928 streikte die Belegschaft der Neptunwerft gegen die beabsichtigte Stilllegung ihres Betriebes. Da eine Besserung der wirtschaftlichen Lage nicht eintrat, musste die Neptunwerft ab dem 6. Oktober 1928 dennoch für mehrere Wochen die Arbeit einstellen. Von den 1 138 Rostockern, die im September 1927 noch auf der Neptunwerft tätig gewesen waren, hatten Ende 1928 nur noch 16 eine Arbeit. Im Folgejahr fanden dann allerdings wieder etwa 300 Schiffbauer bei Reparaturarbeiten Beschäftigung. Um die Reparatur größerer Schiffe zu ermöglichen, nahm die Werft im Oktober 1929 eine dritte Docksektion in Betrieb, die man durch Inanspruchnahme von öffentlichen Zuschüssen finanziert hatte.

Neben den genannten Großunternehmen waren es vor allem lokale Klein- und Mittelbetriebe, die Rostocks Wirtschaftsstruktur prägten. Die Brauerei Mahn & Ohlerich konnte 1928 ihr 50-jähriges Betriebsjubiläum feiern. Durch Krieg und Inflation war auch dieses traditionsreiche Unternehmen in eine komplizierte Situation geraten. Erst 1925 erreichte der Produktionsausstoß wieder den Vorkriegsstand. Mit dem Aufkauf ortsansässiger Produzenten, aber auch durch die Übernahme von Brauereien in Schwerin, Bützow und Bad Doberan, glückte eine erfolgreiche Expansion. Mit etwa 220 Arbeitern und Angestellten blieb Mahn & Ohlerich im Vergleich zu Brauereien in München, Dortmund oder Leipzig aber eher klein. Auch die Rostocker Straßenbahn AG konnte nach den Wirren der Inflationszeit eine positive Entwicklung verzeichnen. Die Aktienmehrheit ging im Februar 1925 an die Allgemeine Lokalbahn- und Kraftwerke AG, die größte deutsche Straßen- und Eisenbahnbetriebsgesellschaft, über. Erhebliche Ausbauten und Erneuerungen wurden in den folgenden Jahren ausgeführt, moderne Straßenbahnwagen beschafft, 1926 der Autobusverkehr nach Warnemünde eröffnet und 1928 der Stadtautobusverkehr eingeführt. Etwa 230 Personen fanden 1931 in dem Verkehrsbetrieb eine Beschäftigung. Als weitere wichtige Arbeitgeber nennt eine 1933 erstellte Statistik die Kaufhäuser Zeeck (664 Beschäftigte) und Wertheim (316), das Bahnbetriebswerk (118) und das Reichsbahnausbesserungswerk (362), die Zuckerfabrik (119) und die Margarinefabrik A.Hoyer (101), den Rostocker Anzeiger (244) und die Holzhandlung Jürß & Crotogino (165), die Reedereien August Cords (196) und Erich Ahrens (128), das E-Werk (242), das städtische Gas- und Wasserwerk (179), das Telegraphenbauamt (199) und das Büro von Siemens-Schuckert (131), die Landwirtschaftliche Hauptgenossenschaft (137) und die Mecklenburgische Landesbrandkasse (100) sowie fünf Baufirmen mit jeweils über 100 Beschäftigten. Die Zahl der gewerblichen Niederlassungen lag bei insgesamt 6 027 mit 24 360 Berufstätigen. Der überwiegende Teil von ihnen arbeitete in Branchen des Handels und Verkehrs (51,75 Prozent), Industrie und Handwerk (43,39 Prozent) sowie Land-, Forst- und Fischwirtschaft (4,86) blieben dahinter zurück. Mit den Beschäftigten im öffentlichen und privaten Dienstleistungsgewerbe (6 563) sowie denen im häuslichen Dienst (2 726) betrug die Zahl der Erwerbstätigen Rostocker 33 329 (bei insgesamt 89 990 Einwohnern).

Eine wichtige Rolle im wirtschaftlichen Leben fiel dem Fremdenverkehr zu, von dem nicht nur die Hotels, Pensionen, Gaststätten und Einzelhandelsgeschäfte in Warnemünde profitierten. Die Zahl der Badegäste hatte sich zwischen 1924 und 1932 von 17 434 auf 29 076 erhöht und damit den Vorkriegsstand weit überschritten. Eine Initialzündung für den Bäderverkehr bis auf den Darß hinauf sollte von der Mecklenburgischen Bäderbahn ausgehen, die am 1. Juli 1925 die Strecke zwischen Rövershagen und Graal-Müritz in Betrieb nahm. Es handelte sich um die erste nach dem Krieg erbaute Privatbahn in Deutschland, zu der auch die Stadt Rostock und ihre Kaufleute erhebliches Kapital beigesteuert hatten. Auch wenn sich die Hoffnungen nicht vollständig erfüllten, trug die neue Bahn doch erheblich zur Entwicklung der heimischen Ostseeküste zum Badestrand bei.

In Warnemünde konnten sich trotz der Beschränkungen, die Deutschland von den Siegermächten auferlegt worden waren, verschiedene luftfahrtsbezogene Wirtschaftsbetriebe etablieren. Die geheimen Rüstungspläne der Reichswehr hatten an dieser Entwicklung einen nicht unwesentlichen Anteil. Der Flugplatz Hohe Düne war 1923 in Eigentum des Deutschen Reiches übergegangen. Seit 1924 befand sich hier eine private Fliegerschule der Aero-Sport GmbH, die auch mit der Organisation publikumswirksamer Flugtage begann. Als getarnte Ausbildungsstätte der Marine nahm 1925 die Seeflug GmbH ihre Tätigkeit auf, die ab 1927 als Deutsche Verkehrsfliegerschule weitergeführt wurde. In den Jahren 1924/1925 versuchten die Junkers-Flugzeugwerke von Hohe Düne aus, Nachtpost-Fluglinien nach Skandinavien aufzubauen. Gravierender für ganz Rostock sollte jedoch die Entwicklung der Flugzeugbauindustrie in den Produktionsstätten der Arado- und der Heinkelwerke werden. Die Werft Warnemünde war 1925 an die neu gegründete Hamburger Arado-Handels GmbH übergegangen. Das zum Stinnes-Konzern gehörende Unternehmen sollte sich mit dem Vertrieb von Heeresgeräten und Flugzeugen beschäftigen. Nach dem Tod von Hugo Stinnes (1870–1924) zerfiel der Konzern, der Berliner Konstrukteur Friedrich August Lübbe (1884–1940) erwarb als Hauptinhaber Arado mit der dazugehörigen Werft Warnemünde. Ab 1926 begann man hier den Bau von Flugzeugen eigener Konstruktion, bis 1933 blieb aber Arado ein Kleinbetrieb mit maximal 100 Beschäftigten.

Größere Fortschritte erzielte der junge Ingenieur Ernst Heinkel (1888–1958), der auf Hohe Düne einige leerstehende Hallen gemietet und am 1. Dezember 1922 mit dem Bau von Sportflugzeugen in handwerklicher Einzelfertigung begonnen hatte. Um ein Überleben des Unternehmens zu

Die Ernst-Heinkel-Flugzeugwerke auf der Hohen Düne östlich Warnemündes,
Ende der 1920er Jahre

sichern, nahm Heinkel auch schwedische und japanische Aufträge zum Bau
von Militärflugzeugen an, obwohl dies nach den Bestimmungen des Versailler Vertrages verboten war. Einen beispiellosen Aufschwung erfuhren die
Ernst-Heinkel-Flugzeugwerke nach dem Ende der Inflationszeit. Mit den Erfolgen ihrer Flugzeuge, die Jahr für Jahr Höhen- und Weitflugweltrekorde
aufstellten (allein fünf im Jahr 1929), machte die Firma auf sich aufmerksam.
Schnell, qualitativ hochwertig und zur Zufriedenheit des Kunden erledigte
Aufträge festigten den Ruf der Werke. Die ausgelieferten Maschinen bewährten sich als Postflugzeuge, die im transatlantischen Schiffsverkehr von
Schnelldampfern starteten, als „Presseflieger", mit denen unter anderem der
Ullstein-Verlag den deutschlandweiten Vertrieb seiner Zeitungen sicherte,
oder bei der Rettung von Überlebenden des Luftschiffes „Italia", das 1928
auf einer Nordpolexpedition verunglückte. Das Unternehmen, das mit 11
Beschäftigten gestartet war, verfügte 1925 bereits über 100, 1929 über 360

Nach der Weltwirtschaftskrise aufgelegte Schiffe im Stadthafen, 1931

und 1932 gar über 1 000 Arbeitsplätze. Garant für den Erfolg der Heinkel-Werke war neben dem Engagement des Chefs die Forschungs- und Entwicklungsabteilung. Das Büro bot nicht nur immer neuere, bessere Lösungen für Flugzeuge verschiedener Zweckbestimmungen, sondern brachte auch einige mit dem Flugwesen im Zusammenhang stehende technische Geräte auf den Markt. So wurden seit 1927 in Warnemünde erdachte Flugzeugkatapulte zum Einsatz auf Schiffen produziert. Mit ihrer Hilfe gelang es, Postverbindungen zwischen Europa und Amerika konkurrenzlos schnell zu machen. Im Verlauf des Jahres 1928 konnte Heinkel an eine Expansion des Werkes denken und mietete die leerstehenden Hallen der ehemaligen Dolberg'schen Fabrik in der Rostocker Bleicherstraße, wo zunächst die Tischlerei eine Heimstatt fand. Später wurde das Gelände erweitert und modernisiert.

Die Brüder Siegfried (1899–1969) und Walter Günter (1899–1937) gewann Ernst Heinkel 1931 für sein Projektierungsbüro. Mit ihnen begann ein neues Kapitel in der Werkgeschichte. Mit der He 70 gelang der Bau eines zivilen Schnellflugzeuges, das schneller als die damaligen Militärflugzeuge war und am 1. Dezember 1931 in Rostock erfolgreich seinen Jungfernflug absolvierte. Der Durchbruch war erreicht. Die Ernst-Heinkel-Flugzeugwerke hatten sich zu einem der größten und bedeutendsten Flugzeugbauunternehmen Deutschlands entwickelt und bestimmten bald entscheidend die weitere Entwicklung der Stadt Rostock.

Die am 29. Oktober 1929 einsetzende Weltwirtschaftskrise hatte auch die Rostocker Betriebe schwer getroffen. Ende Mai 1932 wurde die gesamte lokale Handelsflotte, die zuletzt aus 40 Schiffen bestand, aufgelegt, da gewinnbringende Fahrten nicht mehr erreicht werden konnten. Der Hafen glich einem Schiffsfriedhof. Der wirtschaftlich angeschlagenen Neptunwerft drohte der Konkurs. Ein Großauftrag aus der damaligen Sowjetunion über den Bau von drei Fischdampfern, drei Schleppern und einer Baggerschute sorgte zwar für Beschäftigung, konnte aber das finanzielle Überleben nicht sichern. Im Oktober 1932 erklärte sich die Werft für zahlungsunfähig. Das erneute Konkursverfahren und die drohende Liquidierung des Betriebes konnten nur durch eine staatlich geförderte Abwrackaktion, mit der die Reichsregierung den Schiffsneubau stimulieren wollte, verhindert werden. Von der Rostocker Handelsflotte gingen auf der Neptunwerft sieben Schiffe in die Verschrottung. Die Abwrackung sicherte allerdings nur 90 Werftarbeitern ein Einkommen.

Das Rostocker Wirtschaftsleben pendelte sich in den Jahren der Wirtschaftskrise zwischen 1930 und 1933 auf einem niedrigen Niveau mit hoher Arbeitslosigkeit ein. Viele unternehmerisch selbständige Existenzen waren zusammengebrochen. Zum 15. Januar 1932 registrierte das Arbeitsamt mit 8 666 Arbeitsuchenden in Rostock und Warnemünde einen Spitzenwert. Von den hier rund 40 000 Erwerbsfähigen waren damit 21,66 Prozent ohne Anstellung. Das waren zwar nicht die dramatischen Ausmaße, die große Industriestädte zu verzeichnen hatten, stellte die Rostocker aber gleichwohl vor bisher nicht gekannte Anforderungen. Viele Erwerbslose waren „ausgesteuert", hatten also keinen Anspruch mehr auf staatliche Arbeitslosen- bzw. Krisenunterstützung. Als sogenannte Wohlfahrtserwerbslose fielen sie samt ihren Familien unter städtische Fürsorgepflicht. Öffentliche Notstandsarbeiten boten wenig effektive Überbrückungsmaßnahmen für die Betroffenen. Weder Arbeitslosenversicherung noch Wohlfahrtspflege konnten verhindern, dass sich Verelendung und Not ausbreiteten. Im Jahr 1931 gaben die Notstandsküchen insgesamt 135 655 Portionen Essen aus. Ein großer Fundus an Bekleidung und Schuhen war durch Sammelaktionen,

welche die Notgemeinschaft als sogenannte Wollwochen durchführte, aufgebaut worden. Nach Reinigung und Ausbesserung konnten 1931 insgesamt 1 625 Familien mit Bekleidungsstücken unterstützt werden. Der
städtische Zuschuss für die Wohlfahrtsverwaltung belief sich im Haushalts-
jahr 1932 auf 3,18 Mio. Mark – eine Summe, die einem Viertel des Rostocker
Gesamthaushaltes entsprach. Gegenüber 1919 hatte sich der Finanzbedarf
zur Sicherung der materiellen Lebenslage der Bevölkerung verzehnfacht.

Stadtentwicklung zwischen Tradition und Moderne

Für die territoriale Entwicklung Rostocks war die Eingemeindung der am
Stadtrand gelegenen Dörfer Barnstorf, Bartelsdorf, Bramow, Dalwitzhof, Damerow, Kassebohm und Riekdahl im Juli 1919 und der Heideorte Hinrichshagen, Markgrafenheide, Torfbrücke und Wiethagen im Dezember 1924
von Bedeutung. Die Bildung der Landkreise nach den staatlichen Umwäl-
zungen der Novemberrevolution bot den Anlass, die in Eigentum Rostocks
stehenden Ortschaften zu Stadtrecht zu legen und den Stadtkreis zu ver-
größern. Rostocks Einwohnerzahl stieg nach 1919 zunächst nur langsam
an. Die Anziehungskraft auf das ländliche Umfeld war auf Grund der
schlechten wirtschaftlichen Lage erheblich gesunken. Im Oktober 1919
zählten Rostock 69 104 und Warnemünde 6 213 Einwohner, im Juni 1925
konnten die Stadt und das Ostseebad auf nur wenig darüber liegende Werte
verweisen (71 355 bzw. 6 314). Erst in der zweiten Hälfte der 1920er Jahre
kam es infolge der allgemeinen Stabilisierung wieder zu einem stärkeren Be-
völkerungszuwachs, in dessen Folge man 1933 in Rostock 81 850 Menschen
zählte, 8 140 in Warnemünde. Diese Steigerung – die weitaus höher als in
den Jahren vor dem Ersten Weltkrieg ausfiel – resultierte in erster Linie aus
Wanderungsgewinn. Die Zahl der Haushalte lag 1919 in Rostock und Warnemünde bei 18 674, stieg später auf 22 705 (1925) und 27 748 (1933) an.
    Schon vor 1914 hatte der Wohnungsbau nicht Schritt mit der Entwick-
lung der Bevölkerung gehalten und war mit dem Ausbruch des Ersten Weltkrieges völlig zum Erliegen gekommen. Mit behördlichen Eingriffen
versuchte man ohne großen Erfolg, den Versorgungsnotstand zu bewältigen. In ganz Deutschland wurde der Wohnungsbestand einer strengen Be-
wirtschaftung unterworfen und durch Schutzgesetze Rechtssicherheit für
die Mieter geschaffen. Anfang 1918 erfolgte eine Lockerung des kriegsbe-

dingten allgemeinen Bauverbotes, im November richtete die Stadt Rostock ein Wohnungsfürsorgeamt ein, um alle leerstehenden Räume, Zimmer und Wohnungen zu erfassen und für Wohnzwecke zur Verfügung zu stellen. Mit drastischen Zwangsmaßnahmen versuchte man im Verlauf des Jahres 1919, den Notstand in den Griff zu bekommen, denn insbesondere durch die Rückkehr der Soldaten hatte sich die Lage noch verschärft. 900 wohnungssuchende Familien waren im Oktober 1919 unterzubringen. Mietverträge durften nur noch mit städtischer Genehmigung abgeschlossen oder gekündigt werden, Eigentumsübertragungen an Häusern bedurften der amtlichen Zustimmung, der Zuzug unterlag der strengsten Kontrolle und in unterbelegte große Wohnungen – solche waren insbesondere in den Villen der Steintor-Vorstadt zu finden – erfolgten Zwangseinweisungen. Auch die Höhe der Miete unterlag einer Begrenzung, um ungerechtfertigte Steigerungen zu erschweren. Gegen erheblichen Widerstand, der sich in Rostock in erster Linie im Haus- und Grundbesitzerverein formierte, gelang es so, den privaten Wohnungsmarkt unter staatliche Kontrolle zu bekommen und der Not entgegenzusteuern. Die Zahl der Wohnungssuchenden blieb jedoch hoch, so waren im März 1925 insgesamt 3 975 Rostocker in den Listen registriert. Zeitgenössische Berechnungen ermittelten für 1925 einen Fehlbetrag von ca. 3 000 Wohnungen. Die Folge waren Überbelegungen, insbesondere in den Wohnstätten der Arbeiterfamilien in der Altstadt und der Kröpeliner-Tor-Vorstadt. In den hier vorherrschenden Ein- bzw. Zweiraumwohnungen lebten durchschnittlich vier bis fünf Personen. Infolge der Wohnungsnot stieg die Zahl der Tuberkulosefälle sprunghaft an. Wohnungsfragen wurden immer wieder für politische Agitation benutzt, nicht nur durch die Parteien. Als Gegenpol zu den organisierten Hauseigentümern hatte sich im August 1919 der Mieterverein gebildet, um gemeinsame Interessen gegenüber den Hausbesitzern durchzusetzen, aber auch um Einfluss auf die kommunale Wohnungs- und Bodenpolitik zu gewinnen. Der Verein stand unter der Leitung des Volksschullehrers Paul Mahnke (1886–?), der als links stehender Stadtverordneter und späterer Stadtrat seine Gegner wie kein anderer Rostocker Kommunalpolitiker zum Widerspruch herausforderte.

Die Bekämpfung des Wohnungsmangels konnte letztlich nur durch eine Wiederbelebung der Bautätigkeit Erfolg haben. In der Stadterweiterungskommitte des Rates, dem wichtigsten Beratungsgremium zu Fragen der städtebaulichen Entwicklung, hatten die anwesenden Ratsmitglieder, Bürgervertreter und städtischen Baumeister bereits am 5. Februar 1918 den Plänen zu einer Stadterweiterung in Richtung Westen zugestimmt und dabei

angeregt, neue Wege zum beschleunigten Wohnungsbau zu gehen. Vorrangig sollten zunächst Kleinwohnungen mit zwei bis drei Zimmern errichtet,
Baugenossenschaften besonders gefördert und Stadtrandsiedlungen angelegt werden. Die unsichere Lage auf dem Baumarkt erschwerte die Verwirklichung dieser Pläne erheblich. Dennoch gelangen hoffnungsvolle Neuanfänge. So konnte die Stadt mit der Dampfziegelei Heinrich Höppner aus
Papendorf ein Großunternehmen gewinnen, das ab 1919 am westlichen
Rand der Kröpeliner-Tor-Vorstadt mit großzügiger Förderung 38 mehrgeschossige Häuser mit über 300 Kleinwohnungen errichtete.

Unter Regie des städtischen Bauamtes begann man vor den Toren der
Stadt ab 1919 mit der Errichtung von fünf Siedlungen. Der Siedlungsge-
danke, eine Reaktion auf die schlechten Wohnverhältnisse in den Indus-
triestädten, hatte auch in Rostock starken Auftrieb bekommen. Schon vor
1914 hatte sich eine Baugenossenschaft Gartenstadt gebildet, deren Pläne
aber durch den Kriegsausbruch nicht weiter verfolgt werden konnten. Im
Oktober 1919 gab die Stadt den Bebauungsplan für die Gartenstadt frei und
stellte der Genossenschaft preisgünstiges Bauland auf dem Gelände des
städtischen Gutes Barnstorf zur Verfügung. Unter kommunaler Regie begann im selben Jahr der Bau einer Kleinsiedlung im Damerower Gebiet
nahe des Neuen Friedhofes. Die ersten acht Doppelhäuser waren im Juli
1920 bezugsfertig. Die in der Nähe auf dem alten Exerzierplatz gelegene
kleine Siedlung Stadtweide wurde seit 1920 durch Privatunternehmer errichtet. Bis 1922 waren sechs Ein- und 15 Zweifamilienhäuser fertiggestellt.
Im Zusammenhang mit dem Ausbau des Industriegebietes Bramow entstand seit Herbst 1919 unweit des Dorfes Schutow eine Siedlung, die den
Namen Reutershagen erhielt. Die fünfte neue Siedlung entstand durch private Bautätigkeit im Südosten auf der städtischen Gemarkung Kassebohm.
Ausgangspunkt für dieses Wohngebiet, dass den Namen Brinckmansdorf
erhielt, waren die zwischen 1920 und 1922 errichteten fünf Doppelhäuser
der Kriegerheimstättenstiftung. Kinderreiche Kriegsgeschädigte sollten hier
für eine geringe Miete ein dauerhaftes Zuhause bekommen.

Die Ausführung all dieser Bauten konnte nur durch die Gewährung weit-
gehender Erleichterungen, etwa durch die Stellung billigen Baulandes oder
durch die Zahlung von Baukostenzuschüssen, erfolgen. Für die von der
Stadt errichteten Siedlungen wählte man als Haustyp das Doppelhaus in
einfacher und vereinheitlichter Form. Die Massenherstellung gleicher Bauteile und die sparsame Verwendung der Baustoffe reduzierten die Kosten
erheblich. Mit einer kleinen Anzahlung konnten Interessenten, die auf

Neubauten im Stile der Moderne an der Ecke Arno-Holz-Straße/Am Röper,
um 1930

Grund der hohen Nachfrage ausgelost werden mussten, die Siedlerstellen
erwerben. Planungen für eine weitere Siedlung in Dierkow trieb man vorerst
nicht weiter voran, da die Finanzen für eine Erschließung des Gebietes nicht
aufzubringen waren. Der Bau der Chaussee nach Gehlsdorf über Dierkow
schuf bis 1922 zumindest die Voraussetzungen für eine spätere Bebauung
dieses Gebietes.

Die Siedlungsprojekte alleine brachten allerdings nicht die nötige Entlastung des Wohnungsmarktes, denn der mehrgeschossige Wohnungsbau
kam nur langsam voran. Die wirtschaftlichen und politischen Krisen in der
ersten Hälfte der 1920er Jahre lähmten auch die Bauwirtschaft. Hinzu kam,
dass der Stadt finanzielle Zuschussmöglichkeiten nur begrenzt zur Verfügung standen und sich die Planungs- und Erschließungsarbeiten für neue
Wohngebiete verzögerten. Um trotzdem Wohnraum zu gewinnen, wurden
Notunterkünfte in Form von Baracken geschaffen. Durch den Ausbau von
Dachgeschossen in der Kröpeliner-Tor-Vorstadt und mit einzelnen Lückenbauten wurde im geringen Maß zusätzlich Abhilfe geschaffen. Erst mit der
Stabilisierung der Wirtschaft kam es ab Mitte der 1920er Jahre zu einer spürbaren Belebung der Bautätigkeit. Unter Leitung von Gustav Wilhelm Berringer (1880–1953), der bereits 1913 in Rostocker Dienste getreten war und
ab 1923 das Amt des Stadtbaudirektors innehatte, wurde nun die zum Still-

stand gekommene Bebauung im Anschluss an bereits bestehende Gebiete vorangetrieben, so etwa am Westende der Ulmenstraße, an der Maßmann-straße, um den Ratsplatz, bei den Polizeigärten, auf dem Gelände von St. Jürgen und am südwestlichen Ende der Steintor-Vorstadt. Ab 1925 begann die Errichtung des neuen Wohngebietes in den Straßenzügen bei der Tweel. Hier kam für Rostock erstmals das Umlegungsverfahren in Anwendung, bei dem die Eigentümer des zur Bebauung vorgesehenen Areals anteilig Bauland als Wertausgleich erhielten. Die vorübergehende wirtschaftliche Prosperität führte zwischen 1927 und 1929 zu einem Höhepunkt der Bautätigkeit, der einen weitgehenden Verbrauch des geplanten Stadterweiterungsgeländes zur Folge hatte. Im März 1928 stellte das Bauamt daher einen neuen Bebauungsplan auf, für ein Gebiet westlich der Warnemünder Bahnlinie von der Parkstraße bis zum heutigen Holbeinplatz. An der Dethardingstraße, im Klinikviertel und im Hansaviertel entstanden die ersten Straßenzüge und Häuser. Auch für das Warnemünder Gebiet südlich der heutigen Laakstraße wurden Pläne vorgelegt und die ersten Bauten in Angriff genommen. Die Bebauung der neu errichteten Wohngebiete erfolgte teilweise mit Typenhäusern, die von freien Architekten nach Berringers Vorgaben – etwa bezüglich der Zahl der Wohnungen je Aufgang, der Dachform und der Fassadengestaltung – projektiert worden waren. Die besten Entwürfe erwarb er für das Bauamt, so dass ein Katalog zur Verfügung stand, aus dem schnell und kostengünstig für einzelne Straßenzüge eine angemessene bauliche Lösung ausgewählt werden konnte. Bevorzugt wurden dreigeschossige Bauten, deren konventionelles Äußeres vom farbigen Putz und von Spitzdächern unterschiedlicher Form gekennzeichnet war. Die Einflüsse der Neuen Sachlichkeit zeigten sich in einzelnen Wohnblöcken, die gegen Ende der 1920er Jahre errichtet wurden. Besonders die Wohnsiedlung um die Kosegartenstraße, die nach Entwürfen des Architekten Walter Butzek (1886–1965) ab 1929 entstand, wurde eines der markantesten Beispiele für diesen Baustil. Die Ausführung übernahmen private Bauherren, gewerbliche Bauunternehmer oder Baugenossenschaften. Zu erwähnen sind hier die 1926 vom Mieterverein gegründete Gemeinnützige Mecklenburgische Wohnungsbaugenossenschaft, die sich besonders in den Baublöcken zwischen Lauremberg- und Liskowstraße engagierte, und die Gemeinnützige Wohnungsbaugesellschaft Rostock GmbH des Allgemeinen Deutschen Gewerkschaftsbundes, die ebenfalls 1926 entstand und im Gebiet an der Strempelstraße mehrgeschossige Wohnhäuser errichtete. Zwischen 1925 und 1932 entstanden in Rostock 1 113 Häuser mit insgesamt

2 939 Wohnungen. Der Aufschwung der Bautätigkeit stützte sich im starken Maße auf die städtische Unterstützung in Form von Hypotheken, Baudarlehen und Baukostenzuschüssen. Begünstigt wurde die Förderung durch die Einführung der Mietzinssteuer unmittelbar nach der Inflation. Das Aufkommen aus dieser reichsgesetzlichen Steuer stand zum großen Teil den Gemeinden zur Wohnungsbauförderung zur Verfügung. Fehlende Beträge mussten durch Anleihen am inländischen und vor allem ausländischen Kapitalmarkt gedeckt werden.

Solche Kreditfinanzierung war überhaupt unumgänglich, um den Nachholbedarf an kommunalen Investitionen zu befriedigen. So entstand in der Parkstraße der Neubau der Gewerbeschule (1924–1926), auf dem Neuen Friedhof das Krematorium (1927–1928), in Warnemünde wurde endlich das schon vor dem Weltkrieg begonnene Kurhaus fertiggestellt (1927–1928), und am Goetheplatz konnte das weiträumige Schulgebäude für das Lyzeum und das Oberlyzeum übergeben werden (1927–1930). Diese Gebäude, die nach Entwürfen des Stadtbaudirektors Berringer entstanden, waren einer modernen Architektursprache verpflichtet und wurden, da sie neue ästhetische Maßstäbe setzten, von vielen mit Skepsis und Kritik bedacht. Auch an anderen Stellen setzte die Stadt erhebliche finanzielle Mittel für den Ausbau der Infrastruktur ein. Das städtische Gaswerk erweiterte sein Fernleitungsnetz 1925 bis nach Warnemünde und erneuerte 1928 das innerstädtische Rohrnetz. In den neuen Wohngebieten mussten Straßen gebaut und Versorgungsleitungen verlegt werden. Die Entwicklung der Ver-

Das Warnemünder Kurhaus unmittelbar nach seiner Einweihung, 1928

Der nach Plänen von Walter Butzek errichtete Teepavillon in Warnemünde,
Anfang der 1930er Jahre

kehrswege bedurfte der aktiven Förderung. So verlangte der Einzug des
Autos als modernes Verkehrs- und Transportmittel in die engen Straßen re-
gulierende Eingriffe, die Straßenbahn musste ihr Netz erneuern und aus-
bauen, die Stadterweiterung machte zudem die Errichtung von fünf
Brückenbauten an den Eisenbahnlinien nach Wismar und Warnemünde
erforderlich. Der Abriss der 1841 errichteten Wasserkunst auf dem Neuen
Markt im Juli 1925 im Zuge des Umbaues des Straßenzuges Kröpeliner
Straße/Steinstraße, der einer Verbesserung des Straßenbahnbetriebes diente,
wurde zum deutlichen Zeichen für die einschneidenden Veränderungen im
Verkehr. Weitere Gebäude, die der Stadt ihr Gepräge gaben, entstanden.
Erste größere Bauwerke waren das Verwaltungsgebäude der Neptunwerft
(1920–1921) und das Gebäude der Reichsbankfiliale in der Lindenstraße
(1923–1924). Die Rostocker Ortskrankenkasse übergab Ende 1925 das Grei-
fenbad in der Feldstraße an die Öffentlichkeit. Damit besaß die Stadt endlich wieder eine Warmbadeanstalt. Am Fuße des Leuchtturmes wurde im

Juni 1926 der Teepavillon – ein von Walther Butzek entworfener Rundbau im Stil der Moderne – eingeweiht, der zum Charakteristikum für das Warnemünder Ortsbild avancierte. Mit der Eröffnung des Sportpalastes in den Barnstorfer Anlagen stand seit 1926 die größte Veranstaltungsstätte Mecklenburgs für sportliche, politische und kulturelle Veranstaltungen zur Verfügung. Eine Anzahl neuer Verwaltungsgebäude entstand mit dem Aufschwung der Bautätigkeit: am St.-Georg-Platz (heute: Friedrich-Engels-Platz) für das Elektrizitätswerk (1927–1928), in der Steinstraße für die Ritterschaftliche Brandkasse (1927–1928), am St.-Georg-Platz für das Finanzamt (1929–1930), in der Friedrich-Franz-Straße (heute: August-Bebel-Straße) für die Handwerkskammer (1931–1932). Schließlich führte auch das Land Mecklenburg die seit dem Ausbruch des Ersten Weltkrieges zum Stillstand gekommenen Arbeiten an den Klinikbauten in der Maßmannstraße weiter. Zwischen 1926 und 1930 entstanden am Westrand der Stadt mit Chirurgischer Klinik und Pathologischem Institut moderne Einrichtungen für die Universität.

In der relativ kurzen Zeit wirtschaftlicher Stabilität wurden so wichtige Bauvorhaben verwirklicht. Die immer wieder geforderte Errichtung von Schwimmhalle, Stadthalle und Ausstellungshalle unterblieb jedoch angesichts fehlender Gelder. Infolge der Weltwirtschaftskrise kam es seit 1930/ 1931 zu einer deutlichen Minderung des Baugeschehens. Da sich die schwierige wirtschaftliche Lage weiter verschärfte, war an eine kommunal geförderte Bautätigkeit nicht mehr zu denken.

Insgesamt führte die städtebauliche Entwicklung in den Jahren der Weimarer Republik dazu, dass die Entwicklung des Stadtgebietes einseitig in Richtung Westen vorangetrieben wurde. Insbesondere der alte historische Stadtkern geriet dadurch in eine Randlage und verlor an Bedeutung. Im Auftrag des Altstädtischen Vereins, der sich besonders für die Belange dieses Gebietes engagierte, legte der Karlsruher Städtebauprofessor Roman Heiligenthal (1880–1951) Ende 1931 ein Gutachten vor, das diese Entwicklung kritisierte und eine östliche Stadterweiterung entlang der Unterwarnow forderte. Dies musste angesichts der finanziellen Situation der Kommune zunächst ohne nennenswerte Auswirkungen bleiben. Als das Bauamt 1932 jedoch mit Hilfe eines Kreditprogramms der Reichsregierung an die Planung für eine vorstädtische Kleinsiedlung für Erwerbslose ging, entschied man sich für die städtische Gemarkung Dierkow. Auch wenn dieses Areal bereits vor dem Ersten Weltkrieg für eine Gartenstadtsiedlung vorgesehen war, wird der Wille zur nunmehrigen Entwicklung des Siedlungsraums in Richtung

Osten diese Entscheidung mit beeinflusst haben. Die Dierkower Siedlerstellen sollten den Erwerbslosen die Sicherung des Lebensunterhaltes erleichtern und so in absehbarer Zeit die öffentlichen Fürsorgelasten senken. Im April 1933 begannen in städtischer Regie die Arbeiten für die ersten 18 Häuser im heutigen Ludwig-Feuerbach-Weg.

Die Goldenen Zwanziger: Bildung, Kultur und Kunst

Die permanenten Finanzsorgen, die politischen Zerrüttungen, das Auf und Ab der Wirtschaft, die hohe Arbeitslosigkeit und die gewerblichen Existenznöte waren es nicht, die der Weimarer Republik den Namen der „Goldenen Zwanziger Jahre" gegeben haben. Vielmehr standen der Glanz einer lebendigen Stadtkultur, der neue Lebensrhythmus, die Befreiung von überlebten Konventionen sowie der Durchbruch von Kreativität und Individualismus für diese neue Kulturperiode, deren Einflüsse selbst in einer Stadt provinziellen Zuschnitts wie Rostock zu spüren waren.

Mit der Gründung der Weimarer Republik kam man den alten liberalen und sozialdemokratischen Forderungen nach gleichen Bildungschancen für alle Schüler ohne Unterschied von Vermögen und Herkunft der Eltern ein erhebliches Stück näher. Bereits mit Eröffnung des Schuljahres im April 1919 entfiel die Zweiteilung in Volks- und Bürgerschulen. Es entstanden Schulbezirke für einheitliche Volksschulen, in Rostock fünf Knaben- und sechs Mädchenschulen, in Warnemünde jeweils eine für Jungen und eine für Mädchen. Hinzu kam die Marienschule in der Augustenstraße für schwachbegabte Kinder und die Seminarübungsschule in der Breiten Straße, an der Mädchen unterrichtet wurden. Die Klassenziffern der Volksschulen erfuhren eine Senkung, 1919 nahmen eine Schulpflegerin und ein Schularzt ihre Tätigkeit auf, eine Schulspeisung wurde eingeführt, seit 1920 erhielten Schüler mit schwacher Gesundheit im Sommer für sechs Wochen den Unterricht in der sogenannten Waldschule in den Barnstorfer Anlagen. Die weitere Reform des Schulwesens wurde durch die gesetzlichen Regelungen des Freistaates Mecklenburg-Schwerin, der die gesamte Schulaufsicht übernommen hatte, bestimmt. Demokratische Elemente hielten Einzug in die Schulorganisation. So übernahm ein kollegialer Vorstand, an dem auch Elternvertreter beteiligt waren, die Verantwortung für die Lehranstalten. Die Lehrerschaft erhielt ein weitgehendes Mitspracherecht bei der Berufung der

Direktoren. Für die Volksschulen bestand generelle Lernmittel- und Schulgeldfreiheit. Das Volksschulwesen ging im April 1921 gänzlich in die staatliche Hand. Die Übernahme der Lehrer in den Staatsdienst entlastete den kommunalen Haushalt erheblich, der Stadt blieben die Kosten für die Unterhaltung der Schulgebäude. Auch im höheren Schulwesen kam es zu einschneidenden Veränderungen. Bereits im Februar 1919 hatte die Bürgervertretung den Beschluss gefasst, die privaten Vorklassen an den höheren Schulen, die eine Art Standesschulen für die Kinder von Besitzenden darstellten, abzubauen. Durch die Einführung einer einheitlichen vierjährigen Grundschulzeit wurde es für begabte Schüler aus weniger vermögenden Schichten nun einfacher, in die höheren Schulen zu wechseln. Da für solche Bildungseinrichtungen weiterhin Schulgeld erhoben wurde, schuf man über Freistellen und Geschwisterkinderregelungen großzügigere Aufnahmebedingungen. In Rostock bestanden fünf höhere Schulen: Für die Knaben gab es die Große Stadtschule als klassisches Gymnasium sowie das Realgymnasium und die Realschule; für die Mädchen das Lyzeum mit Studienanstalt, das zum Abitur führte, sowie das Lyzeum mit Oberlyzeum, das man als Lehrerin verließ. Im April 1923 beschloss der Landtag in Schwerin, auch das höhere Schulwesen in staatliche Obhut zu nehmen. Das Personal wechselte zum Land, der Stadt verblieben auch hier nur die Sachkosten. Damit endete die über 350 Jahre währende Schulhoheit der Stadt.

Mit der Verstaatlichung des Schulwesens fielen in Rostock vier Privatschulen, ausnahmslos sogenannte höhere Mädchenschulen, gänzlich weg. Eine weitere ging auf den Staat über und wurde als Mittelschule für Mädchen weitergeführt. In Warnemünde blieb die höhere Mädchenschule als Privatschule bestehen. Als Neugründung entstand 1929 aus konfessionellem Antrieb die private katholische Volksschule in der Lindenstraße. Bei den höheren staatlichen Schulen kam es im Laufe der Jahre zu einigen Veränderungen. Das Oberlyzeum bildete seit 1927 keine Lehrerinnen mehr aus, sondern wurde in eine allgemeinbildende, zur Hochschulreife führende Schule umgewandelt. Die Seminarübungsschule entfiel damit auch. Die Realschule erhielt 1928 ihre Anerkennung als Oberrealschule. Schließlich wandelte das Unterrichtsministerium 1932 auf Verlangen der Eltern die Friedrich-Franz-Knabenschule in der Wallstraße in eine Mittelschule für Jungen um. Die Eltern hatten die Schaffung einer Schule mit besseren Bildungsmöglichkeiten gefordert, da die wirtschaftliche Lage und verschärfte Ausleseverfahren ihren Kindern den Weg an die höheren Schulen zunehmend versperrten. Die Ausbildung von Lehrern für die Volks- und Mittelschulen war im April 1926 mit Eröffnung des Pädagogischen Instituts in Rostock auf eine höhere Stufe gehoben worden. Zwischen 1927 und 1932 unterhielt das Institut in der Augustenschule eine Versuchs- und Übungs-schule, in der reformpädagogische Konzepte Umsetzung fanden.

Auch in der Erwachsenenbildung und der Berufsausbildung kam es zu erwähnenswerten Entwicklungen. In das Jahr 1919 fällt die Gründung der Volkshochschule. Wie in anderen Städten auch, gab es in Rostock das starke Bedürfnis, die Kultur- und Ausbildungsdefizite aus den Kriegsjahren auszu-gleichen. Im März 1919 gründete sich ein Volkshochschulverein. Nach Be-willigungen durch den Landtag konnten am 15. November 1919 die Kurse beginnen. Im ersten Semester referierten 43 Dozenten in 56 Veranstaltun-gen über staatsbürgerliche Gesinnung, persönliche und berufliche Bildung, Heimat und Volkstum, Philosophie, Kunst und Wissenschaft. Die Kurse waren allgemeinverständlich gehalten und auch für Einkommensschwache erschwinglich. Das Interesse und Engagement ließ später zwar spürbar nach, aber die Volkshochschule blieb als wirkungsvolle und geachtete In-stitution bestehen. Von Bedeutung war auch das Wirken der städtischen Volksbücherei, die aus der Zusammenfassung der Bestände der Gewerk-schaftsbücherei, der Bücher- und Lesehalle der Gemeinnützigen Gesell-schaft und der Altstädtischen Volksbücherei des Volksbildungsvereins entstanden war und im Oktober 1919 ihre Tätigkeit aufnahm.

In der Berufsausbildung gelangen am Ende der 1920er Jahre wesentliche Verbesserungen. Im November 1926 konnte in der Parkstraße ein neu-erbautes Gebäude für die städtische Gewerbeschule in Besitz genommen werden. Im Gegensatz zu den nebenberuflichen Lehrkräften früherer Jahre hatte die Schule nun festangestelltes Personal. Eine wesentliche Erleichte-rung für die Lehrlinge bedeutete der Übergang vom Abend- zum Tages-unterricht. Auch für die Handels- und Kaufmannsschule der Mecklenbur-gischen Handelskammer wurde mit der Anmietung des Verwaltungsgebäu-des der Neptunwerft durch die Stadt eine befriedigende Lösung gefunden. Mit dem Lehrbeginn zu Ostern 1929 präsentierte sich die Berufsausbildung für die Rostocker Lehrlinge auf der Höhe der Zeit. Bedeutung für die Aus-bildung von Landwirten aus ganz Mecklenburg erlangte das Thüneninsti-tut, eine von der Landwirtschaftskammer im Januar 1931 eröffnete höhere Lehranstalt.

Die mecklenburgische Landesuniversität blieb unter den deutschen Hochschulen eine der kleineren Einrichtungen mit einem ständigen Man-gel an materiell-technischer Grundausstattung und auch mit deutlichen

Festumzug zum 500-jährigen Gründungsjubiläum der Universität in der heutigen Kröpeliner Straße am 27. November 1919

Grenzen in ihrer wissenschaftlichen Leistungsfähigkeit. An der geistigen Haltung vieler Professoren hatten weder Weltkrieg noch Revolution Wesentliches geändert. Das Verhältnis zu den neuen politischen Verhältnissen war widersprüchlich. Deutlich zeigte sich das bei den Feierlichkeiten zum 500-jährigen Universitätsjubiläum im November 1919, das in Deutschland große Beachtung fand, da eine der ältesten deutschen Universitäten an ihre Gründung erinnerte. Eine große Zahl in- und ausländischer Wissenschaftler erhielt die Ehrendoktorwürde der Universität. Einerseits befanden sich unter den Geehrten international geschätzte Forscher, die humanistisch und liberal dachten, wie die Physiker Max Planck (1858–1947) und Albert Einstein (1879–1955), andererseits erhielt aber auch der schwedische Historiker und Geopolitiker Rudolf Kjellen (1864–1922) die Auszeichnung. Während der Feierlichkeiten machten zahlreiche Bekundungen in Wort und Tat – so wurden der ehemalige Großherzog von Mecklenburg-Schwerin und Generalmajor Lettow-Vorbeck als Repräsentanten der alten Ordnung mit Hochrufen bedacht, während die Mitglieder der neuen Regierung öffentliche Missfallensbekundungen über sich ergehen lassen mussten – sichtbar, dass die Mehrzahl der Wissenschaftler und Studenten noch monarchistisch dachte. In den folgenden Jahren änderte sich die politische Haltung von Lehrkörper und Studentenschaft kaum, bestimmend blieben konservative Haltungen. Seit 1921 gab es eine Diskussion um eine neue Universitätsverfassung. Ein Kernpunkt der Auseinandersetzungen mit der Landesregierung war das Maß der staatlichen Einflussnahme auf die Autonomie der Universität. Erst im Juli 1932 trat die neue Verfassung, die hinsichtlich der Rechtsstellung der Universität einen Kompromiss darstellte, in Kraft. Die universitäre Grundstruktur blieb durch die vier klassischen Fakultäten bestimmt. An der Theologischen Fakultät lehrten einige im wissenschaftlichen und politischen Leben als streitbare Protestanten auftretende Professoren. Das größte disziplinäre Spektrum entwickelte sich im Rahmen der Philosophischen Fakultät. Die Juristische Fakultät wurde 1924 in eine Rechts- und Wirtschaftswissenschaftliche umgewandelt. Wachsende Bedeutung kam der Medizinischen Fakultät zu, besonders nachdem 1930 die Klinikbauten fertiggestellt worden waren. Vergeblich blieben Bemühungen, eine Landwirtschaftliche Fakultät zu errichten. Auf Grund der prekären finanziellen Situation war die Universität auf Stiftungen und Spenden angewiesen. Spenden sicherten etwa die Arbeit des Instituts für Völkerrecht, des Kriminalistischen Instituts und des Kunstgeschichtlichen Instituts. Die Universitätsbibliothek, die Klinik für Mund- und Zahnkrankheiten, das Niederdeutsche Seminar und andere Einrichtungen wurden mit Hilfe von Stiftungen ausgebaut. Zur finanziellen Förderung hatten Honoratioren im Januar 1925 die Mecklenburgische Landesuniversitätsgesellschaft gebildet, die ihr zufließenden Geldmittel blieben aber weit hinter anderen deutschen Ländern zurück. Nur selten folgten namhafte Wissenschaftler einem Ruf an die Ostseeküste. Professoren wie der Physiker Otto Stern (1888–1969) und der Zoologe Karl von Frisch (1886–1982), beide Anfang der 1920er Jahre in Rostock und später Nobelpreisträger, gehörten zu den Ausnahmen. Überhaupt blieben anerkannte Wissenschaftler kaum länger als ein bis zwei

Semester. Für viele junge Gelehrte galt die Stadt an der Warnow als mögliches Sprungbrett zur Erlangung einer bedeutenderen Stellung an einer größeren Hochschule. Dennoch verdoppelte sich die Studentenzahl zwischen 1919 und 1932. Im Sommersemester 1932 waren 2 912 Studenten eingeschrieben, 1422 an der Medizinischen, 727 an der Philosophischen, 490 an der Rechts- und Wirtschaftswissenschaftlichen und 241 an der Theologischen Fakultät. Hinzu kamen 32 Hörer. Die Immatrikulierten kamen vor allem aus Mecklenburg, dem deutschen Norden und dem Baltikum.

Rostocks wichtigste kulturelle Einrichtung blieb das Stadttheater. Mit Ludwig Neubeck (1882–1933) hatte 1918 ein Meisterschüler Engelbert Humperdincks (1854–1921) sein Amt als Direktor angetreten. Seine Berufung war Programm, sollte er doch besonders das Opernschaffen zu einer neuen Blüte führen. Bei seiner Anstellung wurde ihm aber auch zur Pflicht gemacht, das bisher vernachlässigte Schauspiel zu fördern. Allerdings galt es zunächst, das Theater durch die Wirren der Nachkriegszeit zu bringen. Wie alle Direktoren vor ihm hatte Neubeck das Theater auf Grundlage eines Pachtvertrages übernommen und wirtschaftete auf eigene Rechnung. Die Stadt finanzierte zwar das Haus und das technische Personal, aber die Licht- und Heizungskosten, die Gagen für das Ensemble und den Direktor mussten durch den Kartenverkauf aufgebracht werden. Um die Einnahmen zu erhöhen, verlängerte man 1920 die Spielzeit von sieben auf zehn Monate. Auf Grund der wirtschaftlichen Existenzbedrohung des Theaters sah sich jedoch die Stadt auf dem Höhepunkt der Inflation zum Eingreifen gezwungen. Neubeck wurde ab September 1923 städtischer Angestellter, die Zuschüsse zur Aufrechterhaltung des Theaterbetriebes stiegen beträchtlich. Neubeck gelang es trotz der desolaten Zustände, ein anspruchsvolles und farbiges Kulturtheater zu entwickeln. Als Neuerung führte er im Oktober 1919 die Morgenfeiern ein, auf denen sich einmal monatlich Kunst, Künstler und Publikum näherkamen. Im Oktober 1920 beging man das 25-jährige Bestehen des Hauses mit einer groß angelegten Jubiläumswoche, in der das Ensemble mit einem reichhaltigen Programm seine Leistungskraft unter Beweis stellte. Trotz aller Bemühungen um ein vielfältiges Spielplanangebot, trotz umsichtiger und geschickter Führung war auf Dauer jedoch nicht zu verhindern, dass das Haus in eine finanziell prekäre Situation geriet. Dafür gab es zwei wesentliche Ursachen: Angesichts der Notlage der Rostocker Bevölkerung musste einerseits ein empfindlicher Besucherrückgang verzeichnet werden, die Landesregierung in Schwerin lehnte andererseits die Zahlung von Zuschüssen konsequent ab. Der städtische Zuschuss wuchs so

Das Ballett des Stadttheaters in der Rostocker Rote-Kreuz-Revue, 1927

stetig an und erreichte 1925 / 26 schließlich eine Höhe, die bei aller Opfer-
bereitschaft die Möglichkeiten der Kommune weit überschritt. Ernstlich
wurde daran gedacht, Sparten aufzugeben, das Theater vorübergehend zu
schließen oder es mit Spielstätten benachbarter Städte zusammenzuführen.
Die Stadt nahm die Verwaltung der Kulturstätte schließlich völlig in eigene
Hände. Mit der 1925 erfolgten Berufung von Ernst Immisch (1871–1935)
zum Intendanten versprach sich der Rat eine wirtschaftlich Besserung, ging
diesem doch der Ruf voraus, ein guter Geschäftsmann zu sein. Zum Erhalt
des Theaters trug auch die Unterstützung des Publikums bei, das auf dem
Höhepunkt der Diskussionen in einer überfüllten Versammlung in der
„Tonhalle" im März 1926 energisch gegen die Abbaupläne protestierte. Die
Stadtverordnetenversammlung stimmte schließlich einer Fortführung des
Theaters mit neun Monaten Spielzeit zu. Immisch gelang es, durch eine ge-
schickte Preispolitik und verschiedenste Maßnahmen, die Auslastung des
Hauses wieder zu verbessern. Hinzu kam ein allgemein gefälliges Repertoire
mit interessanten Novitäten und Gastspielen. Keinen Augenblick verlor er
trotz eines gekürzten Budgets das künstlerische Niveau aus den Augen.

   Das städtische Orchester gewann nach dem Kriege unter Leitung des
Musikdirektors Heinrich Schulz bald sein altes Leistungsvermögen zurück,
das es schon 1919 unter Beweis stellen musste, als anlässlich des 100-jähri-

gen Jubiläums der Rostocker Singakademie Händels Oratorium „Samson"
zur Aufführung kam. Im Oktober 1922 bot das 25-jährige Bestehen des Or-
chesters Anlass zu einer Reihe von beachtlichen Jubiläumskonzerten. Bei
der Organisation eines reichhaltigen Musiklebens war es zunächst noch der
Konzertverein, der sich hervortat. Nach Eingliederung des städtischen Or-
chesters in das Theaterensemble übernahm ab 1924 zunehmend dessen In-
tendanz die Organisation. Das Wirken angesehener Chöre bereicherte das
Musikleben zusätzlich. Der Musikverein von 1865 und der Bachchor etwa
verschaffte den musikalisch Interessierten hervorragende Konzerterlebnisse.
Besonders im Rahmen mehrerer Kulturwochen bot sich den Rostockern ein
umfangreiches Programm an Theaterstücken, Konzerten, Ausstellungen
und Vorträgen. Die im Februar 1922 erstmalig durchgeführte Rostocker Kulturwoche sollte sich nach dem Willen der Veranstalter zum Pendant der
Kieler Kulturwoche entwickeln, fand aber keine kontinuierliche Fortsetzung. Einen Höhepunkt markierte im September 1931 die Rostocker Ostseewoche, eine Veranstaltungsreihe, die im Rahmen eines Werbejahres der
Fremdenverkehrsverbände für die Bäder und Städte an der deutschen Ostseeküste ausgetragen wurde. Neben den Kulturveranstaltungen organisierte
der Rostocker Verkehrsverein zu diesem Anlass eine große Dahlienschau im
Tierpark.

Der Pflege der plattdeutschen Sprache und des heimatlichen Brauch-
tums widmeten sich mehrere Vereine, die sich in einer Arbeitsgemeinschaft
zusammengeschlossen hatten. Gemeinsam gründete man 1920 die Niederdeutsche Bühne, veranstaltete plattdeutsche Volkstage, 1927 eine Plattdeutsche Woche. Für gern angenommene Unterhaltung sorgten Varietévorstel-
lungen, für die sich als Veranstaltungsorte die „Wilhelmsburg", das „Colos-
seum", die „Baberina" und die „Philharmonie" etablierten. Nach zaghaften
ersten Schritten zur Einführung der Kinematographie, die noch in der Zeit
vor dem Ersten Weltkrieg gemacht worden waren, erfreuten sich derartige
Vorführungen einer stetig wachsenden Beliebtheit. Fünf Lichtspielhäuser
boten ein vielfältiges Programm, das geprägt war von den Produkten der
boomenden deutschen Filmwirtschaft. Neben gängigen Unterhaltungsfil-
men, die den breiten Publikumsgeschmack trafen, fanden auch belehrende
Kulturfilme und große Werke der modernen Filmkunst eine gute Aufnahme. Als größtes Kino Mecklenburgs präsentierte sich das Palast-Kino in
der Doberaner Straße. Hier wurde 1930 der erste moderne Tonbildstreifen-
apparat eingeführt. Neben dem Kino erfuhr der Rundfunk als zweites Massenmedium eine rasante Entwicklung. Im Februar 1924 hatte sich in

Rostock ein Radioverein gegründet, der sich neben der Vermittlung allgemeiner Kenntnisse auch für den Bau einer Radiostation stark machen wollte. Eine erste Übertragung der Hamburger Norddeutschen Rundfunk AG ging im August 1928 aus Warnemünde unter dem Titel „Seebäderbummel" über den Äther. Die Ehrung des bekannten mecklenburgischen Volkskundlers Richard Wossidlo (1859–1939) zu seinem 70. Geburtstag in der Aula der Universität am 26. Januar 1929 war Anlass für eine weitere Radioübertragung. Große Beachtung fanden die am 9. November 1930 gesendeten „Rostocker Kulturbilder". Auf dem zweistündigen Programm standen Reportagen und Berichte über das Kulturleben der Stadt.

Aus der wirtschaftlichen Not heraus schlossen sich im Januar 1919 Maler, Bildhauer und Architekten zur Vereinigung Rostocker Künstler zusammen. Der Moderne zugewandt, setzten sie sich vom bisher Gewohnten ab, ohne die Eigenarten ihrer Heimat zu verleugnen. Damit stand man im Gegensatz zu den traditionellen Naturalisten etwa vom Mecklenburgischen Künstlerbund, aber auch zum bürgerlichen Publikumsgeschmack, den hauptsächlich der Rostocker Kunstverein mit seiner Sammlung repräsentierte. Mitglieder waren unter anderem die Maler Thuro Balzer (1882–1967), Rudolf Bartels, Bruno Gimpel (1886–1943), Dörte Helm (1889–

Plattdeutscher Volkstag auf der Alten Rennbahn in den Barnstorfer Anlagen, 1932

1938), Hans Emil Oberländer (1885–1944), Rudolf Schmidt-Dethloff (1900–1971), die Architekten Walter Butzek und Heinrich Tessenow (1876–1950) sowie die Bildhauerin Margarete Scheel (1881–1969). Vor allem die fehlenden Ausstellungsmöglichkeiten erschwerten die Arbeit. Anlässlich der Frühjahrswoche 1922 zeigte man zusammen mit dem Mecklenburgischen Künstlerbund im Palais am heutigen Universitätsplatz eine Ausstellung, die weit über Mecklenburg hinaus Beachtung fand. Nach Jahren programmatischer und wirtschaftlicher Kämpfe brachte das Jahr 1926 den Umschwung. Mit den nun jährlich durchgeführten gemeinsamen Frühjahrsausstellungen im städtischen Museum brach die Vereinigung Rostocker Künstler der modernen Kunst in Rostock eine Bahn.

Unter der Leitung von Peter E. Erichson (1881–1963) wurde die Rostocker Zweigniederlassung von Hinstorff im Jahre 1925 zum Hauptsitz des bekanntesten mecklenburgischen Verlages. Noch im selben Jahr engagierte sich das Unternehmen für die „Mecklenburgischen Monatshefte", die der Ludwigsluster Lehrer und Schriftsteller Johannes Gillhoff (1861–1930) und der dort ansässige Verleger Otto Kärst (1897–1965) ins Leben gerufen hatten. Bereits für das Aprilheft des ersten Jahrganges übernahm Erichson die verlegerische Verantwortung, was nicht nur aus wirtschaftlichen Erwägungen für das junge Projekt ein Glücksgriff war. Der Verleger ermunterte Gillhoff und nach dessen Tod den an seine Stelle getretenen Rostocker Kunsthistoriker Oskar Gehrig (1890–1948), die Monatshefte zu einer Umschau für Literatur und Theater, Kunstgeschichte, Kunstgewerbe, für Heimat-, Kultur- und Naturgeschichte, für Volkskunde, mundartliche Sprachpflege sowie handwerkliches Brauchtum in Mecklenburg zu entwickeln. Obwohl in besten Zeiten lediglich 3 500 Exemplare der Hefte gedruckt wurden, gewann der Hinstorff Verlag für sie einen überaus breiten Leserkreis, der sich nicht nur unter Künstlern und Intellektuellen formierte, sondern auch in Arbeiter- und Landarbeiterfamilien, die die Hefte austauschten und weiterreichten. Dieses für den kulturellen Austausch, die Heimatpflege und die Volksbildung im Mecklenburg der 1920er und 1930er Jahre so bedeutsame Periodikum erlangte schnell eine Popularität, die über die Landesgrenzen hinaus in weite Teile des niederdeutschen Kulturkreises ausstrahlte. Darüber hinaus blieb Rostock der wichtigste Pressestandort des Landes. Zwar musste die traditionsreiche liberale „Rostocker Zeitung" nach 211 Jahrgängen 1921 ihr Erscheinen aus wirtschaftlichen Gründen einstellen, es verblieben mit dem „Rostocker Anzeiger" und der „Mecklenburgischen Volkszeitung" aber zwei wichtige Zeitungen von dauerhaftem Bestand. Dem bürgerlichen „Rostocker Anzeiger" kam als auflagenstärkster Zeitung Mecklenburgs eine zentrale Funktion bei der öffentlichen Meinungsbildung zu, die „Mecklenburgische Volkszeitung" als Organ der Sozialdemokraten übernahm eine maßgebliche Rolle in den politischen Auseinandersetzungen der Zeit. In Rostock als dem Zentrum der mecklenburgischen Arbeiterbewegung prägte sich eine starke eigenständige Arbeiterkultur heraus, die sich besonders in der Jugendarbeit der SPD und der Gewerkschaften sowie in der Arbeitersportbewegung äußerte. Die Arbeiterkultur diente dabei vielfach als identitätsstiftendes Abgrenzungsmittel gegen die bürgerliche Gesellschaft. Ihre Heimstatt fand die proletarische Gegenkultur im Partei- und Gewerkschaftshaus „Philharmonie" im Patriotischen Weg. Die großzügigen Räumlichkeiten wurden nicht nur als politischer Versammlungsort genutzt, sondern es fanden hier auch Kultur- und Sportveranstaltungen, Feiern und Feste statt. Seit 1921 nutzte die Arbeiterjugend ein Waldhaus in der Rostocker Heide als Landheim, um hier dem Bedürfnis nach Natur und Geselligkeit nachzugehen. Für den Arbeitersport bedeutete die Einweihung des Volksstadions am Trotzenburger Weg im Sommer 1928 einen wichtigen Schritt. Über fünf Jahre hatten die Arbeitersportler in freiwilligen Einsätzen an der Fertigstellung der Sportstätte gearbeitet.

Arbeitersportler ziehen durch die Parkstraße zur Einweihung ihres Stadions am Rande der Barnstorfer Anlagen, Juli 1928

NS-ZEIT UND ZWEITER WELTKRIEG IN ROSTOCK. 1933 BIS 1945

Der Machtantritt der NSDAP

Am Montag, dem 30. Januar, begann im Jahre 1933 nicht nur eine neue Woche. Die knappe Meldung der Mittagsstunden – „Hitler Reichskanzler" – schien alles zu verändern. Die Mitteilung der amtlichen Nachrichtenagenturen erreichte die Rostocker über den Rundfunk und die Aushänge der Zeitungsredaktionen. Sie sorgte für erhebliche Aufregung, verbreitete sich wie ein Lauffeuer und wurde Tagesgespräch. Die Reaktionen und Gefühle waren gemischt. Sie reichten von euphorischer Begeisterung und Zustimmung über Gelassenheit, Skepsis und Schock bis hin zu offener Ablehnung. Viele Rostocker aber schienen den Machtantritt der Nationalsozialisten zu begrüßen. Unter den Zuschauern, die am 30. Januar 1933 zahlreich die Straßen säumten, als die SA durch die Stadt marschierte und lautstark den Sieg der NSDAP verkündete, standen neben den Überzeugten und Sympathisanten viele Neugierige und auch diejenigen, die den Nazis aus Protest zustimmten.

Die folgenden Monate und Jahre sollten zeigen, was die NSDAP unter ihrer oft beschworenen Formel von der „nationalen Revolution" verstand. Unmittelbar nach dem Machtantritt verstärkten die Nationalsozialisten demonstrativ ihre Präsenz auf der Straße. Sie galt insbesondere den politischen Gegnern. Besonderer Aktivismus kam aus den Reihen der SA. Auf ihr Konto gingen in der Folgezeit auch Verhaftungen und Hausdurchsuchungen. Dabei handelten die nationalsozialistischen Trupps in der Regel willkürlich und unkontrolliert, oft ohne behördlichen Auftrag und zumeist jenseits der gesetzlichen Grundlagen. Aus ihrer Perspektive rechtfertigte allein die

Aufmarsch der NSDAP und der ihr angeschlossenen Gliederungen und Verbände auf dem Neuen Markt anlässlich des sogenannten Tages von Potsdam, 21. März 1933

Machtergreifung das Vorgehen. Die Entwicklung begann sich zu verselbständigen. Die städtischen Behörden, offensichtlich durch die Amtsanmaßung der Nationalsozialisten verunsichert, schienen die Kontrolle über die Situation zu verlieren. Wie schnell die Gewalt unter diesen Bedingungen eskalieren konnte, zeigte der Fall des Doberaner Sozialdemokraten Ernst Wolff († 1933), der von SA-Angehörigen am 19. Februar 1933 während einer Demonstration in Bad Doberan erschossen wurde. Wolff war bereits das fünfte Todesopfer nationalsozialistischer Übergriffe in Mecklenburg-Schwerin seit dem Herbst 1931. Mut zum Protest fanden nur wenige. Er kam vor allem aus den Reihen der direkt betroffenen Sozialdemokratie. Die KPD reagierte mit dem illegal hergestellten Flugblatt „Blutbad in Doberan", das wenige Tage nach dem Vorfall in der Stadt kursierte. Ende Februar 1933 nahmen die Überfälle der SA in Rostock zu. Am 23. Februar hatten Nazis das Gewerkschaftshaus, die Philharmonie im Patriotischen Weg, überfallen. Mit Sorge beobachteten auch die Liberalen die zunehmende Gewaltbereitschaft der Nationalsozialisten. So sah sich der Rostocker Demokrat Dr. Richard Moeller (1890–1945), ehemaliger Kultusminister und Landesvorsitzender der Deutschen Staatspartei, am 26. Februar 1933 zu einem Brief an den Reichspräsidenten Paul von Hindenburg (1847–1934) veranlasst. Seine Bitte, allen Bürgern, unabhängig von der jeweiligen politischen Anschauung, den verfassungsmäßig garantierten Schutz des Staates gegen nationalsozialistische Willkürakte zu gewähren, blieb ungehört. Die von Moeller im Einvernehmen mit seinen Parteifreunden erhobene Forderung wurde nahezu gegenstandslos, als die Verordnung des Reichspräsidenten zum Schutz von Volk und Staat nur zwei Tage später, am 28. Februar 1933, sämtliche demokratischen Rechte und Freiheiten der Weimarer Verfassung außer Kraft setzte. Der permanente Ausnahmezustand des Dritten Reiches war besiegelt. Die Auswirkungen spürte man bereits im Vorfeld der Reichstagswahlen vom 5. März 1933 deutlich. So wurden bis Anfang März bereits 21 Rostocker Kommunisten, vor allem Funktionäre und Stadtverordnete, in Schutzhaft genommen. Obwohl noch alle Parteien zur Wahl antreten durften, schränkten Presseverbote, Hausdurchsuchungen in den Organisationszentralen, Demonstrations- und Kundgebungsverbote den Aktionsradius der Linksgruppierungen erheblich ein. Im Gegensatz dazu zeigten sich die Nationalsozialisten der Bevölkerung in der Wahlvorbereitungsphase selbstbewusst und allgegenwärtig. Großen Zuspruch fand die NSDAP unter anderem, als sie am Vorabend der Wahlen auf dem Neuen Markt, dem Alten Markt und dem Margaretenplatz zeitgleich Kundgebungen abhielt. Den üblichen Ansprachen folgte auf allen Veranstaltungsplätzen mit der Übertragung der Hitler-Rede aus Königsberg ein technisches und organisatorisches Novum der nationalsozialistischen Propaganda in Rostock.

Adolf Hitlers Absicht, sich auf dem Wege von formal freien Reichstagswahlen den Machtantritt nachträglich durch das Volk scheinbar demokratisch bestätigen zu lassen, ging auch in Rostock nur zum Teil auf. Zwar war die NSDAP (20 718 Stimmen: 35,5 Prozent) wieder zur wählerstärksten Partei in der Stadt aufgestiegen, aber mit der hochgesteckten Erwartung, aus eigener Kraft überzeugende Mehrheiten zu erzielen, deutlich an der Realität vorbeigegangen. Lediglich im Verbund mit der deutschnationalen Kampffront Schwarz-Weiß-Rot (11 875 Stimmen; 20,3 Prozent) meinte eine Mehrheit von rund 56 Prozent der Rostocker Wähler sich mit dem nationalsozialistisch-konservativen Kabinett unter Hitler als Regierungsmodell arrangieren zu können. Ein weitgehend stabiles Gegengewicht bildete nach wie vor das Potential der Arbeiterparteien. Während die KPD (5 090 Stimmen: 8,7 Prozent) unter dem massiven Druck der Verfolgung bereits Verluste hinzunehmen hatte, konnten die Sozialdemokraten (18 024 Stimmen: 30,8 Prozent) ihr Ergebnis vom November 1932 halten. Weiter offenbarte der Wahlausgang, dass die Nationalsozialisten in Rostock um mehr als zwölf Prozentpunkte hinter dem Resultat der Partei im Reichstagswahlkreis Mecklenburg-Lübeck zurückgeblieben waren. Um diese Tatsachen zu kaschieren, wertete die NS-Propaganda insbesondere den Fakt der wählerstärksten Partei auf und verkaufte ihn den Bürgern als Wahlsieg.

Stationen der Gleichschaltung

Die eigentliche Machtübernahme hingegen vollzog sich als Prozess, der sich noch bis in das Jahr 1935 erstrecken sollte. Die schrittweise Aushebelung und Beseitigung der demokratischen Verhältnisse führte direkt in die NS-Diktatur. Die Nationalsozialisten prägten dafür den Begriff der Gleichschaltung. Der erste Eingriff in die Selbstverwaltungsbelange der Städte erfolgte bereits durch ein Gesetz vom 31. März 1933. Im Rahmen der sogenannten Gleichschaltung der Länder mit dem Reich sah es unter anderem die Aufhebung sämtlicher KPD-Mandate und die Neuzusammensetzung der Stadtverordnetenversammlungen vor. Letzteres geschah nicht wie sonst üblich durch Wahlen, sondern lediglich rein formal auf der Grundlage der jüngsten Reichstagswahlergebnisse. Gut getarnt, erhielt der handstreichartige Zugriff auf die parlamentarischen Körperschaften einen scheinbar demokratischen Anstrich. So wurde in Rostock zur Abwicklung des Vorgangs ein sogenannter zehnköpfiger Wahlausschuss gebildet, der die als Wahlvorschläge deklarierten Kandidatenlisten entgegenzunehmen und die Resultate der Reichstagswahl in eine entsprechende Mandatsverteilung für das künftige Stadtparlament umzuwandeln hatte. Während einige bürgerliche Gruppierungen die Wahlinszenierung boykottierten, übertrugen die DVP und der Christlich Soziale Volksdienst ihren Stimmenanteil an die NSDAP. Am 22. April 1933 wurde das Ergebnis bekanntgegeben. Danach entfielen auf die Nazi-Partei 15, auf die SPD 12 und auf die Kampffront Schwarz-Weiß-Rot 8 Sitze. Parallel zur Gleichschaltung der parlamentarischen Körperschaft begann die Überprüfung der städtischen Beamten auf ihre politische Zuverlässigkeit. Die entsprechende Handhabe gab das Gesetz zur Wiederherstellung des Berufsbeamtentums vom 7. April 1933. Eine auf Ratsbeschluss

Rostocker SA-Männer am Tag ihrer Vereidigung als Hilfspolizei, 5. März 1933

eingesetzte Arbeitsgruppe empfahl die Entlassung von Bediensteten, deren Lebenslauf nicht den Vorstellungen der Nazis entsprach. Nach einem Bericht vom 25. Juli 1933 wurden insgesamt 31 Personen benannt, die den politischen Anforderungen der „neuen Zeit" nicht gerecht werden würden. Zu erheblichen Einschnitten kam es dabei in der Rostocker Feuerwehr, wo 14 Beamte, die als Mitglieder oder Sympathisanten der SPD bzw. der KPD galten, aus dem öffentlichen Dienst entfernt wurden. Im Bereich der Polizei griff das Gesetz in fünf Fällen. Die im Sicherheitsdienst freigewordenen Stellen wurden später mit zuverlässigen SA-Leuten, sogenannten alten Kämpfern, aufgefüllt. Die eindringliche Fürsprache hochrangiger NSDAP-Funktionäre und die Kooperationsbereitschaft der städtischen Behörden ebneten den Weg zur Versorgung von Nationalsozialisten mit lukrativen Posten und beförderten zugleich den systematischen Einstieg der Nazis in machtstrategisch wichtige Bereiche. So gelangten beispielsweise schon 1933 mit dem Schlosser Carl Dau (1900–?) und dem Arzt Dr. Hans-Eugen Sommer (1901–1952) zwei zuverlässige Nazis in den Polizeidienst. Sommer stieg Anfang 1938 gar zum Polizeipräsidenten der Stadt auf. Bis November 1934 war die Zahl der aus dem Öffentlichen Dienst Entfernten mit insgesamt 39 Personen nur unwesentlich angestiegen. Damit hatte das Berufsbeamtengesetz nicht gravierend in den Personalbesatz der städtischen Verwaltung eingegriffen. Schließlich mangelte es der NSDAP in der Machtergreifungsphase noch an geeigneten Verwaltungsfachleuten mit entsprechendem Parteibuch, so dass man sich nahezu zwangsläufig weiter auf die alte Beamtenschaft stützen musste. Eine Tatsache, die letztlich auch den Oberbürgermeister Dr. Robert Grabow noch vor einer Amtsenthebung bewahrte. Selbst massive Denunziationen aus seinem früheren Wirkungskreis in Memel, die ihn der Logenzugehörigkeit, der Untreue und der politischen Unzuverlässigkeit bezichtigten, brachten Grabow nicht zu Fall. Für den versierten Verwaltungsfachmann konservativer Prägung, der die Stadt durch die schwierigen Zeiten der Weltwirtschaftskrise manövriert hatte, gab es zu diesem Zeitpunkt keinen gleichwertigen Ersatz. Dr. Robert Grabow blieb – wie 50 Prozent seiner mecklenburgischen Amtskollegen aus der Weimarer Zeit auch – zunächst weiter Stadtoberhaupt. Während die Gleichschaltung im Öffentlichen Dienst auf dem Verwaltungswege, im Hintergrund und nicht für jedermann sichtbar abgehandelt wurde, zeigten die neuen Machthaber in der Bekämpfung der politischen Gegner keinerlei Zurückhaltung. Nachdem die KPD außerhalb des Gesetzes gestellt war, richtete sich die Verfolgung nunmehr auch gegen die Sozialdemokratie. Zwischen dem 16. März und dem 10. April 1933 wurden sämtliche sozialdemokratische Verbände wie das Reichsbanner, die Eiserne Front, die Sport- sowie Kinder- und Jugendorganisationen mit Verboten belegt. Dies zog die Beschlagnahme des Organisationsvermögens nach sich. Am 20. März 1933 erfolgte dann die Verhaftung der in Rostock angesehenen Bezirksfunktionäre Wilhelm Jesse (1897–1971) und Albert Schulz (1895–1974). Deutlich gewarnt, brachte die SPD zum Schutz ihrer Anhänger die Mitgliederkartei in Sicherheit.

Parallel zur Unterdrückung der politischen Gegner erfüllte auch der Antisemitismus von Anfang an eine wesentliche Funktion. Er diente dauerhaft als Feindbild und bei jeder Gelegenheit als Rechtfertigungsstrategie. So auch am 1. April 1933, als die Nationalsozialisten reichsweit mit dem Boykott jüdischer Geschäfte, Arzt- und Anwaltspraxen das erste antijüdische Pogrom organisierten. In Rostock nahmen die Aktionen bereits einige Tage früher ihren Anfang. Sie begannen am 30. März mit der Postierung von SA-Leuten vor Geschäften und setzten sich am Abend des 31. März 1933 mit einer großangelegten Kundgebung auf der Reiferbahn fort. Dr. David Thormann (1903–?), ein erst 29-jähriger Rechtsanwalt und stadtbekannter Nationalsozialist, schwor die Anwesenden auf den bevorstehenden Tag ein. Ein in Umlauf befindliches Flugblatt gab die Handlungsorientierung zum Boykott. Dieser erfasste am 1. April 1933 insgesamt 57 Rostocker Geschäfte,

Boykottmaßnahmen gegen das Kaufhaus der jüdischen Familie Wertheim in der Kröpeliner Straße, 1. April 1933

Arztpraxen und Anwaltskanzleien. Unter massiven Bedrohungen mussten die meisten Einrichtungen schließen. Die zuständigen Sicherheitsbehörden griffen nicht ein. Sie überließen der SA das Feld. Durch einen Erlass Görings vom Februar 1933 in den Rang einer Hilfspolizei aufgestiegen, bestimmte die SA das Ausmaß der Verfolgung maßgeblich mit. Die SA war auch Hauptakteur, als die Nationalsozialisten am 2. Mai 1933 den Angriff auf die Gewerkschaften starteten. Noch einen Tag zuvor hatten die neuen Machthaber den 1. Mai als „Tag der nationalen Arbeit" feiern lassen. Allein die Tatsache, dass die Veranstaltung auf dem Rostocker Vögenteichplatz etwa 30 000 Besucher zählte, zeigte, dass die Gleichschaltung der Gewerkschaften offenbar ohne Risiko einer Gegenwehr anlaufen konnte. Unter dem Aufmacher „Der Nationalsozialismus übernimmt die Führung der Gewerkschaften" vermeldete der „Niederdeutsche Beobachter" in seiner Ausgabe vom 2. Mai 1933, dass binnen weniger Stunden im Raum Mecklenburg-Lübeck 2 000 Geschäftsstellen besetzt und zahlreiche prominente Gewerkschaftsführer verhaftet worden waren. In Rostock betraf dies unter anderem den Landesvorsitzenden des Allgemeinen Deutschen Gewerkschaftsbundes, den Bezirkschef des Allgemeinen freien Angestelltenbundes und den Gauvorsitzenden des Deutschen Landarbeiterverbandes. Das traditionelle und gut ausgestattete Rostocker Gewerkschaftshaus im Patriotischen Weg wurde wenig später der Deutschen Arbeitsfront (DAF) unterstellt. Am 10. Mai 1933, dem Gründungstag der nationalsozialistischen Einheitsgewerkschaft DAF, brannten in Rostock wie vielerorts in Deutschland Scheiterhaufen. Öffentlich vernichtet wurden Bücher bürgerlich-humanistischer, marxisti-

Der Bücherschandpfahl vor dem Universitätshauptgebäude, Mai 1933

scher und jüdischer Autoren, die fanatische Mitglieder des NS-Studentenbundes in einer groß angelegten Durchsuchungsaktion aus sämtlichen Rostocker Bibliotheken und Büchereien zusammengetragen hatten. Vor der
Universität stand ein Schandpfahl, an dem Studenten, für jedermann sichtbar, Beispiele angeblich zersetzender Literatur angeschlagen hatten. Die
öffentliche Bücherverbrennung fand dann auf dem Rostocker Vögenteichplatz statt – er gehörte zu den bevorzugten Aufmarschplätzen der NSDAP.
Einen Tag zuvor hatte man während der Stadtverordnetenversammlung
vom 9. Mai 1933 seine Umbenennung beschlossen. Nun sollte er nach dem
Gauleiter der NSDAP Friedrich-Hildebrandt-Platz heißen. Der Volksmund
quittierte die Eilfertigkeit der neuen Herren auf seine ihm eigene Weise und
verpasste dem Gauführer mit „Fiete Vögenteich" einen neuen Namen. Erst
am 27. April 1933 hatte das Stadtparlament den Beschluss gefasst, dem
Reichskanzler Adolf Hitler und dem Reichspräsidenten Paul von Hindenburg die Ehrenbürgerschaft anzutragen. Der Opposition waren infolge der
Kräftekonstellation dabei faktisch die Hände gebunden. Immer mehr in die
Defensive gedrängt, wurden die Sozialdemokraten in der Beratung vom
10. Mai 1933 bei der Neubesetzung der Ausschüsse von der Mitarbeit ausgeschlossen. Nur wenige Wochen später folgte am 22. Juni 1933 das reichs-
weite Verbot der SPD, das die Sozialdemokratie – gleich der KPD – in die
Illegalität drängte. Im Stadtparlament war man nunmehr unter sich. Über
die Änderung der Hauptsatzung organisierte die NSDAP den direkten Einstieg in die kommunale Selbstverwaltung. Durch eine zahlenmäßige Erweiterung der unbesoldeten Stadtratsstellen und deren Neubesetzung am
12. Juni 1933 wurde zunächst ein Gegengewicht zu den Festangestellten
des Rates geschaffen. Auf die lukrativen Posten gelangten mit einer Ausnahme nur Nationalsozialisten. In einem zweiten Schritt griff die NSDAP
nach einem besoldeten Stadtratsamt. Die per Ratsbeschluss am 13. November 1933 zusätzlich geschaffene Stelle erhielt der wohl in praktischen Ver-
waltungsdingen bis dahin erfahrenste Rostocker Nationalsozialist, der
Kreisleiter Walter Volgmann. Kurze Zeit später stieg er zum Stellvertreter
des Oberbürgermeisters auf. Aber Volgmann erfüllte mehr als nur eine Kontrollfunktion für die NSDAP. Er war Dr. Robert Grabow als Anwärter nach-
geordnet und sollte seine Kenntnisse an der Seite des kompetenten Stadt-
oberhaupts ergänzen und erweitern. Damit kam der Rat der Stadt den
neuen Mächtigen in vorauseilendem Gehorsam weit entgegen. So zeichnete
sich schon ab, dass die Position des Oberbürgermeisters in absehbarer Zeit
zur Disposition stehen würde. Diesen Zustand hielt man bis zum Frühjahr

1935 in der Schwebe. Die dann ab dem 1. April 1935 gültige Deutsche Gemeindeordnung veränderte alles. Das nationalsozialistische Kommunalver-
fassungsgesetz wertete das fortan nach dem Führerprinzip angelegte und
mit weitreichenden Vollmachten ausgestattete Bürgermeisteramt weiter auf.
Für die NSDAP bestand nun auch in Rostock akuter Handlungsbedarf,
wollte sie sich nicht selbst um das von ihr beanspruchte Maß an Einflussnahme bringen. Deshalb betrieben die örtlichen und regionalen Parteiin-
stanzen seit Anfang April 1935 in hektischer Betriebsamkeit die Ablösung
Grabows. Dem Drängen der Nationalsozialisten zurückzutreten, gab Grabow ohne Widerstand am 3. April 1935 nach. Das höchste kommunale
Amt, der Posten des Oberbürgermeisters, gelangte an den bisherigen Stellvertreter, den Nationalsozialisten Walter Volgmann, der seinen Dienst offiziell am 17. April 1935 antrat. Damit war der seit 1933 noch offene Machtwechsel endgültig vollzogen. Volgmann empfahl sich aus Sicht der Nazis
insbesondere wegen seiner geradezu makellosen Parteikarriere, die 1925 mit
dem Eintritt in die NS-Bewegung und der Funktion des Ortsgruppenleiters
früh begonnen hatte. Von Beruf Kaufmann, blieb Volgmann trotz seiner
Stadtratstätigkeit ein Quereinsteiger. Deshalb musste ihm mit Dr. Robert
Grabow ein juristisch gebildeter Verwaltungsfachmann als Bürgermeister
zur Seite gestellt werden. Fachlich überfordert, delegierte Volgmann in den
folgenden Jahren die Sacharbeit weitgehend an Grabow und konzentrierte
sich vor allem auf die Repräsentation des politischen Regimes. Dem Oberbürgermeister waren Stadträte beratend zugeordnet, die nach der Deutschen
Gemeindeordnung nun die Bezeichnung Beigeordnete führten. Von den
elf haupt- und nebenamtlich bestellten Beigeordneten waren sechs Nationalsozialisten. Darüber hinaus beseitigte die Deutsche Gemeindeordnung
das kollektive Entscheidungsorgan der Kommune, die Stadtverordnetenversammlung. An ihre Stelle traten 30 Ratsherren, die als Gemeinderat
lediglich ein Diskussions-, aber kein Beschlussgremium mehr bildeten.
Sämtliche Ratsherren, die im Oktober 1935 berufen wurden, gehörten der
NSDAP an. Allein 27 von ihnen zählten zu den „alten Kämpfern", die schon
vor der Machtergreifung zur Partei gekommen waren. Sie stammten in ihrer
Mehrheit aus den Kreisen der Angestellten und Beamten und galten häufig
als Amtsträger der NSDAP oder als Funktionäre von NS-Organisationen.

Wie die Stadtverordnetenversammlung seit 1933 unterlag auch der Gemeinderat ab 1935 einer nicht unerheblichen Fluktuation seiner Mitglieder.
Bis 1938 schieden immerhin acht Ratsherren zumeist aus beruflichen oder
politischen Karrieregründen aus. Um den Einfluss der NSDAP auf die Kom-

munalverwaltung weiter zu verstärken, sah die Gemeindeordnung den Einsatz eines Beauftragten der Partei vor. Neben der politischen Aufsichts- und Kontrollfunktion stand ihm das entscheidende Mitspracherecht in Personalfragen zu. Diese Funktion oblag dem Kreisleiter der NSDAP, Otto Dettmann (1907–1945). Mit der Umsetzung der Deutschen Gemeindeordnung fand die Machtübernahme der NSDAP in Rostock im Herbst 1935 ihren Abschluss. Das nationalsozialistische Stadtregime war installiert. Seine Struktur behielt – mit Ausnahme von weiteren Personalveränderungen zugunsten der NSDAP – bis 1945 Gültigkeit.

Der Aufstieg der Rüstungsindustrie

Rostock, das schon immer eine Sonderstellung im agrarisch geprägten Mecklenburg einnahm, verzeichnete nach 1933 einen deutlichen wirtschaftlichen Aufschwung. Im Zuge der Aufrüstung und der Kriegsvorbereitung etablierte sich die Stadt zu einem wichtigen Standort der Rüstungsindustrie. Durch staatliche Kredite großzügig gefördert, entwickelten sich die in Rostock und Warnemünde bereits ansässigen Unternehmen des Flugzeug- und des Schiffbaus rasch zu modernen und leistungsfähigen Rüstungsbetrieben, die das gesamte wirtschaftliche und soziale Profil der Stadt nachhaltig prägten.

Das wichtigste Unternehmen dieser Art waren die Ernst-Heinkel-Flugzeugwerke, die die schweren Jahre der Weltwirtschaftskrise gut überstanden hatten. Sie kassierten 1933 den größten Anteil der vom Staat bereitgestellten ersten Rüstungsmillionen. Nachdem das Mietverhältnis auf dem Warnemünder Flugplatz im Herbst 1933 durch die Aero-Sport GmbH wegen Eigenbedarfs gekündigt worden war, bekam Ernst Heinkel die 300 Hektar große Staatsdomäne Marienehe, wo er einen Betriebsneubau errichten ließ. Das am 3. Dezember 1934 eingeweihte Stammwerk, ursprünglich für 2 100 Arbeitskräfte geplant, beschäftigte 1941 ca. 15 000 Arbeiter und Angestellte. Heinkel, der in Rostock in der Bleicherstraße, in der Werftstraße und im Patriotischen Weg, in Oranienburg bei Berlin und Zuffenhausen bei Stuttgart sowie während des Krieges in Österreich und im besetzten Polen noch über weitere wichtige Produktionsstätten verfügte, realisierte umfangreiche Aufträge für die Luftwaffe. Dazu gehörte die in Reihe gebaute „He 70", eine zum Aufklärungs- und Kurierflugzeug umfunktionierte Schnellverkehrsmaschine. Ab 1936 produzierte Heinkel mit der „He 111" den Standardbomber der deutschen Luftwaffe, der bereits in den Jahren 1936 bis 1939 durch den Einsatz im Spanienkrieg traurige Berühmtheit erlangte. Bis zum Kriegsbeginn lieferte die Firma als einer der Hauptproduzenten der Luftwaffe rund 4 000 Kampfflugzeuge unterschiedlichster Typen. Mit dem verhängnisvollen Engagement zugunsten der Kriegsvorbereitung förderte Heinkel zugleich die technische Weiterentwicklung des Flugwesens. Er unterstützte Projekte und suchte die Kooperation mit der Universität. So besuchten Konstrukteure und Ingenieure des Unternehmens wissenschaftliche Spezialvorträge an der Rostocker Hochschule, die sich mit Problemen der Festigkeit im Flugzeugbau, der Mechanik und Aerodynamik befassten. Heinkel, der Ende 1938 an der Universität eine Stiftung einrichtete, beanspruchte ein Mitspracherecht bei Personalentscheidungen, wie etwa bei der Besetzung der 1939 neu eingerichteten Professur für angewandte Mathematik. Zu den für die Geschichte des Flugwesens bahnbrechenden Spitzenleistungen des Heinkel-Unternehmens zählte der weltweit erste Start einer mit Flüssigkeitsraketenantrieb bestückten Maschine vom Typ „He 176" am 20. Juni 1939 sowie der Start einer „He 178", des ersten Düsenflugzeugs der Welt, am 27. August 1939.

Eine ähnlich rasante Entwicklung nahmen die in Warnemünde angesiedelten Arado-Flugzeugwerke. Auch hier ermöglichten Reichskredite die Erweiterung des bisher kleinen Unternehmens. Nach Aufspülung des sogenannten Neuen Landes in Warnemünde erfolgte 1934 der Bau neuer Werkhallen und die Anlage eines weiteren Flugplatzes. Neben der Fertigung werkseigener Flugzeugmodelle wie der 1936 entwickelten Mehrzweckmaschine „Ar 96" erwies sich für Arado die Lizenzproduktion einiger Fabrikate von Heinkel, Messerschmidt, Dornier und Fokke-Wulf als äußerst profitabel. Die günstige Auftragslage ließ die Beschäftigtenzahlen schnell ansteigen. So wuchs die Belegschaft von ursprünglich 100 Betriebsangehörigen 1933 auf ca. 3 500 Arbeitskräfte in den Jahren 1937/38. Die Flugzeugindustrie, die sich in den 1930er Jahren mit den beiden Großbetrieben Heinkel und Arado fest in Rostock etabliert hatte, produzierte mit modernsten Maschinen und Fertigungsverfahren. Fließband- und Taktstraßenarbeit, Schichtsystem und Wettbewerbe waren Bestandteile einer zunehmend effizienten Betriebsorganisation. Überdurchschnittliche Verdienstmöglichkeiten, Pausengestaltung durch Kantinenversorgung und Werkfunk, Betriebssportgemeinschaften sowie ein Netz umfangreicher Sozial- und Gesundheitsleistungen optimierten zudem die Auslastung der Arbeitskraft. Obwohl über

Serienproduktion der He 111, des Standardbombers der deutschen Luftwaffe, in den Ernst-Heinkel-Flugzeugwerken Rostock-Marienehe, zweite Hälfte der 1930er Jahre

das sprichwörtliche Arbeitspensum bei Heinkel und Arado unter der Rostocker Bevölkerung Witze kursierten, fühlten sich die Belegschaftsmitglieder aufs Engste mit ihrem Unternehmen verbunden und demonstrierten dies selbstbewusst. In der Tat gehörten die Flugzeugbauer, die mit 1,24 bis 1,28 Reichsmark pro Stunde für mecklenburgische Verhältnisse Spitzenlöhne verdienten, zur Arbeiterelite in der Stadt.

Zu neuer Bedeutung gelangte ab Mitte der 1930er Jahre auch die während der Weltwirtschaftskrise arg in Mitleidenschaft gezogene Neptunwerft. Durch staatliche Regulierungsmaßnahmen 1934 vor dem Ruin bewahrt, wurde das angeschlagene Unternehmen als GmbH wiederhergestellt. Gesellschafter waren zu je gleichen Teilen das Land Mecklenburg, die Stadt Rostock und die Deutsche Schiffahrts- und Maschinenbau AG Bremen (Deschimag). Während der Bereich Schiffsneubau zwischen 1934 und 1937 kaum kostendeckend arbeitete, ermöglichten die zaghaften Anfänge der Rüstungsproduktion bereits wieder Gewinne. Unterstützung leisteten ab 1934 die Heinkel- und die Arado-Werke mit Aufträgen zur Produktion von Eisenkonstruktionen für Hangars und zur Herstellung von Vorrichtungen für den Bau der „He 111". Der endgültige wirtschaftliche Durchbruch gelang in der zweiten Hälfte der 1930er Jahre durch lukrative Vertragsabschlüsse mit der Wehrmacht, dem Oberkommando der Marine und dem Reichsluftfahrtministerium. Die Marine wirkte seit 1938 als Hauptauftraggeber der Werft, die Produktionsanlagen wurden systematisch für den Kriegsschiffbau umgerüstet. Mit der Spezialisierung nahm das traditionelle Rostocker Unternehmen fortan einen festen Platz in der Rüstungsproduktion ein. Auf der Werft, die 1933 lediglich 90 Belegschaftsmitglieder gezählt hatte, gab es 1938 wieder 1 800 Arbeitsplätze.

Die drei Rostocker Großbetriebe der Rüstungsindustrie erfassten 1939 mit mehr als 14 000 Beschäftigten fast die Hälfte des in der Industrie und im Handwerk der Stadt tätigen Arbeitskräftepotentials. Damit bestimmte der stark ausgebaute Rüstungssektor wesentlich das wirtschaftliche Leben Rostocks. Nahezu alle anderen Branchen ordneten sich diesen ökonomischen Gegebenheiten unter und brachten ihr Profil gewinnbringend in den von der Rüstung dominierten Wirtschaftskreislauf ein. Von der Rüstungsindustrie profitierten deshalb auch eine Reihe mittelständischer Industrieunternehmen, die sich auf die Zulieferung für den Flugzeugbau orientierten. Zu diesen Betrieben gehörten das Ingenieurbüro Meincke, Elektromotorenwerk und Maschinenfabrik, die Drahtwarenfabriken Ferdinand Schulz, Carl Bremer und Norddraht sowie die Maschinen- und Feldbahnfabrik Konrad Jürges. Schließlich wurden auch die infrastrukturellen Rahmenbedingungen den neuen Gegebenheiten angepasst. Dies betraf beispielsweise die Abdeckung des erhöhten Energiebedarfs durch eine stetige Modernisierung der Erzeugeranlagen wie im Falle des Kraftwerkes Bramow 1936 geschehen. Der Stromverbrauch von Heinkel, Arado und Neptun stieg rapide und erreichte im ersten Halbjahr 1939 rund 6,7 Mio. Kilowattstunden. Um die verkehrstechnische Anbindung der Rüstungsbetriebe zu gewährleisten, wurde 1936 die Straßenbahnlinie 2 um etwa vier Kilometer von der Doberaner Straße bis nach Marienehe verlängert. Die Inbetriebnahme der Strecke erfolgte am 17. November 1936. Auch die Strandbahn Warnemünde–Markgrafenheide, die sowohl Personal als auch Material für die Rüstungsproduktion beförderte, stellte sich auf das starke Fahrgastaufkommen ein und ging 1935 zum ganzjährigen Betrieb über. Die Wirtschaft der Stadt befand sich durch die stark expandierende Rüstungsindustrie in einer Phase des Aufstiegs, von dem nahezu alle Branchen ihren Nutzen zogen, auch solche Unternehmen, die nur indirekt in diese Entwicklung einbezogen waren, wie die Brauerei Mahn & Ohlerich, die Margarinefabrik

Getreidelager und -umschlaganlagen im Stadthafen, zweite Hälfte der 1930er Jahre

Hoyer oder die Rostocker Zuckerfabrik. Die Verarbeitung und der Umsatz von landwirtschaftlichen Produkten des agrarischen Umlandes gestalteten sich wieder rentabel. Im Jahr 1938 konnte ein neuer Schlachthof seinen Betrieb aufnehmen. Nicht zuletzt wegen des gut florierenden Getreidehandels bzw. -exports wurde 1935 mit dem Bau von Speichern im Rostocker Stadthafen begonnen. Der zuerst errichtete Speicher verzeichnete mit über 40 m eine stattliche Höhe und war weithin sichtbar. Selbst die zahlreichen kleinen Handwerksbetriebe und Handelsniederlassungen der Stadt waren in den wirtschaftlichen Aufschwung der 1930er Jahre eingebunden, denn sie hatten sich auf die erhöhten Anforderungen der Versorgung einer rasch wachsenden Bevölkerung mit Lebensmitteln, Konsumgütern und Dienstleistungen einzustellen.

Rostock wird Großstadt

Der Ausbau der Rüstungsindustrie beeinflusste die Stadtentwicklung nachhaltig. Insbesondere der Flugzeugbau zog junge Arbeitskräfte aus ganz Deutschland nach Rostock, die sich infolge einer gesicherten Perspektive bald dauerhaft niederließen und Familien gründeten. Zwischen 1933 und 1934 waren die Eheschließungen bereits um rund 42 Prozent angestiegen. Ähnliches zeichnete sich in der Geburtenrate ab. Die Zahl der Einwohner nahm stetig zu. Registrierte die Volkszählung vom 16. Juni 1933 noch 89 990 Bürger, so lebten zum Jahresende schon 93 530 Menschen in der Stadt. Die „magische Grenze" von 100 000 wurde 1935 überschritten. Der einhunderttausendste Einwohner – Hans-Jochen Marott (1935–2001) wurde am 3. März 1935 geboren – brachte Rostock den prestigeträchtigen und für Mecklenburg einmaligen Status einer Großstadt. Die Statistik führte Rostock als die 54. Großstadt des damaligen Deutschen Reiches. Rostock, das sich seit 1936 zusätzlich mit dem Attribut „Seestadt" schmückte, verzeichnete in den 1930er Jahren auch eine Erweiterung des Stadtgebietes. Im Zuge einer von der Landesregierung angestrebten Verwaltungsvereinfachung erfolgte im April 1934 die Eingemeindung der Orte Diedrichshagen, Gehlsdorf, Groß Klein, Lütten Klein, Marienehe, Schmarl und Schutow, ein Umstand, der sich in Anbetracht der weiter wachsenden Bevölkerung als günstig erwies.

Im Mai 1939 erreichte Rostock schließlich eine Einwohnerzahl von 121 192. Damit war zwischen 1933 und 1939 eine Bevölkerungszunahme von mehr als 25 Prozent zu verzeichnen. Lediglich ein gutes Drittel stammte aus Mecklenburg. Die Mehrheit kam aus Südwestdeutschland, Bayern und dem Rheinland. Dabei bewies der Fakt, dass die Belegschaft der Ernst-Heinkel-Werke vor Kriegsausbruch zu 63 Prozent aus Nichtmecklenburgern bestand, nachhaltig das Hauptmotiv der Zuwanderung. Die Ausweitung des Rüstungssektors leitete auch sozialstrukturelle Veränderungen ein. Der Anteil der in der Industrie und im Handwerk Tätigen war seit Anfang der 1930er Jahre deutlich gestiegen. Über die Hälfte der im nichtagrarischen Sektor erwerbstätigen Rostocker kam 1939 aus diesem Wirtschaftsbereich. Die Abteilung Handel und Verkehr erfasste etwa ein Drittel der Beschäftigten, gefolgt von den öffentlichen und privaten Diensten, die gut zwölf Prozent der Erwerbspersonen ausmachten. Die industrielle Entwicklung Rostocks wurde darüber hinaus zum Indikator für ein tendenziell höheres Qualifikationsniveau der Arbeitnehmer. Die im Flugzeugbau tätige

Arbeiterschaft bestand zur Hälfte aus Fachkräften. Mit 2311 technischen Angestellten verfügten Heinkel und Arado 1939 über ein erhebliches Potential an hochqualifizierten Ingenieuren und Konstrukteuren. Die wirtschaftliche Aufwärtsentwicklung, die in unmittelbarem Zusammenhang mit der Kriegsvorbereitung stand, trug auch wesentlich zur Entspannung der Arbeitsmarktsituation bei, die am Ende der Weltwirtschaftskrise einen Großteil Rostocker Familien belastet hatte. Im Jahre 1939, am Vorabend des Zweiten Weltkrieges, verzeichnete die Stadt Vollbeschäftigung. Der positive Trend betraf auch das Baugewerbe, das in den 1930er Jahren maßgeblich vom Bevölkerungswachstum durch die Rüstungsindustrie profitierte und wie alle Branchen am wirtschaftlichen Aufschwung teilnahm.

Wohnungsbau und Stadterweiterung

Die in den 1920er Jahren aufgelaufenen Wohnungsprobleme und der nach 1933 einsetzende Zustrom auswärtiger Rüstungsarbeiter hatten einen akuten Wohnungsnotstand hervorgerufen. Durch finanzielle Zuschüsse aus Reichs- und Landesmitteln förderte die Stadt ab 1933 insbesondere mit Ar-

Das neue, vierte Sparkassengebäude Rostocks an der Kreuzung Maßmann-/ Dethardingstraße, 1935

beitsbeschaffungsmaßnahmen den Wohnungs- und den Straßenbau. Die behördliche Zuständigkeit lag zunächst weiter bei Stadtbaudirektor Gustav Berringer, der in der gesellschaftlichen Umbruchsphase die Fortführung der Projekte aus der Weimarer Zeit beaufsichtigte. Nachdem er als Vertreter des von den Nazis abgelehnten Bauhausstils schon 1934 in den Ruhestand versetzt worden war, ging die Kompetenz an den Direktor des Hafen- und Tiefbauamtes Hugo Kiecker (1879–1946) über. Im Bereich des Wohnungsbaus übernahmen die Nationalsozialisten weitgehend das Grundkonzept der 1920er Jahre. Dieses umfasste sowohl den mehrgeschossigen Wohnungsbau als auch den Bau von Einfamilien- bzw. Doppelhäusern in Stadtrandsiedlungen. Anders verhielt es sich hingegen mit der Bauausführung. An die Stelle von farbigen Putzbauten mit Flachdach traten mehr und mehr die von den Nationalsozialisten als norddeutsche Bauweise bevorzugten Backsteinhäuser mit Satteldach. Die Stadterweiterung der 1930er Jahre erfolgte vor allem in Richtung Westen. Sie orientierte sich am Ausbau der Rüstungsindustrie und am Bevölkerungswachstum. Um den steigenden Bedarf abzudecken, entstanden völlig neue Wohnviertel in zumeist mehrgeschossiger Blockbebauung. So wurden 1933/34 zunächst größere Baulücken in der Park- und der Ulmenstraße sowie in der Strempelstraße geschlossen. Nahezu zeitgleich entstanden in der Dethardingstraße 42 Häuser mit 260 Wohnungen sowie ab Juli 1934 der Neubau der Sparkassenfiliale. Im Jahr 1937 wurde die Dethardingstraße 10 als Caféhaus mit Poststelle projektiert. In unmittelbarer Nachbarschaft erfolgte seit Mitte der 1930er Jahre die Errichtung des sogenannten Klinikviertels. Neben der Wohnbebauung entstanden hier weitere Teile des Klinikkomplexes. Dies betraf unter anderem den Bau der Universitätszahnklinik. Nach knapp zweijähriger Bauzeit wurde die seinerzeit modernste europäische Fachklinik für Stomatologie am 31. Mai 1938 in Anwesenheit von mecklenburgischer Partei- und Regierungsprominenz eingeweiht. Auch der Reichsminister für Wissenschaft, Erziehung und Volksbildung Bernhard Rust (1883–1945) war zur feierlichen Inbetriebnahme erschienen. Nur wenige Wochen später, am 4. Juli 1938, erfolgte die Grundsteinlegung zum Bau der Universitätskinderklinik. Durch den Krieg mehrfach unterbrochen, konnten bis 1945 mit dem Nord- und dem Mittelflügel nur Teile der Klinik fertiggestellt werden.

Zu den großen Bauplätzen der 1930er Jahre gehörte auch das Gebiet um die Danziger Freiheit (heute Dürerplatz). Hinzu kamen ab 1935 das Hansaviertel mit ca. 1 000 geplanten Wohnungen und der Bereich um den Wilhelm-Gustloff-Platz (heute Thomas-Müntzer-Platz) mit etwa 600 Wohnein-

Siedlung Dierkow, um 1936

heiten. In Warnemünde wurden bis einschließlich 1934 45 Neubauten mit 174 Wohnungen errichtet. Die wohl umfänglichste Bebauung erfolgte dort in der Paschenstraße mit zehn neuen Häusern.

Neben der mehrgeschossigen Blockbebauung bildete die Siedlung – nach 1933 unter dem Vorzeichen der „Bindung an den Boden" propagiert – einen weiteren Schwerpunkt nationalsozialistischer Wohnungspolitik. Dabei nahmen die Nazis Siedlungsvorhaben aus den 1920er Jahren wieder auf. Dies traf besonders auf das Siedlungsprojekt Dierkow zu. Bereits in der Weimarer Zeit geplant und wegen zu hoher Erschließungskosten zurückgestellt, wurde Dierkow zwischen 1933 und Anfang der 1940er Jahre in mehreren Bauabschnitten realisiert. Im Jahr 1933 mit 36 Häusern begonnen und ab August 1935 durch die Errichtung von 230 Objekten fortgesetzt, standen hier 1936 weitere 126 Einfamilien- bzw. Doppelhäuser in der Planung. Als Gegenstück der nach Westen ausgerichteten Stadterweiterung sollte Dierkow wieder stärker zur Belebung der Rostocker Altstadt beitragen. Das zweite Projekt dieser Art war Reutershagen. Um die Grundsteinlegung, die durch den Gauleiter Friedrich Hildebrandt (1898–1947) am 21. März 1934 vorgenommen wurde, veranstalteten die Nationalsozialisten einen erheblichen Propagandarummel, da der symbolische Baubeginn der Siedlung zugleich den Auftakt zur „Arbeitsschlacht" des Jahres 1934 in Rostock bildete. Bereits 1936 waren 270 Häuser fertiggestellt. In unmittelbarer Nähe zum Heinkel-Werk in Marienehe gelegen, lebten in der Siedlung viele im Flugzeugbau beschäftigte Facharbeiter und technische Angestellte. Heinkel unterstützte den Bau von billigem Wohnraum im Interesse seiner wachsenden Belegschaft. Beim Eigenheimbau übernahm das Unternehmen über die werkseigene Heinkel-Wohnbau GmbH beispielsweise die Eigenkapitalleistung und verrechnete sie mit dem Lohn bzw. dem Gehalt. Darüber hinaus beteiligten sich die großen Rüstungsunternehmen an der Rostocker Wohn- und Siedlungsbau-Genossenschaft mbH – ab Mai 1939 „Neue Heimat" Gemeinnützige Wohnungs- und Siedlungsgesellschaft der DAF –, um das Stammpersonal mit Siedlungshäusern und mietgünstigen Werkswohnungen zu versorgen. Letztere entstanden ab 1937 unter anderem im Komponistenviertel entlang der Straßenbahnstrecke nach Marienehe. Gebaut wurden zunächst 76 Häuser mit insgesamt 483 modernen Zwei- und Dreiraum-Wohnungen. Ab 1938 schloss sich die Wohnbebauung um den Wiener Platz an. Beide Wohngebiete waren durch eine 1938/39 angelegte zehn Hektar große Parkanlage mit dem Schwanenteich im Mittelpunkt weitläufig verbunden. Die Fassadengestaltung der Giebelfront eines der Lübecker Straße zugewandten Hauses, die einen zum Himmel aufblickenden Heinkelarbeiter darstellte, symbolisierte die enge Verbindung der im Komponistenviertel Lebenden mit dem Flugzeugbau. Obgleich die Nachfrage nach Wohnraum die Kapazitäten stets überstieg, zeichnete sich bis Anfang der 1940er Jahre in der Wohnungsversorgung eine gewisse Entspannung ab. Rostock, das im Wohnungsbau 1936 laut Propaganda den ersten Platz unter den deutschen Städten einnahm, verzeichnete zwischen 1933 und 1939 einen Zuwachs von insgesamt 7 034 Wohnungen.

Geistig-kulturelles Leben

Der Machtwechsel hinterließ auch in den Kultur-, Wissenschafts- und Bildungseinrichtungen seine Spuren. Die Universität hatte sich rasch den neuen Verhältnissen angepasst. Das hier vorherrschende konservative Klima und der Hang zu autoritären Machtstrukturen begünstigten eine zügige Beseitigung der akademischen Selbstverwaltung. Im Sog der Gleichschaltungswelle entschied sich die Hochschulleitung bereits am 21. Juni 1933 mehrheitlich und ohne behördlichen Druck für die Einführung des Führerprinzips. Nach Auffassung des amtierenden Rektors Prof. Paul Schulze (1887–1949) war die Rostocker Universität die erste deutsche Hochschule mit nationalsozialistischem Führungsstil. Radikal gebärdete sich der Nationalsozialistische Deutsche Studentenbund (NSDStB), der die Entfernung jüdischer Wissenschaftler aus der Universität forderte. Die Anfeindungen konzentrierten sich insbesondere auf den Direktor der Universitätszahnklinik Prof. Dr. Hans Moral (1884–1933) und den Leiter des Psychologischen Instituts Prof. David Katz (1884–1959). Während der am 8. April 1933 beurlaubte Katz nach Großbritannien emigrierte und später in Schweden seine Wahlheimat fand, war der Zahnmediziner Hans Moral den Angriffen der Nazis nicht gewachsen. Extrem unter Druck gesetzt, beging der alleinstehende und psychisch angeschlagene Moral am 6. August 1933 Selbstmord. Das erste Opfer antisemitischer Provokationen war jedoch der Medizinalpraktikant Dr. Gustav Posner (1905–1933), der am 8. Juli 1933, von den Nazis verfemt, den Freitod gewählt hatte. Schon im Sommer 1933 galt der Lehrkörper der Rostocker Universität als „arisiert". Der Antisemitismus war schließlich auch der Grund für 25 jüdische Studenten, im Frühjahr 1933 nicht mehr an die Hochschule zurückzukehren. Die Mehrheit der Rostocker Wissenschaftler nahm diese Entwicklung widerspruchslos hin. Zu den wenigen Ausnahmen, die sich der permanenten antijüdischen Stimmungsmache widersetzten, gehörte der Direktor der Poliklinik für Innere Medizin Prof. Georg Ganter (1885–1940). Ganter behandelte in seiner Klinik auch jüdische Patienten. Der Denunziation im Dezember 1935 folgte eine Untersuchung und schließlich die Versetzung in den Ruhestand zum 31. Mai 1937. Mut zum Widerspruch fand auch der Altertumswissenschaftler Prof. Kurt von Fritz (1900–1995), der Einwände gegen die Vereidigung auf Hitler erhob. Noch einige Zeit geduldet, wurde er 1935 aus dem Universitätsdienst entlassen. Im Gegensatz dazu bildete die Akzeptanz des Systems die Regel. Dies traf letztlich auch auf die fünf Rektoren zu, die die Geschicke der Hochschule zwischen 1933 und 1945 mit mehr oder weniger Distanz zur NS-Diktatur führten. Der Einfluss des Nationalsozialismus war allgegenwärtig, so auch bei den Lehr- und Forschungsinhalten, die mehr und mehr der NS-Ideologie folgten. Die sogenannten Ostlandfahrten, studentische Exkursionen an die deutsch-polnische Grenze, bedienten ab

1934 zum Beispiel gezielt die weit verbreiteten nationalistischen Vorbehalte
gegenüber dem Versailler Vertrag. Auch wehrwissenschaftliche Themen gewannen zunehmend an Bedeutung. Die mathematisch-naturwissenschaft-
lichen Disziplinen kooperierten mit der Rüstungsindustrie. Die Einrichtung
des Instituts für wirtschaftliche Raumforschung und des Instituts für Agrar-
und Siedlungswesen 1934 und 1935 stand in direkter Verbindung zu den
NS-Theorien vom „Volk ohne Raum" und von „Blut und Boden". Ähnlich
verhielt es sich mit dem Engagement in der Erbbiologie und in der Rassen-
hygiene. Mediziner waren ebenso für die Erbgesundheitsbehörden tätig wie
in die antihumanistische Zwangssterilisation und menschenverachtende
Euthanasie verstrickt.

Wie die Universität erlagen auch die Schulen nach 1933 mehr und mehr
dem Einfluss des NS-Staates. Im Jahre 1934 gab es in Rostock ca. 11 000
schulpflichtige Kinder und Jugendliche, die einem zunehmend politisierten
Unterricht ausgesetzt waren. Ihre Lehrer gehörten bereits mehrheitlich dem
Nationalsozialistischen Lehrerbund (NSLB) an. Im Kreis Rostock waren
Ende 1933 schon 95 Prozent aller Volksschullehrer, 75 Prozent der Philolo-
gen und die Hälfte der Gewerbe- und Berufsschullehrer der NS-Berufsorga-
nisation beigetreten. Unter den in Lehrberufen tätigen Rostockern gab es
im Sommer 1933 77 Mitglieder der NSDAP. Im Gegensatz dazu mussten
Lehrer, die sich nicht der Ideologie beugen oder nicht in das politische Kon-
zept der Nazis passten, ihren Beruf aufgeben. Entlassen wurde unter anderen der Studienrat Dr. Richard Moeller vom Lyzeum mit Studienanstalt. Als
Landesvorsitzender der Deutschen Staatspartei und engagierter Nazi-Gegner
wurde Moeller umgehend suspendiert. Der Volksschullehrer Hans Bernitt
(1899–1954) musste wegen seiner SPD-Zugehörigkeit den Dienst quittieren.
Lehrer jüdischer Herkunft wurden mit Berufsverbot belegt. Im Juni 1934
zwangen die Nazis die Jüdin Marie Bloch (1871–1943), ihre privat geführte
und angesehene Kindergärtnerinnenschule zu schließen, womit die Entlassung von Lehrkräften verbunden war.

Parallel zur restriktiven Personalpolitik verschoben die Nationalsozialisten die Prioritäten in der inhaltlichen Ausrichtung der Schulbildung. In den
Mittelpunkt rückten nun „Leibesübungen" und die „deutschkundlichen Fä-
cher" – Deutsch, Geschichte, Erdkunde, Zeichnen und Musik – mit denen
sich die NS-Weltanschauung einprägsam vermitteln ließ. Diesem Zweck
diente auch das Lesebuch für mecklenburgische Kinder „Heini und Lene",
das 1935 erschien. Rostocker Schulen arbeiteten außerdem mit dem zwischen 1935 und 1939 herausgegebenen „Deutschen Lesebuch", das in

Mecklenburg mit einem Regionalteil zur „Blut und Boden"-Problematik ausgestattet war. Die stetige Indoktrination hinterließ Wirkung. Ausdruck dessen war unter anderem die Mitgliedschaft in der Hitlerjugend (HJ). Einen ausgesprochen hohen Organisationsgrad verzeichnete die HJ durchgängig an höheren Lehranstalten. So auch in Rostock, wo beispielsweise am Realgymnasium im Februar 1936 90 Prozent der Schüler der nationalsozialistischen Jugendorganisation angehörten. Demgegenüber fielen die Mitgliedschaften an Volks- und Mittelschulen, wo sich die Kinder aus dem Arbeitermilieu konzentrierten, mit 42,7 Prozent im Kreis Rostock wesentlich niedriger aus. Obgleich die Schülerzahl in der Stadt stetig wuchs – 1939 befanden sich ca. 20 000 Mädchen und Jungen im schulfähigen Alter – wurde der Bau neuer Einrichtungen vernachlässigt. Bis 1945 entstand lediglich ein Schulneubau in Dierkow. Geplant war, die größte Volksschule Mecklenburgs zu errichten. Der Bau sollte 36 Klassen, vier Turnhallen und mehrere Sportplätze umfassen. Am 15. April 1941 konnten durch kriegsbedingte Schwierigkeiten lediglich Teile des ehrgeizigen Projekts für den Schulbetrieb übergeben werden.

Der Zugriff des Nationalsozialismus machte auch vor der Kunst und Kultur nicht halt. Die Vorgänge der Gleichschaltung blieben jedoch – abgesehen von den spektakulären Aktionen der Anfangszeit – weitgehend im Verborgenen. Der kulturell interessierte Bürger konnte seinen Bedürfnissen in scheinbar gewohnter Weise nachgehen. An den von den Nationalsozialisten verfügten Tabus wurde kaum Anstoß genommen. Trotz unübersehbarer Vereinnahmung und der Tatsache, dass verstärkt NS-Organisationen ins Kulturleben drängten, erfreuten sich die Rostocker Einrichtungen einer ungebrochen positiven Resonanz. Das Stadttheater, das über die Landesgrenzen hinaus für die Wagner-Pflege bekannt war, erlag in der NS-Zeit jedoch zunehmend der zweckdienlichen Instrumentalisierung seiner traditionsreichen Vorliebe. Dem langjährigen Intendanten Ernst Immisch, der sich 1935 auf eigenen Wunsch aus seinem Amt zurückzog, folgte mit Dr. Friedrich Wacker (1901–1980) ein Theaterchef, der als systemkonform galt. Nach einem Umbau des Zuschauer- und des Orchesterraums in den Sommermonaten 1938 erfolgte am 1. September im Rahmen der fünften Rostocker Kulturwoche die Wiedereröffnung des Hauses. Die Kulturwochen gehörten zum festen Bestandteil des gesellschaftlichen Lebens der Stadt. Sie fanden seit 1934 jährlich – zuerst im Juni und ab Mitte der 1930er Jahre Ende August/Anfang September – statt. Neben der üblichen Würdigung der NS-Kulturpolitik standen vor allem Musik- und Theaterveranstaltungen auf

dem Programm, die zahlreiche Besucher anzogen. Zur Aufführung gelangten regelmäßig auch Laienspiele mit vordergründig ideologischer Botschaft.
Die Initiative für die im Zuge der Kulturwochen veranstalteten Ausstellungen lag zumeist beim Rostocker Kunstverein, der nach der Machtübernahme um weitgehend unverfängliche Themen bemüht war, die zudem
ein breites Publikum ansprachen. Dafür standen unter anderem Expositio-
nen über das Schaffen einheimischer Künstler. So gab es im Sommer 1935
zum 50. Geburtstag des angesehenen Rostocker Malers Emil Oberländer
eine Werkschau. Zur vierten Kulturwoche 1936 griff der Kunstverein auf
das Thema „Stadtansichten aus 100 Jahren" zurück und im Jahr 1937 wurde
der Dichter Adolf Wilbrandt mit einer Ausstellung bedacht.

Aufwendig restauriert wurde 1937/38 die wertvollste Rostocker Ansicht,
die Vicke-Schorler-Rolle. Ein Jahr später erschien im Rostocker Hinstorff
Verlag die erste vollständige Ausgabe der historisch einzigartigen Darstellung. Den Einführungstext zum Druck hatte der ausgewiesene Kunsthistoriker Prof. Oscar Gehrig verfasst. Die Stadt Rostock ließ Adolf Hitler 1939
aus Anlass seines 50. Geburtstages ein prestigeträchtiges Sonderexemplar
zukommen. Oscar Gehrig, der als bester Kenner der Vicke-Schorler-Rolle
galt, hatte sich über Jahre hinweg auf vielfältige Weise für die Kultur in der
Stadt engagiert. So war er beim Hinstorff Verlag auch für die Redaktion der
Mecklenburgischen Monatshefte verantwortlich. Seine Herausgeberschaft
endete, als die Nationalsozialisten am 1. Oktober 1936 die beliebte Publi-
kationsreihe zur mecklenburgischen Kultur- und Volkskunde der Redaktion
ihrer Parteizeitung „Niederdeutscher Beobachter" unterstellten. Einem ähnlichen Schicksal erlagen auch andere Veröffentlichungen des renommierten
Rostocker Verlages. So musste die über 15 Jahre von Dr. Erich Schlesinger
(1880–1956) redigierte „Mecklenburgische Zeitschrift für Rechtspflege,
Rechtswissenschaft und Verwaltung" an den NS-Rechtswahrerbund übergeben werden.

Einblicke in das städtische Leben der 1930er Jahre, das historische
Stadtbild sowie die Entwicklung gewährte auch ein über Rostock gedrehter
Werbefilm, der im Auftrage der Presse- und Propagandastelle des Rates hergestellt wurde. Die Uraufführung dieses UfA-Kulturstreifens mit dem Titel
„Die Stadt der sieben Türme" fand im September 1936 in Anwesenheit des
Gauleiters Hildebrandt und zahlreich vertretener lokaler Parteiprominenz
im Lichtspieltheater „Sonne" statt. Zwei Jahre später machte der Beitrag
durch seinen Einsatz während der Weltausstellung in Paris auf sich aufmerksam.

Zu einem kulturellen Höhepunkt entwickelten sich in Rostock die Musikwochen, die seit 1939 regelmäßig im Mai abgehalten wurden. Anliegen war die Pflege klassischer und zeitgenössischer Musik, wobei Konzerte von NS-Organisationen stets ein nahezu gleichstarkes Gegengewicht bildeten. Auch die Musikwochen unterlagen dem Einfluss des Nationalsozialismus. So wurde 1941 die ideologisch ausgerichtete Kantate „Ewige Mutter" uraufgeführt. Die Textvorlage lieferte Hans Franck (1879–1964) und die Musik stammte vom Rostocker Komponisten Carlfriedrich Pistor (1884–1969). Im Nachwuchsbereich trat die Städtische Musikschule hervor. Sie war im November 1938 gegründet worden, zählte 433 Schüler und fungierte später als Vorschule für das im Januar 1941 eingeweihte Konservatorium.

Propagandamaschinerie

Bis zum Ende der 1930er Jahre hatten sich die Lebensverhältnisse in Rostock deutlich verbessert. Die Überwindung der Arbeitslosigkeit, die Verbesserung der Wohnverhältnisse und das geistig-kulturelle Leben vermittelten ein Bild, das, über Jahre hinweg geprägt, schließlich bei der Mehrheit der Bevölkerung eine zunehmende Identifikation mit dem NS-Staat beförderte.

Das Postulat von der „Volksgemeinschaft" hatte für viele Rostocker Gestalt angenommen. Die Menschen hatten sich eingerichtet und begannen mehr oder weniger zu funktionieren. Eine perfekt inszenierte Propaganda transportierte die NS-Ideologie systematisch und auf vielfältigen Wegen in nahezu alle Bereiche des Alltags. Beim Rat der Stadt war bereits im Dezember 1933 eine Presse- und Propagandastelle eingerichtet worden, die die gesamte Öffentlichkeitsarbeit der Verwaltung abwickelte. Mit Walter Volgmann erhielt die neue Institution einen Nationalsozialisten zum Dezernenten, der die inhaltliche Arbeit umgehend auf die Interessen der NSDAP ausrichtete. Die Behörde gab regelmäßig Wochensprüche heraus, die plakativ nationalsozialistische Positionen verbreiten sollten. Über Zeitungsinserate oder Anschläge in Geschäften, Kinos, Betrieben und Schulen erreichten sie breite Bevölkerungskreise. Das wichtigste Instrumentarium der Beeinflussung bildeten jedoch die Medien. Dazu gehörte in erster Linie die lokale Tagespresse, insbesondere der „Niederdeutsche Beobachter", das Organ der NSDAP. Nachdem die kommunistische „Volkswacht" und die

Der Neue Markt während des 2. Mecklenburgischen Gautags der NSDAP 1937

„Mecklenburgische Volkszeitung" der SPD verboten und die Verlage der Arbeiterparteien beschlagnahmt worden waren, konzentrierten die Nationalsozialisten ihre Angriffe auf das auflagenstärkste mecklenburgische Blatt, den konservativen „Rostocker Anzeiger". Der gegen den Inhaber Carl Boldt (1884–1968) seitens der NSDAP mit harten Bandagen geführte Verdrängungskampf um das uneingeschränkte Pressemonopol reichte von Boykott über Erpressung und Freikauf schließlich bis zur mehrheitlichen Übernahme der Verlagsanteile durch eine NS-Auffanggesellschaft im April 1936. Auch Sonderpublikationen, wie das 1935 auf Initiative des Oberbürgermeisters und der Kreisleitung der NSDAP erschienene Buch „2 Jahre! Rostocks Aufstieg zur Großstadt", das die Machtübernahme als erfolgreichen Aufbruch in eine neue Zeit resümierte, verfehlten ihre beabsichtigte Wirkung nicht. Selbst die ab 1936 herausgegebene Kommunalpolitische Schriftenreihe, die über Entwicklungen in der Stadt unterhaltend informieren sollte, kam nicht ohne Propaganda aus.

Regen Zuspruch verzeichnete die Volksbücherei mit ihrem Bestand von ca. 15 000 Bänden. Nach durchsichtigen Behauptungen der NSDAP soll Hitlers „Mein Kampf" seinerzeit in Rostock zu den Bestsellern gehört haben.

Als neues und zugleich effektivstes Massenmedium nutzten die Nationalsozialisten den Rundfunk. Der Volksempfänger, im Volksmund auch „Goebbelsschnauze" genannt, war bei einem Preis von 76 Reichsmark für das einfache Gerät für fast jede Familie erschwinglich. Im Jahr 1938 besaßen in Mecklenburg immerhin 58,7 Prozent aller Haushalte einen Rundfunkempfänger. Rostock, das bei der Ausstattung mit Radiogeräten statistisch über dem Reichsdurchschnitt lag, nahm nach Verlautbarungen der Nazis hinter den Städten Dessau und Stuttgart den dritten Platz ein. Auch das Kino, das als modernes Medium mehr und mehr zum festen Bestandteil der Alltagskultur wurde, erfüllte eine wichtige Funktion. Von den zehn Kinoneubauten, die in der zweiten Hälfte der 1930er Jahre in Mecklenburg errichtet wurden, entstanden zwei in Rostock. Das Hansa-Kino in der Maßmannstraße, das 730 Zuschauern Platz bot, wurde am 10. Juli 1937 feierlich eingeweiht. Nur ein Jahr später folgte am 29. August 1938 die Eröffnung des Ufa-Palastes in der Breiten Straße. Der moderne und großzügig

Die Einweihung des Wilhelm-Gustloff-Denkmals auf dem gleichnamigen Platz (heute Thomas-Müntzer-Platz), 14. November 1937

ausgestattete Neubau konnte im Parkett und Rang bis zu 1 000 Besucher fassen.

Eine im Rahmen der Propaganda nicht zu unterschätzende Bedeutung hatte die im Nationalsozialismus durchgängig praktizierte Heldenvereh-rung. Diese erfuhr mit der Ermordung des Landesgruppenleiters der NSDAP in der Schweiz, Wilhelm Gustloff (1895–1936), am 4. Februar 1936 eine neue Dimension. Da Gustloff gebürtiger Schweriner war, konnte Mecklen-burg fortan auf einen „Helden" verweisen, der angesichts des jüdischen At-tentäters zum Märtyrer hochstilisiert wurde. Rostock machte in dem um Gustloff inszenierten Kult Schlagzeilen, als die Stadt offensichtlich gegen den Willen der Reichsleitung der NSDAP am 14. November 1937 das erste Wilhelm-Gustloff-Denkmal Deutschlands auf dem gleichnamigen Platz (heute Thomas-Müntzer-Platz) einweihte.

In den 1930er und 1940er Jahren gab es darüber hinaus eine Reihe wei-terer Aktivitäten, die das Gemeinschaftsgefühl und die Einbindung der Menschen in die NS-Diktatur stärkten, etwa die sogenannten Eintopfsonn-tage auf dem Neuen Markt, die ausgiebig zelebrierten Erntedankfeste, die eindringlich an das Mitgefühl appellierenden Unterstützungsaktionen der NS-Volkswohlfahrt und des Winterhilfswerkes oder die preisgünstigen Ur-laubs- und Kulturangebote der Organisation Kraft durch Freude.

Im Gleichschritt für den Führer

Obgleich sich der Sitz der Gauleitung der NSDAP und ihrer Gliederungen in der Landeshauptstadt Schwerin befand, nutzten die Nazis insbesondere Rostock ab 1933 als zentralen Veranstaltungs- und Aufmarschort. Einen ers-ten Höhepunkt bildete der 13. Oktober 1933, als die Landtage von Meck-lenburg-Schwerin und Mecklenburg-Strelitz im Rostocker Rathaus die Verei-nigung zum Land Mecklenburg vom 1. Januar 1934 an beschlossen. Ein Festakt im Ständehaus besiegelte schließlich die Gleichschaltungsaktion, die der Gauleiter der NSDAP Friedrich Hildebrandt seit Frühjahr 1933 sys-tematisch vorangetrieben hatte.

Als Reichsstatthalter verfügte der ranghöchste NS-Funktionär des Landes seit dem 26. Mai 1933 auch über weitreichende staatliche Vollmachten, was den Rat der Stadt und die örtlichen Parteihonoratioren am 2. Juni 1933 zu einem offiziellen Empfang Hildebrandts in Rostock veranlasste. Zu den

Empfang des Reichsstatthalters Friedrich Hildebrandt (Mitte) im Rostocker Rathaus, 2. Juni 1933 (rechts neben Hildebrandt Oberbürgermeister Dr. Robert Grabow, 2. von links Walter Volgmann, Oberbürgermeister 1935–1945)

spektakulären Massenveranstaltungen, die die Parteizentrale in der Stadt abhalten ließ, gehörten die Gautage bzw. Gauparteitage der NSDAP. So zelebrierten die Nationalsozialisten während der am 24./25. Februar 1934 abgehaltenen Funktionärstagung mit einem großen organisatorischen und propagandistischen Aufwand die Vereidigung der sogenannten politischen Leiter der NSDAP Mecklenburgs in den stillgelegten Werkhallen der Neptunwerft. Nach Verlautbarungen der Nazis leisteten ca. 15 000 mecklenburgische NS-Funktionäre den Treueschwur auf den Parteiführer Adolf Hitler. Auch in den folgenden Jahren war die Stadt mehrfach Austragungsort großer Massenaufmärsche. Zu diesem Zweck hatten die Nationalsozialisten in Rostock entsprechende Orte geschaffen. Dazu zählte unter anderem die „Thingstätte", ein auf Betreiben der NSDAP als Freilichtbühne errichteter Versammlungs- und Theaterspielort im Barnstorfer Wald. In den 1930er Jahren entstanden derartige Plätze vielerorts in Deutschland. Die Rostocker Anlage war seinerzeit die erste ihrer Art in Mecklenburg. Nach gut einjähriger Bauzeit – die Grundsteinlegung war am 21. März 1934 erfolgt – fand die Einweihung am 12. Mai 1935 in Anwesenheit des Gauleiters und des mecklenburgischen Regierungschefs statt. Für maximal 16 000 Menschen geplant, diente die „Thingstätte" zur Aufführung nationalsozialistischer Massensingspiele. Darüber hinaus wurde sie auch häufig für die Austragung politischer Großveranstaltungen genutzt, wie im Falle des Gauparteitages 1937. Bereits 1936 hatten die Nationalsozialisten nördlich der Barnstorfer Anlagen mit dem Ausbau der alten Rennbahn zu einem gewaltigen Aufmarsch- und Sportgelände begonnen. Das Erscheinungsbild, insbesondere der Tribünenaufbau, war eindeutig dem Nürnberger Reichparteitagsgelände nachempfunden. Für 20 000 Menschen gedacht, konnte das Gebiet, das sich zwischen der „Thingstätte" und dem ehemaligem Arbeiterstadion er-

Der 3. Mecklenburgische Gautag der NSDAP auf dem Aufmarschgelände (heute Teil des Sportforums), Juni 1939

streckte, jedoch weit mehr Personen fassen. Während der 1939 zynisch als „Parteitag des Friedens" bezeichnete Reichsparteitag der NSDAP wegen des bevorstehenden Krieges am 26. August abgesagt wurde, hatte der mecklenburgische Gauparteitag noch wie geplant vom 8. bis 11. Juni 1939 in Rostock stattgefunden. Die Massenveranstaltungen auf dem Aufmarschgelände zählten zeitweise über 30 000 Teilnehmer, von denen die Mehrheit aus allen Teilen Mecklenburgs angereist war.

Widerstand, Opposition und Verweigerung

Wie in ganz Deutschland fanden sich auch in Rostock Menschen, die sich aus unterschiedlichsten Motiven dem NS-Regime widersetzten. Hierzu zählten in erster Linie die Vertreter der Arbeiterbewegung, die sich der Gefahr einer nationalsozialistischen Machtübernahme seit Ende der 1920er Jahre entgegengestellt hatten. Die Konfrontation zwischen den Linksparteien und der NSDAP, die bereits vor 1933 mit zunehmender Härte ausgetragen wurde, setzte sich nach dem Machtantritt der Nazis zwangsläufig unter veränderten Bedingungen fort. Während die Arbeiterparteien den Widerstand gegen das sich etablierende Gewaltregime aufnahmen, reagierten die neuen Machthaber mit der systematischen Verfolgung und Unterdrückung der politischen Gegner. Dass Rostock einen Schwerpunkt dieser Auseinandersetzung bildete, hatte verschiedene Ursachen. So gab es in der größten Stadt Mecklenburgs ein Potential an organisierter Arbeiterschaft, das für die neuen Machthaber schwer kalkulierbar war. Hier befanden sich zudem die Zentralen der Linksparteien und -organisationen. Diese Tatsachen erzeugten bei den Nationalsozialisten ein Vorgehen, das mit aller Schärfe auf die institutionelle und personelle Demontage der organisierten Arbeiterbewegung abzielte.

Die in den Untergrund gedrängten Kommunisten hatten seit dem Machtantritt der NSDAP mit dem Aufbau illegaler Strukturen begonnen. In Rostock existierten verschiedene Gruppen, die im Widerstand gegen die NS-Diktatur standen. Zu den größten gehörte ein Kreis um den Kommunisten Alfred Weickert (1903–1943). Weickert nutzte seine illegalen Kontakte und Treffen mit Gleichgesinnten für die gezielte Vorbereitung und Koordination von Aktionen. Der NSDAP, der sowohl die lokalen als auch die regionalen Führungskräfte bekannt waren, gelang ein schneller Zugriff auf die aktiven Widerstandskämpfer. Ab Frühjahr 1933 setzte eine Flut von Verhaftungen und politischen Prozessen ein, die dem kommunistischen Widerstand dauerhaft wichtige Kräfte entzog. Im sogenannten Kommunisten-Prozess, der ab dem 19. Januar 1934 in Bützow stattfand, wurden 14 führende Bezirksfunktionäre und Landtagsabgeordnete der KPD Mecklenburg wegen Hochverrats zu Haftstrafen verurteilt. Unter den Angeklagten befanden sich auch vier in Rostock ansässige Kommunisten: der Redakteur der „Volkswacht", Wilhelm Eildermann (1897–1988), der Stadtverordnete Hans Mahncke (1894–1967), der Geschäftsführer der „Volkswacht", Paul Voigt (1901–?), und der Sekretär der KPD Mecklenburg, Johannes Warnke (1896–1984). Durch die systematische Perfektionierung des Unterdrückungsapparates hatten die Nationalsozialisten bis 1935 das Oppositionspotential der KPD in der Stadt weitgehend zerschlagen. In den folgenden Jahren prägten Einzelaktionen sowie das Wirken kleiner und loser Gruppen den kommunistischen Widerstand. Viele, die trotz massiver Verfolgung ihre Aktivitäten fortsetzten, überlebten das nationalsozialistische Gewaltregime nicht.

Opfer brachte auch die Sozialdemokratie, die ihre Kontakte und Verbindungen unter den Bedingungen der Illegalität neu ordnen musste. Dabei bildeten die Geschäfte der ehemals führenden Parteifunktionäre der SPD, Albert Schulz und Willi Jesse, wichtige Anlaufpunkte für Rostocker Sozialdemokraten. Über den Informationsaustausch entstanden Solidargemeinschaften, die ehemaligen SPD-Mitgliedern Unterstützung und Schutz boten. Wilhelm Jesse, einer der aktivsten sozialdemokratischen Widerstandskämpfer in Rostock, nutzte im Einvernehmen mit seinen Parteifreunden die Tarnung als Lebensmittelhändler und fungierte bis 1938 als Kontaktmann zum Exilvorstand der SPD in Prag. Im Krieg gehörte er zu denjenigen Mecklenburgern, die in die Pläne eines Staatsstreiches gegen Hitler eingeweiht waren. Jesse, der die Strukturen und Ziele der Verschwörung vom 20. Juli 1944 kannte, war beim Gelingen des Umsturzes für eine politische Funktion in Mecklenburg vorgesehen. Nach dem missglückten Attentat gelang Jesse am 24. August 1944 die Flucht, die ihn auf abenteuerliche Weise über Dänemark ins schwedische Exil führte. Die Nationalsozialisten nahmen den 20. Juli 1944 zum Anlass, um rigoros und im großen Maßstab gegen Andersdenkende vorzugehen. Im Zuge der „Aktion Gewitter" inhaftierten sie ab dem 22. August 1944 Hitlergegner unterschiedlichster politischer Herkunft. In Rostock wurden 96 Personen in Haft genommen. Unter ihnen befanden sich die Sozialdemokraten Wilhelm Hörning (1890–1968), Albert Schulz und der Gewerkschaftsfunktionär Albert Schmidt (1886–1944) sowie die Kommunisten Ernst Koch (1890–1945) und Otto von Zschock (1875–1945).

Neben den Arbeiterparteien, die in Rostock den größten Anteil am Widerstand hatten, fanden sich auch in bürgerlichen Kreisen immer wieder Menschen, die in kleinen Gruppen oder zumeist als Einzelpersonen der nationalsozialistischen Diktatur mutig entgegentraten. Zu diesen Kräften, die nicht dem organisierten Widerstand zuzurechnen waren, gehörten Vertreter der evangelischen und katholischen Kirche, die sich dem Hitlerregime aus religiöser Überzeugung und humanistischer Gesinnung entgegenstellten bzw. widersetzten. In Rostock opponierten an der Theologischen Fakultät der Universität in den Jahren 1933/34 Professoren und Studenten gegen die Gleichschaltung der Evangelischen Kirche und den Führungsanspruch der Deutschen Christen, der Kirchenparteibewegung der NSDAP. Der Protest richtete sich gegen die Absicht der Nationalsozialisten, mit dem Militärpfarrer Ludwig Müller (1883–1945) einen Gewährsmann Hitlers in die Position des Reichsbischofs zu lancieren. Als im Herbst 1934 Theologen aus ganz Deutschland wiederholt den Rücktritt des seit September 1933 amtierenden Müller forderten, fanden sich auch die Unterschriften aller Rostocker Theologieprofessoren unter den Petitionen. Damit war die Rostocker Theologische Fakultät die einzige, die sich dem systemkonformen Reichsbischof geschlossen verweigerte. Die Professoren Friedrich Brunstädt (1883–1944), Friedrich Büchsel (1883–1945), Alfred Jespen (1900–1979), Gottfried Quell (1896–1976), Helmuth Schreiner (1890–1962) und Johannes von Walther (1876–1940) gehörten zur Bekennenden Kirche, die als innerkirchliche Oppositionsbewegung gegen eine Vereinnahmung der Kirche durch den NS-Staat aktiv war. Schreiner, der aus Sicht der Nazis als extrem widerständig galt, wurde 1937 in den Ruhestand versetzt. Im Frühjahr 1935 griffen die Nationalsozialisten die Vorgänge an der Theologischen Fakultät nochmals auf und konstruierten eine Verbindung mit dem gerade aktuellen Fall des katholischen Geistlichen Wilhelm Leffers. Der Prälat, der seit 1902 als Pfarrer in Rostock tätig war, hatte sich im April 1935 wegen Verstoßes gegen das „Heimtückegesetz" vor einem Sondergericht zu verantworten. Die Nationalsozialisten, denen Leffers Regimekritik nicht verborgen geblieben war, wollten den Geistlichen offiziell als Gegner des NS-Staates überführt haben. Auf Leffers wurden deshalb gezielt Mitglieder des NSDStB angesetzt, die als katholische Studenten getarnt dem gutgläubigen Prälaten Mitte Januar 1935 in einem vertraulichen Gespräch die gewünschten Informationen entlockten. Der Denunziation bei der Gestapo folgten die

Inhaftierung und der Prozess. Das Strafmaß wurde auf eineinhalb Jahre Gefängnis festgesetzt. Auf Druck führender Kirchenkreise kam der bereits 64-Jährige im September 1935 frei. Der Fall selbst sorgte über die Grenzen Rostocks und Mecklenburgs hinaus für erhebliches Aufsehen, da es sich bei Leffers seinerzeit um einen der ersten Sondergerichtsprozesse gegen einen katholischen Geistlichen handelte. Gauleiter Friedrich Hildebrandt, der mit dem Schauprozess ein Exempel statuierte, drohte der gesamten kirchlichen Opposition mit einer unmissverständlichen Kampfansage. Im Jahr 1940 erneut denunziert, geriet Leffers ein zweites Mal in die Fänge nationalsozialistischer Justiz. Wegen seines schlechten Gesundheitszustandes erfolgte jedoch Haftaussetzung. Leffers, der am 1. März 1941 auf sein kirchliches Amt verzichtete, wurde wenig später aus Mecklenburg ausgewiesen. Zu denjenigen, die den Geistlichen unterstützten, gehörte auch der Rostocker Rechtsanwalt Dr. Ludwig Jenss (1898–1942). Jenss war bereits mehrfach als Verteidiger von Regimegegnern in Erscheinung getreten. Der Rechtsanwalt, der den ranghöchsten Nazigrößen Mecklenburgs bei verschiedenen Gelegenheiten selbstbewusst entgegentrat, geriet zunehmend in Missgunst. Insbesondere Hildebrandt sah sich durch das Auftreten von Ludwig Jenss direkt angegriffen. Um seiner habhaft zu werden, konstruierten die Nationalsozialisten 1941 den Vorwurf, er habe von einem Mandanten, der eine Molkerei besaß, ohne Bezugsschein widerrechtlich Lebensmittel bezogen. Der umgehenden Inhaftierung folgten Ende Dezember 1941 die Freilassung und schließlich am 1. Januar 1942 die erneute Festsetzung. Wenige Tage später, am 8. Januar 1942, fand man Jenss tot in seiner Zelle.

Verfolgt, vertrieben, vernichtet: die Rostocker Juden

Die staatlich legitimierte Verfolgung, die im Frühjahr 1933 begonnen hatte, erreichte in den folgenden Jahren mit der Entrechtung und Isolierung ein Ausmaß, das den jüdischen Bürgern systematisch die Existenzgrundlage entzog. Bereits 1933 verloren praktizierende jüdische Ärzte ihre Zulassung als Kassenarzt. Auf die Behandlung von Privatpatienten begrenzt, mussten immer mehr der Betroffenen aufgeben. Zu den wenigen, die den Praxisbetrieb aufrechterhalten konnten, gehörte der angesehene und als Armenarzt bekannte Dr. Hans Lindenberg. Auch zahlreiche Privatunternehmen entließen im Zuge der allgemein vorherrschenden antisemitischen Stimmung

Juden aus ihren Stellungen. Eine Chance auf Wiederbeschäftigung bestand fast ausschließlich in jüdischen Betrieben. Trotz komplizierter Auftragslage nahm das größte jüdische Unternehmen der Stadt, die Emsa-Werke, aus Solidarität arbeitslos gewordene Gemeindemitglieder auf. Die Zahl der hier Beschäftigten stieg zwischen 1933 und 1936 von 55 auf 64 Arbeitnehmer. Von Entlassung betroffen war Ende 1935 auch der langjährige Direktor der Rostocker Straßenbahn AG Richard Siegmann, der seit 1898 an der Spitze des Betriebes gestanden hatte. Dies geschah insbesondere vor dem Hintergrund der auf dem Nürnberger Reichsparteitag der NSDAP 1935 beschlossenen Rassegesetze, die die jüdische Bevölkerung weiter ausgrenzten. Im Jahre 1938 erreichte die Verfolgung eine neue Dimension. Diffamierung und ökonomischer Druck bedrängten und gefährdeten nun auch die jüdischen Firmen in der Stadt. Maßnahmen wie überhöhte Steuerforderungen oder die Löschung aus dem Handelsregister zwangen jüdische Geschäftsinhaber zur Aufgabe ihrer Unternehmen. Der Verkauf erfolgte weit unter Wert. Betroffen waren unter anderen die Emsa-Werke von Max Samuel, die von einem Mitinhaber des Kaufhauses Zeeck „günstig" erworben, ab 1939 unter der Bezeichnung Voß-Werke KG weitergeführt wurden. Auch die zahlreichen kleineren Firmen wurden im Verlauf des Jahres 1938 systematisch ihrer Geschäftsgrundlage beraubt. Die Verdrängung jüdischer Unternehmen, die laut „Niederdeutschem Beobachter" Anfang 1939 in Rostock ihrem Abschluss entgegenstrebte, bezeichneten die Nationalsozialisten lakonisch als „Arisierung" des Wirtschaftslebens.

Isoliert und der materiellen Existenz beraubt, entschlossen sich ab Mitte der 1930er Jahre immer mehr Rostocker Juden, Deutschland zu verlassen. Die Auswanderung war von den Nationalsozialisten beabsichtigt. Aus der Vertreibung der Juden zogen die Nazis noch Gewinn, indem sie die Ausreisenden mit einer sogenannten Reichsfluchtsteuer belasteten. Trotz massiver Unterdrückung blieb die von den Nationalsozialisten bewusst inszenierte Vertreibung der Juden jedoch deutlich hinter den Erwartungen zurück. Dies veranlasste die Machthaber im Herbst 1938 zu einer reichsweit durchgeführten Deportation von Juden polnischer Staatsangehörigkeit. In Rostock wurden am 28. Oktober 1938 im Rahmen dieser Aktion 37 Juden verhaftet und nach Polen abgeschoben. Die in der Stadt verbliebenen Juden fanden Unterstützung im Kreis der jüdischen Gemeinde, die Ende 1938 noch ca. 130 Mitglieder zählte. Verordnungen und Gesetze hatten das Leben zusehends erschwert und die Diskriminierung der jüdischen Bevölkerung weiter vorangetrieben. Berufsverbote bedeuteten nun für viele die völlige Mittel-

Die brennende Synagoge in der Augustenstraße, 10. November 1938

losigkeit. Wie der Arzt Dr. Hans Lindenberg, der fortan nicht mehr praktizieren durfte, verzogen auch andere Rostocker Familien zum Beispiel nach
Berlin oder Hamburg, wo sie in der Anonymität der Großstadt Schutz er-

hofften. Ab Sommer 1938 gingen die Nationalsozialisten auf entwürdigende Weise zur lückenlosen Erfassung der jüdischen Menschen über. Dem Kennkartensystem für Juden und der Einführung der zusätzlichen Zwangsvornamen „Sara" und „Israel" konnte sich niemand der Betroffenen entziehen. Im Spätherbst 1938 erreichte der Antisemitismus das Stadium des offenen Terrors. Auch in Rostock brannte im Zuge des von den Nationalsozialisten entfesselten Pogroms am 10. November 1938 die Synagoge in der Augustenstraße. Sie war das größte jüdische Gotteshaus in Mecklenburg. Dem Brandanschlag folgte unmittelbar eine zügellose Welle der Gewalt, der viele Rostocker in ihrer Verblendung teilnahmslos gegenüberstanden. SA- und SS-Trupps besetzten Häuser, Wohnungen und Geschäfte, zerstörten Einrichtungsgegenstände und tyrannisierten jüdische Bürger. Die 64 von der Gestapo verhafteten Juden wurden in die Strafanstalt Altstrelitz eingewiesen, wo sie erschwerten Haftbedingungen ausgesetzt waren. Ihre Entlassung war an die Bereitschaft zur Auswanderung gebunden. In ihrem bis zur Perversion betriebenen Antisemitismus verpflichteten die Nationalsozialisten die Juden per Verfügung vom 12. November 1938 zu einer als „Judenbuße" bezeichneten „Wiedergutmachung" für die in der „Kristallnacht" entstandenen Schäden. Diejenigen Rostocker Juden, die bei all den erlittenen Verlusten noch Mittel aufbringen konnten, wanderten aus. Der Vorsitzende der jüdischen Gemeinde Arnold Bernhard (1886–1944) unterstützte die Ausreise seiner Leidensgenossen mit finanziellen Hilfen aus dem Zwangsverkauf des Synagogengrundstückes.

Mit Kriegsbeginn gab es für die noch in Rostock lebenden 70 Juden keine Möglichkeit mehr, Deutschland zu verlassen. Die meisten von ihnen erlebten das Ende der NS-Diktatur nicht. Der Vernichtungspolitik des Nationalsozialismus ausgeliefert, wurden sie in die Konzentrationslager verschleppt und fanden den Tod. Belegt sind drei Transporte in die Todeslager. Am 10. Juli 1942 begann für 24 Rostocker Juden der folgenschwere Weg ins Vernichtungslager Auschwitz. Am 11. November 1942 folgte ein weiterer Transport, der 14 Juden, zumeist ältere Frauen, ins KZ Theresienstadt deportierte. Danach zählte die jüdische Gemeinde Rostocks, deren Auflösung bereits im Juni 1941 von den Nazis angeordnet worden war, noch etwa 25 Juden. Auch sie hatten seit September 1942 deutlich sichtbar den „Judenstern" zu tragen, was sie in der Öffentlichkeit jeglichen Angriffen schutzlos auslieferte. Ein Teil von ihnen wurde im Juni 1943 ebenfalls nach Theresienstadt verschleppt. Die jüdische Gemeinde Rostocks, die 1932/33 als ehemals größte israelitische Religionsgemeinschaft in Mecklenburg 358

Mitglieder gezählt hatte, existierte nicht mehr. Ein Großteil der Rostocker Juden – man schätzt etwa 200 Personen – hatte Deutschland bis zum Herbst 1939 verlassen. Die meisten derjenigen, die geblieben waren, wurden Opfer des Rassenwahns. Das Ende der nationalsozialistischen Gewaltherrschaft überlebten in der Stadt nur 14 jüdische Bürger.

Bomben auf Rostock

Für viele Rostocker begann mit dem 1. September 1939 bereits der zweite Krieg, den sie erlebten. Die Erinnerung an die folgenschweren Jahre 1914 bis 1918 schien jedoch durch die allgemein vorherrschende Euphorie sichtlich verdrängt. Andererseits bedeutete die Abkommandierung zum Fronteinsatz für viele Familien die erste direkte Konfrontation mit dem Krieg, der von nun an den Alltag maßgeblich bestimmen sollte. Nur wenige Tage nach Kriegsausbruch wurde das Lebensmittelkartensystem eingeführt, das die rationierte Abgabe von Nahrungsmitteln vorsah. Auch Bekleidung und Reinigungsmittel waren künftig nur noch über Bezugsscheine erhältlich. Die andauernden zunächst oft unkoordinierten Einberufungen führten anfänglich zu erheblichen Personalproblemen in den Verwaltungen und Betrieben, die den Dienst- bzw. Produktionsablauf über mehrere Wochen behinderten. Selbst die kriegswichtigen Rüstungsunternehmen blieben von den massenhaften Rekrutierungen nicht verschont. So konstatierte die Neptunwerft ab Herbst 1939 angesichts fehlender Arbeitskräfte ihre eingeschränkte Leistungsfähigkeit. Im Falle der Heinkel-Flugzeugwerke, die ebenfalls betroffen waren, konnte bis Ende 1939 etwa die Hälfte der zur Wehrmacht eingezogenen Betriebsangehörigen wieder in die Produktion eingegliedert werden. Heinkel, der zwischen 1939 und 1943 insgesamt ca. 4 900 Flugzeuge an die Luftwaffe lieferte, verfügte im Vergleich zu den anderen Rostocker Rüstungsunternehmen auch während des Krieges prozentual über das größte Potential an ausgebildeten Fachkräften. Im Jahre 1942, als bei Heinkel 16 125 Menschen tätig waren, lag der Anteil des Stammpersonals bei rund 56 Prozent der Beschäftigten. Wie Heinkel hatte auch Arado bei Kriegsbeginn den massenhaften Ausfall von Arbeitskräften zu konstatieren. Als kriegswirtschaftlich wichtiges Unternehmen wurde es jedoch ähnlich wie Heinkel in den folgenden Jahren bevorzugt mit Arbeitskräften versorgt. Die Arado-Flugzeugwerke in Warnemünde zählten 1943 etwa

6 000 Arbeiter und Angestellte. Die Rüstungsproduktion prägte auch dort das Leben unter den Bedingungen des Krieges stärker als je zuvor. So büßte Warnemünde sein Gesicht und Flair als Urlaubs- und Badeort vollständig ein. Der bis 1939 florierende Fremdenverkehr kam zum Erliegen. Die seeseitigen Hotels wurden mit einem Tarnanstrich versehen und vom Militär genutzt, Verkaufseinrichtungen schlossen. Alles folgte den Zwängen des Krieges. Dies dokumentierten auch zahlreiche wirtschaftliche Regulierungsmaßnahmen. Mittlere und kleinere Industrie- und Handwerksbetriebe wurden danach in weit größerem Umfang als bisher in die Kriegsproduktion einbezogen. So war beispielsweise die Firma Draht-Bremer mit Munitionsherstellung beauftragt und die Voß-Werke wurden zu Lieferungen an das Wehrmachtsbeschaffungsamt verpflichtet. Massive Eingriffe mussten solche Betriebe hinnehmen, die sich nicht in die kriegswirtschaftlich wichtigen Produktionsbereiche einbinden ließen. Ihnen drohte die Schließung und die Umsetzung des Personals in die Rüstung. Von Januar bis September 1943 waren davon 79 Rostocker Handelsunternehmen betroffen. Das von den Nationalsozialisten auch als „Stillegungsaktion" bezeichnete Vorgehen resultierte ursächlich aus dem akuten Arbeitskräftebedarf in der beschäftigungsintensiven Rüstungsindustrie.

Parallel zu dieser restriktiven Maßnahme, die letztlich nicht den erwünschten Effekt brachte, konnten seit Anfang 1943 alle Jungen und Männer zwischen 16 und 65 Jahren sowie Mädchen und Frauen von 17 bis 45 nach der „Verordnung über die Meldung für die Aufgaben der Reichsverteidigung" dienstverpflichtet werden. Gleichzeitig wurden der Rüstungsindustrie verstärkt ausländische Arbeitskräfte – Zwangsarbeiter und Kriegsgefangene – zugeführt. Bei Heinkel war 1942 jeder dritte Arbeiter ein Ausländer. Die Neptunwerft zählte im Januar 1943 etwa 1 000 ausländische Arbeitskräfte. Daneben arbeiteten Kriegsgefangene und Zwangsarbeiter in zahlreichen anderen Rostocker Betrieben. Im Oktober 1943 waren insgesamt 14 503 Ausländer in der Stadt registriert, was bei 122 205 Einwohnern einem Anteil von immerhin 11,9 Prozent an der Gesamtbevölkerung entsprach. Ihre Unterbringung erfolgte fast ausschließlich in Lagern, von denen in Rostock mindestens 19 existierten. Sie waren zumeist in der Nähe der Einsatzorte errichtet worden. Die größten Lager befanden sich in Biestow, Dierkow, Evershagen und auf dem Betriebsgelände der Neptunwerft, wo die Zwangsarbeiter und Kriegsgefangenen zumeist unter katastrophalen Bedingungen leben mussten. Noch weitaus menschenunwürdiger gestaltete sich die Situation der etwa 2 000 Häftlinge aus dem Konzentrationslager Ravensbrück, die ab Mitte 1943 in den Ernst-Heinkel-Flugzeugwerken zum Einsatz kamen.

Die Konzentration und Ausweitung der Rüstungsindustrie hatte für Rostock schon bald fatale Folgen. Im Juni 1940 fielen erstmals Bomben auf die Stadt. Hinterließen diese Angriffe kaum nennenswerte Schäden, so änderte sich die Lage in den beiden folgenden Jahren grundlegend. Als besonders verhängnisvoll erwies sich die neue Bombardierungstaktik der britischen Royal Air Force, die ihre Ziele jetzt nicht mehr nur nach rüstungswirtschaftlichen Prioritäten, sondern auch unter dem Aspekt der maximal möglichen Zerstörbarkeit durch flächendeckende Großangriffe mit verstärktem Einsatz von Brandbomben auswählte. Zu den 19 deutschen Städten, die unter diese Kategorisierung fielen, gehörte auch Rostock, das im September 1941 das erste größere Bombardement dieser Art verzeichnete. Die Katastrophe, die der Stadt und ihren Menschen bevorstand, war zu diesem Zeitpunkt jedoch kaum absehbar. Sie kam im Frühjahr 1942. In den „Bombennächten" zwischen dem 23./24. und 26./27. April 1942 erlebte Rostock vier schwere Angriffe. Die Absicht der britischen Luftwaffe, die Innenstadt und die Rüstungsbetriebe zu vernichten, war zu erheblichen Teilen aufgegangen. Die Bilanz: 221 Tote und 30 000 bis 40 000 Obdachlose. Über 17 Prozent aller Wohnungen waren total zerstört und mehr als die Hälfte des Wohnungsbestandes beschädigt. Neben vielen Wohnhäusern hatten auch kulturhistorisch wertvolle Gebäude großen Schaden genommen. So verlor die Petrikirche, einst Orientierungspunkt für Seefahrer, ihren Turmhelm, die Jakobikirche und die Nikolaikirche wurden stark in Mitleidenschaft gezogen, das Stadttheater lag weitgehend in Trümmern. Mit dem Ausfall von zahlreichen Verkaufs- und Versorgungseinrichtungen sowie durch die Störungen der Wasser-, Gas- und Energieversorgung waren die Lebensadern der Stadt empfindlich getroffen. Die Rüstungsbetriebe registrierten beträchtliche Zerstörungen und Produktionsverluste. Heinkel verzeichnete einen Gesamtschaden von 20 Mio. Reichsmark und meldete neben der Vernichtung von 150 Flugzeugen – etwa der Umfang einer Monatsproduktion – noch die Beschädigung von zehn Werkhallen. Arado verbuchte Schäden in Höhe von rund 490 000 Reichsmark.

Rostock war zu diesem Zeitpunkt die am schwersten zerstörte Stadt Deutschlands. Die Stadt bot ein Bild der Verwüstung. Überall herrschten chaotische Zustände. Hitlers Äußerung, Rostock schöner als je zuvor wieder aufzubauen, verbreitete Zweckoptimismus und hinterließ bei vielen das Gefühl von Anteilnahme und Hoffnung. Auch die Behörden bemühten sich im Rahmen der Gegebenheiten um eine rasche „Normalisierung" des Lebens, um der Gefahr einer Demoralisierung der massiv verunsicherten Bevölkerung entgegenzutreten. So verhängte Hildebrandt in seiner Funktion als Reichsverteidigungskommissar den Ausnahmezustand und ordnete am 28. April 1942 an, Kinder, Frauen und Alte in weniger gefährdete ländliche Gebiete zu evakuieren. Umgehend wurde unter Einsatz aller verfügbaren Kräfte damit begonnen, Straßen der stark zerstörten Innenstadt von Trümmern zu beräumen. Die ursprünglich für Mai geplante und bereits vorbereitete Musikwoche fand trotz erheblicher Schwierigkeiten vom 24. Juni bis 1. Juli 1942 statt. Musik- und Theaterveranstaltungen wurden in den Fürstensaal des Rathauses, in das Museum und auf die Freilichtbühne verlegt. Die Philharmonie, das ehemalige Gewerkschaftshaus, ließen die Nationalsozialisten zum Theater umbauen. Am 13. März 1943 eröffnet, erfolgte die endgültige Einstellung des Spielbetriebes auf Grund des Krieges bereits 1944. Die Bestände des Stadtarchivs, durch einen Bombentreffer zum Teil beschädigt, sowie wertvolles Museumsgut wurden in Sicherheit gebracht. Auch die großen Rüstungsbetriebe verlagerten ihre Produktion. Schon im Januar 1941 hatte Arado seine Endmontage nach Mannheim-Sandhofen verlegt. Im Jahr 1942 begann das Unternehmen zudem mit der Errichtung von Zweigstellen in kleineren mecklenburgischen Städten wie Malchin und Stavenhagen. Die Neptunwerft ging 1942 mit einem Teil ihrer Aufträge nach Dänemark und Heinkel zog Ende 1942 / Anfang 1943 mit seiner Konstruktions- und Entwicklungsabteilung nach Wien um.

Der Krieg diktierte das Leben in allen Bereichen – in zunehmendem Maße auch das der Kinder und Jugendlichen. So lag die durchschnittliche Klassenstärke bei 50 Schülern und das Pensum der Lehrer bei 36 Wochenstunden. Zahlreiche Schulgebäude wurden zweckentfremdet genutzt. Ein normaler Unterrichtsbetrieb war nicht mehr gewährleistet. Einen gravierenden Eingriff bedeutete die Verordnung des Reichserziehungsministers vom Januar 1943, wonach die Schüler der 6. und 7. Klassen aus den höheren und mittleren Schulen als Luftwaffenhelfer verpflichtet werden konnten. Ihre Einziehung begann im Februar 1943 und betraf unter anderem die Große Stadtschule, die Schule bei den sieben Linden und die Blücherschule. Bei stark eingeschränktem Unterricht erhielten die Betreffenden eine kurze militärische Ausbildung, bevor sie zum Einsatz in Biestow, Bramow, Marienehe, Rostock, Sievershagen und Toitenwinkel kamen. Die Schüler der Geburtsjahrgänge 1926 / 27 versahen Dienst im Fernsprech- und Fernmeldebereich und mussten bei erheblicher physischer und psychischer

Die Altstadt zwischen St. Petri und St. Nikolai (rechts unten der nördliche Teil des Neuen Marktes) nach den Bombardements der Royal Air Force vom 24. bis 27. April 1942

Belastung an Scheinwerfern und Flakgeschützen die Bekämpfung von Tieffliegern übernehmen. Schließlich erreichten die Entbehrungen und Belastungen für die Zivilbevölkerung ein unerträgliches Ausmaß. Ab 1943 konstatierten die zuständigen Sicherheitsbehörden einen Stimmungsumschwung in Mecklenburg. In Rostock war die Situation zum Beispiel wesentlich dadurch belastet, dass für zwei Drittel der Einwohner keine ausreichende Schutzmöglichkeit vor Bombenangriffen bestand. Die wenigen bombensicheren Bunker waren zumeist der NS-Führungselite vorbehalten, während dem Normalbürger in der Regel nur der Keller bzw. der Splittergraben als Schutz dienen konnte. Hinzu kamen Lebensmittelrationierungen, Einschränkungen in der Energie- und Wasserversorgung, Verzögerungen bei der Post, Beeinträchtigungen des öffentlichen Verkehrs, Urlaubssperren und Arbeitszeitverlängerungen.

Um einer „negativen Stimmungsmache" entgegenzuwirken, verstärkten die Nationalsozialisten ihre Repressivmaßnahmen gegen Hitler- und Kriegsgegner. Diesbezüglich vermerkte die Hauptstelle Schwerin des SS-Sicherheitsdienstes SD am 1. Juni 1943, dass ein erheblicher Teil der Belegschaft der Neptunwerft nicht mehr an den „Endsieg" glaube. Diese Einschätzung

Der heutige Universitätsplatz und die Breite Straße (in der Bildmitte das Dach des Universitätshauptgebäudes) nach einer Bombennacht, Ende April 1942

stützte sich auf konkrete Vorfälle. Bereits im August 1942 hatten sich drei Arbeiter der Neptunwerft – Willi Bründel (1896–1961), Hermann Flach (1891–1942) und Erich Quoss (1904–?) – wegen „heimtückischer" Angriffe gegen den NS-Staat und der Unterstützung von Kriegsgefangenen vor einem Rostocker Sondergericht zu verantworten. Ähnlich erging es dem Schlosser Willi Döbler (1897–1944). Der Sozialdemokrat, der offen seine Genugtuung über die militärischen Niederlagen Deutschlands kundtat, wurde denunziert und im März 1943 verhaftet. Er überlebte die im Gefängnis erlittenen Misshandlungen nicht. Für Abschreckung sorgte am 2. September 1943 auch die Meldung des „Niederdeutschen Beobachters" über die Hinrichtung des vormals im Rostocker Kriegsschädenamt beschäftigten Dr. Theodor Korselt (1891–1943). Korselt, der unter dem Eindruck der verheerenden Bombenangriffe auf Hamburg und dem Sturz der Mussolini-Regierung in Italien während einer Straßenbahnfahrt erklärt hatte, dass die Beendigung des Krieges nur über die Beseitigung des Hitlerregimes führe, war vom Volksgerichtshof am 23. August 1943 zum Tode verurteilt und zwei Tage später hingerichtet worden. Korselt war kein Einzelfall. Im Jahr zuvor waren von 78 Sondergerichtsverfahren in Rostock 19 mit einem Todesurteil ausgegangen. Die Mehrheit der Todesstrafen wurde zwischen April und Juli 1942 verhängt und stand in direktem Zusammenhang mit den Bombenangriffen. Besonders tragisch gestaltete sich das Schicksal der erst 19-jährigen und in Rostock dienstverpflichteten Marie-Luise Buckow (1923–1942), die in der Nacht vom 24. zum 25. April 1942 nach dem schweren Bombardement obdach- und mittellos durch die Innenstadt irrte und sich in ihrer Not einer vergessenen Handtasche bemächtigte, um Geld für die Heimfahrt zu beschaffen. Wegen „Plünderung" zum Tode verurteilt, wurde das Mädchen am 28. April 1942 in Bützow-Dreibergen hingerichtet.

Im Februar und April 1944 wurde Rostock erneut Ziel schwerer Bombenangriffe. Wieder waren zahlreiche Tote unter der Zivilbevölkerung zu beklagen. Heinkel, Arado und Neptun registrierten große Verluste. Die Innenstadt verzeichnete weitere Zerstörungen. Schäden in der Hauptfeuerwache und die Unterbrechung der Wasserversorgung erschwerten die Löscharbeiten. Der Stimmungswandel erreichte nunmehr das Stadium verbreiteter Verzweiflung und Demoralisierung. Trotzdem ertrug die Masse der Rostocker bis zuletzt die Strapazen des Krieges. Selbst dem Erlass Adolf Hitlers vom 25. September 1944 zur Bildung des Volkssturms folgten noch viele, wenn auch häufig widerwillig. Trotz aussichtsloser Lage versuchte die NSDAP unter allen Umständen, die Fortsetzung des Krieges zu organisieren. Zur Jahreswende 1944/45 verbreitete Friedrich Hildebrandt im „Niederdeutschen Beobachter" vom 31. Dezember 1944 unter der Schlagzeile „Gau Mecklenburg entschlossener denn je" Zweckoptimismus und Durchhalteparolen. Im März 1945 verkündete er die sogenannte Brachlandaktion. Danach sollten infolge der komplizierten Versorgungssituation öffentliche Grünanlagen und Vorgärten zum Anbau von Gemüse genutzt werden. Fern jeder Realität stellte die Rostocker Stadtverwaltung Flächen zur Verfügung. Noch kurz vor Toresschluss glaubte der Gauleiter, wider besseres Wissen letzte Kräfte mobilisieren zu müssen. Unter der Überschrift „Wir werden die Krise meistern" suggerierte er am 3. April 1945 in einem Interview, das im Parteiorgan der NSDAP abgedruckt wurde, eine mögliche Kriegswende. Der Untergang des Nationalsozialismus stand jedoch direkt bevor. Ab dem 27. April 1945 wurde auch Mecklenburg Kriegsschauplatz.

DIE STADT IN DER NACHKRIEGSZEIT.
1945 BIS 1949

Das Kriegsende

Im Frühjahr 1945 musste auch dem Letzten in Rostock klarwerden, dass der Krieg verloren war und der Zusammenbruch der nationalsozialistischen Gewaltherrschaft unvermeidlich bevorstand. Das zeigten nicht nur die langen Flüchtlingstrecks, die sich durch die Straßen bewegten, sondern noch deutlicher die westwärts flutenden Wehrmachtsteile. Seit Ende März bereitete die NSDAP-Kreisleitung Rostocks Ausbau zu einer improvisierten Festung vor. Wer den Spaten heben konnte, musste vor den Toren der Stadt Gräben ausschachten und Panzersperren errichten. Die Warnowbrücken am Mühlendamm und Petridamm wurden zur Sprengung vorbereitet, ebenso alle lebenswichtigen Betriebe. Über Drahtfunk forderte Kreisleiter Otto Dettmann die Bevölkerung allabendlich zur Verteidigung der Stadt und zum Durchhalten bis zum Äußersten auf. Polizei und Volkssturm sollten die hauptsächlichen Träger der Verteidigung sein. In der Stadt herrschten Angst und Chaos. Am Nachmittag des 30. April 1945 brach ein Tumult aus, als Rostocker Bürger begannen, die Lebensmittellager, aber auch Geschäfte und Läden zu stürmen, um sich mit Vorräten einzudecken. Auf der Bevölkerung lag die drückende Ungewissheit, ob die Stadt wie angekündigt verteidigt werden würde. Das wenige, was der Krieg verschont hatte, schien angesichts der selbstmörderischen Verteidigungsabsichten dem Untergang geweiht. Der Roten Armee ging ein furchteinflößender Ruf voraus. Das Schicksal der Städte Friedland und Demmin sowie Neubrandenburg, Penzlin und Malchin schien diese Befürchtungen nur zu bestätigen. Viele Rostocker verließen fluchtartig die Stadt. Aus dem Hafen liefen am 30. April und 1. Mai 1945 noch elf Schiffe aus, mit denen sich auch zahlreiche Größen aus der Partei, den Verwaltungen und der Wirtschaft in Richtung Westen absetzten.

Vor ihrem Abtritt plante die NSDAP eine letzte Abrechnung. Stadtbekannte Funktionäre der verbotenen Arbeiterparteien, Gegner des Regimes und Opponenten sollten vor dem Untergang noch ermordet werden. Sie erhielten jedoch rechtzeitig eine Warnung und konnten sich verstecken. Als sich dann in den Vormittagsstunden des 1. Mai 1945 die Lage immer mehr zuspitzte, ergriff zunächst der Oberbürgermeister Walter Volgmann mit seiner Familie die Flucht. Er wollte in Richtung Rostocker Heide, kam aber aus der zur Verteidigung vorbereiteten Stadt nicht mehr heraus. Man fand ihn später mit seiner Familie vergiftet im Tiergarten in den Barnstorfer Anlagen. In seiner Wohnung nahm sich der Bürgermeister Dr. Robert Grabow zusammen mit seiner Frau das Leben. Gegen elf Uhr flohen Kreisleiter Dettmann und Polizeipräsident Dr. Sommer mit einem Tross von ungefähr 80 führenden Nationalsozialisten über die Dörfer in Richtung Wismar. Die Alliierten fanden Dettmann später erschossen bei Wismar auf, Sommer konnte sich bis nach Hamburg durchschlagen. Die Befürchtungen um eine sinnlose Verteidigung Rostocks schienen zunächst gebannt. Der Stadtkommandant, ein Reserveoffizier, konnte sich jedoch nicht entschließen, Rostock zur offenen Stadt zu erklären. In den Mittagsstunden rückten sowjetische Panzer der 65. Armee der 2. Belorussischen Front mit aufgesessener Infanterie und angehängten Geschützen unter Befehl des Gardekapitäns Semjon Dmitrewski (1921–2004) über die Tessiner Straße in die Stadt ein. An der ehemaligen Ausflugsgaststätte „Weißes Kreuz" wehte den Soldaten eine Hakenkreuzfahne entgegen, woraufhin das Haus beschossen und zerstört wurde. Als der an der Spitze fahrende Panzerspähwagen auf der Brücke am Mühlendamm angelangt war, zündete ein deutscher Polizeioffizier die Sprengladung unter der Brücke. Die Beschießung des angrenzenden Stadtgebietes setzte ein, wobei ein auf den Schienen stehender Munitionszug explodierte. Eine gewaltige Detonation erschütterte die Stadt. An der Petribrücke hatte unterdessen der zur Verteidigung aufgebotene Feuerwehrmann Karl Lübbe (1903–1990) die vorbereitete Sprengung in letzter Minute verhindert. Da der Roten Armee der Weg über die Mühlendammbrücke genommen war, marschierten die Kampfeinheiten über den Verbindungsweg zur Petribrücke weiter. Über diesen Warnowübergang zogen die Soldaten in Rostock ein, ohne auf nennenswerten Widerstand zu stoßen. Noch am Nachmittag flogen deutsche Flugzeuge einen Angriff auf die Heinkel-Flugzeugwerke in Marienehe, um die dortigen Anlagen zu zerstören, da das Werk ohne die angeordneten Sprengungen in die Hände der Roten Armee gefallen war. Auf dem Rathaus und aus Häusern in der Stadt wehten weiße Flaggen. Die erwarteten massenhaften Ausschreitungen der Roten Armee gegen die Bevölkerung blieben aus. Vereinzelt kam es zu Plünderungen, Diebstählen und Vergewaltigungen. Am Abend zogen befreite polnische Zwangsarbeiter durch die Stadt und steckten das Wäschehaus Ratschow am Hopfenmarkt, das Gebäude der heutigen Stadtbibliothek, in Brand. Da die Feuerwehrspritzen nach Wismar verlagert worden waren, konnten keine Löschversuche unternommen werden. Zum Glück beschränkte der Brand sich auf drei Häuser und griff nicht auf andere über.

Der Neubeginn

Die Erleichterung über das Ende der nationalsozialistischen Gewaltherrschaft und des totalen Krieges paarte sich mit Angst und Trauer. Man stand vor den materiellen und geistigen Trümmern, die zwölf Jahre Nationalsozialismus hinterlassen hatten, ohne zu wissen, was die Zukunft bringen sollte. In Rostock waren nur 69 000 Menschen von einstmals 124 000 Einwohnern verblieben. Von den 10 535 vorhandenen Wohnhäusern zählte man bei Kriegsende 2 611 (24,7 Prozent) als völlig zerstört, 6 735 (60,5 Prozent) galten als beschädigt. Durch die Bombenschäden hatte die Bevölkerung 9 380 Wohnungen verloren, über ein Viertel des Vorkriegsstandes. Ebenso zerbombt waren das Stadttheater, das Post- und Telegrafenamt, das Oberlandesgericht, das Amtsgericht, das Landratsamt sowie zwei Kliniken. Drei Schulen lagen völlig in Trümmern, fünf weitere hatten schwere Schäden erlitten. Zahlreiche kulturhistorische Bauten wie die Petri-, die Jakobi- und die Nikolaikirche, das Stein- und das Kuhtor standen nur noch als Ruinen. Der Zusammenbruch der Versorgung und des Verkehrswesens, die drohende Seuchengefahr und die ungewisse Zukunft verstärkten die Trostlosigkeit des Augenblicks.

Um drohendem Chaos entgegenzuwirken, nahm am 3. Mai 1945 eine Gruppe von Mitgliedern der von den Nazis verbotenen Parteien KPD und SPD unter Leitung des Kommunisten Hans Mahncke Kontakt zum sowjetischen Frontkommandanten auf, der im Hotel „Rostocker Hof" residierte. Da es zunächst galt, die Lebensmittellager vor weiteren Plünderungen zu

Befehl
des Wehrmachtkommandanten
Nr. 1

Seestadt Rostock   5. Mai 1945

Die siegreichen Truppen der Roten Armee sind in die Seestadt Rostock einmarschiert.

Dieser Einmarsch der Sowjettruppen in Deutschland ist ein Ergebnis des Krieges, den die Hitlerregierung durch den treubrüchigen Überfall auf die Sowjetunion begonnen hat.

Die Rote Armee setzt nach Zerschlagung der Hitlerarmee und Besetzung der Reichshauptstadt Berlin mit USA und Englands Armee den Krieg bis zur vollständigen Vernichtung des ganzen verbrecherischen Hitlerregimes fort, das die Welt in diesen blutigen Krieg gestürzt hat.

Ich befehle:

I.

1. Der gesamte vom Hitlerregime geschaffene Staats- und Verwaltungsapparat ist aufgelöst.

Alle nach dem 30. Januar 1933 erlassenen Gesetze sind außer Kraft gesetzt.

Der neue Bürgermeister der Seestadt Rostock, Christoph S e i t z, hat unverzüglich alle Arten und das Eigentum der Stadtverwaltung zu übernehmen und tritt sofort sein Amt an.

2. Die sogenannte NSDAP und alle angeschlossenen Organisationen sind aufgelöst und als gesetzwidrig erklärt.

Alle Leiter der Organisationen der NSDAP, SA., HJ., des NSKK., des NS-Studentenbundes, NS-Beamtenbundes, NS-Lehrerbundes, NS-Juristenbundes, BDM., der NS-Frauenschaft u. a. haben sich sofort bei dem Wehrmachtkommando der Seestadt Rostock zwecks Registrierung zu melden.

Unterlassung dieser Anmeldung wird als eine gegen die Rote Armee feindlich gerichtete Handlung geahndet, die gleichbedeutend mit Spionage und Sabotagetätigkeit ist.

3. Alle Angehörigen, Angestellten und Beamten der ⚡⚡, Gestapo, SD., Feldgendarmerie und alle Gliederungen der Polizei haben sich unverzüglich bei dem Wehrmachtkommando der Seestadt Rostock zur Registrierung zu melden.

Personen, die dieser Meldepflicht unterliegen und ihr nicht nachkommen, sind festzunehmen.

4. Das Eigentum der obengenannten Partei und Staatsbehörden, namentlich Archive, Ausstattung, vorhandene Geldbeträge sowie das persönliche Eigentum flüchtiger Leiter und Angehöriger dieser Organisationen wird beschlagnahmt.

Personen, die versuchen, jegliche Art des obengenannten Eigentums zu verstecken, zu vernichten oder sich anzueignen, werden mit aller Härte der Kriegsgesetze bestraft.

5. Alle Angehörigen der Wehrmacht, des Volkssturms, des Arbeitsdienstes sowie der Organisation Todt haben sich unverzüglich bei dem Wehrmachtkommandanten der Seestadt Rostock zur Registrierung zu melden. Wer sich dieser Meldepflicht zu entziehen versucht, wird als Spion und Saboteur mit allen sich daraus ergebenden Folgen behandelt.

6. Alle Personen, die im Besitz von Feuer- oder blanken Waffen, Sprengstoff sowie Sendeanlagen, Empfangsgeräten und Multiplikationsapparaten sind, haben die angeführten Gegenstände bei dem Wehrmachtkommando der Seestadt Rostock unverzüglich abzugeben.

Herstellung, Aufbewahrung und Ankauf von Waffen aller Art, von Sprengstoff, Sende- und Empfangsgeräten werden nach den Kriegsgesetzen mit dem Tode bestraft.

7. Alle Einwohner der Stadt sind verpflichtet, zur Entlarvung aller Agenten des verbrecherischen Hitlerregimes und somit zur schnellen Beendigung des Krieges beizutragen.

Alle Personen, ohne Unterschied des Alters und Geschlechts, die denjenigen, die gegen die unter Ziffer 1, 2, 3, 4, 5 und 6 angeführten Anordnungen verstoßen, Aufnahme gewähren oder von denselben Kenntnis haben und keine Meldung erstatten, werden als Mittäter zur strengsten Verantwortung gezogen.

Bei Krankheit, Abwesenheit oder sonstigen Behinderungsfällen hat die Meldung der unter Ziffer 1—6 angeführten Personen durch nächststehende Angehörigen sofort zu erfolgen.

II.

1. Meine Anordnungen sind für die Bevölkerung bindend und gelten als Gesetz. Nichterfüllung meiner Anordnungen wird als gegen die Rote Armee feindlich gerichtete Handlung geahndet.

2. Alle Arbeiter, Angestellte, Kaufleute, Gewerbetreibende und Handwerker sind verpflichtet, auf ihrem Posten zu bleiben und ihrer Arbeit nachzugehen. Leiter von Unternehmen, Privatfirmen, Werkstätten und dgl. sind für die reibungslose Fortsetzung der Arbeit verantwortlich.

Ein Herumdrücken von der Arbeit und der gewohnten Beschäftigung wird als Sabotage betrachtet und entsprechend den Kriegsgesetzen bestraft. Das Eigentum derer, die sich der Sabotage schuldig gemacht haben, wird beschlagnahmt.

3. Die Ordnung der Lebensmittelversorgung und Lebensmittelzuteilung werden von der neuen Stadtverwaltung der Seestadt Rostock festgelegt.

In der Seestadt Rostock wird folgende Ordnung festgelegt:

a) Das Verlassen der Wohnungen durch die Zivilbevölkerung ist von 8.00 bis 20.00 Uhr mitteleuropäischer Zeit gestattet.

b) Für die peinlichste Einhaltung aller Regeln der Verdunkelung sind alle Hausbewohner und vor allem die Hauseigentümer verantwortlich.

c) Es ist strengstens untersagt, Militär- und Zivilpersonen ohne Genehmigung des Wehrmachtkommandanten der Seestadt Rostock Unterkunft zu gewähren.

d) Personen, die den Anordnungen der oben angeführten Buchstaben a) bis d) zuwiderhandeln, werden mit aller Strenge der Kriegsgesetze zur Verantwortung gezogen.

5. Dieser Befehl gilt bis auf weitere Anordnungen als Gesetz.

Wehrmachtkommandant der Seestadt Rostock
OBERST PRJADKO

Befehl Nr. 1 des sowjetischen Kommandanten der Stadt Rostock, 5. Mai 1945

sichern, beauftragte Major Grommow sie mit der Aufstellung einer Wache aus Rostockern, die durch 60 sowjetische Soldaten verstärkt wurde. Gleichzeitig veröffentlichte das Ordnungskomitee, wie die Gruppe sich nun nannte, eine Bekanntmachung, in der man die Bevölkerung zur Bewahrung

von Ruhe und Ordnung aufrief und erste wichtige Regelungen zur Aufrechterhaltung des kommunalen Lebens traf. Am 5. Mai 1945 beendete die Rote
Armee das Provisorium der Frontkommandantur.

Stadtkommandant Oberst Prjadko erklärte in seinem Befehl Nr. 1 vom
5. Mai 1945 die NSDAP und ihre Organisationen, den gesamten Staats- und
Verwaltungsapparat für aufgelöst. Der Befehl orientierte auch auf eine Normalisierung des Lebens in der Stadt und auf die Fortsetzung der Arbeit. Als
neuen Oberbürgermeister führte die Stadtkommandantur am 9. Mai 1945
Christoph Seitz (1914–1985) ein. Er stammte aus München und war als
Frontbeauftragter des „Nationalkomitees Freies Deutschland", einer von der
sowjetischen Regierung gestützten Organisation deutscher Kriegsgefangener
und kommunistischer Emigranten, mit der Roten Armee nach Rostock gekommen. Da er über keine Verwaltungserfahrung verfügte, stellte man ihm
am 18. Mai 1945 Dr. Heinrich Heydemann (1881–1973), in der Zeit der
Weimarer Republik Stadtoberhaupt von Güstrow und deutschnationaler
Landtagsabgeordneter, als Bürgermeister zur Seite. Nach dessen Berufung
in die Landesverwaltung Mecklenburg-Vorpommerns übernahm ab Juli
1945 der Sozialdemokrat Otto Kuphal (1890–1946) die Funktion des Bürgermeisters. Er war bis zum Kriegsende Bürovorsteher in einer Rostocker
Rechtsanwaltskanzlei gewesen. Im Vordergrund der Arbeit stand zunächst
die Wiederherstellung und Sicherung des alltäglichen Lebens. Viele drin-
gende Maßnahmen mussten verwirklicht werden, während ein völlig neuer
Verwaltungsapparat zu installieren war. Der Neuaufbau zog die rigorose Entlassung des überwiegenden Teiles der Mitarbeiter der Stadtverwaltung nach
sich, da sie der NSDAP angehört hatten. Gleichzeitig erfolgte die Einstellung
von neuen Angestellten und Arbeitern, die in fachlicher Hinsicht häufig
nicht die nötige Vorbildung mitbrachten. Um die Stadt verwaltungsmäßig
durchdringen zu können, wurde sie in 26 Bezirke unterteilt. Alles war von
der Notwendigkeit der Stunde diktiert. Aufräum- und Entfestungsarbeiten,
Sicherung der Ernährung und Versorgung, Stellung von Arbeitskräften für
die Rote Armee, Einbringung der Ernte, Beschlagnahme und Sicherstellung
von Möbeln geflohener NSDAP-Mitglieder, Unterbringung von Obdachlosen sowie von entwurzelten Kindern, Betreuung der Flüchtlinge und Heim-
kehrer waren die praktischen Forderungen des Alltags. Langsam kam das
Leben wieder in Gang. Am 10. Mai 1945, dem Himmelfahrtstag, fanden die
ersten Gottesdienste statt; am Pfingstsonntag, dem 20. Mai 1945, gab das
Theater vor ausgewähltem Publikum einen „Bunten Abend". Lebensmittel
auf Karten wurden zu Pfingsten erstmalig wieder ausgegeben. Die Bank-

Kampf gegen den Schwarzhandel: Polizeirazzia auf dem Neuen Markt, Sommer 1946

und Postschalter sowie die Gerichte nahmen im Verlauf des Sommers ihre Arbeit auf, die Straßenbahnen fuhren zunächst stundenweise, auch die Kinos öffneten. Am 1. Oktober 1945 begann nach umfangreicher Vorbereitung der Unterricht an den Schulen, eine ungeheure Anstrengung angesichts der Notwendigkeit der Demokratisierung des Schulwesens. Zu einem Höhepunkt des kulturellen Neubeginns wurde die Rostocker Kulturwoche, die der Kulturbund zur demokratischen Erneuerung Deutschlands und das städtische Kultur- und Volksbildungsamt vom 27. Oktober bis zum 4. November 1945 veranstalteten. Eine Aufführung des Stückes „Nathan der

Weise" mit dem bekannten Schauspieler Paul Wegener (1874–1948) in der Hauptrolle bildete den Auftakt für die Festwoche. Das Museum zeigte Werke des im Dritten Reich verfemten Künstlers Ernst Barlach (1870–1938). Der Beginn des Lehrbetriebes an der Universität am 25. Februar 1946 war ebenfalls ein wesentliches Ereignis in der Phase der Erneuerung des geistigen Lebens. Die Zahl der Einwohner hatte sich bis Dezember 1945 wieder auf 92 000 erhöht.

Trotz dieser Anzeichen für eine Normalisierung waren es harte Zeiten, in denen die Sorge um Essen, Trinken, Kleidung, Wohnung und Wärme den Alltag beherrschte. Unter besonderer Not litten Flüchtlinge und Vertriebene, die durch Quarantänelager in Dierkow, Evershagen, Biestow und Stadtweide geschleust wurden und deren berufliche und soziale Eingliederung zahlreiche Probleme aufwarf. Insgesamt sollten 27 000 von ihnen in Rostock und Warnemünde eine neue Heimat finden.

Die leitenden Positionen in der unter Kontrolle der sowjetischen Kommandantur aufgebauten Stadtverwaltung besetzten Kommunisten, Sozial-

Paul Wegener (rechts) als „Nathan der Weise". Ehrung durch Oberbürgermeister Seitz während der Rostocker Kulturwoche, 27. Oktober 1945

Konzert im Lager für Flüchtlinge und Vertriebene in Rostock-Dierkow,
Juni 1946

demokraten und einige bürgerliche Demokraten. Nach dem Befehl Nr. 2
der Sowjetischen Militäradministration (SMAD) vom 10. Juni 1945 hatten
sich die politischen Lager in den vier zugelassenen Parteien formiert. So
entstanden in Rostock Ende Juni 1945 zunächst die Ortsgruppe der KPD
unter Leitung des Installateurs Josef Schares (1887–1970) und die der SPD
mit dem früheren Reichs- und Landtagsabgeordneten Albert Schulz als Vorsitzenden. Im August 1945 folgte die CDU mit dem Fabrikanten Dr. Siegfried Witte (1897–1961) an der Spitze, schließlich im November 1945 die
LDPD unter dem Rechtsanwalt Dr. Paul-Friedrich Scheffler (1895–1985).
    Eine wichtige Zäsur für die demokratische Legitimation und Autorität
der neuen Stadtverwaltung markierte die Einrichtung des Stadtausschusses

am 18. Dezember 1945, in dem jeweils drei Vertreter der Parteien beratend wirkten. Beim personellen Neuaufbau der Verwaltung nahm die SPD eine zentrale Rolle ein. In ihren Reihen gab es eine große Anzahl von Mitgliedern mit kommunalpolitischen und verwaltungsspezifischen Erfahrungen aus den Jahren der Weimarer Republik, die nun leitende Fachaufgaben wahrnahmen. Die mitgliederschwächere KPD hingegen besetzte mit der Leitung von Polizei, Personalabteilung sowie Volksbildungs- und Kulturamt die Schlüsselressorts.

An die Spitze der Stadtverwaltung trat nach dem Weggang von Christoph Seitz am 29. November 1945 der Bürgermeister Otto Kuphal, dessen bisherige Stelle das KPD-Mitglied Walter Petschow (1895–1970) einnahm. Kuphal erlag allerdings nach nur zwei Monaten Dienstzeit einem Herzinfarkt, so dass ein neuer Oberbürgermeister zu bestimmen war. Die Wahl der sowjetischen Militäradministration fiel auf Albert Schulz, der am 1. Februar 1946 in das Amt eingeführt wurde.

Schulz gehörte zu den erfahrensten Politikern Mecklenburgs. Innerhalb seiner Partei, der SPD, widersetzte er sich den immer offensichtlicher werdenden Absichten der sowjetischen Besatzungsmacht und der deutschen

Die Mitglieder des Rostocker Stadtrates, 1947 (am Tisch sitzend von links Bürgermeister Walter Petschow und Oberbürgermeister Albert Schulz)

Kommunisten, das gesellschaftliche und wirtschaftliche System schrittweise im Sinne des stalinistisch geprägten Kommunismus zu verändern bzw. zu verdrängen. Unmittelbar nach Kriegsende war das Handeln der KPD zunächst noch von praktischen Zwängen und bündnispolitischen Erwägun-

Die Einheit ist im Kreise Rostock vollzogen!

Der auf beiden Kreis-Konferenzen der KPD. und SPD. gewählte neue Kreisvorstand der SEPD. des Kreises Rostock begrüßt die mecklenburgischen Parteitage der beiden Parteien in Schwerin und insbesondere die im Anschluß hieran stattfindende gemeinsame Willenskundgebung.

Der Kreisvorstand wird die sofortige organisatorische Vereinigung in seinem Kreise vornehmen und mit der Arbeit beginnen; er fordert die Ortsgruppenvorstände auf, ebenfalls sofort die Vereinigung durchzuführen.

Der Kreisvorstand der SEPD. des Kreises Rostock

gez. *Starosson Schares Thum Walter Schultz Jenssen Rungenhagen*

Druck: Hinstorff (Erichson), Rostock, Kenn-Nr. 1.

Der Rostocker Kreisvorstand der Sozialistischen Einheitspartei Deutschlands informiert über den Zusammenschluss von KPD und SPD. Ende März 1946 gen geprägt gewesen. Vor dem Hintergrund des Nachkriegschaos und der Erfordernisse des Wiederaufbaus musste vorerst die Zusammenarbeit mit allen demokratischen Kräften im Vordergrund stehen. Bei der Umsetzung dieser in der sowjetischen Emigration ausgearbeiteten Taktik spielte die aus Moskau eingeflogene Initiativgruppe der KPD unter Leitung von Gustav Sobottka (1886–1953) eine entscheidende Rolle. Am 19. Mai 1945 hatte diese Gruppe die erste öffentliche Versammlung in Rostock durchgeführt, auf der Sobottka und der Schriftsteller Willi Bredel (1901–1964) den Versammelten im Kino „Capitol" erklärten, dass die gegenwärtige Aufgabe nicht im Aufbau eines sozialistischen Deutschlands bestehen könne.

Unter dem Deckmantel der proklamierten antifaschistisch-demokratischen Einheitsfront ging die KPD aber schnell und zielstrebig dazu über, die eigene Machtposition auszubauen. Gegenüber den anderen Parteien setzte ein massiver Verdrängungsprozess ein. Führungskräfte, die für eine erkennbar eigenständige Linie plädierten, wurden mit Unterstützung der Besatzungsmacht aus ihren Positionen gedrängt und gerieten nicht selten in die Mühlen der sowjetischen Geheimpolizei. Ihre Dominanz gegenüber den anderen politischen Parteien sicherte die KPD in Rostock wie überall in der sowjetischen Besatzungszone durch die Bildung eines Arbeitsausschusses mit der SPD am 19. Juli 1945 und durch den Zusammenschluss aller Parteien zum antifaschistisch-demokratischen Block Anfang September 1945 ab.

Auf Seiten der beiden Arbeiterparteien setzte zudem ein von der KPD forcierter Prozess ein, der mit der Begründung, dass die Spaltung der Arbeiterklasse während der Weimarer Republik Nationalsozialismus und Krieg erst ermöglicht hatte, auf eine Vereinigung mit der SPD hinauslief. Unausgesprochen stand hinter den Einheitsbestrebungen der Kommunisten aber die Absicht, die Stellung der ungleich stärkeren sozialdemokratischen Partei zu paralysieren und Einfluss auf deren Mitglieder zu gewinnen. Die Mehrheit der Rostocker SPD-Mitglieder stand diesem Trachten ablehnend gegenüber. Auf einer Mitgliederversammlung am 6. Januar 1946 forderten sie unter Anerkennung der Notwendigkeit einer späteren Verschmelzung in ganz Deutschland eine Urabstimmung der gesamten Parteimitgliedschaft. Allerdings konnte dieser Beschluss die in der sowjetischen Besatzungszone vorangetriebene Entwicklung nicht aufhalten, zumal es auch in Rostock eine nicht einflusslose Fraktion von Befürwortern der Vereinigung gab. Auf getrennten Kreiskonferenzen am 23./24. März 1946 gaben beide Parteien der Vereinigung zur SED im Stadtgebiet schließlich ihre Zustimmung.

„Rostock baut auf"

Die kommunale Selbstverwaltung hatte im September 1946 durch die „Demokratische Gemeindeverfassung", die im Zusammenhang mit den bevorstehenden Gemeindewahlen von der Landesverwaltung erlassen worden war, ihr demokratisches Fundament zurückgewonnen. Die Gemeindeverfassung bestimmte die aus geheimer, gleicher und unmittelbarer Wahl hervorgegangene Stadtverordnetenversammlung zum obersten Beschlussorgan. Exekutive zur Durchführung der Beschlüsse sollte für die Dauer einer Wahlperiode der Rat mit einem Oberbürgermeister und einem Bürgermeister an der Spitze sein.

Bei den ersten freien Wahlen zur Stadtverordnetenversammlung am 15. September 1946 gab es eine knappe Entscheidung. Die SED erhielt 48,87 Prozent der Stimmen (30 Sitze), die LDPD 27,7 Prozent (17 Sitze), die CDU 20,5 Prozent (12 Sitze) und der Frauenausschuss 1,98 Prozent (1 Sitz). Die Mehrheit der SED gegenüber den bürgerlichen Parteien wurde durch das Mandat des Frauenausschusses gesichert.

Am 27. September 1946 konstituierte sich die Stadtverordnetenversammlung und löste die Beratende Versammlung ab, die seit dem 16. Juli 1946 die Aufgaben einer Volksvertretung wahrgenommen hatte. Den Vorsitz in der Stadtverordnetenversammlung übernahm der aus der SPD kommende Alfred Starosson (1898–1957). Als Oberbürgermeister bestätigten die Abgeordneten Albert Schulz, als Bürgermeister Walter Petschow. Die Gemeindeverfassung wie auch die am 15. Januar 1947 angenommene Verfassung des Landes Mecklenburg hatten das Prinzip der kommunalen Selbstverwaltung zwar festgeschrieben, unter den gegebenen Bedingungen konnten die Städte und Gemeinden dieses demokratische Prinzip aber kaum mit Leben erfüllen. Die beherrschende Stellung der Besatzungsmacht, die finanzielle Abhängigkeit von der Landesverwaltung

Enttrümmerungsaktion der Rostocker Bevölkerung an der Ecke Steinstraße/
Große Wasserstraße, 1951

und das Machtstreben der Kommunisten bestimmten den kommunalpolitischen Alltag. Die Diskrepanz zwischen Verfassungsanspruch und Wirklichkeit zeigte sich in Rostock besonders deutlich, als im Verlauf des Jahres
1947 sowohl der Oberbürgermeister Albert Schulz als auch der Stadtrat Hans
Griem (1907–1969) verhaftet und mit fadenscheinigen Begründungen zu
Haftstrafen verurteilt wurden. Hinter diesem Willkürakt verbarg sich die
Absicht, die beiden ehemaligen Sozialdemokraten, die sich der Vereinigung
von KPD und SPD widersetzt hatten und auch in der SED ihren Überzeu-
gungen treu geblieben waren, mundtot zu machen. Einen bezeichnenden
Einblick in die damalige politische Praxis lieferte die Vorgehensweise gegen

den Oberbürgermeister. Ein sowjetisches Feldgericht hatte das demokratisch legitimierte Stadtoberhaupt kurzerhand zu zehn Jahren Zwangsarbeit verurteilt. Als es unter der Rostocker Bevölkerung aber zu einer zunehmenden Beunruhigung wegen des plötzlichen Verschwindens des Oberbürgermeisters kam, ließen die sowjetischen Befehlshaber Schulz nach vier Monaten ohne Aufhebung des Urteils frei und setzten ihn wieder in sein Amt ein.

Bereits am 29. September 1946 hatte in den Räumen der „Wilhelmsburg" in der Blücherstraße und der Schule am Goetheplatz die Industrieausstellung „Rostock baut auf" eröffnet. Über 150 Aussteller aus dem Stadt- und Landkreis wollten mit dieser Leistungsschau den Lebens- und Aufbauwillen in Industrie, Handel und Handwerk unter Beweis stellen. In diesem Rahmen sprach der Architekt Heinrich Tessenow, der im Auftrag der Stadt einen Wiederaufbauplan erarbeitete, über seine von der Gartenstadtidee geprägten Vorstellungen zur Gestaltung des zukünftigen Rostock. Die einwöchige Messe war mit einem anspruchsvollen Kulturprogramm verbunden, zu deren Höhepunkten eine Käthe-Kollwitz-Ausstellung im Museum und die vorläufige Aufnahme des Lehrbetriebes an der neugegründeten Hochschule für Musik zählten. Diese auf Initiative der Stadt errichtete Lehranstalt galt als die erste Neugründung einer Hochschule in Deutschland nach dem Krieg und ging im März 1947 in die Trägerschaft des Landes über. Die Wirtschaft der Stadt stand zu diesem Zeitpunkt vor einem gewaltigen Umbruch. Während des Krieges waren die Rostocker Unternehmen zum größten Teil auf die Bedürfnisse der Kriegsindustrie ausgerichtet worden. Nach der Besetzung durch die Rote Armee beanspruchte die Sowjetunion nicht nur die wichtigsten Industriebetriebe, sondern auch zahlreiche Anlagen und Gerätschaften aus mittelständischen Firmen als Reparationsgut. Von den Ernst-Heinkel-Werken in Marienehe blieben nur Bruchstücke erhalten. 85 ehemalige Arbeiter der Werke, die zur Demontage eingesetzt waren, gründeten aus den Resten ihres Betriebes am 1. August 1945 die „Rostocker Industriewerke" als genossenschaftlichen Betrieb, dessen Produktion sich nach den unmittelbaren Bedürfnissen und Möglichkeiten der Nachkriegszeit richtete. Auf dem Produktionsprogramm standen Handwagen, Kohleherde, Haus- und Küchengeräte, Medizintechnik, Pflugschare und Eggen. Auch die Arado-Flugzeugwerke und die Bootswerft Kröger in Warnemünde unterstanden einem Demontagekommando. Nachdem die Betriebsanlagen weitgehend abgebaut waren, verfügte die sowjetische Fischereiaufsicht in Warnemünde am 21. Mai 1945, auf dem Gelände einen neuen Werftbetrieb

Einbringung der ersten „Friedensernte" im Sommer 1945 nahe Groß Schwaß

zur Reparatur von Fischkuttern zu schaffen. Die Demontage der Neptunwerft hatte ebenfalls bereits begonnen, als die Militäradministration nach
Verhandlungen mit den Arbeitern und mit der Landesverwaltung entschied, den Betrieb zu erhalten. Ab 1. Dezember 1945 produzierte die Werft
für den zivilen Bedarf. Zum 1. November 1946 wurde sie in das Eigentum
der UdSSR übernommen und erledigte fortan als sowjetische Aktiengesellschaft (SAG) auf Reparationsrechnung vor allem Schiffsreparaturen. Das Geschehen im Rostocker Hafen bestimmte die im März 1946 gegründete
Deutsch-Russische Transport AG (DERUTRA), der zunächst vor allem der
Abtransport der Reparationsgüter oblag. Gravierend wirkte sich der Abbau
von Gleisanlagen der Deutschen Reichsbahn aus, der die ohnehin schlechten Verkehrs- und Transportverhältnisse verschärfte.

Mit der Übertragung des stalinistischen Gesellschaftsmodells auf die
sowjetische Besatzungszone hatte nicht nur der Kampf um die politische
Macht, sondern auch um die Herrschaft über die Wirtschaft eingesetzt. Im
Herbst 1945 war mit der Durchführung der Bodenreform eine erste grundlegende Veränderung eingetreten. Ziel der von der Landesverwaltung angeordneten Reform war es, landlosen Bauern und Vertriebenen durch

Flächenzuteilung den Aufbau eines kleinen Landwirtschaftsbetriebes zu ermöglichen. Die Stadt Rostock war als Eigentümerin großer landwirtschaftlicher Flächen besonders betroffen. Am 12. Oktober 1945 gab die Verwaltung die Aufteilung der 18 Stadtgüter bekannt. 4000 Hektar Land und 300 Hektar Wald aus dem kommunalen Eigentum gingen in den Bodenreformfonds ein. Den entscheidenden Einfluss auf die Veränderung der Wirtschaftsordnung gewann die rigoros vorangetriebene Entnazifizierung. Im Juli 1945 hatte ein Bereinigungsausschuss für die Wirtschaftsbetriebe seine Arbeit aufgenommen, der herrenlose Betriebe und Geschäfte, aber auch solche, die von Personen mit NSDAP-Vergangenheit geführt wurden, mit Treuhändern besetzte. Auf Grundlage der SMAD-Befehle 124 und 126 vom 30./31. Oktober 1945 beschlagnahmte die von der Stadtverwaltung, allen Parteien und der neuen Einheitsgewerkschaft FDGB gebildete Sequestrierungskommission das gesamte Vermögen von Kriegsverbrechern, Nationalsozialisten und deren Nutznießern, um bis 1948 große Teile davon zu verstaatlichen. In Rostock wurden fünf Banken, sieben Versicherungsgesellschaften und 95 Betriebe bzw. Betriebsteile enteignet, darunter solch renommierte Unternehmen wie die Kaufhäuser Gustav Zeeck und Rudolf Schlüter, die Brauerei Mahn & Ohlerich, die Reederei Hugo Ferdinand, der Zeitungsverlag des „Rostocker Anzeigers", die Buchhandlung Leopold, die Maschinenfabriken Meinke, Lange und Eikelberger, die Kohlehandelsgesellschaft Glückauf, die Margarinefabrik Hoyer oder die Möbelfabrik Klinkmann. Allerdings überlagerte die Absicherung der gesellschaftlichen Umgestaltung zusehends die konkrete Aufarbeitung ehemaliger Verantwortlichkeiten im NS-Staat. Unter der Losung von der „Enteignung der Nazi- und Kriegsverbrecher" wurden die Grundlagen für den staatlichen Wirtschaftssektor geschaffen und die Weichen für eine völlig neue Wirtschaftsordnung gestellt.

Da private Unternehmerinitiative unter diesen Voraussetzungen nur im beschränkten Maße möglich war, kam der Aufbau der Friedenswirtschaft zunächst nur langsam voran. Dennoch gelangen in der Stadt bemerkenswerte Neuanfänge. So wurde eine leistungsfähige Lebensmittelindustrie errichtet, die vor allem heimische Grundstoffe verarbeitete, um die schlechte Versorgungslage zu entspannen. Als neue Betriebe entstanden eine Zündholzwaren- und eine Steinholzfabrik. Das Streckennetz der Straßenbahn wurde bis nach Dierkow erweitert, die zerstörte Mühlendammbrücke repariert, die Bahnstrecke nach Schwaan, deren Schienen als Reparationsleistung in die Sowjetunion gegangen waren, durch Jugendliche wiederhergestellt. Völlig neue Wege ging Rostock bei der Kulturverwaltung. Die Stadt

Betriebstor der sowjetisch-deutschen Aktiengesellschaft „Neptunwerft", Ende der 1940er Jahre

hatte nach dem Krieg sämtliche Kinos in Pacht genommen. Diese wurden mit allen Kultureinrichtungen im April 1946 zu einem Eigenbetrieb zusammengefasst. Den Überschuss, den die Kinos erwirtschafteten, nutzte man, um den Zuschussbedarf der übrigen Einrichtungen, vor allem des Stadttheaters, abzudecken. Auch der Aufbau des zerstörten Rostock rückte immer stärker in das Zentrum der Anstrengungen. Die Wiederherrichtung der stark beschädigten Christuskirche am Schröderplatz bis zum März 1948 vermittelte nicht nur ein Hoffnungzeichen für die Zukunft, sie symbolisierte auch die Integrationsbereitschaft der in Rostock heimisch gewordenen Vertriebenen, die zu einem Drittel katholischen Glaubens waren. Im September 1947 schrieb der Rat einen Wettbewerb zum Wiederaufbau des Neuen Marktes aus. Mit der Wahl des zentralen Platzes knüpfte man demonstrativ am kulturell Überkommenen an und gab den Bürgern ein Signal zur Aktivierung des Aufbauwillens. Der Dresdener Architekt Wolfgang Rauda (1907–1971) erhielt im Ergebnis des Wettbewerbs den Auftrag zur Erarbeitung einer Wiederaufbaukonzeption für die Innenstadt. In der zweiten Jahreshälfte 1948 ging die Planungshoheit jedoch auf die Deutsche Wirtschafts-

Der Wiederaufbau der Krämerstraße, 1951

kommission (DWK) über, so dass die stadteigenen Aufbaupläne nur schwer durchzusetzen waren.

Da Investitionsmittel nur im begrenzten Umfang zur Verfügung standen, gründete die Stadt im Mai 1947 das Wiederaufbauunternehmen. Hier wurden die durch die Entnazifizierung in Rechtsträgerschaft übernommenen Vermögenswerte und Betriebe kaufmännisch zusammengefasst, der erzielte Gewinn sollte dem Wiederaufbau zufließen. Im Juli 1949 konstituierte sich der Wiederaufbauausschuss, der Bevölkerung und Betriebe zu Spenden aufrief und die gesammelten Gelder vor allem für Enttrümmerungsarbeiten einsetzte.

Der Umbau der Gesellschaft nach sowjetischem Muster hatte gravierende Auswirkungen. Die zentralistische Umstrukturierung des politisch-administrativen Systems schritt mit der Einführung der staatlichen Wirtschaftsplanung weiter voran. Der Zweijahrplan 1949/59 sah für Rostock den Ausbau als Hafen- und Werftstandort vor, hauptsächlich, um die nach wie vor hohen Reparationsforderungen der UdSSR auf diesem Gebiet erfüllen zu können. Die Werft in Warnemünde, bisher Zweigstelle der Schiffswerft in Wismar, sollte auf Befehl der SMAD zu einer großen Reparaturwerft ausgebaut werden. In der Lübecker Straße begann der Aufbau des Dieselmotorenwerkes (DMR). Auch die Neptunwerft und der Hafen erhöhten ihre Kapazitäten. Für den Aus- und Aufbau der Industriebetriebe verpflichtete man Arbeiter aus den verschiedensten Regionen, deren Unterbringung und Versorgung der Stadt große Schwierigkeiten bereiteten. Die Einwohnerzahl stieg bis Ende 1949 auf 134 787 an. Die wenigen Wohnungen, die seit Mai 1949 in den zur nationalsozialistischen Zeit unvollendet gebliebenen Straßenzügen des Komponisten-viertels als erste Neubauten nach dem Krieg errichtet wurden, entschärften die Lage nur unzureichend. Die staatliche Planwirtschaft

Ein kleiner Rostocker begrüßt den Präsidenten der DDR Wilhelm Pieck bei einem Besuch in der Stadt, Mai 1951

bedeutete für die Städte den weitgehenden Verlust ihrer finanziellen Selbständigkeit. Hinzu kam die Beseitigung der wirtschaftlichen Selbständigkeit durch Erlasse der DWK. So mussten in der ersten Hälfte des Jahres 1949 alle kommunalen Dienstleistungs- und Versorgungsbetriebe sowie der Grundbesitz zu einem Kommunalwirtschaftsunternehmen (KWU) zusammengefasst werden. Das KWU erhielt den Status einer Anstalt öffentlichen Rechts, die man faktisch aus der Kommunalverwaltung herauslöste und der DWK unterstellte. Gleichzeitig wurde das Rostocker Elektrizitätswerk aus der Verfügung der Stadt genommen und einem zentralen Energiebezirk zugeordnet. Oberbürgermeister Albert Schulz und der zuständige Stadtrat, der ehemalige Sozialdemokrat Martin Müller (1891–1965), protestierten gegen die zentrale Unterstellung der Energiebetriebe und organisierten in Güstrow eine Versammlung betroffener Städte und Gemeinden. Daraufhin entzog der SED-Landesvorstand Albert Schulz das Mandat als Oberbürgermeister. Es spielte keine Rolle, dass es sich hier um einen gewählten Kommunalpolitiker handelte, dessen Mandat nicht per Parteibeschluss aufgehoben werden konnte. Im Umfeld der fortschreitenden Stalinisierung der SED kam dem kommunistischen Flügel die Konfrontation mit dem ehemaligen Sozialde-

mokraten gerade recht, um eine prinzipielle Auseinandersetzung mit sogenannten opportunistischen und sektiererischen Auffassungen in der Partei
zu führen. Am 1. August 1949 erklärte Albert Schulz seinen Rücktritt und
ging, um weiteren Repressalien zu entgehen, in den Westen. Martin Müller
hingegen wurde verhaftet und zu drei Jahren Gefängnis verurteilt.

Am 7. Oktober 1949 konstituierte sich die Deutsche Demokratische Republik. Der Übergang zur sozialistischen Ordnung im östlichen Teil
Deutschlands nahm feste Gestalt an. Die veränderten Eigentumsformen
und Sozialstrukturen, die neugeschaffenen Machtverhältnisse im Parteiensystem und im Verwaltungsapparat hatten die Voraussetzungen für eine
Umformung der sowjetischen Besatzungszone geschaffen. Nicht wenige
Rostocker hatten diese Entwicklung in der Hoffnung auf eine gerechte und
friedliche Gesellschaft gestaltet und gefördert.

In den Parteien und in der Wirtschaft, an der Universität und an den
Schulen, im Kulturbetrieb und im öffentlichen Leben fand sich aber auch
eine Vielzahl von mutigen Bürgern, die sich der radikalen Umgestaltung
widersetzten und versuchten, sinnvolle Alternativen und eigene Vorstellungen in die Gestaltung der Nachkriegsverhältnisse einzubringen. Die
neuen Machthaber antworteten auf dieses Engagement in der Regel mit
Verleumdung und Verfolgung. Am Ende blieb vielen nur die Flucht, um
Schlimmerem zu entgehen. Das Schicksal des Jurastudenten Arno Esch
(1928–1951) offenbarte, welchen Gefahren Gegner ausgesetzt waren. Esch
war Mitglied einer Gruppe Rostocker Studenten und Bürger, die sich der
Demokratie und dem Liberalismus verpflichtet fühlten und geistigen Widerstand gegenüber der SED-Politik leisteten. Zusammen mit Freunden
wurde Esch im Oktober 1949 von der sowjetischen Geheimpolizei verhaftet
und von einem Militärtribunal auf Grund erpresster Geständnisse zum Tode
verurteilt. Weitere Verhaftungen und Prozesse führten den Menschen unmittelbar vor Augen, wohin die Opposition gegen die gesellschaftliche Umgestaltung führen konnte.

ROSTOCKS ENTWICKLUNG IN DER DDR. 1949 BIS 1989

Bezirksstadt und maritimer Wirtschaftsstandort

Enorme wirtschaftliche Disproportionen, die aus der Spaltung Deutschlands und dem Verlust der Gebiete östlich der Oder herrührten, prägten die Ausgangslage der gerade gegründeten DDR. Bei dem aus der sowjetischen Besatzungszone hervorgegangenen Staat handelte es sich um den kleineren, an natürlichen Ressourcen ärmeren, vom Krieg stärker in Mitleidenschaft gezogenen Teil Deutschlands. Die wenigen Industriezentren waren zum größten Teil zerstört oder demontiert, darüber hinaus von den Verkehrswegen abgeschnitten. Hamburg und Stettin, die ehemals wichtigsten deutschen Häfen, lagen nun jenseits der Staatsgrenze. Der Aufbau einer eigenen industriellen Basis wurde so zu einer Existenzfrage der DDR. Als Vorbild und Modell für die angestrebte Industrialisierung diente die von der Sowjetunion übernommene zentrale Planwirtschaft.

In diesem Zusammenhang wurde den Städten an der Ostseeküste im ersten Fünfjahrplan 1951–1955 eine wichtige Rolle auf dem Gebiet der Werftindustrie, des Fischfangs und des Handels auf dem Seewege zugewiesen. Insbesondere Rostock mit seinem Hafen, seinen relativ entwickelten kommunalen Strukturen sowie den vor Ort ansässigen Arbeitern mit ihren Erfahrungen im Schiffs- und Flugzeugbau sollte zum Zentrum der maritimen Wirtschaft ausgebaut werden. Diese zentral gesteuerte Entwicklung wirkte sich gravierend auf alle Lebensbereiche der Stadt aus. Auf wirtschaftlichem Gebiet vollzogen sich mit dem Aus- und Aufbau der maritimen Betriebe grundsätzliche Veränderungen in der ökonomischen Struktur. Der staatliche Sektor mit den sogenannten Volkseigenen Betrieben (VEB) erlangte gegenüber den privaten Unternehmen vollends quantitative Überlegenheit und dominierte das wirtschaftliche Leben schließlich nahezu vollständig. Mit dem Zustrom von Arbeitskräften wuchs die Bevölkerungszahl in einem schnellen Tempo weiter und es kam nochmals zu grundlegenden demographischen Umschichtungen der Einwohnerschaft. Der Ausbau der Infrastruktur, die städtebauliche Entwicklung, das wissenschaftliche und kulturelle Leben – es gab kaum einen Bereich, der nicht von der extensiven Industrialisierung im Zuge des Aufbaus des Sozialismus betroffen war. So erfuhr die alte See- und Hafenstadt unter neuem Vorzeichen eine entschiedene Aufwertung – ihr wurde eine neue Blüte in Aussicht gestellt.

Als Machtinstrumente zur Durchsetzung dieser Entwicklung dienten der Parteiapparat der SED und die von ihm beherrschte Staatsmacht. Am 5. September 1949 hatte die Stadtverordnetenversammlung den bisherigen Oberbürgermeister der Stadt Greifswald, Max Burwitz (1896–1974), zum neuen Stadtoberhaupt gewählt. Obwohl auch er ein ehemaliger Sozialdemokrat war, bot er auf kommunaler Ebene doch die Gewähr dafür, sich der weiteren Übertragung des stalinistischen Gesellschaftsmodells nicht in den Weg zu stellen. Nach Gründung der DDR hatte der Kreiskommandant, Oberst Tschenzow, zwar sämtliche Verwaltungsfunktionen auf den Rat der Stadt übertragen, aber gerade in den Anfangsjahren behielt die sowjetische Besatzungsmacht noch Gewicht und Einfluss, so dass ihre Position – wenn auch weniger sichtbar – noch lange erhalten blieb. Und die SED nutzte das Mehrparteiensystem, um ihrer Vormachtstellung einen demokratischen Anschein zu geben. So lag die eigentliche Macht in der Stadt in den Händen der Stadtleitung der SED, deren 1. Sekretär von 1951 bis 1961 der gelernte Tischler Karl Deuscher (1917–1993) war. Als wichtiges Instrument zur Lenkung und Kontrolle der anderen politischen Kräfte hatte die SED seit Anfang 1950 systematisch die Nationale Front als Dachorganisation aller Parteien und Massenorganisationen ausgebaut, verbunden mit der Disziplinierung der bürgerlichen Parteien und einer letzten Abrechnung mit den sich widersetzenden Gegnern. Die Ortsvorsitzenden von CDU und LDPD, Dr. Walter Neumann (1888–1951) und Alex Hartmann (1892–1958), mussten nach inszenierten Protestversammlungen und gezielten Verleumdungskampagnen im Februar 1950 zurücktreten. Die bereits zwei Jahre hinausgezögerten Wahlen zur Stadtverordnetenversammlung erfolgten am 15. Oktober 1950 dann erstmals im Zeichen der Einheitslisten der Nationalen Front, so dass das Ergebnis auf Grund fehlender Alternativen von vornherein feststand. Die Wahlbeteiligung lag laut offiziellen Angaben bei 98,77

Prozent. Nach einem generellen Schlüssel, der auch bei den gleichzeitig durchgeführten Wahlen zur Volkskammer und zum Landtag Anwendung fand, erhielten die SED 15, die CDU und die LDPD je 9, die NDPD 5, die DBD 4 und die Massenorganisationen 18 Sitze in der Stadtverordnetenversammlung. Die Stimmenmehrheit der SED sicherten jene Abgeordneten der Massenorganisationen, die der Partei angehörten.

Als ein nächster Schritt zur Angleichung der staatlichen Formen an das sowjetische Vorbild galt die Verwaltungsreform vom 23. Juli 1952 – ein Ergebnis der 2. Parteikonferenz der SED, auf der offiziell der „Aufbau des Sozialismus" als Ziel verkündet worden war. Die DDR-Führung löste die fünf Länder auf und schuf stattdessen 15 kleinere Bezirke. Damit beseitigte man die letzten Reste von Föderalismus und Landestraditionen und machte den als „demokratisch" deklarierten staatlichen Zentralismus endgültig zum Dreh- und Angelpunkt des politischen Systems. Aus dem Land Mecklenburg entstanden die drei Bezirke Rostock, Schwerin und Neubrandenburg. Die Stadt Rostock wurde Sitz des neugebildeten Rates des Bezirkes. Die Einbindung der kommunalen Ebene in das zentralistische System erfolgte durch die am

Rathausanbau auf der Ostseite des Neuen Marktes, 1952

8. Januar 1953 vom Ministerrat der DDR verabschiedeten Ordnungen über den Aufbau und die Aufgaben der Stadtverordneten- und der Stadtbezirksversammlungen. Die Stadt wurde in vier Stadtbezirke aufgeteilt, in denen ohne Durchführung einer Wahl eigene Bezirksversammlungen und Bezirksräte gebildet wurden. Auch die Stadtverordnetenversammlung und der Rat der Stadt konstituierten sich am 29. Mai 1953 neu, die Abgeordneten und Ratsmitglieder waren durch die Parteien und Massenorganisationen benannt worden. Auf eine Legitimierung durch Wahlen verzichtete man. Zur SED gehörten nun 39 Abgeordnete der Stadtverordnetenversammlung, 7 waren Mandatsträger der Massenorganisationen, die übrigen Parteien brachten es zusammen nur noch auf 17 Sitze. Offiziell wurden die radikalen Einschnitte als weitere Demokratisierung der Gesellschaft dargestellt, tatsächlich bedeuteten sie die Sicherung der neuen Herrschaftsverhältnisse. Zur Erfassung, Integration und Kontrolle der Bürger wirkten im Rahmen der Nationalen Front Tausende von Haus- und Straßenvertrauensleuten ehrenamtlich.

Der Verwaltungsapparat blähte sich durch die Verwaltungsreform um ein Vielfaches auf und die Stadtbezirke entwickelten ein starkes Eigenleben, so dass die gesamtstädtische Entwicklung negativ beeinträchtigt wurde. Darum löste man die Stadtbezirke mit der Einführung des Gesetzes über die örtlichen Organe der Staatsmacht vom 18. Januar 1957 wieder auf. Das Gesetz räumte den Städten und Gemeinden zwar wieder größere Mitbestimmungsrechte und Vollmachten ein, hatte aber wegen des bestimmenden Einflusses der SED keinen Einfluss auf die tatsächliche Machtverteilung. Am 23. Juni 1957 fand nach sieben Jahren wieder eine Kommunalwahl statt. Bei einer Wahlbeteiligung von 97,07 Prozent wurden erwartungsgemäß die Kandidaten der Nationalen Front gewählt.

Auf wirtschaftlichem Gebiet durchlief Rostock seit Beginn der 1950er Jahre eine rasante Entwicklung. Durch einen Regierungsbeschluss vom 14. Dezember 1950 war der Aufbau der Warnowwerft zur Schwerpunktaufgabe erklärt worden – sie sollte sich von einer Reparaturwerft zur größten Neubauwerft der DDR entwickeln. Die Zahl der Belegschaft stieg bis 1953 auf über 9 000 Beschäftigte an. Die 65 m hohe Kabelkrananlage, die auf einer Länge von über 300 m vier Hellinge und einen Vormontageplatz überspannte, wurde zum neuen Wahrzeichen Warnemündes. Bis Mitte der 1950er Jahre bestimmten die im Rahmen der Kriegsentschädigung für die Sowjetunion zu leistenden Reparaturarbeiten das Profil des sich im Aufbau befindlichen Betriebes. Fast legendären Ruhm erlangte der erst 1960 fertiggestellte Umbau des einstigen Fracht- und Passagierschiffes „Hamburg" zum

Stapellauf der „Frieden" auf der Warnowwerft Warnemünde, 14. Januar 1956

Walfangmutterschiff „Juri Dolgoruki", mit dessen Fertigstellung dieses Kapitel der Werftgeschichte endgültig zu Ende ging. Der serienmäßige Neubau
setzte 1953 mit 15 Binnenfahrgastschiffen für die UdSSR ein. Am 13. Oktober 1954 wurde das erste 10000-t-Schiff vom Typ IV auf Kiel gelegt, eine
Serie von insgesamt 15 Schiffen folgte. Es waren die ersten größeren Neubauten der Werft, für die nun neben der Kabelkrananlage auch eine Schiff-
bauhalle von 20000 m² zur Verfügung stand. Zwölf der Typ-IV-Schiffe
gingen an die staatseigene Deutsche Seereederei Rostock (DSR), die zum
1. Juli 1952 gegründet worden war. Zunächst hatten der DSR lediglich die
wieder instandgesetzte „Johann Ahrens" (Baujahr 1903) – die als „Vorwärts"
am 13. Oktober 1950 die Seefahrt in der DDR begründet hatte – und der
Seeleichter „Fortschritt" zur Verfügung gestanden. Nach der Errichtung
einer leistungsfähigen Werftindustrie konnte die Staatsreederei einen Bestand an neuen Schiffen aufbauen. Die ersten Neubauten kamen allerdings
nicht von der Warnow-, sondern von der traditionsreichen Neptunwerft,
auf der seit Kriegsende erhebliche Veränderungen vor sich gegangen waren.
Nachdem bereits ein umfangreiches Programm des Wiederaufbaus und der
Modernisierung verwirklicht worden war, übergab die Sowjetunion die

Werft zum 1. April 1952 neben anderen SAG-Betrieben der DDR. Im gleichen Jahr begann auf Reparationsrechnung der Neubau von 3 000-t-Frach-
tern der sogenannten Kolomna-Serie für die UdSSR. Dieser Serie entstammten die beiden Dampfer „Rostock" und „Wismar", die 1954 der DSR als erste
Neubauschiffe zur Verfügung gestellt wurden.

Im Zusammenhang mit der Entwicklung des Schiffbaus waren die Umsiedlung des Dieselmotorenwerkes in das zerstörte Reichsbahnausbesserungswerk in der Schwaaner Landstraße (1950) und die Gründung der
Schiffbautechnischen Fakultät an der Universität (1951) von besonderer Bedeutung. Auch dem Rostocker Hafen kam im Zuge des Aufbaus einer eigenen Seeverkehrswirtschaft ein hoher Stellenwert zu. Er sollte im ersten
Fünfjahrplan zum größten Umschlaghafen der DDR ausgebaut werden. Als
völlig neuer Betrieb entstand ab 1950 auf dem Gelände der ehemaligen
Heinkelwerke in Marienehe das Fischkombinat.

Lange Straße und Nationales Aufbauwerk

Die mit dem Auf- und Ausbau der Industriebetriebe verbundene Ansiedlung
von Arbeitskräften musste zu einer Verschärfung des ohnehin bestehenden
Wohnungsnotstandes führen, der trotz strengster Reglementierungen kaum
zu beherrschen war. Oberbürgermeister Burwitz nutzte im Dezember 1949
den Besuch des Präsidenten der DDR, Wilhelm Pieck (1876–1960), um auf
die miserable Lage hinzuweisen. Der Staatspräsident sagte der Stadt Unterstützung zu. Tatsächlich erklärte das am 6. September 1950 verabschiedete
Aufbaugesetz Rostock neben acht weiteren Städten der DDR zur Aufbaustadt,
deren planmäßige Wiedererrichtung zentral zu leiten war. Als unumstößli-
che Richtschnur dabei galten die kurz zuvor beschlossenen „Grundsätze des
Städtebaus". Die 16 Grundsätze orientierten sich am Vorbild der Sowjetar-
chitektur und fanden gleich einem Rezeptbuch Anwendung für alle Aufbaustädte. Im Vordergrund stand vor allem die herausgehobene Bedeutung des
Stadtzentrums, das als politischer Mittelpunkt mit Räumen für Demonstrationen und Großveranstaltungen sowie als Sitz der wichtigsten politischen,
administrativen und kulturellen Stätten galt. Was hier mittels der Baukunst
Wertschätzung finden sollte, waren die eigene Ideologie und der Neuanfang
im Zeichen der sozialistischen Gesellschaftsordnung. Der notwendige Wohnungsbau musste zwangsläufig in die zweite Reihe rücken.

Sämtliche in den ersten Nachkriegsjahren in Rostock eigenständig ausgearbeiteten Pläne wurden in weiten Teilen Makulatur. Die städtebauliche Planung, die Wolfgang Rauda 1948 begonnen und in den folgenden Jahren präzisiert hatte, verschwand in den Schubladen. Nur der unvollendet gebliebene Erweiterungsbau für das Rathaus und die Wohnhäuser im Gebiet um die Krämerstraße, deren Bau 1950/51 begonnen hatte, kamen noch zur Ausführung. Die Verantwortung für die weitere Planung des Wiederaufbaus Rostocks lag fortan in den Händen des staatlichen Entwurfsbüros für Mecklenburg, des VEB (Z) Projektierung in Schwerin.

Die wichtigste und nachhaltigste Entscheidung, die hier auf Grundlage der baupolitischen Grundorientierungen getroffen wurde, betraf die Schaffung eines zentralen Platzes. Der zwischen Kröpeliner Tor und Stadthafen gelegene Platz sollte über die ausgebaute Lange Straße mit dem Neuen Markt verbunden sein. Am 28. August 1952 beriet die Regierung der DDR über einen hierfür vom Schweriner Entwurfsbüro vorgelegten Teilbebauungsplan. Die Zeit drängte, denn zwei Jahre nach Verabschiedung des Aufbaugesetzes war man in Rostock noch nicht weiter gekommen. Es wurden

Grundsteinlegung zum Wiederaufbau der Langen Straße mit SED-Chef Walter Ulbricht, 30. Januar 1953

Die Lange Straße nach ca. 16 Monaten Wiederaufbauarbeit, Sommer 1954

endlich sichtbare Erfolge erwartet, zumal der repräsentative Anspruch an die Bezirksstadt inzwischen gewachsen war. Die Regierung bestätigte daher den vorgelegten Plan.

In den folgenden Wochen konzentrierten sich die Architekten aber nicht auf den zentralen Platz, vielmehr rückten die Planungen zur Langen Straße in den Mittelpunkt des Interesses. Der Anstoß dazu war von Hermann Henselmann (1905–1997), Institutsdirektor an der Deutschen Bauakademie, ausgegangen. Der Rat des Bezirkes Rostock schrieb im Oktober 1952 einen Wettbewerb über die künftige Bebauung der Langen Straße aus. Die drei im Dezember prämierten Entwürfe lehnten sich eng an die Berliner Stalinallee, das Paradebeispiel für die amtliche Architekturauffassung der DDR, an. Der 1. Preis ging an Werner Grundmann aus Stralsund. Auf Grund seiner Differenzen mit dem 1. Sekretär der Bezirksleitung der SED, Karl

Mewis (1907–1987), kam Grundmann jedoch nicht zum Zuge. Die Hauptautoren der beiden anderen prämierten Entwürfe, Joachim Näther (1925–2009) vom staatlichen Entwurfsbüro in Schwerin und der Rostocker Stadtarchitekt Albrecht Jaeger (1900–1989), wurden daraufhin zu einer gemeinsamen Überarbeitung bewegt. Im Ergebnis kam es auf Anregung von Henselmann zur Abwandlung der ursprünglich klassizistischen Fassade zugunsten einer von der Gotik inspirierten Gestaltung. Das Zitat der gotischen Stilelemente, wie es in der Verwendung des Backsteins und der Ausstattung mit Ornamenten, Rosetten und Türmen zum Ausdruck kam, sollte jedoch der einzige Anknüpfungspunkt an das gewachsene Stadtbild bleiben. Jegliche Rücksichtnahme auf überkommene Strukturen, auf historische Straßenfluchten und auf Verhältnismäßigkeit wurden mit der neuen Langen Straße aufgegeben. Städtebauliche Anschlüsse und übergreifende Pläne traten in den Hintergrund. Die vom Politbüro der SED auf 60 m festgesetzte Breite der Magistrale und die immense Höhe der Bauten verwandelten die ehemals schmale Straße mit ihren zwei- und dreigeschossigen Gebäuden in eine überdimensionierte Häuserschlucht.

Am 30. Januar 1953 legte Walter Ulbricht (1893–1973), 1. Sekretär des Zentralkomitees der SED und stellvertretender Ministerpräsident der DDR, den Grundstein für das ehrgeizige Bauvorhaben. Der geringe Planungsvorlauf führte zu teilweise chaotischen Zuständen auf der „sozialistischen Großbaustelle". Erst am 20. August 1953 bestätigte die Regierung der DDR endgültig die neuen Entwürfe. Der Aufbau der Langen Straße zur ersten sozialistischen Straße der alten Hafen- und Hansestadt wurde zu einem Schwerpunkt des Städtebaus in der DDR. Kein anderes innerstädtisches Bauvorhaben jener Jahre prägt das Gesicht einer Stadt in Mecklenburg bis heute so nachhaltig. Bis 1959 folgte das Baugeschehen der beschlossenen städtebaulichen und architektonischen Gesamtkonzeption, obwohl diese nach der ersten DDR-Baukonferenz im Jahr 1955 in Kritik geraten war. Zu einer Verlangsamung des Bauablaufes kam es nur nach dem 17. Juni 1953, als parallel zum Aufbau der prestigeträchtigen Straße der Wohnungsbau wieder stärker in den Mittelpunkt gerückt werden musste. In kürzester Zeit wurde für den Stadtrand von Rostock das Neubaugebiet Reutershagen I projektiert, das sich mit der klassizistischen Fassadengestaltung und den Blockinnenhöfen unverkennbar an den sowjetischen Vorbildern orientierte. Am 5. August 1953 fand die Grundsteinlegung für dieses erste nach dem Krieg errichtete Wohngebiet statt, 1957 konnten die Arbeiten im Wesentlichen abgeschlossen werden. Mehr als 6 000 Einwohner bezogen hier eine neue Wohnung.

Startaufstellung zum Rostocker Osthafenkursrennen, 20. April 1952

Am 20. Juni 1958 wurde am markantesten Gebäude der Langen Straße, dem 66 m hohen Hochhaus an der Nordseite, Richtfest gefeiert. Die Stadtsilhouette war jetzt nicht mehr nur von den mittelalterlichen Kirchen geprägt, auch die Bauten des Sozialismus gaben dem Fernbild Rostocks Gestalt. Der ideologisierte Aufbauwille des Arbeiter- und Bauernstaates forderte aber auch seine Opfer. Der V. Parteitag der SED im Jahr 1958 hatte die Forderung erhoben, bis 1962 die letzten Kriegsspuren in den zentralen Bereichen der Aufbaustädte zu beseitigen. So wurde die Ruine der Jakobikirche trotz starker Bedenken seitens der Kirche, engagierter Bürger und der Denkmalpfleger Stück für Stück abgerissen, bis schließlich in der ersten Jahreshälfte 1960 der noch verbliebene Turm folgte. Das Motiv hierfür lag auf der Hand. Selbst eine denkmalgeschützte Kirchenruine galt als ein sichtbares Symbol des Christentums, doch Religion und Weltanschauung der SED blieben unvereinbar. Deshalb war für die Kirchenruine in einem nach sozialistischen Maßstäben gestalteten Stadtzentrum kein Platz mehr. Auch die letzten Häuser an der Nordseite des Neuen Marktes, die der Bombenkrieg hatte stehenlassen, mussten im Frühjahr 1959 weichen, um die unverhältnismäßig breite Lange Straße überhaupt verkehrstechnisch anbinden zu können. Der geschlossene Charakter des Platzes ging damit verloren. Insgesamt machten es die Aufbaueuphorie und die Allmacht des SED-Apparates den verantwortlichen Denkmalpflegern schwer, ein Bewusstsein für die Bedeutung des historischen Stadtbildes zu entwickeln und ihre Forderungen durchzusetzen. Im Zeichen des Neuanfanges wurde häufig mit den Traditionen gebrochen, wie der nicht zu rechtfertigende Abbruch des Petritors am 27. Mai 1960 zeigte.

Neben der Langen Straße, die das Baugeschehen der 1950er Jahre maßgeblich bestimmte, wurden eine Reihe weiterer wichtiger Bauten fertiggestellt. Eine besondere Rolle spielte dabei das Nationale Aufbauwerk (NAW), eine von der Nationalen Front ab 1952 organisierte Form unentgeltlicher, außerhalb der Arbeitszeit zu leistender Tätigkeit. In den Betrieben gebildete Aufbaukomitees hatten die Aufgabe, möglichst viele Arbeiter und Angestellte als freiwillige Aufbauhelfer zu gewinnen. Manches wichtige Bauvorhaben konnte so, trotz der hohen Kosten für die Lange Straße, verwirklicht werden. Zum größten NAW-Objekt der Stadt entwickelte sich das Ostseestadion, das am 27. Juni 1954 eingeweiht wurde. Nach offiziellen Angaben erbrachten die Rostocker 236 000 freiwillige Aufbaustunden zur Fertigstellung der Sportanlage. Damit besaß die Stadt nun zwar eines der schönsten Stadien im Osten Deutschlands, aber keine leistungsstarke Fußballmannschaft, um es zu bespielen. Darum warben Rostocker Partei- und Sportfunktionäre die erfolgreiche Fußballmannschaft Empor Lauter aus dem Erzgebirge ab, die fast vollständig an die Ostseeküste wechselte. Weitere wichtige Vorhaben, die man im Wesentlichen im Rahmen des NAW verwirklichte, waren der Bau zweier Warnowfähren (1953–1955), der Wiederaufbau des Steintors (1953–1954), die Errichtung der Eiskunstbahn (1954–1955) sowie die Umgestaltung des Schwanenteiches (ab 1954), des Platzes der Jugend (1956) und des Zoologischen Gartens (ab 1956). An bedeutenden öffentlichen Gebäuden entstanden unter anderem der Schulbau in der Kuphalstraße (1950–1951), die Schwimmhalle in der Kopernikusstraße (1950–1955), die Studentenwohnheime in der St.-Georg-Straße (1950–1953), das Katalyseinstitut in der Buchbinderstraße (1950–1952), das HO-Warenhaus in der Breiten Straße (1951–1952), die Hautklinik in der Augustenstraße (1952–1954), die Klinikgebäude in der Schillingallee und in der Ernst-Heydemann-Straße (1952–1962), die Gebäude der Schiffbautechnischen Fakultät am Südrand der Stadt (1952–1964), die Hauptpost am Neuen Markt (1953–1956), die städtische Poliklinik in der Paulstraße (1953–1955) und das Pflegeheim in Stadtweide (1955–1957).

Der 17. Juni 1953

Die Unzufriedenheit der Bevölkerung, die in den Aufstand vom 17. Juni 1953 mündete, hatte viele Ursachen. Nach der Proklamation des planmäßigen Aufbaus des Sozialismus durch die 2. Parteikonferenz der SED im Juli 1952 wurde offensichtlich, dass die politische Diktatur deutlichere Konturen annehmen würde. Die SED erklärte, dass der Aufbau des Sozialismus nunmehr die wichtigste Aufgabe sei. Dazu müsste vor allem die Staatsmacht gefestigt werden, wobei eine „Verschärfung des Klassenkampfes" unvermeidlich sei und „feindliche Agenten unschädlich" gemacht werden müssten. Diesen Klassenkampf trug man mit aller Härte aus. Private Gewerbetreibende wurden mit hohen Steuern in die Knie gezwungen. In Diedrichshagen, Toitenwinkel, Evershagen und Peez bildete man im Frühjahr 1953 gegen den Widerstand einzelner Bauern die ersten landwirtschaftlichen Produktionsgenossenschaften (LPG). Mitglieder der Jungen Gemeinde und der Evangelischen Studentengemeinde wurden gezwungen, die Oberschule und die Universität zu verlassen. Die „Ostsee-Zeitung", das Organ der SED-Bezirksleitung, widmete sich in zahlreichen Artikeln der Trockenlegung eines vermeintlich reaktionären Sumpfes an der Medizinischen Fakultät der Universität. Aus Planungs- und Lieferschwierigkeiten resultierende Produktionsstörungen wurden zu Sabotageakten hochstilisiert. Beschäftigte gerieten schnell in den Verdacht, feindliche Agenten zu sein. Auch in der SED kam es unter der Parole vom „Kampf gegen den Sozialdemokratismus" zu Parteiausschlüssen von Mitgliedern, die nicht bereit waren, sich dem rigorosen Kurs anzupassen.

Verunsicherung machte sich in der Bevölkerung breit. Zudem begann im ganzen Küstengebiet des Bezirkes Rostock in der zweiten Februarhälfte 1953 eine Enteignungswelle unter dem Decknamen „Aktion Rose". Ziel war es, die Dominanz der privaten Hotels und Gaststätten in der Ostseeregion zu beseitigen. Die unter fadenscheinigen Gründen verstaatlichten Häuser sollten für den Ausbau eines kontrollierten Urlaubs- und Feriendienstes dienen. Angesichts der repressiven Maßnahmen zogen viele es vor, den Ort zu verlassen. Der Anteil der Rostocker an den Republikflüchtigen lag bis zur Schließung der Grenzen am 13. August 1961 jährlich zwischen 3000 bis 4000 Personen.

Der ideologische und ökonomische Druck war verbunden mit einer zunehmenden Verschlechterung der sozialen Lage. Der Aufbau der Werftindustrie, insbesondere die Errichtung der Warnowwerft, verursachte Pro-

Versammlung der streikenden Arbeiter auf der Warnowwerft während des Arbeiteraufstandes, 18. Juni 1953

bleme. Vor allem fehlte es an Unterbringungsmöglichkeiten für die zugezogenen Arbeiter und ihre Familien. Seit Sommer 1952 hatte sich zudem
die Versorgung mit Konsumgütern und Dienstleistungen erheblich ver-
schlechtert, sogar bei der Verteilung von Brennstoffen, Kartoffeln und Brot.
Frisches Gemüse und Fett waren schwer erhältlich, für Fleisch und Fett wurden oftmals Fisch und Zucker als Ersatz zum Verkauf angeboten. Die in den
Betrieben eingeleiteten Maßnahmen zur strengsten Sparsamkeit im Umgang mit Material und anderen Ressourcen hatten handfeste Konsequen-
zen: Erschwerniszuschläge und ermäßigte Fahrpreise wurden gestrichen.
Gleichzeitig erfolgte eine allgemeine zehnprozentige Normerhöhung in der
Produktion. Da die Unzulänglichkeiten in der Arbeitsorganisation die
Normerfüllung nur schwer zuließen, mussten viele Arbeiter Lohneinbußen
hinnehmen, die mit den gleichzeitigen Preissteigerungen Unmut erzeugten.
Besonders verbittert waren die Rostocker über den Wegfall der Tagesrück-
fahrkarten für die Arbeiter, die den Zug nach Warnemünde zur Warnow-
werft benutzten. Das Maß des Zumutbaren war längst überschritten, als die
Regierung der DDR am 11. Juni 1953 auf Empfehlung des Politbüros der
SED einen „Neuen Kurs" einleitete und versprach, das Lebensniveau der

Bevölkerung zu verbessern und Überspitzungen in der Politik zurückzunehmen. Vor allem sollten die repressiven Maßnahmen gegen die Mittelschichten, Handels- und Gewerbetreibenden sowie privaten Bauern vermindert werden, um eine bessere Versorgung der Bevölkerung zu erreichen.

Erstmals hatten Partei und Regierung einen Fehler eingestanden und eine Korrektur versprochen. Der Kurswechsel löste viele Diskussionen aus und hatte einen großen Vertrauens- und Autoritätsverlust zur Folge. Da die Normerhöhung nicht zurückgenommen worden war, kam es auch in den Rostocker Betrieben zu erregten Debatten. Im Dieselmotorenwerk fand am 17. Juni 1953 eine Belegschaftsversammlung statt, auf der die Arbeiter von der Betriebsleitung die Zusage erzwangen, die betriebliche Normerhöhung von 22 Prozent zurückzunehmen. Sie forderten außerdem, die hohen Preise zu senken, die Löhne zu erhöhen, die Verwaltungs- und Personalkosten zu reduzieren und die Arbeitsbedingungen zu verbessern. Die überspitzten Normvorgaben in diesem Betrieb waren kein Einzelfall. Auf der Warnowwerft waren sie im Mai 1953 um 18 Prozent erhöht worden. Auch hier kam es am 17. Juni zu einer Belegschaftsversammlung. Während der Zusammenkunft wurden neben der Normrücksetzung auch freie Wahlen in der DDR und die Auflösung der kasernierten Volkspolizei, Vorläuferin der späteren regulären Armee, gefordert. Nach erregten Diskussionen mit dem Parteisekretär endete die kurze Versammlung. Am Abend des 17. Juni 1953 verhängte der sowjetische Militärkommandant der Stadt und des Bezirkes Rostock, Oberst Barinow, den Ausnahmezustand, um eine Ausweitung der Proteste zu verhindern. Jegliche Kundgebungen, Versammlungen, Ansammlungen und Verstöße gegen die öffentliche Ordnung waren bei Androhung der Bestrafung nach den Kriegsgesetzen verboten. Dennoch kam es am 18. Juni 1953 auf der Warnowwerft, der Neptunwerft und der Bootswerft Gehlsdorf zu erneuten Arbeitsniederlegungen und zu Demonstrationen auf dem Betriebsgelände. Die Präsenz von sowjetischen Soldaten und kasernierter Volkspolizei beschränkte die Protestbewegung allerdings auf diese Betriebe, die Organisation einer Demonstration durch die Stadt wurde unmöglich gemacht. Auf der Warnowwerft verhandelten der Minister für Transportmittel und Landmaschinenbau der DDR, Bernd Weinberger (1904–1957), und das Mitglied des Zentralkomitees der SED, Adalbert Hengst (1905–1989), bis zum Nachmittag mit einer Delegation der Arbeiter. Einer der Wortführer der Protestierenden war der Schweißer Robert Dahlem (1922–?), Sohn eines wenige Wochen zuvor in Ungnade gefallenen bekannten SED-Politbüromitglieds. Im Ergebnis der Verhandlungen wurden die

Aus Protest gegen die von Staat und Partei beschlossenen Normerhöhungen besetzten Rostocker Arbeiter Schiffe, die zur Reparatur in der Warnowwerft lagen, 18. Juni 1953

Normerhöhung rückgängig gemacht und die Preise für das Werksessen herabgesetzt. Nun schien ein Teil der Belegschaft beruhigt, aber etwa 500 Demonstranten versuchten, das Werftgelände zu verlassen und nach Rostock zu marschieren, um sich mit den Arbeitern der Neptunwerft zu vereinen. Dieses Vorhaben verhinderten Volkspolizisten und Rotarmisten, die den Betrieb abriegelten.

Die spontan ausgebrochene Protestbewegung blieb auf die großen Betriebe beschränkt. Trotz einer allgemeinen Unzufriedenheit über die Lebenslage sprang der Funke auf breitere Bevölkerungskreise nicht über. In den folgenden Tagen ging es weitgehend ruhig zu. Die Polizei suchte nach den Wortführern der Demonstrationen und nahm Verhaftungen vor. Der Ausnahmezustand blieb bis zum 25. Juni 1953 bestehen. Alle Veranstaltungen, auch das traditionelle Formel-II-Rennen um den Osthafen, mussten verschoben werden. Noch Wochen später herrschte eine erregte Stimmung in der Stadt. Flugblattaktionen, Überfälle auf SED-Mitglieder und Angriffe auf Volkspolizisten kennzeichneten die angespannte Lage. In den Betrieben wurden in den Tagen nach den Protesten Aussprachen zu den aufgestauten Problemen durchgeführt. Dabei zeigte sich deutlich, dass viele Arbeiter die offiziöse Einschätzung der Proteste als „faschistischen Putsch" ablehnten und die Rechtmäßigkeit ihres Handelns herausstellten. Eine generelle Diskussion über das Gesellschaftssystem und die Fehler der SED ließ man je-

doch nicht zu, die bestehenden Machtverhältnisse und der Aufbau des Sozialismus durften nicht in Frage gestellt werden. Hengst und Weinberger,
die Verhandlungsführer von Partei und Regierung auf der Warnowwerft,
enthob man wegen „Kapitulantentums" ihrer Funktion.

Die eingeleiteten Verbesserungen beschränkten sich auf das Machbare.
Die Stromsperren wurden aufgehoben, die Versorgung verbessert, die Renten und Löhne erhöht sowie die Fahrpreiserhöhung für die Züge nach Warnemünde rückgängig gemacht. Zum neuen Oberbürgermeister wählte die
Stadtverordnetenversammlung den bisherigen Arbeitsdirektor der Warnowwerft, Karl Kasten (1909–1981). Dem Ingenieur, der schon vor 1933 in der
KPD organisiert war, traute man auf Grund seiner Erfahrungen mit den
Arbeitern auf der Werft wohl am ehesten zu, die kommunalen Probleme
bewältigen zu können. Bis August 1953 wurden 76 Geschäfte an die ehemaligen Besitzer zurückgegeben. Die Betriebsleitungen begannen sich verstärkt den Arbeits- und Lebensbedingungen der Beschäftigten zu widmen.
Eines der Hauptprobleme, die ungenügende Wohnraumversorgung, wurde
durch den Wohnungsbau in Reutershagen I und durch die Gründung der
Arbeiterwohnungsgenossenschaft (AWG) der Warnowwerft, die erste AWG
in der DDR überhaupt, in Angriff genommen. Die Protestbewegung in der
DDR hatte auch der sowjetischen Führung eindrucksvoll vor Augen geführt,
dass die volkswirtschaftliche Belastbarkeit des deutschen Satellitenstaates
Grenzen hatte. Die Sowjetunion verzichtete daher zum Jahresende 1953
auf die Zahlung weiterer Reparationen, ein Umstand, der insbesondere
große Bedeutung für die Werften hatte, die fortan ihre Schiffe als Export-
leistung abrechnen konnten. Im Zuge der Übergabe der letzten SAG-Be-
triebe in deutsche Verwaltung wurde auch die DERUTRA zum 1. Januar
1954 in den staatlichen Speditionsbetrieb VEB Deutfracht umgewandelt.
Damit verloren die sowjetischen Behörden ihren Einfluss auf den Hafen.

Nach den Ereignissen vom 17. Juni 1953 verlangsamte die Führung der
DDR das Tempo der sozialistischen Entwicklung, die Produktion der
Schwerindustrie wurde zugunsten der Erzeugung von Konsumgütern und
Nahrungsmitteln gedrosselt. Die Übertragung des sowjetischen Modells
ging jedoch weiter und nach der 3. Parteikonferenz im März 1956 wurde
wieder ein härterer Kurs eingeschlagen. Auf die verbliebenen Privatunter-
nehmer, auf Handwerker, Einzelhändler und selbständige Bauern übte man
Druck aus, um sie entweder zur Einwilligung in eine staatliche Beteiligung,
zur Bildung von Produktionsgenossenschaften (PGH), zum Abschluss von
Kommissionsverträgen oder zum Zusammenschluss in landwirtschaftlichen

Produktionsgenossenschaften (LPG) zu bewegen. Die ersten vier Genossenschaften des Bau- und Malerhandwerks – „Voran", „Aufbau", „Form und Farbe" und „Frieden" – entstanden 1956 in Rostock. Ihre Zahl erhöhte sich bis 1960 auf 43. Im Jahr 1958 willigten die ersten drei privaten Betriebe in eine staatliche Beteiligung ein, und zwar die Chemische Fabrik Wilhelm Scheel, die Maschinenfabrik Bernhard Prager und die Feinmechanikwerkstatt Wilhelm Müller. Bis zum 22. Februar 1960 wurden alle in den ländlichen Stadtkreisen arbeitenden Bauern in Genossenschaften zusammengeschlossen.

Der Überseehafen – das Tor zur Welt

Die Zahl der Schiffe der Deutschen Seereederei hatte sich bis 1959 auf 34 mit insgesamt 101 235 Bruttoregistertonnen erhöht. Die wachsenden Außenhandelsbeziehungen der DDR wurden zu einem erheblichen Teil über den Seeweg abgewickelt, etwa 20 Prozent der Import- und Exportgüter liefen über die Häfen Wismar, Rostock und Stralsund. Die DDR war sowohl wegen der geringen Tiefe der Hafenzufahrten als auch infolge der eingeschränkten Umschlagskapazitäten ihrer Häfen gezwungen, einen großen Teil des seewärtigen Güterverkehrs über Hamburg abzuwickeln. Im Rostocker Stadthafen konnten nur Schiffe bis etwa 4 000 t ihre Fracht löschen und laden. Der Umschlag im Hamburger Hafen kostete jährlich 20 bis 25 Mio. D-Mark Devisen und geschah zudem in Abhängigkeit von der Bundesrepublik. Bereits seit 1952 wurde deshalb an Plänen für einen leistungsfähigen Hochseehafen in Rostock gearbeitet. Der zweite Fünfjahrplan für die Jahre 1956 bis 1960 erklärte den Ausbau Rostocks zum größten Hafen der DDR zu einer Hauptaufgabe. Am 16. Oktober 1957 fasste das Zentralkomitee der SED den Beschluss zum Bau eines Überseehafens. Als Standort wurde Petersdorf nordöstlich von Rostock festgelegt. Diese Wahl war das Ergebnis vielfältiger Überlegungen, denn zur Debatte hatte lange Zeit auch ein Außenhafen vor der Küste in der Höhe von Markgrafenheide gestanden. Für diese Variante sprach vor allem die wachsende Größe der Schiffe. Die Entscheidung fiel für einen Innenhafen, da er eine Reihe wichtiger Vorteile bot: Die besseren Anbindungsmöglichkeiten an das Straßen- und Schienennetz sowie an die Wasser- und Energieversorgung, die Nähe zu den Werften, die geringe Entfernung zum offenen Meer, die natürliche Funktion des

Bau des Überseehafens, 1959

Breitlings als Wendebecken und die späteren Erweiterungsmöglichkeiten
zählten zweifellos zu den Vorzügen.

Nur zehn Tage nach der Beschlussfassung über den Überseehafen, am
26. Oktober 1957, vollzog der Oberbürgermeister von Rostock, Wilhelm Solisch (1910–1988) den symbolischen ersten Spatenstich. Petersdorf verwan-
delte sich in eine Großbaustelle, auf der etwa 2 500 Arbeiter beschäftigt
waren. Für die Errichtung des Hafens mobilisierte der Staat die Bevölkerung
der gesamten DDR. Es wurden nach offiziellen Angaben 4,2 Mio. Mark ge-
spendet, 500 000 Aufbaustunden geleistet und 65 000 t Feldsteine für die
Errichtung der 530 m langen Ostmole gesammelt. Am 7. Oktober 1958 –
15 Monate früher als geplant –vollzog man den Durchstich für die neue Ha-

feneinfahrt, einen Monat später war der Gleisanschluss zum Überseehafen fertiggestellt. Die Inbetriebnahme erfolgte nach nur zweieinhalb Jahren am 30. April 1960. Während eines Staatsaktes, an dem Walter Ulbricht teilnahm, machte das 10 000-t-Schiff „Schwerin" am ersten Liegeplatz der Pier I fest. Mit Sonderzügen, mit Bussen und Booten hatte man 20 000 Rostocker zur Einweihung des Überseehafens gebracht. Anfangs gab es zunächst nur zwei Liegeplätze, vier Kräne sowie eine Kaihalle, so dass in den nächsten Jahren vor allem der weitere Aufbau das Geschehen im Hafen bestimmen sollte. Bereits im Sommer 1960 nahmen der Ölhafen und die Schüttgutanlage den vorläufigen Betrieb auf. Im April 1963 begannen die Umschlagsarbeiten an der Pier II, im Juni 1968 startete der Containerumschlag. Die Zahl der Beschäftigten stieg bis 1970 auf 3 084 Personen, die eine Umschlagleistung von 10,1 Mio. t im Jahr erbrachten.

Die Inbetriebnahme des Überseehafens setzte sowohl in der Entwicklung der See- und Hafenwirtschaft der DDR als auch in der Geschichte Rostocks einen Meilenstein. Der 1950 begonnene Ausbau der Stadt zum wichtigsten maritimen Standort Ostdeutschlands fand hierin seinen Höhepunkt. Rostock gehörte in den 1960er Jahren zu den wirtschaftlich aufstrebenden Städten in der DDR – ein Erfolg, der seine Begründung in der Teilung Deutsch-

Manifestation mit Staats- und Parteichef Walter Ulbricht anlässlich der Einweihung des Überseehafens, 30. April 1960

lands fand. Rostock wurde für die DDR schlechthin das „Tor zur Welt" –
ein Tor allerdings, das allen nicht zur See Fahrenden verschlossen blieb.
Schifffahrt und Hafen brachten zwar eine gewisse Internationalität an die
Warnow, man war jedoch unter den gegebenen Bedingungen weit davon
entfernt, das Flair einer weltoffenen Hafenstadt auszuprägen.

Schaufenster des Sozialismus: Die Ostseewochen

Das nationale und internationale Ansehen der Stadt sollte durch eines der
zentralen Großereignisse der DDR – die Ostseewochen – noch wachsen.
Auch sie entstanden als ein Produkt des Kalten Krieges. Mit der Einbeziehung der beiden deutschen Staaten in die NATO bzw. in den Warschauer
Pakt im Jahr 1955 war die deutsche Spaltung zementiert worden. Die von
der Sowjetunion propagierte Politik der friedlichen Koexistenz zwischen ka-
pitalistischen und sozialistischen Ländern schloss die Abkehr von der deutschen Wiedervereinigung ein. Im September 1955 übertrug die UdSSR der
DDR in einem Vertrag über die gegenseitigen Beziehungen die volle Souveränität. Die Regierung der BRD beanspruchte die Alleinvertretung aller
Deutschen für sich und hielt sich, um der Anerkennung der DDR als eigenen Staat durch andere Staaten entgegenzuwirken, an die Hallstein-Doktrin.
Diese besagte, dass die Bundesregierung die Beziehungen zu jenen Staaten
aufkündigt, die diplomatische Beziehungen zur DDR aufnehmen. Formuliert hatte diese Doktrin der Staatssekretär im Auswärtigen Amt, Walter Hall-
stein (1901–1982), der als Professor von 1930 bis 1941 an der Universität
Rostock Staats- und Rechtswissenschaften gelehrt hatte.

Um die außenpolitische Blockade im Ostseeraum zu durchbrechen – nur
Finnland erkannte den Alleinvertretungsanspruch der BRD nicht an und
unterhielt in beiden deutschen Staaten Handlungsvertretungen –, initiierte
die DDR-Regierung ab Sommer 1958 die Ostseewochen, die zwar im ganzen
Bezirk Rostock durchgeführt wurden, aber in der Stadt Rostock ihren eigentlichen Veranstaltungsort fanden. Die Ostseewoche zog man bewusst
als Gegenstück zur traditionellen Kieler Woche auf, und die Auseinandersetzung mit der Politik und dem Alltag in der Bundesrepublik spielte im
Programm immer eine wesentliche Rolle. Das sommerliche Ereignis entwickelte sich nach der Leipziger Messe zur wichtigsten Großveranstaltung der
DDR mit außenpolitischem Akzent. Bis 1975 fand es jährlich unter dem

Eröffnungsveranstaltung der ersten Ostseewoche, 5. Juli 1958

immer gleichen Motto „Die Ostsee muss ein Meer des Friedens sein" vor der Kulisse der Stadt Rostock statt. Die DDR-Regierung hoffte, mit den Ostseewochen einen Zugang zu den nordischen Ländern und damit die diplomatische Anerkennung zu erreichen. Als Gäste waren Vertreter aus den verschiedenen Ostseeanrainerstaaten eingeladen: aus den sozialistischen Staaten UdSSR und Polen, aus den NATO-Mitgliedsländern Dänemark, Norwegen und Island, aus den neutralen Staaten Schweden und Finnland. Als Privatpersonen reisten vereinzelt auch Vertreter aus der Bundesrepublik an. Die Zahl der ausländischen Besucher stieg von 1 700 im Jahr 1958 auf etwa 20 000 zum Ende der 1960er Jahre an, wobei die DDR den Gästen durch Vergünstigungen entgegenkam, um neue Interessenten zu gewinnen. Trotz der gestiegenen Besucherzahlen stieß man in den skandinavischen Staaten außerhalb von kommunistisch bzw. DDR-freundlich gesinnten Kreisen nur langsam auf größere Resonanz.

Der hohe politische Stellenwert, den die DDR der Ostseewoche beimaß, zeigte sich an der Teilnahme der Spitzen von Partei und Staat und den Besuchen von offiziellen Delegationen aus der UdSSR und aus Polen. Walter

Ulbricht hatte die Schirmherrschaft über die Schau übernommen und eröffnete sie in der Regel mit einer außenpolitisch ausgerichteten Rede. Das Rahmen- und Veranstaltungsprogramm wurde von Jahr zu Jahr größer. Während zu den ersten Ostseewochen noch die vom Volkstheater Rostock unter Mitwirkung von tausenden Laienkünstlern gestalteten pathetischen Festprogramme zu den eigentlichen Höhepunkten zählten, reichte die Palette später von offiziellen Kundgebungen und Demonstrationen über Tagungen und Seminare bis hin zu sportlichen Wettkämpfen und Kulturveranstaltungen. Zum festen Rahmen gehörten unter anderem die Arbeiterkonferenzen der Gewerkschaftsfunktionäre, die Treffen der Parlamentarier, die Seminare der Juristen, die Frauenforen, die Ostseemessen, die Sporttreffen mit der internationalen Segelregatta als Höhepunkt, die Schlagerfestivals, die Buchbasare und die Ostseebiennalen. So wurde die Ostseewoche zu einem Sammelbegriff für eine große Zahl politischer, sportlicher und kultureller Veranstaltungen, wobei allerdings die Politik und die propagandistische Selbstdarstellung unübersehbar im Mittelpunkt standen. Zu einem herausragenden Ereignis in der jährlichen Abfolge gestaltete sich das Jahr 1968, als in Rostock gleichzeitig das 750-jährige Stadtjubiläum begangen wurde. Neben den Stadtoberhäuptern der baltischen und polnischen Hansestädte besuchten die Oberbürgermeister von Kopenhagen, Oslo, Stockholm, Helsinki und Antwerpen sowie 20 weitere Bürgermeister und Stadtdirektoren aus Skandinavien Rostock, um ihre Reverenz zu erweisen. Der Stadt erwuchs mit dem Besuch der ausländischen Gäste und Journalisten die Aufgabe, sich als Schaufenster des Sozialismus zu präsentieren. Das hieß vor allem: Sport- und Kulturstätten mussten errichtet, neue Häuser gebaut, Baulücken geschlossen, Häuserfassaden gestrichen, Grünanlagen gepflegt werden. In den Auslagen der Geschäfte fanden die Einwohner plötzlich Produkte, die sonst kaum zu haben waren. Die Ostseebiennale bescherte Rostock 1969 die Kunsthalle am Schwanenteich als ersten Museumsneubau der DDR. In die Stadt zog für kurze Zeit ein Hauch von Freimütigkeit und Gelassenheit ein; ein Gefühl, auf welches die Einwohner unter den Bedingungen der geschlossenen Grenzen und der ideologischen Indoktrination allzu oft verzichten mussten.

Die politische Funktion der Ostseewoche ging mit der Normalisierung der Beziehungen zwischen der BRD und der DDR in den Jahren 1971/72 zunehmend verloren. Der Prozess der weltweiten diplomatischen Anerkennung der DDR war durch die Annäherung der beiden deutschen Teilstaaten erheblich beschleunigt worden, auch die skandinavischen Staaten hatten schließlich diplomatische Beziehungen aufgenommen. Die letzte Veranstaltung im Sommer 1975 ging daher auch ohne herausragenden politischen Stellenwert und ohne Teilnahme von Prominenz über die Bühne, bevor die Regierung der DDR die Veranstaltung schließlich aus Kostengründen einstellte.

Rostocks Ruf als aufstrebende Industriestadt an der Ostseeküste fand seine ökonomische Begründung in der maritimen Wirtschaft vor Ort: Hier waren die größten Werften und die Deutsche Seereederei als einziger Reedereibetrieb der DDR, das Fischkombinat und der Überseehafen beheimatet. Die stürmische Nachkriegsentwicklung fand nicht nur im eigenen Land, sondern nicht zuletzt wegen der Ostseewochen auch im Ausland Beachtung. Die erste Städtepartnerschaft kam 1957 mit Szczecin in Polen zustande, 1959 folgte Turku in Finnland. Bis 1966 unterzeichnete man mit acht weiteren Städten partnerschaftliche Vereinbarungen.

Weitere Faktoren prägten die internationale und nationale Wahrnehmung der Stadt. So hatte sich das Volkstheater unter der Generalintendanz von Hanns Anselm Perten (1917–1985), der die Spielstätte seit 1952 leitete, zu einer der profiliertesten Bühnen der DDR entwickelt. Zusammen mit dem Chefdramaturgen Kurt Barthel (1914–1967), der von 1956 bis zu seinem Tod am Volkstheater wirkte, bot Perten ein politisches Theater, dessen didaktische und programmatische Ausrichtung auf eine Interpretation der Wirklichkeit im Sinne des Sozialismus abzielte. Der Rang der Theaterarbeit gründete sich auf einen breiten, zur Offenheit tendierenden Spielplan, der hauptsächlich auf zeitgenössische DDR-Dramatik, Gegenwartsstücke aus der Sowjetunion und das klassische Erbe setzte, der aber auch Stücke „progressiver" Autoren aus dem Westen und Lateinamerika bot. Bei aller Offenheit standen die politischen und ideologischen Intentionen der Theaterarbeit außer Frage. Besondere Aufmerksamkeit erregte das Volkstheater durch die produktive Zusammenarbeit mit dem Dramatiker Peter Weiss (1916–1982). Einen Höhepunkt markierte die DDR-Erstaufführung des Stückes „Die Verfolgung und Ermordung Jean Paul Marats dargestellt durch die Schauspielgruppe des Hospizes zu Chareton unter Anleitung des Herrn de Sade", das am 26. März 1965 Premiere hatte und mit dem Perten auch international Anerkennung fand.

Die Lehr- und Forschungstätigkeit an der Rostocker Universität hatte sich vor allem auf die vier Praxisbereiche Seewirtschaft und Schiffbau, Landwirtschaft und Agrartechnik, Volksbildung und Gesundheitswesen ausgerichtet. Einen gravierenden Einschnitt brachte die III. Hochschulreform der

DDR in den Jahren 1968/69, die eine weitere Abkehr von den bewährten Traditionen der deutschen Universitäten und eine umfassende zentralistische Straffung der Einrichtungen bewirkte. Die im November 1969 begangenen Feierlichkeiten zum 550-jährigen Gründungsjubiläum standen ganz im Zeichen dieser Reform.

Warnemünde hatte sich auf Grund der Nähe zur Ostsee zu einem der beliebtesten Kur- und Ferienorte der DDR entwickelt. Neben den Reizen des Ortes und seines Umfeldes war diese Tatsache natürlich auch den fehlenden Reisemöglichkeiten ins Ausland geschuldet. Die Beherbergung oblag fast ausschließlich dem Feriendienst des Freien Deutschen Gewerkschaftsbundes (FDGB). Auf die Zuweisung der preiswerten Urlaubsplätze an der Ostsee in den Saisonzeiten mussten die DDR-Bürger mitunter Jahre warten. In den Jahren 1970 und 1971 bauten schwedische Bauleute das 19-stöckige Renommierhotel „Neptun", gedacht für devisenbringende Skandinavier und Bundesbürger. Das Politbüro der SED entschied dann aber anders und öffnete 80 Prozent der Hotelbetten für FDGB-Urlauber, die besondere Verdienste in der Arbeit und im gesellschaftlichen Leben vorweisen mussten, um in den Genuss eines solchen Urlaubsplatzes zu kommen.

Städtebau zwischen neuen Wohngebieten und historischem Zentrum

Bis Ende 1957 war Rostocks Einwohnerzahl auf 150 000 angewachsen, das Durchschnittsalter lag bei gerade einmal 34 Jahren. Der fortgesetzte Aufbau der maritimen Industriebetriebe sowie des Überseehafens und die zu erwartende Geburtenrate mussten die Bevölkerungszahl unweigerlich weiter erhöhen. Während im DDR-Durchschnitt auf jeden Bürger 11 m² Wohnraum kamen, standen für die Rostocker nur 7,6 m² zur Verfügung. Die Kinder waren gezwungen, den Schulunterricht in zwei Schichten zu besuchen. Die Aussicht auf eine grundlegende Verbesserung der Situation zeichnete sich erst im Oktober 1958 ab, als vor dem Hintergrund staatlicher Kurskorrekturen auch in Rostock der Wohnungsbau in den Vordergrund der Bemühungen gerückt wurde.

Bis 1965 sollten fünf neue Wohngebiete für 75 000 Menschen mit Schulen, Kindergärten, Verkaufsstellen, Gesundheits- und Kultureinrichtungen entstehen. Gleichzeitig plante man, den Aufbau des Stadtzentrums bis 1965 abzuschließen. Auch wenn die Erfüllung der ehrgeizigen Pläne in dem angepeilten Zeitraum völlig unrealistisch war, zeigte sich in der Planung ganzer Wohngebiete an der Peripherie der Stadt die neue Tendenz. Die großräumigen Wohngebiete sollten mit Hilfe industrieller Bautechnologien errichtet werden, denn nur so konnte man die schnelle und effektive Versorgung der Bevölkerung mit Wohnraum absichern.

Im Anschluss an das Wohngebiet Reutershagen I hatten bereits 1958 die Arbeiten an Reutershagen II begonnen. Es war das erste Wohngebiet in Rostock, in dem die staatlich verordnete Wende zur Industrialisierung Anwendung finden sollte. Während im nördlichen Komplex versuchsweise noch mit Großblockbauteilen aus Schaumbeton gearbeitet wurde, nutzte man in den beiden südlichen Abschnitten bereits die Plattenbauweise zur Errichtung der Häuser. In unmittelbarer Nähe entstand ein transportables Plattenwerk, in dessen Errichtung dänische und französische Erfahrungen einflossen. Am 9. April 1959 wurde hier die erste Versuchsplatte gegossen. Die Plattenbauweise beschränkte zwar die Gestaltungsmöglichkeiten für die industriell hergestellten Häuser, führte aber zu einer erheblichen Erhöhung des Bautempos.

Trotz des Primats der Technologie entstand in Reutershagen II durch die Ausführung kurzer Hauszeilen und kleinräumiger Straßenzüge ein aufgelockertes Wohngebiet für etwa 10 000 Einwohner. Neu war das umfangreiche und bis ins Detail berechnete Programm für ein Stadtteilzentrum mit gesellschaftlichen Einrichtungen und Verkaufsstellen, das allerdings – wie es in den späten folgenden neuen Wohngebieten üblich werden sollte – auf Grund ökonomischer Zwänge nur bruchstückhaft verwirklicht wurde.

Als letzte größere Baumaßnahme, deren Planung in die späten 1950er Jahre fällt, wies die von 1961 bis 1965 realisierte Südstadt den Weg, den der Städtebau in den folgenden Jahrzehnten beschreiten sollte. In unmittelbarer Nachbarschaft des neuen Universitätsgeländes und des Bezirkskrankenhauses (1961–1965) entstanden drei räumlich großzügig angelegte Wohnkomplexe für mehr als 20 000 Einwohner. Überwiegend fand der in Rostock entwickelte und hinsichtlich seiner Qualität stark kritisierte Plattentyp P 1 für die vier- und fünfstöckigen Wohngebäude Verwendung. Mit einer Schmalspurbahn wurden die Platten zunächst vom Werk in Reutershagen in das neue Wohngebiet transportiert, ab 1963 fanden dann Platten aus dem neuen Werk in Marienehe Verwendung. Auch in der Südstadt fiel die geplante Zentrumsbebauung den Zwängen des Wohnungsbaus zum Opfer. An Stelle eines großzügig konzipierten Zentrums mit Geschäften, Kinos und

Erster Spatenstich für die Erschließung des Wohngebietes Lütten Klein,
2. November 1962

Restaurants trat lediglich der Gaststättenkomplex „Kosmos" in Hyperscha-
lenkonstruktion (1968–1970). Mit dem Bau der Südstadt endete die Phase
der fast nahtlosen westlichen bzw. südlichen Ergänzung des Stadtgebietes
auf Arealen, die schon in den Erwägungen der 1930er Jahre eine zentrale
Rolle gespielt hatten.

Beginnend mit der Errichtung des Wohngebietes Lütten Klein ab 1965
erfolgte in den 1960er und 1970er Jahren auf Grund der topographischen
Bedingungen eine konsequente Weiterentwicklung des Siedlungsraums in
Richtung Warnemünde. Die Konzentration der Bautätigkeit auf den Nordwesten bot die Möglichkeit, die Kapazitäten des Tief- und Hochbaus massiv
und über einen langen Zeitraum hinweg an einen eng umrissenen, bisher
landwirtschaftlich genutzten Standort einzusetzen. Es entstanden die
Wohngebiete Lütten Klein (1965–1974), Evershagen (1971–1974), Lichtenhagen (1974–1976), Schmarl (1976–1979) und Groß Klein (1979–1983).
Das Stadtzentrum rückte durch die perlenförmige Aneinanderreihung der
Wohngebiete im Nordwesten zunächst in eine Randlage, die erst durch die

Lütten Klein, zweite Hälfte der 1960er Jahre

Weiterführung des Wohnungsbaus im Nordosten aufgehoben wurde. Auf der gegenüberliegenden Seite der Warnow wuchsen ab 1983 das Wohngebiet Dierkow und ab 1987 das Wohngebiet Toitenwinkel. Im Ergebnis von drei Jahrzehnten industrieller Plattenbauweise entstanden so neun neue Stadtteile mit rund 54 000 Wohnungen, in denen weit mehr als die Hälfte aller Rostocker lebte. Auf jeden Einwohner kamen nun durchschnittlich 22 m^2 Wohnraum.

Die Verantwortung für die Planung und Ausführung des sogenannten komplexen Wohnungs- und Gesellschaftsbaus lag im Wesentlichen bei zwei Einrichtungen. Das Anfang 1964 aus mehreren Baubetrieben und Betonwerken gebildete Wohnungsbaukombinat Rostock, dem auch ein Betriebsteil für Hochbauprojektierung angeschlossen war, entwickelte die Erzeugnisserien und setzte deren Bau um. Das 1969 gegründete Büro für Stadtplanung, welches bis 1972 unter Leitung des Stadtarchitekten Dr. Wolfgang Urbanski (1928–1998) und danach von Prof. Dr. Rudolf Lasch (1930–1993) stand, erarbeitete die Pläne für die bauliche und räumliche Entwicklung Rostocks.

Zu den Stärken der Rostocker Stadtplanung gehörte ein hohes Maß bewusster Kontinuität. Mit dem ersten Generalbebauungs- und verkehrsplan von 1967 lagen weitgehend verbindliche Langzeitperspektiven vor, die zwar ständig aktualisiert wurden, aber die Stadt vor der landesüblichen Kampagnenorientierung mit ihren irreparablen Planungs- und Entwicklungsschäden bewahrte. Bei der Lösung der Aufgaben hatten über viele Jahre die ökonomischen und technologischen Aspekte des industriellen Bauens Vorrang. Die architektonisch-räumliche Gestaltung der wie Pilze aus dem Boden wachsenden Wohnkomplexe stand demgegenüber zunächst an zweiter Stelle, drängte sich aber mit den städtebaulichen Resultaten zwangsläufig auf. Die in Reutershagen II und in der Südstadt noch anzutreffende weitläufige und offene Bebauung hatte siedlungsartige Wohnkomplexe mit einer geringen Einwohnerdichte entstehen lassen. Ökonomische Prämissen führten seit dem Bau von Lütten Klein zu der Forderung, die Größe eines Wohngebietes und seine Bebauungsdichte erheblich zu steigern. Darum erhöhte man die Geschosszahl und die Länge der Häuserblocks. Die für das Wohngebiet in Ansatz gebrachte geradlinige Zeilenbebauung hatte jedoch eine nicht zu verbergende Monotonie hervorgebracht, so dass die Architekten in den folgenden Wohngebieten stärker zu einer geschlossenen, hofbildenden Bebauung übergingen. Die zu Mäanderstrukturen formierten, abgeknickt oder in kurviger Schwingung ausgeführten langen Häuserzeilen betonten wieder stärker Raumgrenzen und Straßenzüge. Einer der Fortschritte bestand in der Verwendung von Klinkern, Fassadenmustern und besonderen Bausegmenten, mit deren Hilfe die riesigen Baumassen aus ihrer Erstarrung gelöst und Individualität erzeugt werden sollte. Einzelne Lösungen, wie der Park zwischen Lütten Klein und Evershagen, der Boulevard in Lichtenhagen, Wohngebietsgaststätten sowie Atelier- und Terassenwohnungen zeigten das Bemühen, keine monotonen „Schlafstädte", sondern lebendige Stadtteile zu erbauen.

Der politische und ökonomische Druck ließ die Spanne zwischen den Wunschvorstellungen der Architekten, den ausgearbeiteten Plänen und der umgesetzten Realität aber deutlich größer werden. Nicht nur Ausstattungsgrad, Größe und bauliche Qualität der Wohnungen wurden immer geringer, auch die geplanten Gemeinschafts- und Versorgungseinrichtungen – mit unfreiwilliger Ironie zutreffend als „Nachfolgeeinrichtungen" bezeichnet – wurden gar nicht oder mit jahrelangem Verzug errichtet. Die Monotonie der zentrumslosen Wohngebiete, die nicht proportional mitentwickelte Infrastruktur, die teilweise unbefriedigenden Verkehrslösungen und die unzureichende Entwicklung der Freiräume und Grünflächen schränkten die dortige Lebensqualität erheblich ein. Identität und Heimatgefühl gingen in den eigenschaftslosen Stadtteilen zunehmend verloren bzw. konnten sich bei den Zugezogenen nur schwer ausprägen.

In der Innenstadt hatte der Aufbau 1959 mit der Fertigstellung der Langen Straße einen gewissen Abschluss gefunden, ohne dass allerdings der zentrale Platz als westlicher Auftakt des Straßenzuges realisiert worden wäre. Zur Weiterführung der zentralen Bauvorhaben in den kriegszerstörten Städten hatte der Ministerrat der DDR am 4. Mai 1961 einen Beschluss über elf Aufbaustädte gefasst, zu denen Rostock weiterhin zählte. Dessen Grundsätze standen in Kontinuität zu den Vorstellungen von der Bedeutung des sozialistischen Stadtzentrums am Beginn der 1950er Jahre, orientierten aber auch für diesen Bereich auf industrielle Baumethoden. Am westlichen Eingangsbereich der Langen Straße entstanden abweichend von der ursprünglichen Architekturkonzeption das Haus der Schifffahrt (1959–1962), das Reisebüro (1964–1966) und das Interhotel Warnow (1964–1967) in einem von Sachlichkeit, Funktionalität und Wirschaftlichkeit geprägten Baustil. Auch die Wohnhochhäuser am östlichen Eingangsbereich (1959–1960) bzw. auf der westlichen Nordseite (1966–1968) der Langen Straße spiegelten diese Tendenz wieder. Am Neuen Markt, der nun Ernst-Thälmann-Platz hieß, errichtete man das Seemannshotel „Haus Sonne" (1967–1968). Auf dem Gelände des im Krieg zerstörten Stadttheaters in der Richard-Wagner-Straße entstand als markantes Gebäude der Verlags-, Redaktions- und Druckereikomplex von „Ostsee-Zeitung" und Ostseedruck (1960–1965).

Nach einem längeren Stillstand erreichte die Planungstätigkeit für die Weiterführung des Aufbaus des Stadtzentrums zwischen 1968 und 1970 einen neuen Kulminationspunkt. Unter Leitung von Wolfgang Urbanski wurde für Rostock wie für alle Bezirksstädte ein in jeder Hinsicht maßloses Bauprogramm erarbeitet, das im Bereich zwischen Goethe-, Schröder- und Saarplatz zu einer durchweg vielgeschossigen Bebauung mit zahlreichen Hochhausdominanten ohne Rücksicht auf die gewachsenen Strukturen geführt hätte. Die Kernstücke dieser neuen Zentrums-Bebauungskonzeption stellten das von Hermann Henselmann als einem der einflussreichsten Architekten der DDR angeregte Haus der Wissenschaft, Bildung und Kultur am Warnowufer und die Nord-Süd-Achse mit Brücke über die Warnow dar. Die Hochhäuser am Vögenteichplatz und in der August-Bebel-Straße (Baubeginn 1969 bzw. 1970) zeugen von den überzogenen Projekten, denen jegliche ökonomische Fundierung fehlte und die nach den Kurskorrekturen

Am „Café Rostock" in der Kröpeliner Straße wird das letzte Giebelelement gesetzt. 22. September 1977

des VIII. Parteitages der SED, der das Wohnungsbauprogramm wieder stärker in den Mittelpunkt rückte, aufgegeben werden mussten. Für die katholische Christuskirche am Schröderplatz kam dieser Kurswechsel im Juni 1971 allerdings zu spät. Starke Proteste inner- und außerhalb Rostocks konnten den Abriss der Kirche nicht verhindern, der im Zusammenhang mit der Zentrumsbebauung geplant worden war. Immerhin gelang es, einen ursprünglich nicht vorgesehenen Ersatzbau am Borenweg durchzusetzen. Kurz nach der Weihe der neuen sprengte man die alte Christuskirche am 12. August 1971. Mit dem verfügten Ende für das gigantische Bauprogramm musste Rostock wieder einmal die Hoffnung auf die Neubauten für ein Theater und für eine Veranstaltungshalle aufgeben. Entgegen den zentralen Vorgaben gelang es auf örtlicher Ebene aber, den Bau der Sport- und Kongresshalle am Südring doch noch durchzusetzen (1975–1979).

Die geplante Umgestaltung des Stadtzentrums unter sozialistischem Vorzeichen offenbarte auch die Probleme bei der ideellen und materiellen Aneignung des baulichen Erbes. Bestimmend war lange Zeit der Wunsch, das Alte durch Neubauten abzulösen – mit Ausnahme einiger denkmalgeschützter Einzelobjekte –, weil vermeintlich nur diese der neuen Gesellschaft architektonisch Ausdruck verleihen konnten. Hinzu kamen ökonomische Zwänge. Der mit der Zentrumsbebauung beabsichtigte Abriss der gründerzeitlichen Bausubstanz in der Kröpeliner-Tor-Vorstadt war die logische Konsequenz aus der Überlegung, dass der enorme Instandsetzungsbedarf auf Jahre nicht zu bewältigen gewesen wäre, innerstädtischer Wohnraum in Plattenbauweise aber vergleichsweise unproblematisch geschaffen werden konnte. Auch die Bindung der Kapazitäten in den Neubaugebieten musste zwangsläufig zu einer sträflichen Vernachlässigung der älteren Häuser in der Innenstadt führen. Dennoch kann für Rostock festgehalten werden, dass die Planungen zum Umbau des Stadtzentrums immer von der Erhaltung des historischen Gefüges im eigentlichen Stadtkern ausgingen, im Unterschied zu manch anderer Bezirksstadt. Einige handverlesene Baudenkmale konnten über die Jahre saniert werden. Als wichtigsten kriegszerstörten Sakralbau setzte man von 1954 bis 1965 in einem schleppenden Tempo die Petrikirche notdürftig instand, ohne allerdings den charakteristischen hohen Turmhelm wiederaufzubauen. Auch das Kuhtor (1962–1963), das Kröpeliner Tor (1966–1968), das Mönchentor (1968) und der Barocksaal (1963–1968) kamen in den Genuss denkmalpflegerischer Rekonstruktions- und Wiederaufbauarbeiten. Ein bedeutsames Vorhaben stellte die Umwandlung der Kröpeliner Straße in eine Fußgänger- und Einkaufszone dar. Schon

1961 konnten die Straßenbahngleise aus dem engen Straßenraum in die Mitte der Langen Straße verlegt werden, ein Schritt, der politisch umstritten blieb, war die Magistrale ursprünglich doch für Aufmärsche konzipiert. Zwischen 1967 und 1969 wurde die Kröpeliner Straße als erster, durch komplexe Rekonstruktion einer Altstadtstraße entstandener Fußgängerboulevard in der DDR hergerichtet.

Eine generelle Trendwende in der Einstellung gegenüber der historischen Bausubstanz setzte sich erst ab Ende der 1970er Jahre durch. Den Auftakt für einen behutsamen, das historisch gewachsene Stadtbild respektierenden Wiederaufbau der Innenstadt, die an wichtigen Stellen noch immer von den behelfsmäßigen Barackenbauten der Kriegs- und Nachkriegszeit geprägt war, gab der Bau des „Café Rostock" (1977–1979) in der Kröpeliner Straße. In industrieller Bauweise entstand in diesem Kernbereich der Innenstadt ein Giebelhaus, das beispielhaft die Anpassungsmöglichkeiten der Plattenbauweise demonstrieren sollte. Auch die Nachbarhäuser im Quartier wurden einer umfassenden Rekonstruktion unterzogen, auf dem nahegelegenen Universitätsplatz entstand der Brunnen der Lebensfreude (Einweihung: 27. Juni 1980). In diese Zeit fielen auch der Beginn der Umbauarbeiten am Kloster zum Heiligen Kreuz zum kulturhistorischen Museum, die Rekonstruktion der barocken Fassade und des Festsaales im Rathaus sowie der Wiederaufbau der Nikolaikirche. Mit der Rekonstruktion der Hansastraße in der Kröpeliner-Tor-Vorstadt unternahm man ansatzweise auch den Versuch, Bausubstanz in den um die Jahrhundertwende entstandenen Mietskasernenvierteln zu erhalten.

Für das heruntergekommene Hafenviertel nördlich der Langen Straße war es aber bereits zu spät. Da die Sanierung der zerfallenen Häuser außerhalb des Machbaren lag, fiel die Entscheidung zugunsten einer sogenannten Flächensanierung. Das bedeutete nichts anderes als totalen Abriss und Neubebauung. Die Abbrucharbeiten im Viertel begannen 1974, zwei Jahre später schrieb die Stadt einen Architekturwettbewerb zur Neugestaltung dieses Gebietes aus. Die Vorschläge reichten von der totalen Begrünung bis zur Errichtung von Hochhäusern. Es sollte noch eine geraume Zeit vergehen, bis die Vorstellungen zum Wiederaufbau der nördlichen Altstadt endgültig gereift waren. Wichtige Erfahrungen sammelten die Stadtplaner während eines internationalen Seminars zur Gestaltung des Alten Marktes im September 1979, das man initiiert hatte, um das Interesse auf die übrige Altstadt zu lenken und diese vor dem Abriss zu bewahren. Die Ergebnisse flossen in die Pläne für den Wiederaufbau des Viertels nördlich der Langen

Straße ein, der im Jahr 1980, sechs Jahre nach dem Abriss, endlich begann. Die an der Ostseite der Wokrenter Straße zunächst praktizierte Wiedererrichtung historisch belegter Giebel- und Traufenhäuser in traditioneller Bauweise musste bei den vorgegebenen ökonomischen Normen und den eingeschränkten Baukapazitäten aber die Ausnahme bleiben. Ab Dezember 1983 setzte daher die Bebauung des Umgestaltungsgebietes in modifizierter Plattenbauweise ein. Kennzeichnend für diesen Komplex wurden die weitgehende Anpassung der Plattenbauten an das historische Stadtbild, die Wahrung der Quartier- und Straßenstrukturen sowie die künstlerische Ausgestaltung des Freiraumes. Den Höhepunkt in der baulichen Umgestaltung des historischen Stadtkerns stellte das aufwendige Fünf-Giebel-Haus am Universitätsplatz dar, das in den Jahren 1984 bis 1986 entstand. Es folgten weniger stattliche Lückenbauten im Innenstadtbereich.

Die gesammelten Erfahrungen, verschiedene Architekturwettbewerbe und -werkstätten sowie Aktivitäten in der Weltkonferenz des Internationalen Rates für Denkmale und Denkmalbereiche (ICOMOS) ebneten schließlich den Weg zu einer im Oktober 1986 bestätigten städtebaulichen Leitplanung für die östliche Altstadt, die bis dahin weitgehend unberührt von den Sanierungsbemühungen geblieben war. Hier setzten die Städteplaner auf die weitmögliche Erhaltung der Bausubstanz und räumten auch privaten Initiativen zur Sanierung einen breiteren Raum ein. Damit war eine vernünftige Lösung gefunden, die zwar keine Chance auf unverzügliche Realisierung hatte, aber eine akzeptable Alternative zur „Flächensanierung" nach dem Beispiel der nördlichen Altstadt darstellte.

Die nördliche Altstadt, der Universitätsplatz und die in der östlichen Altstadt verfolgten Ambitionen fanden unter Fachleuten, Besuchern der Stadt und vor allem auch den Rostockern vielfach Zustimmung. Besser als anderenorts gelang es in Rostock, Stadtbildprägendes zu erhalten und Neues im Bemühen um Harmonie hinzuzufügen. Daneben stand aber auch der völlig unzureichende Erhaltungszustand der Häuser in der Kröpeliner-Tor-Vorstadt, in der Steintor-Vorstadt und in den anderen älteren Stadtgebieten. Die seit 1982 postulierte Einheit von Wohnungsneubau, Modernisierung und Erhaltung war wie überall in der DDR kaum mehr als eine Phrase, da der Anteil an Rekonstruktionen auf Grund fehlender Arbeitskräfte und Materialien nur unbedeutend bleiben konnte.

Im Zeichen des „realen Sozialismus"

Auf dem VIII. Parteitag der SED im Juni 1971 hatte der neugewählte Partei-chef Erich Honecker (1912–1994) die später immer aufs Neue beschworene Einheit von Wirtschafts- und Sozialpolitik verkündet. Die Hauptaufgabe sollte fortan in der Erhöhung des Lebensniveaus der Bevölkerung auf der Grundlage eines hohen Entwicklungstempos der Produktion bestehen. Mit der deutlichen Abgrenzung von den früheren überzogenen Plänen versuchte die Parteiführung nun, realistische Ziele anzugehen und die Le-benslage der Menschen endlich spürbar zu verbessern. Die offizielle Partei-propaganda begann von der entwickelten sozialistischen Gesellschaft zu sprechen, in der die grundlegenden Voraussetzungen für den Übergang zum Kommunismus zu schaffen wären. Das sozialpolitische Engagement und das Bemühen um wirtschaftliche Effizienz rührten jedoch nicht an der po-litischen Allmacht der SED. Es war dieser von oben gesetzte gesellschaftliche Rahmen, der die Entwicklung der Stadt Rostock in den 1970er und 1980er Jahren bestimmte. Zu Instrumenten für die Durchsetzung der Partei- und Staatspolitik wurden die Stadtverordnetenversammlung und der Rat der Stadt. In ihrem Selbstverständnis definierten sich beide Körperschaften als Organe der sozialistischen Staatsmacht. Der eigene Gestaltungswille be-wegte sich daher in den engen Grenzen, welche das politische System setzte. Die wichtigsten Funktionen im Rat übten SED-Mitglieder aus, die gegenüber der Kreisleitung der Partei rechenschaftspflichtig waren. Wesent-liche kommunale Beschlussvorlagen mussten erst die Zustimmung des Se-kretariats der Kreisleitung der SED gefunden haben. Oberbürgermeister Dr. Henning Schleiff (*1937), der seit 1975 an der Spitze der Stadt stand, erhielt seine Arbeitsrichtlinien direkt in den Sitzungen des Sekretariats der Kreisleitung, an denen er als Mitglied regelmäßig teilnahm. Sein unmittel-barer Vorgesetzter auf der Parteiebene war der 1. Sekretär der Kreisleitung, Heinz Kochs (*1929), der von 1968 bis 1975 selbst als Oberbürgermeister die Stadt geleitet hatte.

Neben dieser Abhängigkeit von der örtlichen Parteileitung unterstand der Rat der Stadt unmittelbar dem Rat des Bezirkes, der im Rahmen der Fünfjahrpläne sowie der jährlichen Volkswirtschaftspläne die staatlichen Aufgaben und die notwendigen Geldmittel an die Kommune weitergab. Die Stadt hatte bei der Ausarbeitung der Pläne zwar ein Mitsprache-, aber kein Entscheidungsrecht. Der Rat des Bezirkes wiederum unterstand der Bezirks-leitung der SED und dem Ministerrat der DDR. Der zentralistische Aufbau

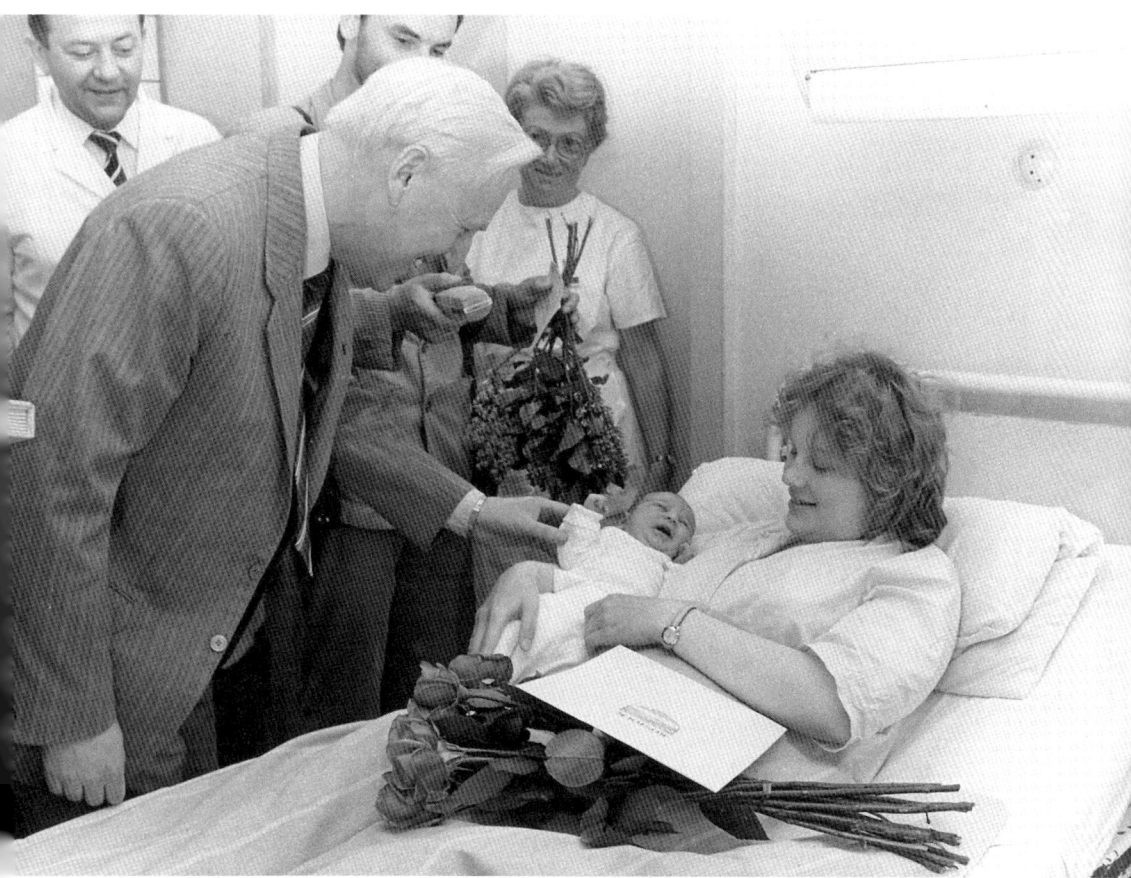

*Oberbürgermeister Dr. Henning Schleiff begrüßt Franziska Schwarz als
250000. Einwohnerin Rostocks. Mai 1987*

von Partei und Staat führte so zu einer Kette von hierarchisch aufeinander
bezogenen Machtabhängigkeiten, die vom Stadtkreis über den Bezirk bis
zur Zentrale nach Berlin aufstiegen und die konkrete Arbeit in Rostock unweigerlich erschwerten.

Die Einwohnerzahl war bis zum März 1971 auf 200000 gewachsen und
erhöhte sich bis zum Mai 1987 weiter auf 250000. Die Zahl der ständig Berufstätigen stieg in dieser Zeitspanne von 131956 auf 147138, wobei der
Anteil der Frauen sich von 41,9 Prozent auf 46,1 Prozent vergrößerte. Das
größte Beschäftigungsfeld lag im Bereich der Industrie und des produzie-
renden Handwerks, wo 30,7 Prozent der Bevölkerung im Jahr 1989 einer

Arbeit nachgingen. Der Anteil des nichtproduzierenden Bereiches lag bei
23,7 Prozent, gefolgt vom Verkehrs-, Post- und Fernmeldewesen mit 21,2
Prozent, dem Handel mit 13,0 Prozent und der Bauwirtschaft mit 6,5 Prozent. Knapp 98 Prozent der Beschäftigten übten eine Tätigkeit im sogenannten volkseigenen Sektor aus. Die größten Betriebe vor Ort waren 1979 die
Deutfracht/Deutsche Seereederei mit 12 280 Arbeitern und Angestellten,
gefolgt vom Fischkombinat (7 913), der Neptunwerft (6 927), der Universität
mit ihren Kliniken (6 688), dem Wohnungsbaukombinat (6 513), der Warnowwerft (6 381) und dem Überseehafen (4 546). Die letzten privaten und
halbstaatlichen Betriebe hatte man bereits im März 1972 in Staatseigentum
überführt. Die sechs damals noch existenten Privatbetriebe (151 Beschäftigte) sowie die 25 Betriebe mit staatlicher Beteiligung (1 028 Beschäftigte)
standen nach offizieller Lesart im Widerspruch zu den sozialistischen Pro-
duktionsverhältnissen und bildeten die Basis für eine rückwärtsgewandte
Lebens- und Arbeitsauffassung. Darum mussten sie verschwinden. Mit ihrer
Umwandlung in volkseigene Betriebe war der letzte große Schritt bei der
Veränderung der ökonomischen Basis getan. In Rostock lag die industrielle
Produktion nun ausschließlich in staatlicher Hand und war in das Gefüge
der administrativen Wirtschaftsführung eingebunden. Die strukturbestim-
menden Industriebetriebe unterstanden den zuständigen Ministerien der
DDR, die regional bedeutsamen dem Rat des Bezirkes. Die Stadt trug die
Verantwortung für die örtlichen Versorgungs- und Baubetriebe sowie für
die Handels- und Verkaufseinrichtungen. Auch hier galt der Zentralismus
als Leitungsprinzip. Zentrale wirtschaftspolitische Erwägungen führten zur
Ansiedlung von zwei völlig neuen Betrieben in und um Rostock. Zwischen
1976 und 1978 entstand in Schmarl ein Bekleidungshersteller: Der VEB Jugendmode sollte dazu beitragen, die verstärkte Nachfrage nach modischer
Jugendbekleidung in der DDR abzudecken. Vor den Toren der Stadt, in Pop-
pendorf, nahm 1983 das Düngemittelwerk Rostock die Produktion auf. In
den aus Frankreich importierten Produktionsanlagen wurde Stickstoffdün-
ger hergestellt, der nicht nur für den Einsatz in der heimischen Landwirtschaft, sondern auch als Devisenbringer für den Export gedacht war.

Alle Betriebe unternahmen in den 1970er und 1980er Jahren große Anstrengungen, um die Arbeitsproduktivität zu erhöhen. In der Produktion
wurde verstärkt Schichtarbeit eingeführt, man forderte drastische Einspa-
rungen von Energie und Material, aber nur ansatzweise hielten moderne
Fertigungstechnologien Einzug. Auch wenn man von Jahr zu Jahr große
wirtschaftliche Erfolge verkündete – der Wert der industriellen Warenpro-

*Messe der DDR-Volkswirtschaft auf dem Ausstellungsgelände in Rostock-
Schutow, Sommer 1985*

duktion wuchs nach offiziellen Angaben von 4,4 Mrd. Mark im Jahr 1970
auf 9,6 Mrd. im Jahr 1988 –, konnte dies nicht über die Realität hinwegtäuschen. Mangelhafte Qualität, Materialnöte, Lieferausfälle und veraltete Ausrüstungen führten dazu, dass die Wirtschaft nicht die nötige Produktivität
und Effektivität erreichte. In den wichtigsten Rostocker Betrieben konnte
die Produktion in einigen Bereichen nur durch den Einsatz von Vertragsar-
beitern aus Polen, Algerien, Mocambique, Kuba und Vietnam abgesichert
werden. Große Anstrengungen wurden unternommen, um Frauen für den
Arbeitsprozess zu gewinnen. Über 90 Prozent der erwerbsfähigen Rostocke-
rinnen gingen in den 1980er Jahren schließlich einer Arbeit nach. Die wirtschaftlichen Funktionsschwächen führten zu permanenten Schwierigkeiten

in der Versorgung mit Dienstleistungen, Konsumgütern und Lebensmitteln. Deshalb versuchte der Staat ab Ende der 1970er Jahre, den Alltag der Menschen durch die verstärkte Hinzuziehung von Handwerkern, Gewerbetreibenden und Händlern zu erleichtern.

In den 34 Produktionsgenossenschaften des Handwerks blieb die Anzahl der Beschäftigten (1988: 2 389) zwar konstant, die Gesamtleistung konnte aber beträchtlich erhöht werden. Die Zahl der Zulassungen für private Handwerks- und Gewerbebetriebe stieg von 451 im Jahr 1975 (1 527 Beschäftigte) auf 622 im Jahr 1988 (2 136 Beschäftigte). Auch wenn die ideologisch bedingten Restriktionen gegenüber den Selbständigen auf Grund der wirtschaftlichen Zwänge gelockert worden waren, blieben die Funktionäre misstrauisch und bemühten sich, das Tor zu privaten Wirtschaftsformen nicht zu weit aufzustoßen. Die wirtschaftlichen Anstrengungen bildeten die Basis für die Verwirklichung einer Reihe von sozialpolitischen Maßnahmen, die zu einer relativen Verbesserung des Lebensstandards der Bevölkerung führten, letztlich die ökonomische Kraft der DDR aber überforderten. Kernstück der propagierten Einheit von Wirtschafts- und Sozialpolitik war das Wohnungsbauprogramm, nach dessen Verkündung auf dem VIII. Parteitag der SED in Rostock bis Ende 1988 52 750 Wohnungen gebaut bzw. modernisiert wurden. Die Löhne und die Zahl der Urlaubstage waren angestiegen, die Renten und Leistungen der Sozialfürsorge hatte man erhöht, berufstätige Mütter konnten großzügige soziale Regelungen in Anspruch nehmen. Auch der Ausstattungsgrad der Haushalte mit Konsumgütern hatte sich langsam verbessert. Dennoch blieb die Lebenslage für breite Kreise der Bevölkerung bescheiden.

Die Zahl der Wohnungssuchenden lag konstant hoch, so dass herangewachsene Jugendliche, aber auch junge Familien häufig zunächst bei ihren Eltern wohnen bleiben mussten. Die Preise für die Grundnahrungsmittel und für die Mieten blieben gering, sie stiegen für langlebige Wirtschaftsgüter und modische Textilien aber zunehmend an. Hinzu kamen das schmale Sortiment, die dauernden Versorgungsengpässe und die langen Lieferfristen. Zwangsläufig verglichen die Menschen ihre Lebensverhältnisse mit denen in der Bundesrepublik. Besonders über die westlichen Rundfunk- und Fernsehprogramme konnte ein halbwegs realistisches Bild über die Probleme in der Welt und auch im eigenen Land gewonnen werden. Hatte die staatliche Seite zunächst noch versucht, den Empfang der Programme zu unterbinden, so zwang die Macht des Faktischen schließlich zum Einlenken. Auf den Hausdächern hatten sich wahre Antennenwälder gebildet, die

Produktionshalle des VEB „Shanty" Jugendmode in Rostock-Schmarl,
März 1982

die Sicherheit der Gebäude erheblich gefährdeten und das architektonische
Gesamtbild stark beeinträchtigten. Da jeder Haushalt seine eigene Antenne
aufstellte, wurden beträchtliche Ressourcen gebunden. Ab 1978 begann die
Stadt deshalb, in den Neubaugebieten eine Kabelversorgung für den Fern-
sehempfang aufzubauen, in die stillschweigend auch die Westprogramme
eingespeist wurden. Damit aber war das Meinungsmonopol der SED endgültig durchbrochen. Den offiziellen Verlautbarungen, die auch in den lokalen Tageszeitungen ihren Niederschlag fanden, schenkte die Bevölkerung
immer weniger Glauben. Unter den in Rostock beheimateten Tageszeitungen nahm die „Ostsee-Zeitung" als Organ der Bezirksleitung der SED eine
absolute Vormachtstellung ein. Die materiell und personell bessere Ausstattung, aber auch die Papier- und Abonnentenkontingentierung sicherten
ihre Dominanz gegenüber den Zeitungen der Blockparteien „Norddeutsche
Neueste Nachrichten" (NDPD), „Demokrat" (CDU) und „Norddeutsche Zeitung" (LDPD). Doch trotz staatlich überwachter Nachrichten- und Informationspolitik schufen sich die kleinen Tageszeitungen in der lokalen
Berichterstattung einen kleinen Spielraum, der sie abhob vom offiziellen

Verlautbarungsstil der SED-Presse. Man rückte auf den Regional- und Lokalseiten, häufig in ungezwungener Schreibweise, private Handwerker und Gewerbetreibende in den Mittelpunkt, berichtete über das kirchliche Leben.

Die angestrengten Bemühungen von Partei und Staat um die ideologische Beeinflussung der Bevölkerung wurden angesichts der Orientierung auf den Westen und der Mühen des alltäglichen Lebens immer widersinniger. Letzten Endes führten die stetigen Indoktrinationsversuche, die sich von der Schule über die Lehre bzw. das Studium, die Arbeitsstelle bis zu den Parteien und Massenorganisationen fortsetzten, eher zu einem Rückzug der Menschen in das Private als zur gewünschten Akzeptanz und Identifizierung mit dem System. Ein Ausdruck dafür wurden die Kleingärten. Jeder achte Haushalt in Rostock verfügte 1989 über eine solche Parzelle. Diese 15 509 Gärten erfüllten eine wichtige Funktion bei der Schließung von Versorgungslücken mit frischem Obst und Gemüse. Für die Gestaltung der Freizeit kam den Sportgemeinschaften eine herausgehobene Bedeutung zu. Im Breitensport stand eine Reihe von Vereinen zur Verfügung, die von Betrieben und Institutionen getragen und gefördert wurden. Neben den großen Betriebssportgemeinschaften mit einem vielfältigen Angebot an Sektionen existierten die Schulsportgemeinschaften, die Hochschulsportgemeinschaften der Universität und der Ingenieurhochschule für Seefahrt in Warnemünde, verschiedene Fachschulsportgemeinschaften, der Sportverein Dynamo der Volkspolizei und der Armeesportverein.

Der Leistungssport konzentrierte sich auf drei Klubs. Die breiteste Palette bot Empor Rostock mit sieben Sektionen. Vor allem die Leichtathleten, die Schwimmer, die Wasserspringer sowie die Handballer standen für hervorragende Resultate im nationalen, aber auch im internationalen Rahmen. Die Handballmannschaften der Männer und der Frauen gewannen wiederholt die DDR-Meisterschaften und die nationalen Pokalwettkämpfe, die Handballer errangen 1982 den Europapokal der Pokalsieger. Die Läuferin Marita Koch (*1957) zählte zu den erfolgreichsten Leichtathletinnen der Welt. Der Armeesportklub Vorwärts widmete sich der Förderung der Sportarten Segeln und Rudern. Am publikumswirksamsten agierte der Fußballklub Hansa, der 1966 aus dem Sportklub Empor herausgelöst worden war. Die sportlichen Ergebnisse des FC Hansa blieben in den 1970er und 1980er Jahren aber schlecht. Die Mannschaft belegte nur Plätze in der unteren Tabellenhälfte der DDR-Oberliga, 1975, 1977, 1979 und 1985 stieg sie sogar in die Liga ab.

Die Entwicklung von Kunst und Kultur bewegte sich zwischen der un-
vermeidlichen ideologischen Instrumentalisierung für das politische System
einerseits und der spezifischen geistigen Verfassung der Stadt andererseits.
Es galt wie überall in der DDR das Prinzip, dass Kunst und Kultur einen
wirksamen Einfluss auf die Entwicklung „sozialistischer Persönlichkeiten"
und auf die Ausprägung einer „sozialistischen Lebensweise" zu nehmen
hatten. Die Anstrengungen um die „Anhebung des Kulturniveaus der Werktätigen" trafen in Rostock auf Kulturideale, die traditionell von bodenstän-
digen, mitunter kleinbürgerlichen Mustern geprägt waren. Die akademische
und technische Intelligenz, die Ärzte und Lehrer stellten die gehobene Kul-
turschicht. Ihre äußere Lebensform im Spannungsfeld von Neubauwoh-
nung, Kleingarten und Autoanmeldung unterschied sich zwar nur wenig
von der der Arbeiter, Kunst und Kultur dienten vor diesem Hintergrund bewusster zur sozialen Abgrenzung. Da das soziale Spektrum keine extremen
Ränder kannte, gruppierte die Gesellschaft sich um eine kulturelle Mitte,
die alle Schichten und Gruppen einschließen sollte. Der Staat lenkte, förderte und überwachte die künstlerische und kulturelle Entwicklung. Eine
Subkultur konnte sich so nur ansatzweise herausbilden, zumal in Rostock
der Nährboden dafür weitgehend fehlte. Das Volkstheater behauptete mit
Ur- und Erstaufführungen von Stücken der Dramatiker Peter Weiss und Rolf
Hochhuth (*1923) sowie des Komponisten Hans Werner Henze (1926–
2012) aus der Bundesrepublik seine Stellung als eine der wichtigsten Kulturstätten der Stadt. Eine enge Zusammenarbeit entwickelte sich zu dem
bekannten DDR-Dramatiker Claus Hammel (1932–1990), der seit 1969 als
künstlerischer Berater am Volkstheater wirkte und eigene Stücke zum Programm beisteuerte. Im Jahre 1974 begann die aus politischen Emigranten
aus Chile bestehende Schauspielgruppe „Teatro Lautaro" mit ihrer Arbeit
im Haus. Die vom Generalintendant Hanns Anselm Perten geprägte Theaterarbeit brachte dem Volkstheater zwar ein hohes Ansehen in der DDR ein,
verdross aber auch Teile der Rostocker Zuschauer, die den politisch-morali-
schen Ansprüchen nicht folgen wollten. Aus den im Sinne Pertens gut ge-
meinten „Lehrstücken" wurden manchmal regelrechte „Leerstücke", da die
Besucher ausblieben. Trotz des hohen Stellenwertes gelang es dem Volkstheater nicht, den immer wieder aufgeschobenen Neubau durchzusetzen.
Als Minimalvariante einigte man sich schließlich auf die Rekonstruktion
des Großen Hauses und auf die Errichtung eines Anbaus mit neuem Eingangsbereich und Theatercafé (1975–1977). Das Volkstheater konnte nach
Pertens Tod im Jahr 1985 die hohe künstlerische Leistungskraft und die po-

Welttheatertag am Volkstheater Rostock: Intendant Hanns Anselm Perten und
der Dramatiker Rolf Hochhuth im Disput, 27. März 1980

litische Ausstrahlung nicht halten. Zu übermächtig wirkte das Vermächtnis
des Mannes, der die Spielstätte über 30 Jahre geleitet hatte.

Der DDR-typischen Popularität des Buches trug in Rostock der Hinstorff
Verlag auf besondere Weise Rechnung, der sein Programm kontinuierlich
weiterentwickelte. Traditionell verlegte das Unternehmen auch weiterhin
regionale Autoren, aus deren Kreis der mit seinem Roman „Die Heiden von
Kummerow" international bekannt gewordene Ehm Welk (1884–1966)

oder auch Fritz Meyer-Scharffenberg (1912–1975) herausragten. Die „Hinstorff Bökerie" widmete sich den niederdeutschen „Klassikern". Aufmerksamkeit und Anerkennung erlangte der Verlag weit über die engeren Grenzen der Region hinaus durch seine Arbeit mit deutschen Gegenwartsautoren, wie Jurek Becker (1937–1997), Franz Fühmann (1922–1984), Fritz Rudolf Fries (*1935), Ulrich Plenzdorf (1934–2007), Klaus Schlesinger (1937–2001), Rolf Schneider (*1932) und vielen anderen. Im gesamten deutschsprachigen Raum entwickelte sich Hinstorff zu dem Verlag, der sich am systematischsten der skandinavischen Literatur widmete. Buchpremieren vor großem Publikum, Schriftstellerlesungen in den Betrieben der Stadt, die vom Verlag 1979 ins Leben gerufene Veranstaltungsreihe „Hinstorff Maritim", ein jährliches Literaturfest und andere öffentliche Aktivitäten zeigten, dass sich Hinstorff nicht nur als Buchproduzent sah, sondern als Bestandteil der Kulturlandschaft Rostocks.

Die Museen und die Kunsthalle, das Stadtkabinett für Kulturarbeit und der Veranstaltungsdienst, die Konzert- und Gastspieldirektion und die Kinos sorgten als weitere nennenswerte Institutionen für ein mehr oder weniger breites Angebot. Die seit 1978 jährlich durchgeführten Sommerfesttage setzten eine Reihe von kulturellen Veranstaltungen fort, die schon während der Ostseewochen stattgefunden hatten.

Der Stand des Hinstorff Verlages auf dem Rostocker Buchbasar, 1986

Warnemünder Umgang, 1983

Insbesondere der Buchbasar auf der Kröpeliner Straße erfreute sich großer Beliebtheit, bot er doch die Möglichkeit, Schriftsteller persönlich zu erleben und im Handel nur schwer erhältliche Bücher buchstäblich zu
erstehen. Das internationale Schlagerfestival „Menschen und Meer", der
Musikantentreff Ostsee, das Warnemünder Sommerfest und die Kunstbien-
nale der Ostseeländer, Norwegens und Islands gehörten zu den festen
Programmpunkten der Sommerfesttage. Das jährliche Pressefest der „Ostsee-Zeitung" im Barnstorfer Wald, das Solidaritätsfest der Journalisten des
Bezirkes Rostock im Zoo und die Wohngebietsfeste in den Stadtteilen sorg-

ten alljährlich in den Sommermonaten für Abwechslung bei den Rostockern und den zahlreichen Urlaubern.

In der Kulturlandschaft kam auch den Betrieben und Massenorganisationen eine wichtige Funktion zu. Dem Kulturbund war eine Vielzahl von Interessengemeinschaften und Zirkeln angegliedert. Er unterhielt den „Heinrich-Mann-Klub" in der Steintor-Vorstadt und den „Wossidlo-Klub" in Schmarl als Stätten der Kommunikation und des Gedankenaustausches, richtete in diesen Räumen Kulturtage, Vorträge, Konzerte und Ausstellungen aus. Fast jeder Betrieb war in das kulturelle Leben eingebunden, sei es durch die Unterhaltung von Klubhäusern oder durch die materielle und finanzielle Unterstützung von Arbeitsgemeinschaften, Malzirkeln, Musik- und Chorgruppen. Auf diese Weise konnte sich ein breites Volkskunstschaffen entwickeln.

Die Jugendorganisation „Freie Deutsche Jugend" (FDJ) war Träger der zahlreichen Jugendklubs, die verstärkt seit Mitte der 1970er Jahre in allen Stadtteilen entstanden waren. Zu einem gutbesuchten Veranstaltungsort für Konzerte und Diskotheken entwickelte sich beispielsweise das Zentrale Jugendklubhaus in der Blücherstraße, im Volksmund „Mau" genannt. Die SED und die Jugendorganisation, die sich als Kampfreserve der Partei sah, versuchten, die Heranwachsenden auf die Ideale des Sozialismus einzuschwören und eine feste Verbundenheit zum Staat aufzubauen. Besondere Wirksamkeit versprach man sich von propagandistischen Großveranstaltungen, wie dem Freundschaftstreffen mit der kubanischen Jugendorganisation im August 1980 oder den FDJ-Pfingsttreffen des Ostseebezirkes, die in Rostock stattfanden. Besonders im Bereich der Jugendkultur zeigte sich aber – wie in anderen Großstädten auch – ein immer stärker werdender Gegensatz zur staatlich verordneten Konformität. Kleidung, Äußerlichkeiten und Vorlieben für bestimmte Musikrichtungen dienten als Zeichen einer eigenen Identität. In der zur Schau gestellten Lebenshaltung mischte sich der Wille zum Anderssein häufig mit jugendlicher Hemmungslosigkeit und Übermut. Als Treffs dienten einschlägige Lokale, wie das „Schweizerhaus" in der Tessiner Straße, das „Riga" in Lütten Klein und der „Kosmos" in der Südstadt. Durch die stetige Einflussnahme von Schule, Lehrbetrieb und Arbeitsstätte, durch das rigorose Vorgehen von Polizei und Justiz hielten sich Jugendkriminalität und Gewaltbereitschaft jedoch in Grenzen. Nur einmal, am 18. August 1978, kam es auf dem „Platz der Jugend" zu einer ernsthaften Eskalation, als ein Konzert der Rockgruppen „City", „Berluc" und „Exzentra" wegen Regens kurzfristig abgesagt wurde. Etwa 300 Jugendliche er-

*Die Rostocker Band „Rosa Rock" im Club „Musikantentreff" der Mensa Süd-
stadt, 1988*

stürmten daraufhin die Bühne, skandierten Sprechchöre, beschädigten
Autos und Anlagen, entzündeten schließlich ein Feuer. Der Einsatz der Polizei beendete den Krawall.

In den 1980er Jahren differenzierte sich die Jugendkultur noch stärker aus.
Sogenannte Punker, Grufties, Skins und Schwarzmieter tauchten auch in Ros-
tock auf. Die FDJ musste der Entwicklung der Jugendkultur Rechnung tragen.
Sie tat es, indem sie beispielsweise in der Sport- und Kongresshalle Musik-
Großveranstaltungen organisierte, Rockgruppen förderte und im April 1989
ein unkonventionelles Musikmagazin mit dem Titel „Rock me" herausgab.

Rostock entwickelte sich für eine Reihe von bildenden Künstlern zu
einem wichtigen Betätigungsfeld. Vor allem die zielgerichtete Auftragspo-
litik, die besonders mit der Entstehung der neuen Wohngebiete im Nordosten und Nordwesten, aber auch mit der Umgestaltung der Innenstadt
forciert wurde, verschaffte den Künstlern gesicherte Wirkungsmöglichkei-
ten. Das Bemühen um die Synthese von Architektur und Kunst zielte da-

rauf, den Stadtteilen und den Bauwerken einen spezifischen Charakter zu geben und ein menschliches Wohnmilieu zu schaffen. Die künstlerischen Aussagen der Werke bezogen sich in ihrer thematischen Vielfalt immer wieder auf das Wesen, auf die Werte und Vorzüge der vermeintlich besseren Ordnung, die in der DDR entstanden war. Die Spannbreite reichte von eindeutig propagandistischen Arbeiten mit klaren politischen Aussagen bis zu Stücken, in denen die Widersprüche zwischen Ideal und Wirklichkeit in der Gesellschaft Andeutung fanden. Die Künstler bedienten sich zumeist einer realistischen Formensprache, die als eine Bedingung für die Kommunikation zwischen den Werken und dem Publikum galt. Im Stadtbild, in den öffentlichen Gebäuden, in den Ausstellungen der Kunsthalle und der Galerie am Boulevard fanden die Einwohner immer wieder Werke von in und um Rostock beheimateten Künstlern, wie den Bildhauern Wolfgang Eckardt (1919–1999), Reinhard Dietrich (*1932), Wolfgang Friedrich (*1947) und Jo Jastram (1928–2011) sowie den Malern und Grafikern Rudolf Austen (1931–2003), Karlheinz Kuhn (1930–2001), Lothar Mannewitz (1930–2004), Johannes Müller (1935–2012), Armin Münch (1930–2013), Ronald Paris (*1933) Jürgen Weber (*1936) und Heinz Wodzicka (*1930). Die Künstler wirkten jedoch nicht nur in Rostock, sondern schufen auch für andere Städte, stellten in verschiedenen Kunstausstellungen aus und fanden mit ihren Werken Eingang in mehrere Kunstsammlungen der DDR.

Von Nonkonformismus bis Opposition

Als einzige autonome Organisationen in der Gesellschaft waren die Kirchen und Religionsgemeinschaften verblieben. Die aus dem Glauben abgeleitete Weltsicht, die eigenen Wertvorstellungen und Lebensmaximen standen auf vielen Feldern im Gegensatz zur vorherrschenden Ideologie und machten ihre Mitglieder unempfänglicher gegenüber den allerorts praktizierten Indoktrinationsbemühungen.

Die evangelisch-lutherische Kirche zählte in Rostock 1976 noch 85 825 Mitglieder, allerdings lag die Zahl der Kirchensteuerzahler nur bei knapp 19 000. Zur römisch-katholischen Kirche rechnete man 14 353 Einwohner, zu den kleinen Religionsgemeinschaften 2 850. Diese Zahlen waren damals bei allen Konfessionen wegen des staatlichen Drucks und des allgemeinen Säkularisierungstrends schon seit Jahren rückläufig. Argwöhnisch achtete der Staat auf die Zahl der Taufen, Konfirmationen, kirchlichen Eheschlie-

ßungen sowie Beerdigungen und versuchte, die Bürger auf die ideologisierten weltlichen Riten festzulegen. Besonders schwierig gestalteten sich die Arbeitsmöglichkeiten der großen Kirchen in den Neubaugebieten, in denen zwar der überwiegende Teil der Bevölkerung lebte, wo aber von staatlicher Seite keine Genehmigungen für neue Kirchenbauten zu erhalten waren. Erst mit dem Bau der katholischen Thomas-Morus-Kirche in Evershagen (1983–1985) und des evangelischen Gemeindezentrums Brücke (1986–1988) in Groß Klein verbesserte sich die Situation.

Die Baugenehmigungen für diese beiden Kirchen resultierten ebenso wie das Entgegenkommen bei der Durchführung der beiden evangelischen Regionalkirchentage im Juni 1983 und im Juni 1988 in Rostock aus der inzwischen flexibleren und aufgeschlosseneren Haltung, die sich nach den zentralen Gesprächen zwischen Staat und Kirche im Jahr 1978 in der DDR ausgeprägt hatte. Während bei früheren regionalen Kirchentagen (1966, 1976) alles daran gesetzt worden war, um die Kirche aus der Öffentlichkeit zu verdrängen, stand hinter der nunmehrigen Aufgeschlossenheit die Absicht, den Veranstaltungen möglichst die politische Brisanz zu nehmen und einen ruhigen Verlauf zu garantieren. Denn die evangelischen Kirchgemeinden in Rostock hatten sich schon seit geraumer Zeit zum Sammelbecken für das ständig gewachsene Potential an politischer und sozialer Gegenkultur entwickelt. Hier fanden die vorwiegend jungen Leute, die sich kritisch mit den Problemen der DDR-Gegenwart, mit fehlenden Menschenrechten, der Friedensbedrohung und der Umweltzerstörung auseinandersetzen wollten, ein schützendes Dach. In der evangelischen Studentengemeinde hatte sich 1979 ein erster Friedenskreis gebildet. Seit 1981 fanden regelmäßig Friedensgottesdienste in der Heiligen-Geist-Kirche statt, die sich zu einem festen Bestandteil der alljährlich im Herbst stattfindenden Friedensdekade der evangelischen Kirche in Rostock entwickelten. Zeitgleich entstand in der Mecklenburgischen Landeskirche eine „Arbeitsgruppe Frieden", die das Wirken der Gruppen im Land koordinierte und in Rostock ihr Zentrum hatte. Aus der inhaltlichen Arbeit erwuchs eine Reihe von Aktivitäten, die für Aufregung im staatlichen Machtapparat sorgten. So kam es zwischen Herbst 1981 und Frühjahr 1982 wiederholt zu ernsten Auseinandersetzungen mit Schülern und Lehrlingen, die ihr Bekenntnis zu Pazifismus und Frieden mit dem Aufnäher „Schwerter zu Pflugscharen" zum Ausdruck brachten. Großes Misstrauen erregten kirchliche Wehrdienstberatungen und Verabschiedungs- und Ermutigungsgottesdienste für die Einberufenen. Als am 31. Oktober 1981 eine ausgedehnte Zivilverteidigungsübung in der Südstadt durchgeführt wurde, protestierten 200 Menschen in einem Brief an den Oberbürgermeister gegen Kriegsspiele solcher Art. Am 11. November 1983 veröffentlichte die Gruppe „Rostocker Friedenskreis" einen Appell, in dem sie gegen die Aufstellung von sowjetischen Kurz- und Mittelstreckenwaffen in der DDR protestierte.

Die zweite wichtige Säule der kirchlichen Basisbewegung waren die Umweltgruppen. Ein erstes Zeichen setzte eine im Oktober 1980 durchgeführte Baumpflanzaktion im Neubaugebiet Lütten Klein. Damit sollte nicht nur auf die trostlose Situation in diesem Wohnviertel hingewiesen, sondern auch das Umweltbewusstsein geschärft werden. Die Baumpflanzaktion fand in den Folgejahren Fortsetzungen in anderen Stadtteilen. Verbunden damit waren Diskussionen zur Umweltproblematik und Familiennachmittage. Die seit 1987 bestehende „Gruppe Umwelt" an der St. Petri-Nikolai-Kirche beschäftigte sich nicht nur mit ökologischen Fragen, sondern organisierte 1988 auch Fürbittandachten für Demonstranten, die man in Berlin verhaftet hatte, als sie sich mit der Losung „Freiheit ist immer die Freiheit der Andersdenkenden" der offiziellen Liebknecht-Luxemburg-Demonstration anschließen wollten.

Auch außerhalb der Kirche hatten sich verschiedene institutionelle oder informelle Zusammenschlüsse gebildet, die sich kritisch mit den gesellschaftlichen Krisen- und Stagnationserscheinungen auseinandersetzten. Deutliche Konturen nahm vor allem die Arbeit der 1980 im Rahmen des Kulturbundes gegründeten „Gesellschaft für Natur und Umwelt" an. In den Arbeits- und Stadtteilgruppen „Stadtökologie" sammelten sich engagierte Umweltschützer, die deutlich den Konflikt der Natur mit der Wirtschaft sahen. Mittels Eingaben und Hinweisen an staatliche wie betriebliche Leitungen versuchten sie, Einfluss auf Bauvorhaben zu nehmen und Umweltsünden von Betrieben zu unterbinden. Man führte Landschaftstage durch und schärfte mit Veröffentlichungen das Umweltbewusstsein der Einwohner. Einen der größten Erfolge konnte die Rostocker Gruppe gemeinsam mit den kirchlichen Umweltaktivisten verbuchen, als es 1988 gelang, den geplanten Bau einer Verbindungsstraße über den als Park genutzten Alten Friedhof zu verhindern. Auch am Beispiel des Pionierschiffes „Vorwärts" zeigte sich, dass viele Menschen nicht mehr bereit waren, Entscheidungen von oben einfach nur hinzunehmen. Anfang 1986 hatte die Bezirksleitung Rostock der SED beschlossen, das 1903 erbaute und seit 1957 durch die Pionierorganisation „Ernst Thälmann" als Freizeitzentrum für Kinder genutzte Handelsschiff nicht einer kostspieligen Generalinstandsetzung zu unterziehen, sondern es zu verschrotten und dafür als Ersatz ein ausgedientes Schiff neuerer Bauart bereitzustellen. Nachdem diese Absicht in der Öffentlichkeit bekannt geworden war, setzten sich einzelne Bürger, aber auch Betriebe und Institutionen vehement für den Erhalt des einmaligen technischen Denkmals ein. Vergeblich, denn Anfang 1989 wurde die „Vorwärts" trotz der Proteste und Eingaben verschrottet.

Da das gesamte politische System sich nicht auf die Pluralität unterschiedlicher Meinungen gründete, war es nahezu unmöglich, eigene, von der offiziellen Linie abweichende Positionen in die Öffentlichkeit zu bringen. Diese Erfahrung musste sogar die parteitreue „Ostsee-Zeitung" im April 1984 machen. In dem Blatt war ein Artikel des Soziologen Peter Voigt (*1939), Professor an der Universität Rostock, erschienen, der die konsequente Durchsetzung des Leistungsprinzips in der Wirtschaft anmahnte, um die Sozialpolitik absichern zu können. Nachdem der Inhalt des Artikels von westlichen Journalisten aufgegriffen und zitiert worden war, musste das gesamte Sekretariat der Bezirksleitung Rostock der SED vor dem Politbüro erscheinen. Unmissverständlich gab man den Rostocker Genossen zu verstehen, dass man eine Fehlerdiskussion nicht zulassen werde. Voigt und die verantwortlichen Redakteure erhielten wegen „parteischädigenden" Verhaltens Parteistrafen oder verloren ihre Posten.

Nach dem Kurswechsel in der UdSSR hin zu einer Reform des Sozialismus erfasste die Desillusionierung über die politischen und wirtschaftlichen Verhältnisse in der DDR immer größere Teile der Gesellschaft. In den Blockparteien und Massenorganisationen gewannen kritische Stimmen zunehmend Auftrieb. Selbst in der SED machte sich ein wachsender Vertrauensschwund gegenüber der Spitze bemerkbar, zaghaft äußerte sich Kritik an der Politik der Partei- und Staatsführung. Es war nur noch eine Frage der Zeit, bis die allgemeine Verdrossenheit in öffentlichen Protest umschlagen würde.

DIE WENDE UND DAS ENDE DER DDR IN ROSTOCK. OKTOBER 1989 BIS OKTOBER 1990

Zeit der Krise

Die politische und ökonomische Krise der DDR erfasste seit Mitte der 1980er Jahre nahezu alle Lebensbereiche. Die wachsende Unzufriedenheit auch der Rostocker ließ sich an der von Jahr zu Jahr steigenden Zahl der Ausreiseanträge und der Eingaben ablesen. Das Fehlen von politischer Demokratie, von Rechtssicherheit, Meinungs- und Reisefreiheit veranlasste immer mehr Menschen, trotz der zu erwartenden Repressalien die Übersiedlung in die Bundesrepublik Deutschland zu beantragen. Den von der offiziellen Propaganda beschworenen Vorzügen des Sozialismus schenkten die Antragsteller schon lange keinen Glauben mehr.

Im Dezember 1987 lagen bei der Abteilung Genehmigungswesen des Rates der Stadt 470 Ausreiseanträge vor. Mit den dazugehörigen Familienangehörigen lag die Zahl derjenigen Rostocker, die für immer die DDR verlassen wollten, bei 1013 Personen. Bis Dezember 1988 erhöhte sich die Zahl der Ausreiseanträge auf 554 für insgesamt 1197 Menschen. Die Staatsmacht versuchte mit Drohungen und Schikanen, die Rücknahme der sogenannten Übersiedlungsersuchen zu erzwingen, lehnte die Anträge über Jahre hinweg ab. Lediglich 75 Anträge genehmigte man 1988, 151 zumeist im Rentenalter stehende Bürger verließen die Stadt in Richtung Westen. Die ständige, an der eigenen Person erlebte Diskrepanz zwischen Anspruch und Wirklichkeit war auch der Beweggrund, sich mit Eingaben an den Rat der Stadt, an die SED-Kreisleitung und – wenn das nicht half – an den Staatsrat zu wenden.

Ein Hauptproblem blieb die Wohnungsfrage, die trotz des enormen Neubauprogrammes nicht gelöst werden konnte. Von der Einhaltung des Versprechens, das Wohnungsproblem als soziales Problem bis 1990 zu lösen, war man noch meilenweit entfernt. 14000 Wohnungsanträge warteten 1989 noch auf ihre Erledigung. Im Kontrast zu den auf der grünen Wiese errichteten Wohngebieten boten die Altstadt, die Kröpeliner-Tor-Vorstadt und die Steintor-Vorstadt ein marodes Bild. Wichtige Felder der Kritik waren die Engpässe in der Versorgung, die fehlenden Plätze in den Kindertagesstätten, die Zulassungsbeschränkungen für die Abiturklassen, die Versagung von Gewerbegenehmigungen sowie die ökologischen Frevel in der Stadt. Hinzu kam, dass die Wirtschaft der DDR in einer tiefen Krise steckte. Kennzeichnend hierfür waren die niedrige Arbeitsproduktivität, das sinkende Investitions- und Reproduktionsaufkommen, die Überalterung der Technik und der Technologien sowie enorme Schwierigkeiten bei der Rohstoff- und Materialversorgung. Überall wurde improvisiert und von der Substanz gezehrt, die Qualität der Arbeit dadurch nicht mehr abgesichert. Die niedrige Produktivität der Wirtschaft korrespondierte mit einem viel zu hohen Aufwand, mit der Verschwendung von Material, Energie und menschlicher Arbeit.

Die Abgrenzungspolitik gegenüber den Reformansätzen in der Sowjetunion sowie die schroffe Weigerung, in der DDR ebenfalls Maßnahmen gegen die erstarrten, undemokratischen Strukturen einzuleiten, führten bei vielen zum endgültigen Bruch mit dem Staat. Weder der Ausbau des Überwachungsapparates mit flächendeckender Kontrolle noch die Verfolgungen durch das Ministerium für Staatssicherheit (MfS) brachten die gewünschte Stabilität. Die Bezirksverwaltung des Ministeriums in der August-Bebel-Straße, für die 1989 im Stadtkreis Rostock 858 inoffizielle Mitarbeiter tätig waren, registrierte durch Spitzelberichte, Telefonüberwachung und Abhöraktionen, durch Postkontrollen und auf Grund anderer Quellen zwar die wachsende Unzufriedenheit, empfahl in ihren Berichten an die SED-Bezirksleitung aber auch nur das starre Festhalten an Macht und Ideologie sowie das offensive Zurückdrängen der angeblich feindlichen Tendenzen als Gegenmittel. Der Partei-, Staats- und Überwachungsapparat der DDR verfügte nicht mehr über die Fähigkeit, die tiefe Systemkrise zu beheben.

„Der Norden wacht auf"

Die politische Krise der DDR trat besonders deutlich bei den Kommunalwahlen am 7. Mai 1989 zutage. Nach dem offiziellen Ergebnis, das von op-
positionellen Kräften angezweifelt wurde, wies Rostock mit 98,85 Prozent
die niedrigste Wahlbeteiligung für eine Stadt im Ostseebezirk auf. Von den
192 638 Wahlberechtigten hatten 2 209 nicht an der Wahl teilgenommen,
hinzu kamen 1 148 Gegenstimmen zum gemeinsamen Wahlvorschlag der
Nationalen Front. Damit wurden seit den 1950er Jahren erstmals wieder
weniger als 99 Prozent Ja-Stimmen in Rostock registriert.

Die Fluchtwelle von DDR-Bürgern über die geöffneten Grenzen Ungarns,
die im August einsetzte, erschütterte den Arbeiter-und-Bauern-Staat wie kein
anderes Ereignis seit dem 17. Juni 1953 und leitete den Zusammenbruch ein.
Den ersten Demonstrationen, die Mitte September 1989 in Leipzig begannen,
begegneten die Sicherheitsorgane mit Härte. In Reaktion auf die damit verbundenen Verhaftungen organisierten Mitglieder der „Gruppe Umwelt" der
Rostocker St. Petri-Nikolai-Gemeinde in Absprache mit Pastor Henry Lohse
(*1949) und dem Kirchgemeinderat eine erste Fürbittandacht für den 5. Oktober 1989, einen Donnerstag. Um die Petrikirche zogen Bereitschaftspolizei
und Sicherheitskräfte auf, trotzdem nahmen 600 bis 700 Menschen an der
Andacht teil. Davon unberührt feierte das offizielle Rostock den 40. Jahrestag
der Gründung der DDR gerade so, als wäre alles in seiner gewohnten Ordnung. Auf der Festveranstaltung in der Sport- und Kongresshalle postulierte
der 1. Sekretär der SED-Bezirksleitung, Ernst Timm (1926–2005), vor gelade-
nen Gästen nochmals das „Wohl des Volkes als oberstes Gebot". Auf der
Unterwarnow wurde mit einer Flottenparade der Volksmarine Stärke demons-
triert.

Am Abend des 7. Oktober, dem Tag der Republik, fand jedoch in der Petrikirche auch eine „Andacht der Betroffenheit" statt. 609 Teilnehmer unter-
zeichneten einen Appell an die Stadtverordnetenversammlung, in welchem
eine demokratische Erneuerung der Gesellschaft gefordert wurde. Vor dem
Rathaus versammelten sich nach der Andacht einige Jugendliche mit Kerzen,
verließen den Platz aber, als die Polizei anrückte. Obwohl der Rat der Stadt
und die Sicherheitskräfte angekündigt hatten, derartige Veranstaltungen nicht
mehr zu dulden, setzten die Initiatoren an den folgenden Donnerstagen die
Fürbittandachten fort, auf Grund des großen Zulaufes nun auch in der Marienkirche und in der Michaeliskirche. In der Universität, in den Betrieben und
Schulen, überall, selbst in den SED-Parteiorganisationen brachen die Men-

Pastor Joachim Gauck spricht in St. Marien im Wendeherbst 1989 zu den Rostockern. 12. Dezember 1989

schen aus ihrer jahrelang geübten Passivität und Gleichgültigkeit auf, wurden Forderungen nach Demokratie, Erneuerung und Wahrheit laut. Am 19. Oktober 1989 formierten sich nach der Fürbittandacht zum ersten Mal etwa 2 000 Teilnehmer zu einem Demonstrationszug. Hinter einem selbstgefertigten bunten Schmetterling mit der Aufschrift „Gewaltfrei für Demokratie" zogen nun bis Mitte Dezember Donnerstag für Donnerstag immer mehr Menschen mit Kerzen in den Händen durch Lange Straße und August-Bebel-Straße, vorbei an der Bezirks- und Kreisverwaltung des Ministeriums für Staatssicherheit, zum Rathaus am Neuen Markt. Auch der im Vergleich zum Süden „kühle" Norden war nun erwacht. Die Straßen und Plätze der Stadt blieben für Wochen Schauplatz von Demonstrationen und Kundgebungen, und bis zu 40 000 Rostocker kamen, um mit Transparenten und Spruchbändern oder einfach nur durch ihre Anwesenheit von der wiedergewonnenen Mündigkeit Gebrauch zu machen. Die Demonstrationen entwickelten sich zur wichtigsten Institution der von den Bürgern eroberten neuen Öffentlichkeit. Persönlichkeiten wie der Pastor Joachim Gauck (*1940) wurden in dieser bewegten Zeit zu Integrationsfiguren der aufgewühlten Menschen.

Rostocker und ihre Losungen auf einer Demonstration im Herbst 1989

Die demokratische Erneuerung

Im Oktober und November 1989 hatten sich aus den Reihen der Bürgerbe-
wegung neue Parteien und Organisationen in der Stadt gegründet. Zunächst
entstanden die Gruppen des Neuen Forums und der Sozialdemokratischen
Partei (SDP), wenig später folgten Demokratischer Aufbruch, Demokratie
jetzt, Vereinigte Linke, die Grünen, die Vereinigte Bürgerinitiative für einen
neuen Sozialismus und der Unabhängige Frauenverband. Den Vertretern
der bisherigen Staatspartei blieb nichts anderes übrig, als diese Vielfalt zu
dulden. Das Herrschaftsmonopol der SED war dadurch aber längst noch
nicht gebrochen, Stück für Stück mussten die neuen Parteien und Bürgerinitiativen eine Beteiligung an der Macht ertrotzen. Als endgültig Klarheit
darüber bestand, dass der Kurs in der gesamten DDR nicht auf Konfrontation, sondern auf Dialog hinauslief, versuchte der Rat der Stadt, die Initiative zurückzugewinnen und den Massenprotest zu neutralisieren. Auf den
Fürbittandachten vom 19. Oktober 1989 verlasen Mitglieder des Rates einen
offenen Brief, in dem man den Einwohnern einen Dialog zu allen Fragen

anbot. Bis Mitte November fanden daraufhin 14 Veranstaltungen zu Themen wie Stadtentwicklung und Umweltschutz, Medien- und Informationspolitik, Parteienpluralismus und Bürgermitbestimmung, Warenangebot und Versorgung statt. Die Veranstaltungen entwickelten sich zu Tribunalen der Anklage gegen die städtischen und gesellschaftlichen Missstände. Allzu oft offenbarte sich im Disput der Einwohner mit den Funktionären deren Inkompetenz und Hilflosigkeit. Auch auf der vom Sender Rostock übertragenen außerordentlichen Tagung der Stadtverordnetenversammlung, bisher den Rostockern nicht als Ort freier Meinungsäußerung bekannt, kam es am 6. November 1989 zu einer lebhaften Debatte über die eigene Arbeit und den gesellschaftlichen Aufbruch. Die Teilnahme von Vertretern des Neuen Forums an der Sitzung signalisierte, dass die SED der wachsenden Bedeutung der Opposition Rechnung tragen musste. Oberbürgermeister Henning Schleiff gestand der Versammlung im Namen des ganzen Rates ein, dass man in der Vergangenheit nicht die Kraft und den Mut hatte, zu den erkannten Problemen unüberhörbar Stellung zu nehmen. Doch das Angebot zum Dialog und die Einsicht der eigenen Versäumnisse kamen zu spät.

Zwischen Dezember 1989 und Januar 1990 versuchten die Bürgerbewegungen in Rostock, Schritt für Schritt ihre in der Öffentlichkeit erkämpfte Position durch die Schaffung eigener Zeitungen und neuer demokratischer Institutionen abzustützen. Die neu gegründeten Blätter „Bürgerrat", „platt-Form" und „Mecklenburgische Volkszeitung" erwiesen sich als wichtiges Mittel für eine unabhängige Informationspolitik, wobei aber nicht zu verkennen war, dass sich auch die traditionellen Rostocker Tageszeitungen aus dem engen Korsett staatlicher Verlautbarungen gelöst hatten. Die Einsetzung eines Gerechtigkeitsausschusses durch die Stadtverordnetenversammlung stellte einen wichtigen Schritt auf dem Wege zur Konstituierung demokratischer Organisationsformen dar. Dem Ausschuss, der die Rechtsverletzungen von Funktionären und Schutz- und Sicherheitsorganen überprüfen sollte, gehörten neben Abgeordneten auch Vertreter der Kirchen und Bürgerbewegungen an. Die Leitung des Ausschusses übertrug man Pastor Arvid Schnauer (*1937) von der Ufergemeinde Groß Klein. Anfang Dezember 1990 konstituierte sich der Bürgerrat, der den Rat der Stadt sowie die Ständigen Kommissionen der Stadtverordnetenversammlung unterstützen und kontrollieren sollte. Es wurden kommunalpolitische Kommissionen gebildet, in denen die Bürger mitarbeiten konnten. Aber erst mit der Einrichtung des Runden Tisches am 9. Dezember 1989 erreichten die neuen Parteien und Bürgerbewegungen eine qualitativ neue Stufe der demokrati-

Demonstranten vor dem Hauptquartier des Ministeriums für Staatssicherheit der DDR (Stasi) Ecke August-Bebel-Straße/Hermannstraße, Ende November 1989

schen Kontrolle. Bis zu diesem Zeitpunkt war das Machtmonopol der SED im Rathaus noch weitgehend unangetastet geblieben. Der Runde Tisch übernahm die Aufgabe, bis zur Kommunalwahl dem Rat und der Stadtverordnetenversammlung Hinweise zu geben und diese zu kontrollieren. Beide städtische Gremien durften ihre Entscheidungen nur noch in Übereinstimmung mit den Positionen des Runden Tisches treffen. An der ersten Sitzung nahmen Vertreter von 15 Parteien, Vereinigungen, Organisationen, Bürgerinitiativen und Kirchen teil, die unter Leitung des Landessuperintendenten Dr. Joachim Wiebering (*1934) die zukünftige Arbeitsweise sowie einen Aufruf zur Gewaltlosigkeit und zum Abbau von Feindbildern berieten. In den nun wöchentlich stattfindenden Beratungen, an denen im April 1990 schließlich Repräsentanten von 27 Parteien, Organisationen und Institutionen mitwirkten, standen alle Themen, die das tägliche Leben unmittelbar betrafen, auf der Tagesordnung. Es war eine Zeit der Doppelherrschaft zwischen Rundem Tisch auf der einen und Rat und Stadtverordnetenversammlung auf der anderen Seite.

Auch wenn sich hier abzeichnete, dass die einstige Vormachtstellung von SED und Staat zu bröckeln begann, blieb mit der Bezirks- und Kreisverwaltung des Ministeriums für Staatssicherheit das wichtigste Instrument des Unterdrückungs- und Überwachungsapparates noch unangetastet. Durch eine wohldosierte Informationspolitik hatte der Staatssicherheitsdienst zwar versucht, den Protesten entgegenzuwirken, das Misstrauen blieb jedoch bestehen. Dass die Zweifel durchaus berechtigt waren, zeigte sich, als sich in den ersten Dezembertagen des Jahres 1989 der Verdacht bestätigte, dass sich im nahen Kavelstorf ein geheimes Waffenlager der IMES GmbH, die zum Bereich „Kommerzielle Koordinierung" des MfS gehörte, befand. Von hier aus gingen Waffenlieferungen in die Krisengebiete der Welt. Als man in der Zentrale der Staatssicherheit in der August-Bebel-Straße dazu überging, die eigene Tätigkeit durch die Vernichtung von Beweismaterial zu vertuschen, brach die Empörung erneut los. Am 4. Dezember 1989 zog vor dem Haupteingang des Dienstgebäudes eine Mahnwache des Neuen Forums auf, um gegen die Aktenvernichtung zu protestieren sowie die Auflösung des Bezirksamtes und die Einsetzung eines unabhängigen Untersuchungsausschusses zu fordern. Sehr bald versammelte sich eine größere Zahl von Bürgern, die sich dem Protest anschlossen und die Zugangswege blockierten. Unter dem Druck der Demonstranten ließ man am späten Abend schließlich 15 Bürger ein, die mit dem Chef der Bezirksverwaltung, Generalleutnant Rudolf Mittag (1929–2012), über die Übergabe des Gebäudes und die Berufung eines unabhängigen Untersuchungsausschusses verhandeln sollten. Die Verhandlungen, an denen auch der Bezirksstaatsanwalt und der Leiter der Bezirksbehörde der Volkspolizei teilnahmen, standen unter Leitung von Landessuperintendent Wiebering und Rechtsanwalt Hans-Joachim Vormelker (*1924). Mittag akzeptierte die Forderungen nur widerwillig. Alle anwesenden MfS-Mitarbeiter mussten das Haus verlassen. Sämtliche Diensträume und Panzerschränke wurden bis in den Morgen hinein versiegelt, die Polizei übernahm die Bewachung. Etwa zur gleichen Zeit besetzten Mitglieder des Neuen Forums auch das Außenobjekt Waldeck, wo Überreste von vernichteten Akten gefunden wurden. Sie forderten vom Bezirksstaatsanwalt die Verhaftung des Generalleutnants Mittag, die unter dem Druck der Ereignisse dann auch vollzogen wurde. Noch am Abend bildete sich im Büro des Rechtsanwaltes Vormelker der von den Demonstranten geforderte Untersuchungsausschuss, der sich am nächsten Tag offiziell konstituierte.

Das Ende der sozialistischen Ära

Die Losung „Wir sind das Volk", mit welcher die Demonstranten im Herbst 1989 auf die Straße gegangen waren, schlug nach Öffnung der Grenzen am 9. November 1989 bald in den Ruf „Wir sind ein Volk" und „Deutschland einig Vaterland" um. Es wurde offensichtlich, dass die große Mehrheit keine „andere" DDR, sondern die Einheit Deutschlands wollte. In den Donnerstagsdemonstrationen tauchten seit Ende November 1989 immer häufiger Losungen nach einem einheitlichen Deutschland auf. Aber nicht alle schlossen sich der Massenstimmung nach rascher wirtschaftlicher und politischer Vereinigung an.

In den Bürgerbewegungen ging man nach wie vor davon aus, dass die DDR reformierbar sei und die staatliche Eigenständigkeit gewahrt werden könnte. Aus diesem Grund rief das Neue Forum auch zur Beteiligung an der Menschenkette auf, die am 3. Dezember 1989 unter dem Motto „Ein Licht für unser Land" stattfand. Eine Woche später kam es zu einer ersten Demonstration gegen die Wiedervereinigung. Doch der Wunsch nach einem geeinten Deutschland bahnte sich unaufhaltsam einen Weg. Viele Bürger hofften, damit in Kürze den Lebensstandard der Bundesrepublik erreichen zu können, andere befürchteten, dass plötzliche Veränderungen in der Sowjetunion die einmalige Chance zunichte machen könnten.

Als am 6. Dezember 1989 der Ehrenvorsitzende der SPD, Altbundeskanzler Willy Brandt (1913–1992), auf Einladung der Rostocker SDP-Gruppe in der Marienkirche sprach, schlug ihm eine große Welle der Sympathie entgegen. In- und außerhalb der Kirche folgten Tausende seinen Ausführungen, in denen er eine Vertragsgemeinschaft zwischen beiden deutschen Staaten anregte.

Auf kommunaler Ebene kam es seit Anfang 1990 zu einer verstärkten Zusammenarbeit zwischen den Partnerstädten Rostock und Bremen. Es war nicht nur die materielle und ideelle Unterstützung aus Bremen, die die Menschen zusammenführte. Eine Rostocker Bürgerinitiative organisierte an einem Wochenende im Januar 1990 ein Volksfest, zu dem 20 000 Gäste aus der Weserstadt kamen. Damit sollte für die Gastfreundschaft im Herbst 1989 gedankt werden, als viele Rostocker die Öffnung der Grenzen zu einem Besuch in Bremen genutzt hatten. Das Kulturhistorische Museum eröffnete die vielbeachtete Hamburger Ausstellung „Die Hanse – Lebenswirklichkeit und Mythos", im Ostseestadion spielte Werder Bremen gegen den FC Hansa Rostock in einem Freundschaftsspiel.

Während der Weihnachtsfeiertage und des Jahreswechsels hatten keine Demonstrationen in der Stadt stattgefunden. Ab Mitte Januar 1990 riefen die Bürgerbewegungen dann wieder zu Andachten und Kundgebungen auf. Die bis Mitte Februar durchgeführten Veranstaltungen thematisierten vor allem die notwendige konsequente Erneuerung der Gesellschaft. Dieses Ziel schien durch die nach wie vor bestehende Vormachtstellung der zur Partei des demokratischen Sozialismus (PDS) gewendeten SED und durch die weitgehende Beibehaltung der alten Machtstrukturen gefährdet. Am Runden Tisch kam es immer häufiger zu Kritik an der Behinderungstaktik des Rates der Stadt und es musste festgestellt werden, dass wichtige wirtschaftliche und politische Weichenstellungen am Runden Tisch vorbeiliefen. Nach einer Andacht bildeten Tausende Rostocker eine Menschenkette um das Rathaus und forderten den Rat zum Rücktritt auf. Auf Antrag des Neuen Forums beschloss der Runde Tisch am 16. Februar 1990, sechs Ratsmitglieder ohne Geschäftsbereich zu wählen, die fortan den alten Rat kontrollieren und auf die Durchsetzung der Beschlüsse des Runden Tisches drängen sollten. Das Misstrauen gegenüber dem alten Rat eskalierte zu einer offenen Auseinandersetzung um die Macht, als undurchsichtige Praktiken bei der Einstellung von Pädagogen an den Rostocker Schulen bekannt wurden. Die Demokratisierung des Bildungswesens hatte sich zu einem wichtigen Schwerpunkt in der Arbeit des Bürgerrates und des Runden Tisches entwickelt. Als sich nun herausstellte, dass der Stadtschulrat Gustav Bendlin (*1945) ehemalige hauptamtliche Mitarbeiter der SED, der FDJ, des Staatsapparates und des MfS als Lehrer einstellte, forderten der Runde Tisch und der Bürgerrat wiederholt Bendlins Rücktritt. Der Runde Tisch band seine Weiterarbeit an die Erfüllung dieser Forderung. Auf einer außerordentlichen Stadtverordnetenversammlung am 15. März 1990 stimmte die Mehrheit der alten Abgeordneten aber für den Verbleib des Stadtschulrates. (Angemerkt sei, dass die Abgeordneten an diesem Tag auch beschlossen, Rostock den Zusatz „Hansestadt" zu geben.) Noch während der Sitzung erklärte Christoph Kleemann (*1944) vom Neuen Forum daraufhin den Rücktritt des Runden Tisches. Auf einer außerordentlichen Sitzung am nächsten Tag stimmte der Runde Tisch der abgegebenen Erklärung zu und beendete seine Arbeit. Die Vertreter der PDS, des Kulturbundes und des Demokratischen Frauenbundes enthielten sich der Stimme. Gleichzeitig erklärte der Runde Tisch sich aber bereit, die Verantwortung für die Stadt zu übernehmen, wenn der Oberbürgermeister und der Stadtschulrat zurücktreten. Für den 22. März 1990 rief der Runde Tisch zu einer Protestkundgebung vor dem

Besetzung des Rathauses durch Rostocker Demokraten während der sogenann-
ten Bendlin-Affäre, 26. März 1990

Rathaus auf, an der 10 000 Rostocker teilnahmen. Als sich daraufhin nichts
tat, organisierte das Neue Forum am 26. März 1990 ein „sit-in" im Rathaus.
Erst jetzt konnte Henning Schleiff zum Rücktritt gezwungen werden. Der
Runde Tisch nahm seine Arbeit wieder auf. Als neuen, bis zur Kommunalwahl amtierenden Oberbürgermeister wählte er einstimmig seinen bisherigen Sprecher und Stadtrat ohne Geschäftsbereich, den Theologen Christoph Kleemann. Gleichzeitig zogen 18 Stadträte der Bürgerbewegungen und
neuen Parteien in das Rathaus ein.

Unter dem Einfluss der bevorstehenden Volkskammerwahl am 18. März
1990 und der Kommunalwahl am 6. Mai 1990 konzentrierten sich die Parteien und Bürgerbewegungen im Frühjahr 1990 auf den Wahlkampf. Das
Parteiensystem in der DDR hatte sich bis zu diesem Zeitpunkt schrittweise
an das der Bundesrepublik angepasst. Die Sozialdemokratische Partei orientierte sich erkennbar an den Vorstellungen ihrer Schwesterorganisation
in der Bundesrepublik. Auf liberaler Seite gab es eine enge Bindung zur FDP,
unter deren Einfluss ein Wahlbündnis aus neugegründeter FDP und Blockpartei LDPD unter dem Namen „Bund freier Demokraten" aufgestellt
wurde. Die drei konservativen Parteien – die Blockpartei CDU, der Demo-

kratische Aufbruch und die Deutsche Soziale Union – lehnten sich an CDU und CSU an und schlossen eine „Allianz für Deutschland". Auch die Grünen und der Unabhängige Frauenverband bildeten ein Wahlbündnis. Außerhalb des Parteienspektrums der Bundesrepublik standen auf der einen Seite die PDS, auf der anderen Seite die Bürgerbewegungen Neues Forum, Demokratie jetzt und Initiative Freiheit und Menschenrechte, die das „Bündnis 90" gebildet hatten. Im emotionsgeladenen Wahlkampf sprachen auf den öffentlichen Wahlveranstaltungen in Rostock unter anderem die ehemaligen Bundeskanzler Willy Brandt und Helmut Schmidt (*1918) von der SPD, der Bundesaußenminister Hans-Dietrich Genscher (*1927) von der FDP und der Bundeskanzler Helmut Kohl (*1930) von der CDU. Im Vorfeld der Volkskammerwahl erregten besonders die MfS-Kontakte des Vorsitzenden des Demokratischen Aufbruchs, des Rechtsanwaltes Wolfgang Schnur (*1944) aus Rostock, die Gemüter. Schnur musste als Parteivorsitzender und Spitzenkandidat des Demokratischen Aufbruchs zurücktreten.

Der hohe Sieg der „Allianz für Deutschland" (DDR gesamt: 48,1 Prozent) bei der Volkskammerwahl kam für viele überraschend, war aber erklärbar. Die Allianz trat eindeutig für die deutsche Einheit ein und plädierte für die sofortige Einführung der sozialen Marktwirtschaft und der D-Mark. Wählerstärkste Partei in Rostock wurde allerdings die SPD mit 31,2 Prozent (DDR gesamt: 21,9 Prozent), gefolgt von der PDS mit 27,7 Prozent (DDR gesamt: 16,4 Prozent) und der CDU 24,5 Prozent (DDR gesamt: 40,8 Prozent). Ähnlich gestaltete sich das Ergebnis bei der sieben Wochen später durchgeführten Kommunalwahl. Als stärkste Partei zog mit 28,1 Prozent der Stimmen die SPD in die neue Bürgervertretung ein (37 Mandate), es folgten PDS (22,85 Prozent – 30 Mandate), CDU (22,71 Prozent – 30), Bündnis 90 (10,2 Prozent – 13), Bund freier Demokraten (4,62 Prozent – 6), Grüne (3,22 Prozent – 4) und Volkssolidarität (1,97 Prozent – 3) sowie sieben kleine Gruppierungen mit jeweils einem Sitz. Ende Mai 1990 stand nach den Koalitionsverhandlungen fest, dass in Rostock eine Große Koalition aus Sozialdemokraten, Christdemokraten, Liberalen und Vertretern der Bürgerbewegungen die Geschicke lenken würde. Auf ihrer konstituierenden Sitzung am 31. Mai 1990 wählte die Bürgerschaft Christoph Kleemann vom Bündnis 90 zu ihrem Präsidenten. Neuer Oberbürgermeister wurde der Sozialdemokrat Dr. Klaus Kilimann (*1938), vordem Physiker an der Universität Rostock. Die Stellung des Bürgermeisters übernahm der bisherige Sekretär des Bezirksvorstandes der CDU, der Lehrer Wolfgang Zöllick (*1946).

ZWISCHEN WÄHRUNGSUNION UND WIEDERVEREINIGUNG

Noch am 15. April 1990 hatte der Runde Tisch der Öffentlichkeit den „Entwurf der vorläufigen Kommunalverfassung der Hansestadt Rostock" vorgestellt. Darin waren die Erfahrungen des Runden Tisches mit bürgernaher Kommunalpolitik ebenso wie die Vorstellungen der Bürgerbewegungen von einer unmittelbaren Beteiligung der Einwohner an den Entscheidungsprozessen eingeflossen. Der Entwurf blieb aber ohne nennenswerten Einfluss auf spätere Diskussionen um die Ausgestaltung der Verfassung der Hansestadt. Den rechtlichen Rahmen setzten vielmehr die von der Volkskammer im Mai 1990 verabschiedete Kommunalverfassung und das Kommunalvermögensgesetz, welche auch der Stadt Rostock die kommunale Selbstverwaltung und ihr kommunales Vermögen zurückgaben. Trotz der rechtlichen Absicherung glich die Situation der Städte und Gemeinden der „eines Pferdes, das sich im Galopp befindet, während es beschlagen werden muss", wie es auf der ersten DDR-Bürgermeisterkonferenz im Sommer 1990 ausgedrückt wurde. Vor allem die dramatische Finanzsituation, hervorgerufen durch die noch völlig unentschiedene Aufteilung der staatlichen Einnahmen, und die ungeklärten Eigentumsrechte an Grund und Boden banden der Stadt Rostock lange Zeit die Hände, um den Aufbau und nötige Investitionen in Gang zu bringen. Dennoch wurden mit der Bildung der Stadtwerke AG, der Rostocker Straßenbahn AG, der Stadtentsorgung GmbH und der WIRO GmbH ab Sommer 1990 wichtige organisatorische Weichenstellungen für die kommunalen Wirtschaftsbetriebe getroffen.

Der neue Senat hatte in seiner Antrittserklärung vom 18. Juni 1990 das Ziel formuliert, Rostock mittelfristig zu einem blühenden Zentrum von Industrie, Handel, Kultur und Wissenschaft zu entwickeln. Die Wirtschafts-

politik richtete sich daher besonders auf die Ansiedlung von neuen Indus-
triebranchen und von mittelständischem Gewerbe sowie auf den Ausbau
des Dienstleistungssektors. Die geographische Lage der Stadt, die vor Ort
ansässige Universität und das relativ entwickelte Kultur- und Geistesleben
sollten sich als wirtschaftsfördernde Faktoren erweisen. Vergeblich bemühten sich indes Senat und Bürgerschaft, die Entscheidung über die Landeshauptstadt für das im Oktober 1990 gebildete Land Mecklenburg-Vorpommern zugunsten Rostocks zu beeinflussen. Die Mehrheit der Kreise und
kreisfreien Städte der Bezirke Rostock, Schwerin und Neubrandenburg vo-
tierte im August 1990 für Schwerin als Landeshauptstadt. 40 000 Unterschriften für Rostock als Landeshauptstadt, die die Rostocker Initiative
„Mündige Bürger" vorlegte, konnten an dieser Entscheidung nichts mehr
ändern.

Der Rahmen für den notwendigen ökonomischen Strukturwandel
wurde durch die Wiedervereinigung Deutschlands und die Einführung der
sozialen Marktwirtschaft bestimmt. Mit der Einführung der D-Mark am
1. Juli 1990 hielt die soziale Marktwirtschaft in Rostock Einzug. Über Nacht
wurde in den Kaufhäusern und -hallen, in den Geschäften und Läden das
bisherige Sortiment durch westliche Konsumgüter ersetzt. Das war aber nur
die eine Seite der Medaille. Auf der anderen Seite begann für viele Betriebe
die Suche nach einem existenzsichernden Weg in einem völlig neuen Wirt-
schaftssystem. Die ehemals volkseigenen Betriebe standen seit März 1990
in Verwaltung der Treuhand, die die Aufgaben der Entflechtung, Privatisie-
rung und Stilllegung übernommen hatte. Die Konzentration des wirtschaftlichen Lebens in Rostock auf den Schiffbau, auf Seeverkehrs- und Hafenwirtschaft sowie auf den Fischfang sollten sich als das gravierendste
Problem für die Zukunft der Stadt herausstellen. Bei der Seereederei und im
Fischkombinat begann der Verkauf, häufig auch das Abwracken der Schiffe.
Immer öfter blieben auch die Kais im Überseehafen leer. Die Rentabilität
der Werften war durch deren einseitige Orientierung auf die Absatzmärkte
in der UdSSR stark gefährdet. Die wirtschaftliche Umbruchsituation bewirkte bald die Freisetzung von Arbeitskräften. Arbeitslosigkeit, ein bisher
unbekanntes Phänomen, wurde für viele Rostocker zu einer persönlichen
Erfahrung. Im September 1990 registrierte das Arbeitsamt 9 833 Arbeitslose
in der Stadt, 36 700 standen in Kurzarbeit. Der Abbau von Arbeitsplätzen,
die vergleichsweise geringen Löhne und die sozialen Ängste lösten in Rostock im Sommer und Herbst 1990 eine Welle von Demonstrationen aus.
Dennoch begrüßten die Einwohner der Stadt mehrheitlich die Vollendung

der deutschen Einheit am 3. Oktober 1990. Gemeinsam mit zahlreichen Gästen aus Bremen, der Partnerstadt, aus der seit dem demokratischen Umbruch wertvolle materielle, finanzielle und menschliche Hilfe gekommen war, beging das Gros der Rostocker den Tag in einem Gefühl von Dankbarkeit und Hoffnung. In der festlichen Bürgerschaftssitzung, an der auch der Präsident der Bremer Bürgerschaft und der Bremer Oberbürgermeister teilnahmen, betonten die Sprecher der Fraktionen vor allem die Verantwortung und die Chancen des geeinten Deutschlands. In der überfüllten Universitätskirche fand ein Gottesdienst unter dem Motto „Einigkeit und Recht und Freiheit und der Zukunft zugewandt" statt. Die Teilnehmer errichteten im Altarraum die Umrisse eines Hauses aus brennenden Kerzen als Zeichen des Dankes und der Hoffnungen sowie aus Steinen als Symbol der Belastungen und der Verletzungen. Damit umrissen sie das Spannungsfeld der Gefühle nahezu aller Rostocker in dieser ereignisreichen und unüberschaubar viel Neues bringenden Zeit.

Festsitzung der Rostocker Bürgerschaft anlässlich der Wiedervereinigung der beiden deutschen Staaten, 2. Oktober 1990 (am Rednerpult der Präsident des Stadtparlaments Christoph Kleemann, sitzend vorn rechts Oberbürgermeister Dr. Klaus Kilimann)

CHRONIK DER HANSESTADT ROSTOCK FÜR DIE JAHRE 1990 BIS 2013 (AUGUST)

1990

19.–21. Januar 1990	Volksfest Rostock-Bremen. Aus der Partnerstadt an der Weser kommen 20 000 Gäste an die Warnow.
30. Januar 1990	Der Schriftsteller Walter Kempowski liest in seiner Geburtsstadt Rostock Auszüge aus seinem Roman „Tadellöser & Wolff".
8. Februar 1990	Im Kloster zum Heiligen Kreuz wird die internationale Ausstellung des Museums für Hamburgische Geschichte „Die Hanse – Lebenswirklichkeit und Mythos" eröffnet.
15. März 1990	Die Stadtverordnetenversammlung beschließt, Rostock künftig den Beinamen Hansestadt zu geben.
26. März 1990	Bürgerproteste erzwingen den Rücktritt des Oberbürgermeisters Dr. Henning Schleiff. Am folgenden Tag wird Christoph Kleemann vom Neuen Forum zum amtierenden Oberbürgermeister ernannt.
18. April 1990	Nach Mehrheitsbeschluss der Wissenschaftler, Mitarbeiter und Studenten heißt die Wilhelm-Pieck-Universität wieder Universität Rostock.
6. Mai 1990	Erste freie Kommunalwahl nach der politischen Wende.
31. Mai 1990	Die Bürgerschaft wählt Dr. Klaus Kilimann (SPD) zum Oberbürgermeister.
1. Juli 1990	Die Währungs-, Wirtschafts- und Sozialunion tritt in Kraft. An über 300 Sparkassen- und Bankschaltern tauschen die Rostocker DDR-Geld gegen DM.

2. Oktober 1990	Wenige Stunden vor der Herstellung der deutschen Einheit trifft sich die Bürgerschaft im Festsaal des Rathauses zu einer Sondersitzung. In der Universitätskirche findet ein Gedenkgottesdienst statt.
27. Oktober 1990	Der Landtag von Mecklenburg-Vorpommern entscheidet sich gegen Rostock und für Schwerin als Landeshauptstadt.
20. Dezember 1990	Am Kabutzenhof wird das schwimmende Kaufhaus „Portcenter" eröffnet.

1991

10. Januar 1991	Der norwegische Chemiekonzern Norsk Hydro erwirbt von der Treuhand das Düngemittelwerk Rostock in Poppendorf.
21. Januar 1991	Im Hafen werden im Zusammenhang mit dem Abzug der sowjetischen Truppen die ersten Panzer für den Rücktransport in die UdSSR verladen.
28. Februar 1991	Stilllegung des Jugendmodebetriebes „Shanty" in Schmarl.
14. März 1991	Der Rostocker Senat erhält für die Stadt eine Finanzhilfe aus Bremen in Höhe von drei Millionen DM.
28. März 1991	Die Treuhand übergibt die Aktien des Rostocker Seehafens an Kommune und Land. Die Stadt hält zukünftig 74,9 % der Anteile, das Land 25,1 %.
26. April 1991	Spatenstich für den Gewerbepark in der Südstadt, den ersten in der Stadt.
2. – 10. Mai 1991	Im Rahmen des erstmals veranstalteten „Norddeutschen Bücherfrühlings" finden zahlreiche Lesungen statt.
4. Mai 1991	Durch einen Sieg über Dynamo Dresden wird der FC Hansa Rostock Fußballmeister Ost und ist damit in der 1. Bundesliga vertreten.
18. Juni 1991	Der Denkmalpanzer vom Typ T 34, der in der Tessiner Straße an das Ende des Zweiten Weltkrieges erinnern sollte, wird demontiert.

4. Juli 1991	Neueröffnung des „Kaufhofes" im ehemaligen Centrum-Warenhaus.
5. August 1991	Anlässlich der Eröffnung der Seemannsmission findet in der Warnemünder Kirche ein Festgottesdienst statt.
29. Juni 1991	Letzter Stapellauf auf dem alten Gelände der Neptunwerft. Damit geht die 140-jährige Schiffbautradition auf der ältesten Werft Mecklenburg-Vorpommerns zu Ende.
20. – 28. Juli 1991	Das Windjammertreffen „Hanse Sail '91" ist die bisher größte maritime Veranstaltung in der Geschichte Rostocks. Damit wird eine alljährlich wiederkehrende Tradition begründet.
11. September 1991	Die 80 Bewohner des Alten- und Pflegeheims im Katharinenstift ziehen in das neue Pflegeheim nach Toitenwinkel.
6. November 1991	Förmliche Festlegung des Sanierungsgebietes „Stadtzentrum" durch die Bürgerschaft. Sanierungsträger ist die Rostocker Gesellschaft für Stadterneuerung (RGS).
30. November 1991	Nach 40 Jahren wird die Juristische Fakultät der Universität Rostock wiedereröffnet.
6. Dezember 1991	Die Rotationshalle des Ostsee-Drucks an der Ernst-Barlach-Straße wird feierlich eingeweiht.

1992

9. Januar 1992	Jungfernfahrt auf der neuen Fährlinie Rostock–Trelleborg, die von der Reederei TR-Line (ab 1996 TT-Line) betrieben wird.
3. Februar 1992	Die Stadt übernimmt von der Treuhand den Stadthafen.
4. Februar 1992	Grundsteinlegung für das Rostocker Innovations- und Gründerzentrum (RIGZ) in der Südstadt.
28. Februar – 2. März 1992	Die Beschäftigten der Rostocker Schiffbaubetriebe protestieren gegen die Werftenpolitik der Landesregierung und der Treuhand. Die Neptunwerft,

	das Dieselmotorenwerk und die Warnowwerft werden besetzt.
11. – 20. April 1992	Auf dem Messegelände in Schutow wird mit der „Ostseemesse" an alte Traditionen angeknüpft.
23. April 1992	Anlässlich des 50. Jahrestages des britischen Viertagebombardements auf Rostock wird auf dem Neuen Friedhof der Ehrenhain für die Opfer von Krieg und Gewaltherrschaft eingeweiht.
23. April 1992	Eröffnung des ersten Obdachlosenheimes am Schröderplatz.
11. – 19. Mai 1992	Die Studentinnen und Studenten der Universität protestieren gegen den drohenden Bildungsnotstand. Die Lehrveranstaltungen werden boykottiert, die Universitätsgebäude besetzt.
17. Juni 1992	Der letzte Güterzug fährt aus dem Stadthafen durch die Grubenstraße zum Güterbahnhof.
1. Juli 1992	Die neue Gerichtsstruktur tritt in Kraft. Im Haus der Justiz in der August-Bebel-Straße befinden sich die Staatsanwaltschaft, das Landesarbeitsgericht, das Landgericht, das Amtsgericht, das Arbeits- und das Sozialgericht. Im Ständehaus ist das Oberlandesgericht untergebracht.
22. – 26. August 1992	In Lichtenhagen kommt es fünf Nächte hintereinander zu schweren Auseinandersetzungen zwischen Randalierern und der Polizei. Ziel der Angriffe ist die zentrale Aufnahmestelle für Asylbewerber.
30. August 1992	In Lichtenhagen findet mit Beteiligung aus ganz Deutschland eine Großdemonstration gegen Ausländerfeindlichkeit statt.
31. August 1992	Das Cafe „Alte Münze" Am Ziegenmarkt – es hat seit 1928 existiert – schließt.
19. September 1992	Der Treuhand-Verwaltungsrat hat dem Verkauf der Warnowwerft an den norwegischen Kvaerner-Konzern zugestimmt.
16. Oktober 1992	Erster Spatenstich zum Güterverkehrszentrum im Nordosten der Stadt.
19. Oktober 1992	Französische Juden demonstrieren vor dem Rathaus gegen die Abschiebung von Roma aus Deutschland.

Am Rathaus wird eine Gedenktafel angebracht. Es kommt zu Zusammenstößen mit der Polizei, die Gedenktafel wird wieder entfernt.

26. November 1992	In geheimer Abstimmung entscheidet sich die Bürgerschaft für eine Privatisierung des Wasserwerkes. Die Eurawasser GmbH übernimmt zukünftig Trinkwasserversorgung und Abwasserbehandlung.
12. Dezember 1992	Ehrung für Gebhard Leberecht von Blücher (1742–1819) anlässlich seines 250. Geburtstages. Unweit des Geburtshauses in der Rungestraße wird eine Plastik von Reinhard Buch eingeweiht.

1993

30. Januar 1993	Gegen Rassismus und Fremdenfeindlichkeit und für Toleranz und Gewaltfreiheit bilden 25 000 Teilnehmer eine Lichterkette von Lichtenhagen bis ins Stadtzentrum.
11. Februar 1993	Das von der Rostocker Gesellschaft für Stadterneuerung und ihren Bremer Partnern restaurierte Mönchentor wird der Stadt übergeben.
1. März 1993	Die Neptunwerft firmiert unter dem neuen Namen „Neptun Industrie Rostock". Mitte Mai stimmt die Treuhand einer Privatisierung durch die Bremer Vulkan Verbund AG zu.
15. März 1993	Der Aufsichtsrat der Deutschen Fischwirtschaft AG Rostock stimmt dem Vertragsentwurf zur Privatisierung der Mecklenburger Hochseefischerei GmbH zu.
16. März 1993	Südlich des Hauptbahnhofes wird der Zentrale Omnibusbahnhof (ZOB) übergeben.
16. März 1993	Erster Spatenstich für den Technologiepark in Warnemünde.
3. April 1993	Eröffnung der Einkaufspassage „Doberaner Hof".
22. April 1993	Der einstige Fischtrawler „Stubnitz" wird im Hafen von Rostock-Marienehe seiner neuen Bestimmung als „Kunst-Raum-Schiff" übergeben.

20. Mai 1993	Nach fünfjähriger Rekonstruktion öffnet das Hansa-Theater als modernes Kino mit vier Leinwänden.
28. Mai 1993	Die Hamburger Unternehmer Horst Rahe und Nikolaus Schües erhalten von der Treuhand den Zuschlag für die Deutsche Seereederei Rostock (DSR).
29. Mai 1993	1. Rostocker Citylauf.
24. Juni 1993	Zum 775. Stadtjubiläum findet auf dem Neuen Markt für vier Tage ein mittelalterliches Fest statt.
25. Juni 1993	Die Arbeiten am Wiederaufbau des Turmhelms von St. Petri beginnen.
26. Juli 1993	Beim Abriss der ehemaligen U-Haftanstalt in der Schwaanschen Straße fallen die letzten Mauern.
1. September 1993	Der israelische Historiker Dr. Yaakov Zur wird Ehrenbürger. Er wurde 1924 in Rostock geboren und musste vor der Naziwillkür nach Palästina fliehen.
3. September 1993	Eröffnung des „TRIHOTELS" in der Tessiner Straße.
16. September 1993	Im Seehafen wird eine neue Malzfabrik ihrer Bestimmung übergeben.
1. Oktober 1993	Auf der Grundlage eines Mitnutzungsvertrages wird der Militärflughafen Rostock-Laage auch für den zivilen Luftverkehr zugänglich.
15. Oktober 1993	Das Südstadt-Center in der Nobelstraße öffnet seine Pforten.
1. Dezember 1993	Prof. Dr. Dieter Schröder (SPD) wird von der Bürgerschaft zum neuen Oberbürgermeister gewählt.

1994

12. Januar 1994	Feierlicher Gründungsakt der Hochschule für Musik und Theater
25. Januar 1994	Im Stadtteil Toitenwinkel beginnen die Erschließungsarbeiten für die letzte Wohngruppe. Der Wohnungsbau war seit 1990 zum Erliegen gekommen.
24. März 1884	Eröffnung des Hanseatic-Centers in den umgebauten Speichern am Stadthafen
15. April 1994	Am Standort Warnemünde des Dieselmotorenwerkes Rostock (DMR) wird die neue Fertigungs-, Montage- und Prüfstandhalle übergeben.

24. April 1994	Neugründung der jüdischen Gemeinde Rostock.
29. April 1994	Der Schriftsteller Walter Kempowski wird Ehren- bürger der Hansestadt.
3. Mai 1994	Der Ostseepark Sievershagen öffnet seine Pforten.
28. Mai 1994	Weihe der katholisch-apostolischen Kirche in der Paulstraße.
5. Juli 1994	Mit der h-Moll-Messe von J. S. Bach wird nach lan- ger Restaurierung das Kirchenschiff von St. Niko- lai erstmals als Konzert- und Veranstaltungsort genutzt.
1. – 9. Juli 1994	Im Rahmen der Rostocker Kulturtage findet das 1. Internationale Kleinkunstfestival „Kultur aus dem Hut" statt.
7. Juli 1994	Eröffnung der Kolumbus-Passage in Schmarl.
8. Juli 1994	Die erste Niederflurstraßenbahn wird von der Ros- tocker Straßenbahn AG in Betrieb genommen.
5. September 1994	Mit dem Schieberschluss auf dem Gelände des alten Gaswerks wird die Stadtgasversorgung end- gültig eingestellt und Erdgas eingespeist.
9. September 1994	Das Schleswig-Holstein-Haus Amberg 13 wird nach beispielhafter Modernisierung seiner Bestimmung übergeben.
20. September 1994	Einweihung des Rostocker Steinkohlekraftwerkes in Anwesenheit von Bundeskanzler Helmut Kohl.
28. Oktober 1994	Die Fachbibliothek Geschichte der Universität be- zieht ihr neues Domizil im historischen Frater- haus der Brüder zum Gemeinsamen Leben.
7. – 13. November 1994	Aufsetzen der dreiteiligen Turmspitze von St. Petri
11. November 1994	Eröffnung der Ladengalerie „Klenow-Tor" in Groß Klein.
11./12. November 1994	Die Universität Rostock begeht ihr 575-jähriges Bestehen.

1995

3. Mai 1995	Die Bürgerschaft wählt Arno Pöker (SPD) zum Oberbürgermeister.

1. Juni 1995	Die „Ostseewelle" geht als zweiter privater Rundfunksender Mecklenburg-Vorpommerns in Rostock auf Sendung.
3. Juni 1995	Die Neue Bachgesellschaft veranstaltet in Rostock das 70. Bachfest.
9. Juni 1995	Gedenkstunde in der Petrikirche zum 50. Jahrestag der Beendigung des Zweiten Weltkrieges. Unter den zahlreichen Gästen befindet sich auch Altbundeskanzler Helmut Schmidt.
11. Juni 1995	Mit einem Sieg über Hannover 96 ist der Aufstieg des FC Hansa Rostock in die 1. Fußball-Bundesliga perfekt.
15. Juni 1995	In der Stephanstraße 7 weiht das Institut Français, das seit 1991 in Rostock präsent ist, sein neues Domizil ein.
24. Juni 1995	777-jähriges Stadtjubiläum. Ein Festumzug, historisches Markttreiben und eine große Anzahl kultureller Darbietungen prägen den Jubiläumstag.
30. Juni 1995	Letzter Stapellauf auf der Kabelkrananlage der Kvaerner Warnow Werft. Im Zuge der umfassenden Modernisierung der Werft wird sie demontiert und ein Bockkran mit einer elffach höheren Tragfähigkeit errichtet.
19. Juli 1995	Spatenstich für den ersten Wohnpark innerhalb der Stadtgrenzen in Biestow.
3. August 1995	Eröffnung des Hanse-Centers in Bentwisch.
15. August 1995	In Lütten Klein wird das Einkaufszentrum „Warnow Park" eröffnet.
15. September 1995	Die Volkshochschule weiht ihr neues Haus am Alten Markt ein.
24. September 1995	Einstellung des seit 1903 betriebenen Eisenbahnfährverkehrs zwischen Warnemünde und Gedser. Die Deutsche Fährgesellschaft Ostsee (DFO) nutzt zukünftig nur noch den Terminal im Überseehafen.
5. Oktober 1995	Das Volkstheater erinnert in einer Festveranstaltung an die Einweihung des alten Stadttheatergebäudes vor 100 Jahren.

10. Oktober 1995	Im Hawermannweg in Reutershagen öffnet ein Nachtasyl für obdachlose Männer und Frauen.
2. November 1995	Eröffnung der Einkaufspassage „Galerie Rostocker Hof" in der Kröpeliner Straße.
4. November 1995	Eine Sturmflut an der deutschen Ostseeküste führt auch in Rostock und in Warnemünde zu schweren Überschwemmungen.
6. November 1995	Mit einem Charterflug nach Istanbul wird auf dem Flughagen Rostock-Laage der touristische Reiseverkehr aufgenommen.
30. November 1995	Eröffnung des Wohn- und Geschäftsquartiers „Hopfenmarkt" an der Kröpeliner Straße.
1. Dezember 1995	Der Umzug der Rostocker Staatsanwaltschaft in den Neubau in der Doberaner Straße wird offiziell abgeschlossen.

1996

25. Januar 1996	Eröffnung des Multiplex-Kinos „Cine Star" in Lütten Klein.
26. März 1996	Als erstes Ost-Unternehmen verlässt die Neptun Industrie Rostock GmbH (NIR) den angeschlagenen Werftenkonzern Vulkan.
1. Mai 1996	Der erste Rostocker Lokalfernsehsender „Welle i" beginnt seinen Betrieb.
2. Mai 1996	Die Deutsche Post AG eröffnet ihr neues Briefzentrum in Roggentin. Das Postgebäude am Neuen Markt wird verkauft.
19. Mai 1996	Einweihung des neugestalteten Denkmals für den Reformator Rostocks, Joachim Slüter, neben der Petrikirche.
31. Mai 1996	Das Rostocker Jugendkulturzentrum M.A.U. hat im Stadthafen sein neues Domizil gefunden.
5. Juni 1996	In der Kröpeliner-Tor-Vorstadt läuft das von der Europäischen Union finanzierte Urbanprojekt zur Revitalisierung des einstigen Arbeiterviertels an.
7. Juni 1996	Das Clubschiff AIDA der Deutschen Seereederei Touristik GmbH wird in Warnemünde getauft. Mit

	der Indienststellung beginnt sich das Kreuzfahrt-geschäft in Rostock zu etablieren.
25. Juni 1996	Das neuerrichtete „Strandhotel Hübner" öffnet an der Seestraße in Warnemünde seine Pforten.
1. Juli 1996	In Waldeck bei Rostock wird die erste privat finan-zierte Justizvollzuganstalt Mecklenburg-Vorpom-merns in Betrieb genommen.
2. September 1996	In Roggentin eröffnet das Globus-Warenhaus.
6. September 1996	Im Knochenweg in Bramow öffnet das erste von der Stadt offiziell genehmigte Bordell.
9. September 1996	Die Eurawasser GmbH nimmt in Bramow ein mo-dernes Klärwerk in Betrieb.
19. September 1996	In der Kröpeliner Straße eröffnet das „Modehaus C&A".
20. September 1996	Oberbürgermeister Arno Pöker und Bouygues-Ge-neraldirektor Michel Cote unterzeichnen einen Vertrag zum Bau eines Warnowtunnels.
21. September 1996	Das ehemalige „Haus der Hochseefischer" am Hol-beinplatz wird zum „Haus des Bauens" der Ros-tocker Stadtverwaltung.
1. November 1996	Die Stadtwerke nehmen ein erdgasbetriebenes Gas- und Dampfturbinen-Heizkraftwerk für die Fernwärmeversorgung in Betrieb.
4. – 17. November 1996	Das Literaturhaus Kuhtor und der Bertelsmann-Klub veranstalten erstmals die „Literaturtage". Es lesen 13 Schriftsteller.
16. November 1996	Eröffnung der neuerbauten „Wilhelmshöhe" an der Steilküste bei Stoltera.
22. November 1996	Der sanierte Lagebuschturm wird vom Natur-schutzverband Grüne Liga in Nutzung genom-men.

1997

15. Januar 1997	Studenten und Mitarbeiter der Universität de-monstrieren gegen die Sparpolitik des Landes Mecklenburg-Vorpommern und für den Erhalt aller Studiengänge.

3. Februar 1997	Die Molkereigenossenschaft „Küstenland" stellt ihre neue Anlage in der Neubrandenburger Straße offiziell vor.
27. Februar 1997	Verkehrsunternehmen aus Rostock und dem Landkreis Bad Doberan gründen den Verkehrsverbund Warnow.
1. März 1997	In der Erich-Schlesinger-Straße ist das neue Landes-Behördenzentrum bezogen worden.
15. Mai 1997	Die Fährlinie zwischen Schmarl und Oldendorf nimmt als Vorläufer des geplanten Warnowtunnels den Betrieb auf.
12. Juni 1997	Die Generalversammlung des Bureau International des Exposition registriert die geplante „IGA Rostock 2003" als Weltausstellung.
14. Juni 1997	Erstmalig findet das Stadtteilfest „blaumachen" in der Kröpeliner-Tor-Vorstadt statt.
30. Juni 1997	Das Meeresbrandungsbad in Warnemünde schließt seine Pforten.
14. Juli 1997	Die Bürgerschaft gibt dem Vertrag über den Verkauf der Hafenumschlagsgesellschaft an die Kent-Gruppe die Zustimmung.
1. August 1997	Der Neue Markt ist wieder Ort des Handels. Die Händler vom Glatten Aal bauen nun hier täglich ihre Stände auf.
16. August 1997	Stadtverwaltung und WIRO veranstalten einen „Tag des Bauens". Vorgestellt werden Standorte für den Eigenheimbau, u. a. in Brinckmansdorf, Gehlsdorf, Evershagen, Alt Bartelsdorf, Nienhagen.
22. August 1997	Mit dem ersten Rammschlag für die Brücke über das Warnowtal beginnen im Streckenabschnitt Ziesendorf–Rostock die Bauarbeiten für die Ostseeautobahn A 20.
16. September 1997	In der Kröpeliner Straße wird das Kaufhaus „Peek & Cloppenburg" eröffnet.
5. November 1997	Die Abgeordneten der Bürgerschaft stimmen in geheimer Sitzung für einen Konzessionsvertrag mit den Stadtwerken. Ab 2001 übernehmen die Stadtwerke die Stromverteilung in Rostock.

15. November 1997	Sendestart des Rostocker offenen Kanals (ROK-TV).
20. November 1997	Die Bundesanstalt für vereinigungsbedingte Sonderaufgaben stimmt einem Verkauf der Neptun Industrie Rostock an die Meyer Werft Papenburg zu.
25. November 1997	Übergabe des umgestalteten Barnstorfer Weges
15. Dezember 1997	Der nach historischem Vorbild gebaute historische Kran im Stadthafen wird übergeben.

1998

15. Januar 1998	Rostocks erster Mietspiegel liegt vor.
29. Januar 1998	Indienststellung des Marineamtes in der Kopernikusstraße
3. Februar 1998	Beginn der Abrissarbeiten an der Alten Feuerwache am Friedhofsweg
25. Februar 1998	Offizielle Einweihung des neuen Grundbuchamtes in der Zochstraße
31. März 1998	Die DSR-Senator-Line gibt den Standort Rostock auf. Die 1994 von der Deutschen Seereederei Rostock und der Bremer Vulkan Verbund AG gegründete Linie stand für die Erneuerung der Rostocker Handelsflotte.
4. April 1998	Eröffnung des Theaters am Stadthafen. Die neue Spielstätte löst das Kleine Haus in der Eselföterstraße ab.
1. Mai 1998	Das neuerbaute Hotel „Sonne" am Neuen Markt empfängt seine ersten Gäste.
27. Juni 1998	Die Festsaison der Norddeutschen Philharmonie anlässlich ihres 100. Jahrestages geht mit einem gemeinsamen Konzert mit der NDR-Bigband Hamburg in einer Halle der Kvaerner Warnowwerft zu Ende.
9. Juli 1998	Die Kleine Komödie in Warnemünde, die acht Jahre lang geschlossen war, steht nach einem Umbau wieder für Veranstaltungen zur Verfügung.

21. Juli 1998	Die Deutsche Fährgesellschaft Ostsee (DFO) wird Teil der deutsch-dänischen Fährreederei Scandlines mit Sitz in Rostock.
23. Juli 1998	Übergabe der Plastik „Große Stehende" von Werner Stötzer auf der Westmole in Warnemünde.
6. August 1998	Die Spielbank Warnemünde wird im Kurhaus Warnemünde eröffnet.
8. September 1998	Einweihung des Handwerkerbildungszentrums in der Schwaaner Landstraße.
19. September 1998	Gegen einen Aufmarsch der NPD in Dierkow richtet sich ein Friedensfest in Lichtenhagen unter dem Motto „Bunt statt braun".
8. Oktober 1998	Eröffnung der umgebauten und erweiterten „Galeria Kaufhof".
17. Oktober 1998	Im Zoo wird das Südamerika-Haus eingeweiht.
17. Oktober 1998	Stadtverwaltung und WIRO stellen das neue Wohngebiet Kassebohm vor.
8. November 1998	Mit der Verleihung der Ehrendoktorwürde ehrt die Universität den israelischen Historiker Dr. Yaakov Zur, seit 1993 Ehrenbürger der Stadt.
19. November 1998	Die beiden Rostocker Hauptgeschäftsstraßen Lange Straße und Kröpeliner Straße werden nach umfangreicher Rekonstruktion an die Stadt übergeben.

1999

9. Januar 1999	Mit der Ausstellung „Vom Hirschgarten zum Erlebniszoo" im Rostocker Hof beginnt der Zoo die Feierlichkeiten zu seinem 100-jährigen Jubiläum.
20. Januar 1999	Der Bundesbeauftragte für die Stasi-Unterlagen Joachim Gauck erhält die Ehrendoktorwürde der Universität Rostock.
25. Januar 1999	Zwischen Berg- und Talstraße wird das neuerrichtete „Internationale Begegnungszentrum der Universität Rostock" übergeben.
25. März 1999	Eröffnung der rekonstruierten Vogtei in Warnemünde als „Haus des Gastes".

16. Mai 1999	Das von Jo Jastram gestaltete neue Hauptportal von St. Petri wird mit einem Gottesdienst übergeben.
1. Juni 1999	Der regionale Stromversorger Hanseatische Energieversorgung AG Rostock (HEVAG) geht in die „e.dis Energie Nord AG" auf. Die Hauptverwaltung der HEVAG in Rostock wird geschlossen.
6. Juni 1999	Die Schnellfähre „Finnjet" nimmt den Liniendienst zwischen Rostock und Helsinki auf. Bis 2005 betreibt Silja Line die Verbindung.
13. Juni 999	Die Kunsthalle eröffnet die Ausstellung „Munch und Warnemünde". Es werden Arbeiten des norwegischen Malers Edward Munch gezeigt, die während seines Aufenthalts in Warnemünde entstanden.
2. August 1999	Offizielle Übergabe des verbreiterten und vertieften Seekanals in Warnemünde.
5. September 1999	Inbetriebnahme der neuen Straßenbahnhaltestelle vor dem Rathaus. Sie ist Teil der Umgestaltung des Neuen Marktes.
17. September 1999	Eröffnung des „Waldemar Hofes" in der Waldemarstraße.
11. Oktober 1999	Die neue Mensa in der Südstadt öffnet ihre Pforten.
21. Oktober 1999	Die Stadtwerke verkaufen unter der Marke „Ostseestrom" erstmalig Strom an die privaten Endverbraucher.
23. Oktober 1999	Im ehemaligen Stasi-Untersuchungsgefängnis in der August-Bebel-Straße öffnet eine Dokumentations- und Gedenkstätte.
11. November 1999	Die „Reuter-Passage" am Markt in Reutershagen wird ihrer Bestimmung übergeben.
31. Dezember 1999	Schließung der Mülldeponie Parkentin.

2000

11. Januar 2000	Beginn des Straßenbauvorhabens vom Saarplatz zum Steintor.

15. Februar 2000	Die Firma Nordex liefert die ersten in Rostock produzierten Windkraftanlagen aus. Fertigungsstandort ist eine ehemalige Produktionshalle des Dieselmotorenwerkes in der Südstadt.
22. März 2000	Start der Bauarbeiten für die Internationale Gartenbauausstellung (IGA) in Schmarl.
31. März 2000	Die Einwohnerzahl ist auf 199 922 gesunken. Seit 1990 hat die Stadt einen massiven Bevölkerungsschwund zu verzeichnen.
2. April 2000	Grundsteinlegung für den Umbau des Ostseestadions zur Fußballarena. Der FC Hansa hat das alte Stadion in Erbbaurecht von der Stadt übernommen.
7. April 2000	Sendestart für den lokalen Fernsehsender tv.rostock.
12. Mai 2000	Eröffnung des neuerbauten Pflegeheimes des DRK in der Semmelweisstraße.
22. Mai 2000	Die Hansestadt Rostock und die evangelisch-lutherische Kirche unterzeichen den Vertrag zur Regelung der Patronatsverhältnisse über die Kirchen der Innenstadtgemeinde.
25. Mai 2000	Nach gründlichem Umbau nimmt der „CineStar Capitol Filmpalast" in der Breiten Straße den Spielbetrieb auf.
24. Juni 2000	Die neue Straßenbahnstrecke von Marienehe zur Thomas-Morus-Straße in Evershagen wird freigegeben.
28. Juni 2000	Die Compagnie de Comédie nimmt im Stadthafen mit der Bühne 602 eine eigene Spielstätte in Besitz.
6. Juli 2000	Die Umgestaltung des Alten Stromes in Warnemünde ist abgeschlossen.
9. Juli 2000	Das Volkstheater zeigt auf der Weltausstellung „Expo 2000" in Hannover die deutsche Erstaufführung der Kammeroper „Meister und Margarita".
24. August 2000	Gründung des Vereins „Bunt statt Braun" e.V., hervorgegangen aus dem gleichnamigen Aktions-

	bündnis gegen Rechtsradikalismus, Intoleranz und Fremdenfeindlichkeit.
12. September 2000	Die Wirtschafts- und Sozialwissenschaftliche Fakultät bezieht das ehemalige Kasernengebäude in der Ulmenstraße.
26. September 2000	Die Ostseesparkasse weiht ihr neues Gebäude am Schröderplatz ein.
5. Oktober 2000	Nach zweijähriger Bauzeit beziehen die Bewohner des Seniorenheimes in Stadtweide ihr rekonstruiertes Gebäude.
6. Oktober 2000	Eröffnung der neuen Großkatzenanlage im Zoo.
12. Oktober 2000	Eröffnung der neuen Phoenix-Buchhandlung in der Breiten Straße.
30. Oktober 2000	Offizielle Übergabe der Kreuzungsbauwerke in Bentwisch und Schutow.

2001

1. März 2001	Eröffnung des Warnemünder Erlebnisbades „Samoa".
26. Februar 2001	Im Lütten Kleiner Gewerbegebiet Trelleborger Straße öffnet das Sixt-Callcenter.
16. März 2001	Der Maßregelvollzug für psychisch kranke Straftäter wird in Gehlsdorf seiner Bestimmung übergeben.
27. März 2001	Theaterschaffende und Theaterfreunde demonstrieren vor dem Rathaus gegen die erwogene Schließung des Volkstheaters und übergeben 67 000 Unterschriften für den Erhalt.
20. April 2001	Mit einem Festakt und einer Festwoche weiht die Hochschule für Musik und Theater ihr neues Gebäude im ehemaligen Katharinenkloster nahe des Stadthafens ein.
24. April 2001	Das einstige Einkaufszentrum „Portcenter" wird zu seinem künftigen Liegeplatz Puttgarden auf Fehmarn überführt.
29. April 2001	Der nach altem Vorbild neu gestaltete Kurhausgarten in Warnemünde wird eröffnet.

3. Mai 2001	Einweihung des Möwenbrunnens auf dem Neuen Markt. Er ist ein Werk des Worpsweder Bildhauers Wolfram Otto.
3. Mai 2001	Feierliche Eröffnung des Leichtathletikstadions im Sportforum.
17. Mai 2001	Die Fährreederei Superfast Ferries nimmt den Liniendienst von Rostock nach Finnland auf. 2006 wird die Verbindung eingestellt.
7. Juli 2001	Eröffnung der Straßenbahnstrecke zwischen Evershagen und Lütten Klein.
13. Juli 2001	1. Rostocker Kunstnacht in der östlichen Altstadt
8. Oktober 2001	Einweihung des Altenhilfezentrums „Maria-Martha-Haus" der Rostocker Stadtmission am Alten Markt.
19. November 2001	Wiedereröffnung des völlig umgebauten Restaurants „Trotzenburg" in den Barnstorfer Anlagen.
29. November 2001	Der Windkraftanlagenhersteller Nordex AG nimmt im Güterverkehrszentrum seine neue Fertigungshalle für Rotorblätter in Betrieb.
5. Dezember 2001	Bundespräsident Johannes Rau übergibt in Warnemünde den symbolischen Schlüssel zur größten und modernsten Jugendherberge des Landes.

2002

4. Februar 2002	Der norwegische Konzern Aker übernimmt die Schiffbauaktivitäten von Kvaerner. Zukünftig kooperieren die Warnow Werft und die MTW Werft Wismar unter dem Namen Aker Ostsee.
23. Februar 2002	Mit einem Tag der offenen Tür wird das rekonstruierte historische Rathaus der Öffentlichkeit vorgestellt.
27. Februar 2002	Als erster privater Fernverkehrszug Deutschlands verkehrt der Connex zwischen Rostock und Gera über Berlin und Leipzig.
1. März 2002	Der Abriss des ehemaligen Warnow-Hotels, zuletzt Radisson SAS, beginnt.
5. April 2002	Nach zehn Jahren Pause werden auf der Neptunwerft wieder Schiffe gebaut – nun am Standort

	Warnemünde. Die ersten zwei Flusskreuzliner werden getauft.
19. April 2002	Am IGA-Gelände in Schmarl wird die neue Halle der HanseMesse übergeben.
28. April 2002	Amtsinhaber Arno Pöker (SPD) gewinnt bei der ersten Direktwahl des Oberbürgermeisters die Stichwahl.
17. Juni 2002	An der Straßenbahnhaltestelle Neuer Markt wird der erste „Stolperstein" enthüllt. Er erinnert an den früheren jüdischen Straßenbahndirektor Richard Siegmann.
19. Juli 2002	Nach zehnjähriger Schließung Wiedereröffnung des Teepotts in Warnemünde.
31. Juli 2002	Freigabe der völlig umgestalteten August-Bebel-Straße. Nun kann der durchgehende Verkehr zwischen Steintor und Saarplatz ungehindert fließen.
22. August 2002	Der Sportkomplex des PSV Rostock an der Tschaikowskistraße wird feierlich übergeben.
29. August 2002	Auf dem Universitäts-Campus Südstadt sind für die Fachbereiche Chemie und Biowissenschaften zwei neue Gebäude entstanden.
6. September 2002	Auf Beschluss der Bürgerschaft wird eine Heinkel-Ausstellung des Vereins für Luft- und Raumfahrt Mecklenburg-Vorpommern geschlossen. Damit beginnt eine längere öffentliche Diskussion zur Rolle der Ernst-Heinkel-Flugzeugwerke.
13. September 2002	Der Südzubringer zur Autobahn A 20 wird für den Verkehr freigegeben.
14. September 2002	Die Kunsthalle eröffnet eine großen Retrospektive der Rostocker Malerin Kate Diehn-Bitt (1900–1978).
17. Oktober 2002	In der Kröpeliner Str. 56/57 öffnet eine neue Einkaufspassage.
12. November 2002	Beginn der erstmalig veranstalteten Lichtwoche der Stadtwerke.
13. November 2002	Der Schriftsteller Walter Kempowski erhält von der Universität Rostock die Ehrendoktorwürde.
9. Dezember 2002	Der Westzubringer zur Autobahn A 20 wird für den Verkehr freigegeben.

2003

28. Februar 2003	Das Spaßbad „Samoa" in Warnemünde schließt nach nur zwei Jahren Betrieb aus wirtschaftlichen Gründen.
31. März 2003	Eröffnung des Neubaus des Max-Planck-Instituts für Demografische Forschung am Werftdreieck.
4. April 2003	Die Ärztekammer Mecklenburg-Vorpommern bezieht offiziell ihren Neubau in der August-Bebel-Straße.
11. April 2003	Nach viereinhalbjährigem Umbau Übergabe des Hauptbahnhofs. Es entstanden u.a. das neue Empfangsgebäude an der Südseite und der Straßenbahntunnel.
12. April 2003	Eröffnung der neuen Straßenbahnlinien in die Südstadt.
25. April 2003	Eröffnung der Internationalen Gartenbauausstellung durch Bundesverkehrsminister Manfred Stolpe (SPD). Bis Ende Oktober besuchen 2,6 Millionen Gäste die IGA.
27. April 2003	Erster Gottesdienst mit Weihe des Weidendoms auf dem IGA-Gelände.
8. Mai 2003	Übergabe der neugestalteten Grubenstraße mit dem Kunstwerk „Raumklammer" des Metallgestalters Thomas Leu aus Halle.
12. Mai 2003	Literaturnobelpreisträger Günter Grass liest im Großen Haus des Volkstheaters aus seiner Novelle „Im Krebsgang".
21. Mai 2003	Schlüsselübergabe für das neue Domizil des Bundesamtes für Seeschifffahrt und Hydrographie (BSH) in der Neptunallee.
19. Juli 2003	Rostocks erste Parade der Schwulen und Lesben zum Christopher-Street-Day zieht durch die Kröpeliner Straße.
2. August 2003	Erstmalig findet die Rostocker Marathonnacht statt.
12. September 2003	Bundesverkehrsminister Manfred Stolpe (SPD) eröffnet den Warnowtunnel.

16. September 2003	Im Seehafen findet der 1. Spatenstich für den Bau eines neuen Liebherr-Werkes in Anwesenheit von Bundeskanzler Gerhard Schröder statt.
4. Oktober 2003	In Brinckmanshöhe wird das Pflegeheim St. Franziskus der Caritas übergeben.
28. November 2003	Eröffnung der Straßenbahntrasse zwischen Lütten Klein und Lichtenhagen.
12. Dezember 2003	Eröffnung des künstlerisch gestalteten Jakobikirchplatzes.
31. Dezember 2003	Das Schifffahrtsmuseum schließt das Haus in der August-Bebel-Straße.

2004

3. Januar 2004	Die Sanierung der Breiten Straße ist beendet.
19. März 2004	Das „Businesscenter Stadthafen" in den umgebauten Speichern 4 und 5 wird durch die DSR und ihre Tochterunternehmen bezogen.
8. April 2004	Auf dem Campus in der Ulmenstraße wird ein Hörsaal-Neubau an die Universität übergeben.
23. April 2004	Eröffnung des Yachthafens und Grundsteinlegung für die Yachthafenresidenz auf Hohe Düne.
11. Mai 2004	Übergabe der völlig rekonstruierten Mehrzweckhalle Warnowallee in Lütten Klein.
15. Mai 2004	Die Rostocker Straßenbahn AG feiert das 100-jährige Bestehen der „Elektrischen".
9. Juli 2004	In Reutershagen wird eine von Thomas Jastram geschaffene Bronzeplastik des Schriftstellers Fritz Reuter (1810–1874) enthüllt.
Juli 2004	Die ersten Firmen beziehen die Deutsche Med am Vögenteich.
30. Juli 2004	Offizielle Übergabe des in fünfjähriger Bauzeit völlig sanierten Neuen Marktes.
4. September 2004	Abschluss des Wandmalprojektes „Mural Global" im Brunnenhof an der August-Bebel-Straße.
5. September 2004	Die Jüdische Gemeinde weiht ihre neue Synagoge mit dem neuen Gemeindezentrum in der Augustenstraße ein.

6. Oktober 2004	Die Bürgerschaft beschließt einen Millionenzuschuss für die IGA GmbH und bewahrt sie damit vor dem Insolvenzverfahren.
1. November 2004	Grundsteinlegung für das Fraunhofer-Technikum auf dem Campus der Universität in der Südstadt.
22. November 2004	Die Universitätsfrauenklinik wechselt in die Trägerschaft des Klinikums Südstadt.
27. November 2004	Erstmalig findet eine „Nacht der Kulturen" im Rathaus statt.
3. Dezember 2004	Offizielle Eröffnung der neuen Universitätsbibliothek in der Albert-Einstein-Straße.
6. Dezember 2004	Schlüsselübergabe für den Neubau des Operationszentrums am Universitätsklinikum Schillingallee.

2005

1. Januar 2005	Das Warnemünder Heimatmuseum geht in die Trägerschaft eines Museumsvereins über. Es ist die erste Ausgliederung einer Kultureinrichtung aus der öffentlichen Hand.
27. Februar 2005	Bei der Direktwahl des Oberbürgermeisters geht Roland Methling im ersten Wahlgang als Sieger hervor.
16. März 2005	Der „LT-Club" feiert seine Eröffnung im ehemaligen NDR-Gebäude in der Tiergartenallee.
18. März 2005	Richtfest für das Gesundheits- und Dienstleistungszentrum (GDZ) Lütten Klein.
10. April 2005	Zum Abschluss der zwölfjährigen Sanierungsarbeiten an der Universitätskirche findet ein Gottesdienst statt.
11. April 2005	Das Kröpeliner Tor ist in die Obhut des Vereins „Geschichtswerkstatt Rostock" übergegangen.
1. Mai 2005	Am Passagierkai in Warnemünde steht nun das „Cruise Center" für Kreuzfahrtschiffe zur Verfügung.
8. Mai 2005	Erinnerung an das Ende des Zweiten Weltkrieges vor 60 Jahren. Auf dem Neuen Markt findet eine Gedenkveranstaltung statt.

19. Mai 2005	Die Modernisierung und Erweiterung des Süd-stadt-Klinikums ist abgeschlossen. Ein Neubau beherbergt den zentralen OP-Bereich.
1. Juni 2005	Betriebsbeginn der mechanisch-biologischen Abfallbehandlungsanlage (MBA) der Entsorgungs- und Verwertungsgesellschaft (EVG) im Überseehafen.
25. Juni 2005	Wiedereröffnung des Flussbades am Mühlendamm durch den Verein Lederhexen.
1. Juli 2005	Das Lokalradio Lohro startet seinen Dauerbetrieb.
1. August 2005	Eröffnung des neu erbauten Radisson SAS Hotels in der Langen Straße.
1. August 2005	Das Innerstädtische Gymnasium, hervorgegangen aus der Großen Stadtschule und dem Gymnasium am Goetheplatz, nimmt den Lehrbetrieb auf.
2. August 2005	Das Klinikum Südstadt installiert die erste Babyklappe in Mecklenburg-Vorpommern.
1. September 2005	Abschluss der Umgestaltung der Steinstraße.
1. September 2005	Der moderne Erweiterungsbau am Zentrum für Nervenheilkunde in Gehlsdorf wird an die Universität übergeben.
5. September 2005	Offizielle Eröffnung der Hafenterrassen am Warnowufer.
9. September 2005	Der neue Passagierterminal des Flughafens Rostock-Laage wird seiner Bestimmung übergeben.
30. September 2005	Offizielle Eröffnung der Yachthafenresidenz Hohe Düne.
5. Oktober 2005	Grundsteinlegung für den Wohnpark am Krischanweg. Die WG Schifffahrt-Hafen und die WG Marienehe bauen im neuen Wohngebiet.
6. Dezember 2005	Eröffnung des Biomedizinischen Forschungszentrums (BMFZ) an der Schillingallee neben dem Universitätsklinikum.

2006

13. Februar 2006	Die Wasserschutzpolizei eröffnet in den Hafenterrassen ihre neue Inspektion.

23. März 2006	Auf Beschluss der Bürgerschaft ist der Besuch der städtischen Museen künftig kostenlos.
28. April 2006	Der Politiker und Jurist Peter Schulz, 1930 in Rostock geboren, erhält die Ehrendoktorwürde der Universität.
1. Mai 2006	Ein massives Polizeiaufgebot verhindert Ausschreitungen am Rande der Maifeier. Die Steintor-Vorstadt ist Schauplatz einer bundesweiten NPD-Kundgebung. Unter dem Motto „Rostock bleibt bunt" setzen Tausende Menschen in der Innenstadt ein Zeichen gegen Rechtsextremismus.
30. Mai 2006	Auf dem Konrad-Adenauer-Platz vor dem Hauptbahnhof werden die sieben „Bewegungsmelder" des Künstlers Eberhard Krüger übergeben.
24. Juni 2006	Das ehemalige Schifffahrtsmuseum in der August-Bebel-Straße öffnet als „Societät Rostock maritim" seine Pforten.
15. Juli 2006	Die weltbekannten Künstler Christo und Jeanne-Claude eröffnen eine Ausstellung ihrer Werke in der Kunsthalle.
20. Juli 2006	An der Wiethäger Schneise wird der Ruheforst in der Rostocker Heide eröffnet.
26. Juli 2006	Das Areal rund um den alten Friedrich-Franz-Bahnhof ist von der Deutschen Bahn an Rostocker Investoren verkauft worden. Sie wollen das Areal als Wohnungsbaustandort nutzen.
13. Oktober 2006	Einweihung der neuen Hundertmännerbrücke.
14. Oktober 2006	Nach sieben Monaten Bauzeit wird der neugestaltete Doberaner Platz für den Verkehr freigegeben.
8. Dezember 2006	Weihe der Neuapostolischen Kirche im Warnemünder Wiesenweg.

2007

| 20. Januar 2007 | Das Freie Studentenorchester Rostock präsentiert sein erstes Konzert in der Aula der Universität. |
| 20. Januar 2007 | In der Kunsthalle beginnt eine Werkschau der französischen Bildhauerin Camille Claudel (1864–1943). |

1. März 2007	Richtfest für das neue Gebäude der Europäischen Wirtschafts- und Sprachenakademie (EWS) am Kabutzenhof.
11. April 2007	Gründung des Vereins „Rostock denkt 365°", der den wissenschaftlichen Austausch in der Region fördern soll.
20. Mai 2007	Nach einem Sieg über die SpVgg. Unterhaching im Rostocker Stadion schafft der FC Hansa am letzten Spieltag den Wiederaufstieg in die 1. Bundesliga.
1. – 8. Juni 2007	Die Protestaktionen gegen den G8-Gipfel in Heiligendamm konzentrieren sich in Rostock. Höhepunkte sind eine Großdemonstration, der Alternativgipfel und ein Rockkonzert gegen Armut im IGA-Park.
2. August 2007	Erster Spatenstich für Wohnungen der Baugenossenschaft Neptun auf dem Gelände der ehemaligen Neptunwerft.
3. August 2007	Freigabe der neuen Verbindungsstraße Am Kanonsberg zwischen Warnowufer und Stadtzentrum.
13. September 2007	Eröffnung des Kröpeliner-Tor-Centers (KTC).
1. Oktober 2007	Gründung der Interdisziplinären Fakultät an der Universität als Schnittstelle für die Forschung an zukunftsrelevanten Profillinien.
8. November 2007	Eröffnung des Jakobi-Stifts in der Feldstraße 56–58, des Generationen-Hauses der Rostocker Stadtmission.
18. Dezember 2007	Das Ikea-Einrichtungshaus in Schutow öffnet seine Pforten.

2008

23. Januar 2008	Nach seiner Sanierung wird das Schulgebäude am Goetheplatz für das Innerstädtische Gymnasium eröffnet.
7. Februar 2008	Start für die Altlastensanierung auf dem Areal des alten Gaswerks an der Bleicherstraße.

25. Februar 2008	Das Rostocker Amt zur Regelung offener Vermögensfragen stellt als erstes in Mecklenburg-Vorpommern seine Arbeit ein.
2. März 2008	Am Tag der Archive präsentiert das Archiv der Hansestadt Rostock in der Rathaushalle die Vicke-Schorler-Rolle.
25. März 2008	Der Schiffbaukonzern Aker Yards verkauft 70 Prozent seiner Anteile an den beiden deutschen Werften in Wismar und Warnemünde an die russische Investmentgesellschaft FLC West.
12. April 2008	Der neue Liegeplatz 8 im ehemaligen Werftbecken in Warnemünde wird für den Kreuzfahrttourismus übergeben.
9. Mai 2008	Die Freifläche Grünes Tor samt Brunnen vor dem Kröpeliner-Tor-Center (KTC) ist fertiggestellt.
27. Juni 2008	Eröffnung des Großrohrwerkes der Erndtebrücker Eisenwerke (EEW) im Überseehafen.
3. Juli 2008	Auf dem Gelände der ehemaligen Neptunwerft wird das Neptun Einkauf Center eröffnet.
22. September 2008	Umbenennung der Warnemünder Aker-Werft in Wadan Yards.
10. November 2008	Mit einer Gedenkveranstaltung und einer Ausstellung im Rathaus wird an die Reichspogromnacht vor 70 Jahren erinnert.
28. November 2008	Auf dem Neuen Friedhof wird ein 12 m hohes Pyramiden-Urnenhaus (Kolumbarium) eingeweiht.
29. November 2008	Einweihung eines neuen Fischmarktes im Fischereihafen.
19. Dezember 2008	Der Umbau des Instituts für Anatomie ist nach mehrjährigen Umbauarbeiten abgeschlossen.

2009

27. Januar 2009	Zentrale Gedenkveranstaltung des Landtags für die Opfer des Nationalsozialismus auf dem Gelände der Universitätsklinik Gehlsheim. Es wird ein Memorial des Berliner Künstlers Christian Cordes übergeben.

29. Januar 2009	Die Brauerei gibt den Verkauf des ehemaligen Hauses der Freundschaft an den Verein „Peter-Weiss-Haus" bekannt. Der Verein will das Gebäude als Bildungs- und Kulturzentrum wiederbeleben.
20. Februar 2009	Eine Sammlung aus dem Nachlass des Güstrower Kunsthändlers Bernhard A. Böhmer wird offiziell Eigentum der Hansestadt Rostock. Die Werke „entarteter" Kunst kamen nach dem Zweiten Weltkrieg in das Kulturhistorische Museum.
1. März 2009	Die Kunsthalle geht in die Regie eines privaten Betreibervereins.
29. April 2009	Zum Gedenken an Walter Kempowski (1929–2007) wird ein Uferabschnitt im Stadthafen nach dem Schriftsteller benannt.
15. Mai 2009	Im Botanischen Garten findet die Einweihung der „Loki-Schmidt-Gewächshäuser" statt.
5. Juni 2009	Die deutschen Unternehmensteile der Wadan Yards Group melden Insolvenz an. Betroffen sind auch die Wadan-Werften in Warnemünde und Wismar.
6. Juni 2009	Die Golfanlage Warnemünde wird eröffnet.
9. Juni 2009	Feierliche Schlüsselübergabe für das neue Dienstgebäude der Bundespolizei in der Kopernikusstraße.
19. Juni 2009	Die Musical-Revue „That's Broadway" des Volkstheaters hat in der Halle 207 der ehemaligen Neptunwerft Premiere.
10. Juli 2009	Erster Spatenstich für den Windpark Baltic 1 in der Yachthafenresidenz Hohe Düne.
16. Juli 2009	Übergabe des sanierten Schulgebäudes in der Lindenstraße an die Jenaplanschule.
17. August 2009	Nach Verkauf der Werften in Warnemünde und Wismar an den russischen Investor Vitaly Yusufov firmieren diese nun unter dem Namen „Nordic Yards".
27. August 2009	Eröffnung des Schulcampus „Kinderkunstakademie Rostock" des Instituts Lernen & Leben e.V. in Kassebohm.

18. September 2009	Das Leibnitz-Institut für Katalyse übernimmt in der Albert-Einstein-Straße einen Neubau.
21. September 2009	Beginn der Sanierung des Universitätshauptgebäudes.
1. Oktober 2009	Das „Institut franco-allemand de Rostock" hat im Schulgebäude am Goetheplatz sein neues Domizil gefunden.
19. Oktober 2009	Gedenkveranstaltung an den politischen Umbruch im Herbst 1989 unter dem Motto „Demokratie stärken durch Erinnern". In der Marienkirche ruft Joachim Gauck dazu auf, erkämpfte Werte zu bewahren.
22. Oktober 2009	Am Schröderplatz wird ein Mahnmal zum Gedenken an die 1971 gesprengte katholische Christuskirche eingeweiht.
28. Oktober 2009	Das Ersatzbrennstoff-Heizkraftwerk des Betreibers Vattenfall geht im Überseehafen in den Probebetrieb. Die Müllverbrennungsanlage erzeugt Energie und Wärme.
16. November 2009	Die Pflastersanierung der Kröpeliner Straße ist abgeschlossen.
3. Dezember 2009	Die Reederei Finnlines nimmt den Liniendienst zwischen Rostock und Helsinki auf.

2010

1. Februar 2010	Die Universitätsbuchhandlung Weiland eröffnet in der Kröpeliner Straße ein neues Buchhaus.
27. Februar 2010	Die WIRO (Wohnen in Rostock GmbH) stellt das neue Baugebiet „Auf dem Kalverrad" in Lichtenhagen vor.
1. April 2010	Das Volkstheater ist nicht mehr städtisches Amt, sondern Theater-GmbH.
14. April 2010	Das Landgericht zieht für drei Jahre von der August-Bebel-Straße in das ehemalige Postgebäude am Neuen Markt.
30. April 2010	Die ersten Gäste werden im „Park-Hotel Hübner" in Warnemünde empfangen.

23. August 2010	Übergabe des Neubaus der Grundschule „John Brinckman" im Vagel-Grip-Weg.
3. September 2010	Die neue Don-Bosco-Schule in der Kurt-Tucholsky-Straße wird übergeben.
24. September 2010	Die BALTIC, einer der größten Seenotschlepper der Ostsee, wird in Warnemünde in Dienst gestellt.
21. Oktober 2010	Großer Zapfenstreich der Deutschen Marine auf dem Neuen Markt.
20. November 2010	Wiedereröffnung des sanierten Barocksaals mit einem deutsch-dänischen Festkonzert.

2011

19. Januar 2011	Die Arbeiten an der Neugestaltung der Fischerbastion sind abgeschlossen.
25. Januar 2011	Die Mitarbeiter des Polizeireviers Dierkow beziehen ihr neues Dienstgebäude.
1. März 2011	In Waldeck bei Rostock nimmt das neue Polizeipräsidium seine Arbeit auf. Zuvor ist die Polizeidirektion Rostock in der Blücherstraße aufgelöst worden.
9. Mai 2011	Zum Abschluss der Turmsanierung von St. Marien werden die vier restaurierten mittelalterlichen Glocken und die neue Betglocke in Dienst genommen.
3. August 2011	Die neue Warnowstraße wird für den Verkehr freigegeben.
8. August 2011	Die Volkshochschule zieht vom Alten Markt an ihren neuen Standort am Kabutzenhof.
8. August 2011	Drei neue Einkaufsmärkte öffnen im Karavelle-Quartier auf der Holzhalbinsel ihre Pforten.
23. August 2011	Das Institut für Informatik der Universität wird auf dem Campus Südstadt eröffnet. Das Konrad-Zuse-Haus beherbergt unter anderem das zentrale Rechenzentrum.
1. September 2011	Im Fracht- und Fischereihafen Rostock ist ein neuer Liegeplatz für den Holzumschlag seiner Bestimmung übergeben worden.

23. September 2011	Eröffnung eines Theaterzeltes am Werftdreieck. Es dient dem Volkstheater als Ersatzspielstätte, da das Große Haus seit Februar gesperrt ist und erst saniert werden muss.
30. September 2011	Die Kulturbühne „Moya" ist von der Innenstadt an den neuen Standort in Marienehe gezogen.
19. Oktober 2011	Mit der Schlüsselübergabe für den restaurierten Südflügel geht die 1998 begonnene Sanierung des Klosters zum Heiligen Kreuz zu Ende.
23. Oktober 2011	Nach umfassender Sanierung wird die Vorpommernbrücke für den Verkehr freigegeben.
11. November 2011	Die Tourist-Information bezieht ihr neues Domizil am Universitätsplatz.
9. November 2011	Der Solarpark in Diedrichshagen geht ans Netz.
13. November 2011	In der Kunsthalle öffnet die Ausstellung „Credo" ihre Pforten. Sie vereint Arbeiten von Gerhard Richter, Georg Baselitz, Gotthard Graupner und Günther Uecker, die die DDR verließen, um frei arbeiten zu können.
16. November 2011	Bei Bauarbeiten im Umfeld der Schleusenbrücke am Mühlendamm wird ein sowjetischer Panzer gefunden, aus dem Munition und menschliche Überreste geborgen werden.
9. Dezember 2011	Das Unternehmen Remondis Aqua aus Lünen erwirbt die Eurawasser Nord GmbH vom französischen Konzern Suez Environnement.
9. Dezember 2011	Eröffnung des neuen Hörsaalgebäudes „Arno Esch" auf dem Universitätscampus Ulmenstraße.

2012

5. Februar 2012	Amtsinhaber Roland Methling gewinnt die Oberbürgermeister-Wahl im ersten Wahlgang.
1. März 2012	Das Zentrum Kirchlicher Dienst der neuen evangelischen Nordkirche hat seinen Sitz am Alten Markt bezogen.
16. März 2012	Feierliche Eröffnung des Hauses der Musik in der umgebauten Großen Stadtschule. Das Konserva-

	torium und die Musikschule „Carl Orff" nutzen das Gebäude.
13. April 2012	Eröffnung der Laborhalle der Fakultät für Maschinenbau und Schiffstechnik der Universität auf dem Campusgelände in der Südstadt.
1. Mai 2012	In Anwesenheit des russischen Botschafters werden die sterblichen Überreste der gefallenen Soldaten vom Mühlendamm auf dem Ehrenfriedhof am Puschkinplatz beigesetzt.
9. Mai 2012	Die Bürgerschaft der Hansestadt Rostock stimmt einem Rettungspaket für den finanziell schwer angeschlagenen FC Hansa Rostock zu.
29. Mai 2012	Die Fährreederei Scandlines trennt sich von fünf Linien. Die schwedische Reederei Stena Line übernimmt künftig die Verbindung Rostock–Trelleborg.
22. Juni 2012	Die evangelischen Kirchen der Stadt gehören innerhalb der Nordkirche fortan zur neugebildeten Propstei Rostock.
10. Juli 2012	Das Hansa-Kino schließt an seinem 75. Geburtstag für immer seine Pforten.
9. August 2012	Bundespräsident Joachim Gauck wird in einem Festakt in der Marienkirche die Ehrenbürgerwürde der Hansestadt Rostock überreicht.
25. – 26. August 2012	Zum Gedenken an die ausländerfeindlichen Krawalle von 1992 finden in Rostock und im Stadtteil Lichtenhagen mehrere Veranstaltungen statt.
7. September 2012	Eröffnung des „Darwineums" im Rostocker Zoo.
13. September 2012	Die private Fachhochschule des Mittelstandes eröffnet ihren Lehrbetrieb im Lohmühlenweg.
21. September 2012	MV1 startet als privater TV-Sender sein landesweites Programm aus Rostock.
1. Oktober 2012	Das Marine-Kommando, die höchste Behörde der Bundesmarine, nimmt in der Hansekaserne an der Kopernikusstraße ihre Arbeit auf.
25. September 2012	Feierliche Übergabe des neuen Verwaltungsgebäudes Neuer Markt 1a/Große Wasserstraße 19 im Rathauskomplex.

25. Oktober 2012	Im Baugebiet „Groter Pohl" in der Südstadt öffnet der erste Einkaufsmarkt.
20. November 2012	Erster Spatenstich im Baugebiet Petriviertel durch die WG Warnow.

2013

27. März 2013	In Warnemünde öffnet an der Seepromenade das Hotel „A-ja-Resort". Kernstück der Anlage ist der Spa-Bereich, der durch Um- und Ausbau des ehemaligen Spaßbades „Samoa" entstand.
17. April 2013	Das brach liegende Areal am Glatten Aal wird zwangsversteigert.
5. Mai 2013	Der größte und luxuriöseste Kreuzliner der Welt, die unter britischer Flagge fahrende „Queen Elisabeth", macht für einen Tag in Warnemünde fest.
30. Mai 2013	Die „Georg Büchner", einstiges Ausbildungsschiff der Deutschen Seereederei Rostock, sinkt auf der Überführungsfahrt nach Klaipeda vor der polnischen Küste auf Höhe Danzig. Das Schiff sollte verschrottet werden.
9. Juni 2013	Die Hanseatische Bürgerstiftung veranstaltet ihren ersten „Bürgerbrunch" auf dem Universitätsplatz. Die Einnahmen sollen fünf Grundschulen zugute kommen.
18.–23. Juni 2013	In der Neptunschwimmhalle an der Kopernikusstraße werden die Europameisterschaften im Wasserspringen ausgetragen.
23. Juni 2013	Weihe des neuen Gotteshauses der Neuapostolischen Kirche in der Voßstraße.
17. Juli 2013	Die Sanierungsmaßnahmen an der Vorpommernbrücke sind endgültig abgeschlossen.
20.–27. Juli 2013	Finn-Dinghy-Europameisterschaften in Warnemünde.
2. August 2013	Das integrative Hotel „Sportforum" wird offiziell eröffnet.
6. August 2013	Die Spielbank Warnemünde im Kurhaus schließt ihre Pforten.

ANHANG

Der Name der Stadt und seine Ersterwähnung

Der Name „Rostock", ursprünglich „roztok", auch „rostoc", stammt aus dem Altpolabischen, einer slawischen Sprache, in der „roz" für „Auseinan-der(fließen)" und „tok" für „Fluss" oder „Strom" steht, so dass er in seiner Übersetzung „breiter Fluss" oder besser „Breiterwerden eines Flusslaufes" bedeutet. Slawische Stämme, seit dem 6. Jahrhundert n. Chr. an der Süd-küste der Ostsee zwischen Elbe und Oder ansässig, bewohnten eine Burg und Siedlung dieses Namens am östlichen Ufer der Warnow – dort, wo sich der Fluss unvermittelt um mehr als 450 m verbreitert. Im Jahre 1160 zer-störten dänische Kriegsleute auf ihrem Eroberungszug gegen die Slawen auch besagte Burg mit Siedlung. Der Priester Helmold von Bosau (um 1120 – um 1171) erwähnte in seiner Slawenchronik mit Bezug auf das Jahr 1170 wahrscheinlich erstmals authentisch die (slawische) Burg Rostock. Weitere frühe Belege bieten die Slawenchronik des Abts Arnold von Lübeck († 1212) für (etwa) das Jahr 1182 und zwei erhalten gebliebene sogenannte Reiter-siegel des Fürsten Nikolaus von Rostock aus dem Jahre 1189.

Die Stadtsiegel

Das älteste überlieferte Siegel der Stadt Rostock zeigt in seiner Mitte einen gekrönten Stierkopf. Die verbleiben-den Flächen füllen Zweige, ein Stern und eine Mondsichel. Die Siegelum-schrift lautet SIGILLVM BVRGENSIVM DE ROZSTOK. Der Stierkopf als Wappen-

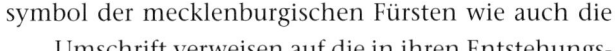

symbol der mecklenburgischen Fürsten wie auch die Umschrift verweisen auf die in ihren Entstehungsjahren noch stark ausgeprägte Abhängigkeit der Stadt von den Landesherren. Noch Anfang des 18. Jahrhunderts war das Siegel in Gebrauch, obwohl Rostock längst ein anderes Symbol verwendet hatte.

An einer Urkunde aus dem Jahre 1307 trat erstmals der Greif im Siegelbild auf. Das zuerst nur einseitig geprägte große Stadtsiegel (Sigillum) mit dem Stierkopf erhielt nun ein Rück- oder Kontrasiegel, dessen Bild anders sein sollte. So wählte man eben jenen goldenen Greifen, den die fürstlichen Herren von Rostock im blauen Feld als Wappen führten. Mit dem Kontrasiegel siegelten Bürgermeister oder Ratsherren und beglaubigten damit Ausfertigung und volle Gültigkeit einer Urkunde. Noch in der zweiten Hälfte des 14. Jahrhunderts erhielt das Greifensiegel die Funktion eines selbständigen Ratssiegels und blieb fortan in Gebrauch. Seine Umschrift lautet: SECRETVM BVRGENSIVM DE ROSTOC.

Ein weiteres Rostocker Siegel mit der Umschrift SIGNVM DE ROZSTOK von 1367 weist erstmalig den zweigeteilten Schild mit aufrecht stehendem Greifen im oberen Feld auf. In jener Zeit hatten sich die Hansestädte, die der Kölner Konföderation angehörten, gewalttätiger Übergriffe des dänischen Königs zu erwehren. Zur Finanzierung des Krieges erhoben sie eine Hafenabgabe. Die ausgegebenen Quittungen sollten mittels eines Siegelstempels, der sich von den Stadtsiegeln unterscheiden sollte, bestätigt werden. Das auch als hansisches Signet oder als Ratswappen bezeichnete Signum wurde in verbesserter Form Ende des 17. / Anfang des 18. Jahrhunderts zur Grundlage des Rostocker Wappens. Seit 1592 lautete die Umschrift im sogenannten Ratswappen SECRETUM SENATUS REI PUBLICAE ROSTOCHIENSIS, was wegen der Betonung der Selbständigkeit der Stadt mehrfach den Unwillen der Landesherrschaft im 18. und 19. Jahrhundert erregte.

Das heute von der Stadtverwaltung verwendete Siegel zeigt das Stadtwappen und die Umschrift „HANSESTADT ROSTOCK".

Das Stadtwappen und die Stadtflagge

Das Rostocker Wappen ging aus dem Signum der Stadt von 1367 hervor. Es zeigt einen zwei-geteilten Schild in den Farben Blau und Silber (Weiß) über Rot. Im oberen blauen Feld schrei-tet ein nach rechts (vom Schildträger aus gese-hen) gewendeter goldener Greif. Der Greif, ein bereits im Altertum bekanntes Fabeltier, das Löwe und Adler in sich vereinigt, wurde wahr-scheinlich durch phönizische Händler bis an die Ost-see verbreitet. Der Greif war das Wappentier der pommerschen Fürsten, aber auch den Herren von Ros-tock diente er auf blauem Grund als herrschaftliches Zeichen. Silber über Rot sind die Farben der Hanse und somit stellt das Rostocker Stadtwappen eine Zusam-menführung zweier ehemals selbständiger heraldi-scher Symbole dar.

Eine erste Nachricht über die Rostocker Flagge gibt eine Quelle aus dem Jahre 1418. Dabei handelt es sich um eine Rechnung für den Kauf von 44 Ellen roter, blauer und weißer Leinwand, die der Herstellung einer Flagge für ein hansisches Handelsschiff dienen sollten. Bei der Festlegung der Farbenfolge wird vermutlich schon damals das Stadt-wappen Vorbild gewesen sein. Gegen Ende des 18. Jahrhunderts fand bei Rostocker Schiffern auch eine gelbe Flagge mit einem roten, steigenden oder schreitenden Greifen zunehmend Verwendung. Der Rostocker Rat legte im Jahre 1803 fest, dass der rote durch einen schwarzen Greif zu ersetzen sei und die neue Flagge fortan von allen Rostocker Schiffen geführt werden solle. Damit – so eine Anekdote – wollte man einer leichtfertigen Verwech-selung mit der Flagge Frankreichs und dessen niederländischen Verbünde-ten entgegentreten, auf die die Gegner Napoleons seinerzeit auf allen Meeren Jagd machten. Diese Flagge wurde bis 1867 eingesetzt. Die ur-sprüngliche blau-weiß-rote Fahne, nun mit Greif, war bereits 1936 und er-neut 1946 sowie 1991 offiziell zur Stadtflagge bestimmt worden.

Die städtische Gerichtsbarkeit

Das Recht auf uneingeschränkte Gerichtsbarkeit war ein besonderes Merkmal bürgerlicher Unabhängigkeit sowie kommunaler Selbstverwaltung. Sie zu erlangen war daher eines der Hauptziele der mittelalterlichen Politik des Rostocker Rates. Zunächst oblag jegliche Rechtssprechung in der Stadt dem Fürsten der Herrschaft Rostock als Grundherrn. Sein Vertreter war der Vogt (advocatus). Das fürstliche Vogteigericht, in dem die Stadt durch Ratsherren als Beisitzer vertreten war, urteilte über alle Kriminalfälle. Die Zivilrechtsfälle (v. a. Klagen in Wirtschafts-, Erbschafts-, Eigentumssachen) wurden hingegen schon sehr früh vor einem städtischen Gericht verhandelt, wie auch zunehmend häufiger Polizeisachen. Das frühe 14. Jahrhundert ist vom Ringen des Rates um den Erwerb von Teilen der landesherrlichen Gerichtsbarkeit – sowohl der höheren als auch der niederen – innerhalb des gesamten städtischen Herrschaftsbereichs geprägt. Den Abschluss dieses Prozesses markiert der 29. November 1358. An jenem Tag verkaufte der mecklenburgische Herzog die volle Gerichtsbarkeit auf dem gesamten Rostocker Territorium der Stadt und ließ dies entsprechend beurkunden. An die Stelle des fürstlichen Vogteigerichtes trat nun ein Niedergericht, das von zwei Ratsherren als Präsides geleitet wurde. Ihm gehörten zudem jeweils vier Bürger an, sogenannte Dingleute, die als Urteilsfinder fungierten. Vor dem Niedergericht wurden nahezu alle Zivil- und Kriminalsachen Rostocks in erster Instanz verhandelt. Für Ratsmitglieder und weitere privilegierte Bürger jedoch war das Obergericht zuständig, dem im Wesentlichen nur Ratsherren und Bürgermeister angehörten. Es diente darüber hinaus als Berufungsinstanz für Urteile des Niedergerichts und konnte auch in anderen, eigentlich in die Zuständigkeit des Niedergerichts fallenden Sachen verhandeln und urteilen. Für die so-

Wandgemälde Christus als Weltrichter am Rathaus

genannten Blut- und Halssachen wird es die alleinige Zuständigkeit beses-
sen haben. Appellationen gegen Urteile des Obergerichts waren nach Lübeck zu richten, später auch an das Mecklenburgische Hofgericht und ab
1818 nur noch an das neu eingerichtete Mecklenburgische Oberappellationsgericht, das ab 1840 seinen Sitz in Rostock hatte. Mit dem Gerichtsver-
fassungsgesetz vom 27. Januar 1877 endete die Ära kommunaler Rechtssprechung auch in Rostock. Es entstanden die staatlichen Amts-, Land- und
Oberlandesgerichte. Oberste Berufungsinstanz wurde das Reichsgericht. Bei
der Stadt verblieb zunächst noch die freiwillige Gerichtsbarkeit, wie etwa
das Vormundschafts- oder das Nachlassgericht. Jene wurde erst unmittelbar
nach dem Zweiten Weltkrieg in das staatliche Gerichtswesen eingegliedert.

Das städtische Münzrecht

Die Münzhoheit als Teil der landesherrlichen Hoheitsrechte war ursprünglich fürstliches Recht. Im Bestreben der Stadt um Autonomie und Unabhängigkeit vom feudalen Stadtherren bemühte sich der Rostocker Rat sehr
früh auch um den Erwerb der Münzgerechtigkeit und um die Aufsicht über
die Münzprägung. Infolge der chronischen Geldverlegenheit des Fürstenhauses konnte der Rat durch Kauf bereits Mitte des 13. Jahrhunderts wesentliche Teile der Münzgerechtigkeit in seine Hände bringen. Am 13. Dezember 1325 erwarb die Stadt Rostock vom Fürsten Heinrich von Mecklenburg für tausend Mark schließlich das alleinige Münzrecht im Bereich der
Herrschaft Rostock, die Rostocker
Münze sowie das Nutzungsrecht für
deren Erträge. Die Rostocker Mark –
möglicherweise zahllose Münzen
unterschiedlichster Legierungen, deren Gesamtheit allerdings in der
Summe etwa 233 Gramm reinen Sil-
bers enthalten musste – entsprach
seinerzeit einer Kölner Mark. Bis
1361 prägte man noch unter fürstli-
chem Namen, dann galt die uneingeschränkte Münzfreiheit. Über
fünfhundert Jahre – bis zum 14. Ju-

ni 1864 – besaß die Stadt Rostock das Münzrecht und übte es aus. In der Münze wurden Kupfer- und, allerdings nicht bis zuletzt, Gold- und Silbermünzen mit dem Bild des steigenden Greifen geschlagen. Das heute noch erhaltene Doppelgiebelhaus Am Ziegenmarkt 3 wurde vom 14. Jahrhundert bis 1778 von der Rostocker Münze benutzt.

Das Rathaus

Rostocks Rathaus – einer der ältesten Profanbauten der Stadt – entstand in der zweiten Hälfte des 13. Jahrhunderts (Hauptbauzeit 1270–1290) als zweischiffiges Hallenhaus. Das ursprüngliche Gebäude verfügte über zwei Geschosse, den Gewölbekeller und die vorgebaute Laube. Eine dreitürmige Schauwand unterstrich schon früh den repräsentativen Charakter des Rathauses, das 1278 erstmalig als „theatrum" in der Bedeutung von Kaufhaus, 1279 dann als „domus consulum" in den Quellen Erwähnung fand. In den hallenartigen Räumen des Erdgeschosses hatten im Mittelalter Tuchhändler, Wollenweber, Gerber und Pelzer ihre Verkaufsstände, an der nördlichen Außenfront waren Buden („Scharren") zum Verkauf von Brot und Fleisch angebaut. Das Obergeschoss war den Ratsgeschäften vorbehalten. Von der Laube verlas der worthabende Bürgermeister den auf dem Markt versammelten Bürgern die „Bursprake", die städtischen Bekanntmachungen und Verordnungen. Unter der Laube tagte das Gericht, Gefängnisräume gab es im Keller des Rathauses. Hier lag auch der Ratskeller, dessen Teilung in Rheinischen und Gubener Weinkeller seit 1362 nachweisbar ist. Das Rathaus wurde 1484 an der Südseite um das Neue Haus erweitert, das man wesentlich kleiner ausführte und unter dem sich der Barther Bierkeller befand. Der Anbau machte die Verlängerung von Laubenvorbau und Schauwand notwendig, die bis zum Ende des 15. Jahrhunderts ihre charakteristischen sieben Türme erhielt. Zwischen 1499 und 1515 entstand an der Nordseite als weitere Ergänzung der Ratsstubenbau, in dem der Rat seine Sitzungen abhielt. In der ersten Hälfte des 18. Jahrhunderts kam es zu grundlegenden Veränderungen. Der sächsische Baumeister Zacharias Voigt ersetzte 1727/29 die sturmgeschädigte Laube durch den barocken Vorbau mit Uhr und Balkon. In den Jahren 1731/35 ließ Joseph Petrini aus Lübeck das gesamte Rathaus im Barockstil umbauen, heute erkennbar an den hinteren Giebeln, den Fassaden sowie im Festsaal. Unter Stadtbaudirektor Gustav Dehn er-

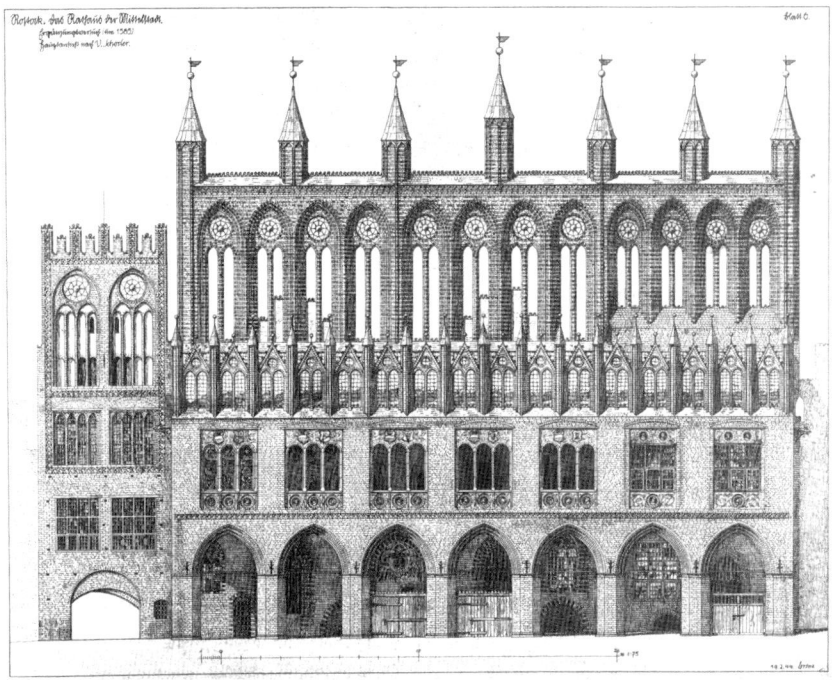

folgte 1901/02 eine umfassende Rekonstruktion der Schauwand und 1902/03 des Ratskellers; 1907 schuf er das Stadthaus und das Stadtarchiv als wesentliche Ergänzungsbauten. Das südlich an das Rathaus anstoßende Bankgebäude Neuer Markt 33/34 wurde 1935 für die Stadtverwaltung übernommen. Im Zweiten Weltkrieg fiel 1942 der Ratsstubenbau den Bombenangriffen zum Opfer. Als Ersatz entstand 1951/52 der Rathausanbau, ein funktionales Bürogebäude der Architekten Wolfgang Rauda und Hermann Henselmann. Ein Dachstuhlbrand im Jahr 1973 zog die Rekonstruktion des barocken Vorbaus (1977) und des Festsaales (1980) nach sich. Eine umfassende Sanierung des gesamten Rathauskomplexes begann 1992. Die Arbeiten am historischen Rathaus waren 2002 abgeschlossen. In den Jahren 2010/12 folgte als Schlusspunkt der Umbau der Gebäudezeile in der Großen Wasserstraße.

Die markanten Bauten des spätmittelalterlichen Stadtbildes

Kirchen
St. Petri, St. Nikolai, St. Marien, St. Jakobi

Klöster
Franziskanerkloster St. Katharinen, Dominikanerkloster St. Johannis, Fraterhaus der Brüder vom Gemeinsamen Leben (St. Michaelis), Zisterziensernonnenkloster Zum Heiligen Kreuz, Kartäuserkloster Marienehe

Hospitäler
St. Georg (St. Jürgen), Heilig Geist, St. Gertruden

Landtore (nach der Stadtkarte des Hospitalmeisters J. M. Tarnow 1780–1790)
Petritor, Mühlentor, Kuhtor, Steintor, Schwaansches Tor, Kröpeliner Tor, Bramower Tor

Strandtore (nach der Stadtkarte des Hospitalmeisters J. M. Tarnow 1780–1790)
Wendentor, Faules Tor, Lazarettor, Mönchentor, Koßfeldertor, Burgwalltor, Lagertor, Wokrentertor, Schnickmanntor, Badstübertor, Grapengießertor, Fischertor

Brüche
Küterbruch, Gerberbruch, Fischerbruch (kein „Bruch" im Mauerring)

Die Rostocker Sieben

Der Spruch von der Rostocker Sieben ist ein vermutlich im Spätmittelalter im Volksmund entstandener Memorialvers in niederdeutscher Sprache, der auf die sogenannte Siebenzahl der mystisch und theologisch motivierten mittelalterlichen Zahlensymbolik im Stadtbild Bezug nimmt. Erstmals aufgezeichnet hat ihn der Rostocker Poet Peter Lindeberg für seine 1596 postum erschienene Rostocker Chronik. Zumindest Teile des Urtextes der Chronik hatte Lindeberg dem Kölner Topographen und Geographen Georg Braun schon Jahre zuvor überlassen. Dieser nutzte die Vorlage zu einer Beschreibung der Stadt Rostock, in die der Memorialvers eingebunden war. Der Text erschien im Jahre 1594 auf der Rückseite einer von Brauns Geschäftspartner, dem Kupferstecher Franz Hogenberg, angefertigten Ansicht der Stadt Rostocks. Insofern dürfte die erste schriftliche Fassung noch drei Jahre älter sein. Der Originaltext lautet:

Soeuen Doeren tho S. Marien Karcke/
Soeuen straten van dem groten marckde/
Soeuen dhoere so dar gahn tho Lande/
Soeuen kopmans brueggen by dem strande/
Soeuen toerne so up dem Radthuß stann/
Soeuen klockeu[n] de dar daglyken schlann/
Soeuen Linden up dem Rosengarden/
Dat syn der Rostocker kennewarten.

Gepriesen werden die sieben Türen der St. Marienkirche, die bis zum Ende des Zweiten Weltkriegs auf den Neuen Markt führenden sieben Straßen (Steinstraße, Glatter Aal, die heute zur Kröpeliner Straße gehörende Blutstraße, Bei der Marienkirche, der heute nicht mehr existierende Ortsund, die als Durchgang am Rathausanbau ausgebildete Große Scharrenstraße und die Große Wasserstraße), die einstmals sieben Landtore in der Stadtmauer (Petri-, Mühlen-, Kuh- und Steintor, Schwaansches, Kröpeliner und Bramowsches Tor), die (vermutlich zur Zeit des Entstehens des Spruches) sieben, in Rostock Kaufmannsbrücken genannten Schiffsanlegestege im Stadthafen, die sieben Türme in der Schauwand des Rathauses, die sieben Geläute bzw. Glocken der Kirchen (St. Petri, St. Nikolai, St. Marien, St. Jakobi) und Klöster (St. Katharinen, St. Johannis, Zum Heiligen Kreuz) der Stadt sowie schließlich die sieben Lindenbäume im historischen Rosengarten am Steintor.

Die Rostocker Handwerksämter im Mittelalter

Die sich hier anschließende Aufzählung der Handwerksämter folgt einer Aufstellung aus der Mitte des 15. Jahrhunderts im Willkürbuch, in der die Bewaffneten, die von den Ämtern für die Stadtverteidigung zu stellen waren, festgehalten wurden.

schomakere (Schuhmacher)

smede (Schmiede)

beckere (Bäcker)

kremer (Krämer)

peltzer (Pelzer)

knokenhouwere (Knochenhauer)

boddekere (Böttcher)

remensnydere (Riemenschneider)

kannegetere (Kannengießer)

patynenmakere (Pantinenmacher, Hersteller von Holzschuhen, Pantoffeln, besonders für Frauen)

sedelere (Seiler)

repere (Reifer)

wantschere (Gewandschneider)

kistenmakere (Kistenmacher)

murlude (Maurer)

tymerlude (Zimmerleute)

glasewerter und malere (Glaser und Maler)

vorlude (Fuhrleute)

visschere (Fischer)

netelere (Nadler)

gruttemakere (Grützmacher)

koelhaken (Kohlhändler)

haken (Kleinhändler)

scroder (Schneider)

gerwer (Gerber)

wullenwever (Wollenweber)

lynnenwever (Leinenweber)

goltsmede (Goldschmiede)

bartscherer (Bartscherer)

klippekenmakere (Klippenmacher, Holzschuhmacher)

solthaken (Salzhändler)

witgerwer (Weißgerber)

appelhaken (Apfelhändler)

armborster (Armbruster)

dregher (Träger)

louwentsnydere (Leinwand-schneider)

swertfegere (Schwertfeger, Waffenschmied)

dreyer (Drechsler)

hotfiltere (Hutmacher)

oltscrodere (Altschneider)

kledersellere (Kleiderhändler)

specksnyder (Speckschneider)

bekermakere (Bechermacher)

oltleppere (Altflicker)

Die Innungen und Ämter in Rostock um 1900

Bruchfischer

Straßenfischer

Bäcker-Innung

Barbier-, Friseur- und Perückenmacher-Innung

Amt der Böttchermeister

Buchbinder-Amt

Drechsler- und Blockmacher-Innung

Maurer- und Zimmermeister-Innung

Müller-Innung

Sattler-Innung

Schlachter-Innung

Schlosser-Innung

Schmiede-Innung

Schneider-Innung

Glaser-Innung
Klempner-Innung
Korbmacher-Innung
Lohgerber-Amt
Maler-Innung

Schuhmacher-Amt
Stellmacher-Innung
Tapezier-Innung
Tischler-Amts-Innung
Töpfer-Innung

Die Rostocker Bürgermeister vom Jahre 1289 bis zur Gegenwart

In die nachfolgende Aufstellung sind lediglich jene Bürgermeister der Stadt Rostock aufgenommen worden, für die in überlieferten Quellen die entsprechende Amtsbezeichnung ausgewiesen war. Sofern sich Hinweise ergaben, dass die genannten Personen über die angegebenen Zeiträume hinaus im Amt eines Bürgermeisters gestanden haben könnten, wurde dies i.d.R. mit den Verweisen „spätestens seit" (spät.) und „mindestens bis" (min.) gekennzeichnet. Insbesondere für die Frühzeit der Stadt (vor 1289) sind Namen Rostocker Ratsherren überliefert, die das Amt eines Bürgermeisters bekleidet haben könnten, ein korrekter Nachweis jedoch ist nicht zu führen. Diese Namen sind in der verdienstvollen Arbeit Max von Falkenhayns „Die Bürgermeister der Stadt Rostock in Meckl." (In: Zeitschrift der Zentralstelle für Niedersächsische Familiengeschichte. Sitz Hamburg, IX. Jg. Nr. 8, August 1927, S. 167–170 und Nr. 9, September 1927, S. 189–193) zu finden, auf deren Ergebnissen im Übrigen die angefügte Liste – soweit möglich – basiert.

Eberhard Nachtraven
(spät. 1289 – vor 1299, min. 1291)
Johann Rufus (Rode)
(spät. 1289 – min. 1298)
Heinrich Monachus
(spät. 1289 – vor 1298)
Marquard de Ribnitz
(spät. 1289 – min. 1296)
Johann Albus (Witte)
(spät. 1289–1298)
Heinrich Menrici

(spät. 1292 – min. 1301)
Nicolaus de Molendino
(von der Möhlen)
(spät. 1297 – vor 1304)
Albert Spicenagel
(spät. 1298 – min. 1301)
Heinrich Friso (1298)
Johann prope sanctum Spiritum
(spät. 1298 – min. 1305)
Gerard Lawe
(nach 1298 – min. 1309)

Johann Pape
(spät. 1318 – vor 1326)
Dietrich Frese (1318–1323)
Odbert de Selow
(spät. 1323 – vor 1328)
Engelbert von Baumgarten
(spät. 1323 – vor 1353)
Arnold Kopmann d. Ä.
(spät. 1323 – vor 1336)
Hermann Wokrent
(spät. 1326 – min. 1334/35)
Johann Pape
(spät. 1327 – vor 1348)
Ludolf von Gotland
(1338 – vor 1351)
Johann Tölner (1339 – vor 1360)
Heinrich Rode (1339 – min. 1359)
Ludwig Kruse (1346–1348/49)
Heinrich Frese (1350–1351)
Dietrich Holloger
(spät. 1351 – vor 1359)
Hermann Lise
(spät. 1359–1364/65)
Johann Baumgarten
(1359 – vor 1370)
Arnold Kröpelin (1361–1393/94)
Johann von der Kyritz
(spät. 1364 – min. 1388)
Lambert Witte (spät. 1366–1376)
Gerwin Wilde
(spät. 1370 – min. 1374)
Johann von der Aa
(spät. 1376–1410)
Ludwig Kruse
(spät. 1378 – min. 1396)
Heinrich Witte (spät. 1380–1410)
Winold Baggel (1393–1405)
Heinrich Katzow (spät. 1401–1427)

Johann Horn
(spät. 1406 – min. 1410/11)
Nikolaus Storm
(1410 – min. 1413/14)
Johann Kröger (1410 – min. 1415)
Gerhard Wymann
(1410 – min. 1413/14)
Johann Tole (1410/11)
Nikolaus Spotling
(1410 – min. 1413/14)
Heinrich Buk (1411 – min. 1454)
Heinrich Giskow (1411/12)
Johann Kröpelin (1413 – min. 1419)
Nikolaus Reynard
(1414 – min. 1415)
Hermann vom Broke (1415/16)
Ulrich Grulle (1417–1427)
Vicke von der Zehna
(1417 – min. 1457)
Johann Odbrecht (spät. 1426–1457)
Johann von der Aa
(1427 – min. 1442/43)
Heinrich Berndes (1427–1436)
Gerhard Wymann
(1427 – min. 1454)
Bernhard von Alen (1429–1469)
Peter Hannemann
(1436 – min. 1467)
Nikolaus Lubbeke
(spät. 1460 – min. 1465)
Bernd Kruse (1460–1476)
Steffen Schlorff (1468–1477)
Goslich (Gottschalk) Bueck
(1466/67 – min. 1485)
Radeloff (Rodolfus) Toyte
(spät. 1471–1472)
Magister Bartold Kerkhof
(1473–1499)

Konrad Kone (1477–1481)

Gerd Bokholt (1480 – min. 1502)

Vicke von Hervorden (1480–1504)

Arnold Hasselbeke (1482–1496)

Heinrich Kron (1487–1515/16)

Johann Wilken (1487–1524)

Radeloff Businck (1487–1490)

Diedrich Boldewan (1489–1504)

Johann Heger (1489–1490)

Hermann Tibes (1489–1504)

Matthäus Möller
(spät. 1520/21–1527)

Nikolaus Lange (1506 – min. 1515)

Arnt Hasselbeke (1507–1525)

Heinrich Gerdes (1516 – min. 1530)

Heinrich Goldenitz
(1523 – min. 1529)

Bernd Hagemeister
(1525 – min. 1550)

Bernd Kron (1527 – min. 1551)

Bernd Murmann (1530 – min. 1543)

Heinrich Waren (1531 – min. 1533)

Veit Oldenburg (1534)

Heinrich Boldewan (1534–1556)

Heinrich Gültzow
(1542 – min. 1561)

Bartold Kerkhof (spät. 1547–1556)

Hans von Hervorden
(1552 – min. 1571)

Peter Brümmer (1552–1558)

Heinrich Goldenitz (1557–1574)

Berend Pawels (1561–1593)

Thomas Gerdes (1562–1580)

Baltzer Gaule (1567–1582)

Christoph Bützow (1574–1590)

Hans Bröker (1581–1582)

Jakob Lembke (1583–1605)

Heinrich Runge (1583–1599)

Dr. Friedrich Hein (1591–1604)

Johann Kellermann (1592–1598)

Dr. Heinrich Stallmeister
(1599–1614)

Magister Johann Korff
(1600–1622)

Bernhard Scharffenberg
(1605–1619)

Bartold Schmidt (1606–1611)

Hermann Schilling (1613–1621)

Markus Tancke (1616–1637)

Joachim Schütte (1621–1632)

Vinzenz Gladow (1622–1631)

Johann Luttermann (1623–1657)

Bernhard Klinge (1631–1648)

Dr. Nikolaus Scharffenberg
(1632–1651)

Johann Petraeus (1638–1670)

Caspar Vieregge (1649–1674)

Joachim Kleinschmidt (1652)

Wolhard Stindt (1653–1661)

Dr. Christoph Krauthoff
(1657–1661)

Theodor Suter (1661–1673)

Matthäus Liebeherr (1662–1692)

Dr. Daniel Fischer (1674–1690)

Peter Eggerdes (1675–1681)

Diedrich Wulffrath (1682–1698)

Dr. Jakob Lemke (1691–1693)

Dr. Christoph Redecker
(1693–1704)

Dr. Georg Melchior Schweder
(1694–1706)

Jakob Diestler (1699–1701)

Christian Michael Stever
1702–1722)

Dr. Johann Joachim Tielcke
(1706–1724)

Lic. Johann Joachim Beselin
(1708–1718)
Gabriel Möller (1719–1731)
Andreas Michelsen
(1724–1730)
Dr. Johann Joachim Jörcke
(1726–1729)
Joachim Krauel (1731–1750)
Dr. Johann Christian Petersen
(1731–1748)
Dr. Valentin Johann Beselin
(1732–1755)
Dr. Christian Anton Mantzel
(1748–1764)
Joachim Christian Danckwart
(1751–1755)
Joachim Heinrich Prieß
(1756–1764)
Dr. Heinrich Nettelbladt
(1756–1761)
Dr. Johann Georg Burgmann
(1761–1781)
Dr. Jakob Heinrich Balecke
(1764–1778)
Christian Friedrich Westphal
(1765–1781)
Dr. Bernhard Friedrich Neucrantz
(1778–1795)
Jakob Christian Schröder
(1781–1784)
Dr. Heinrich Askan Engelcken
(1782–1792)
Johann Christian Koppe
(1784–1793)
Dr. Andreas David Wiese
(1793–1803)
Johann Friedrich Hülsenbeck
(1794–1800)

Dr. Christian Ludwig Johann Behm
(1796–1804)
Joachim Friedrich Schultze
(1801–1803)
Johann Ludwig Schrepp
(1803–1819)
Dr. Joachim Friedrich Zoch
(1803–1833)
Dr. Michael Eberhard Prehn
(1805–1818)
Dr. Johann Jakob Andreas Taddel
(1818–1830)
Joachim Daniel Koch (1820–1825)
Christian Andreas Hill
(1826–1833)
Dr. Christian Saniter (1830–1836)
Dr. Joachim Brandenburg
(1830–1844)
Joahnn Stever (1834)
Franz Hülsenbeck (1834–1839)
Dr. Dethloff Karsten (1836–1846)
Johann Schrepp (1839/1840)
Johann Bauer (1840–1863)
Dr. Ernst Bencard (1844–1863)
Dr. Ludwig Petersen (1846–1861)
Dr. Ferdinand Crumbiegel
(1861–1882)
Christian Janentzky (1863–1871)
Dr. Hermann Zastrow (1863–1880)
Eduard Passow (1871–1875)
Ernst Paetow (1876–1878)
Eduard Burchard (1879–1895)
Dr. Wilhelm Giese (1880–1889)
Dr. Adolph Simonis (1882–1907)
Dr. Magnus Maßmann
(1889–1914)
Peter Johann Friedrich „Pif"
Burchard (1896–1907)

Albert Clement (1907–1919)

Dr. Adolf Becker (1907–1919)

Johann Paschen (1914–1919)

Dr. Ernst Heydemann, parteilos (1919–1930)

Dr. Robert Grabow, parteilos (1930–1935)

Walter Volgmann, NSDAP (1935–1945)

Christoph Seitz, parteilos/KPD (1945)

Otto Kuphal, SPD (1945)

Albert Schulz, SPD/SED (1946–1949)

Max Burwitz, SED (1949–1952)

Rudolf Heyden, SED (1952/1953)

Karl Kasten, SED (1953/1954)

Hans Röther, SED (1954/1955 amtierend)

Bruno Schmidt, SED (1955/1956)

Wilhelm Solisch, SED (1956/1960)

Werner Ritter, SED (1960 amtierend)

Rudi Fleck, SED (1961–1968)

Heinz Kochs, SED (1968–1975)

Dr. Henning Schleiff, SED (1975–1990)

Christoph Kleemann, Neues Forum (1990 amtierend)

Dr. Klaus Kilimann, SPD (1990–1993)

Prof. Dr. Dieter Schröder, SPD (1993–1995)

Arno Pöker, SPD (1995–2004)

Ida Schillen, PDS (2004 amtierend)

Peter Grüttner, SPD (2004/2005 amtierend)

Roland Methling, parteilos (seit 2005)

Die Sitzverteilung im Rostocker Stadtparlament seit 1918

Stadtverordnetenversammlung nach der Kommunalwahl vom 29. Dezember 1918 – Gesamt: 66 Sitze

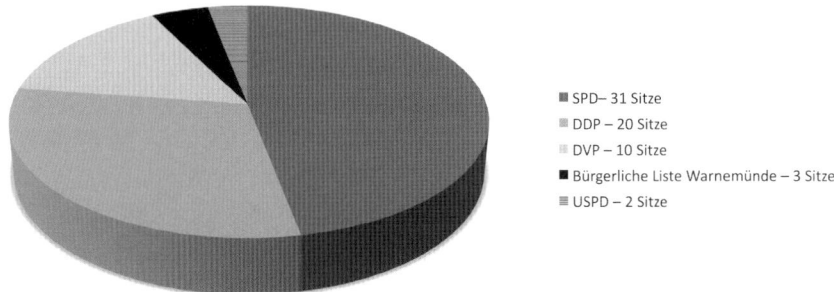

- SPD– 31 Sitze
- DDP – 20 Sitze
- DVP – 10 Sitze
- Bürgerliche Liste Warnemünde – 3 Sitze
- USPD – 2 Sitze

Stadtverordnetenversammlung nach der Kommunalwahl vom 4. Juli 1920 – Gesamt: 66 Sitze

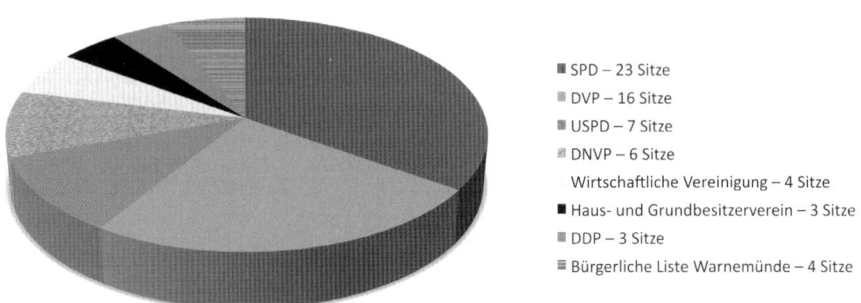

- SPD – 23 Sitze
- DVP – 16 Sitze
- USPD – 7 Sitze
- DNVP – 6 Sitze
- Wirtschaftliche Vereinigung – 4 Sitze
- Haus- und Grundbesitzerverein – 3 Sitze
- DDP – 3 Sitze
- Bürgerliche Liste Warnemünde – 4 Sitze

Stadtverordnetenversammlung nach der Kommunalwahl vom 27. November 1921 – Gesamt: 66 Sitze

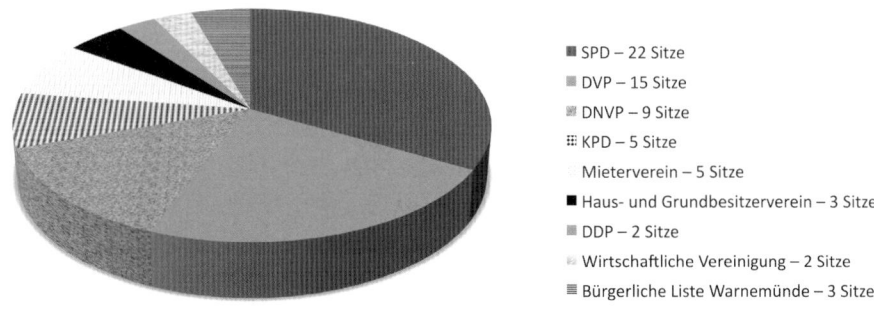

- SPD – 22 Sitze
- DVP – 15 Sitze
- DNVP – 9 Sitze
- KPD – 5 Sitze
- Mieterverein – 5 Sitze
- Haus- und Grundbesitzerverein – 3 Sitze
- DDP – 2 Sitze
- Wirtschaftliche Vereinigung – 2 Sitze
- Bürgerliche Liste Warnemünde – 3 Sitze

Stadtverordnetenversammlung nach der Kommunalwahl
vom 17. Februar 1924 – Gesamt: 66 Sitze

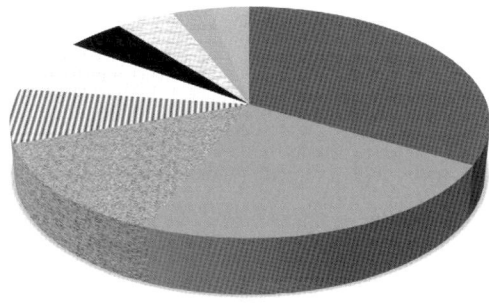

- SPD – 22 Sitze
- DVP – 15 Sitze
- DNVP – 9 Sitze
- KPD – 5 Sitze
- Mieterverein – 5 Sitze
- Haus- und Grundbesitzverein – 3 Sitze
- Wirtschaftliche Vereinigung Warnemünde – 3 Sitze
- Wirtschaftliche Vereinigung Rostock – 2 Sitze
- DDP – 2 Sitze

Stadtverordnetenversammlung nach der Kommunalwahl
vom 30. November 1924 – Gesamt: 66 Sitze

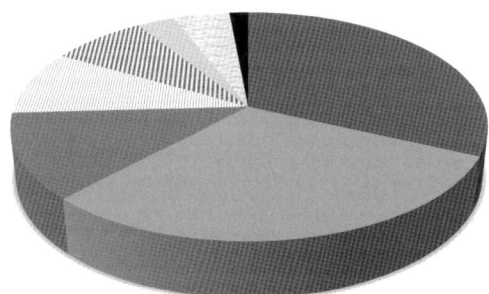

- SPD – 21 Sitze
- Wirtschaftliche Arbeitsgemeinschaft – 20 Sitze
- Gruppe für Volkswohlfahrt – 8 Sitze
- Nationalsozialistische Freiheitspartei – 6 Sitze
- KPD – 5 Sitze
- DDP – 2 Sitze
- Wirtschaftliche Vereinigung Warnemünde – 3 Sitze
- Liste der Beamten Warnemünde – 1 Sitz

Stadtverordnetenversammlung nach der Kommunalwahl
vom 13. November 1927 – Gesamt: 66 Sitze

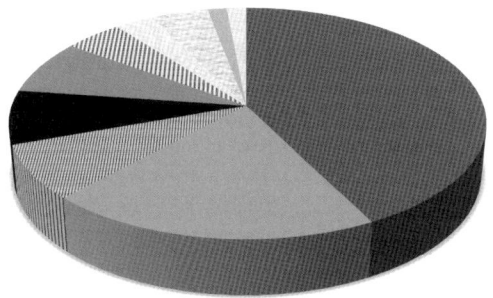

- SPD – 28 Sitze
- Wirtschaftliche Arbeitsgemeinschaft – 13 Sitze
- Wirtschaftspartei – 5 Sitze
- Haus- und Grundbesitzerverein – 5 Sitze
- Gruppe für Volkswohlfahrt – 5 Sitze
- KPD – 3 Sitze
- Deutschvölkische Freiheitsbewegung – 2 Sitze
- Wirtschaftliche Vereinigung Warnemünde – 3 Sitze
- DDP – 1 Sitz
- Liste Schwedler-Gornitzka Warnemünde – 1 Sitz

Stadtverordnetenversammlung nach der Kommunalwahl vom 16. November 1930 – Gesamt: 66 Sitze

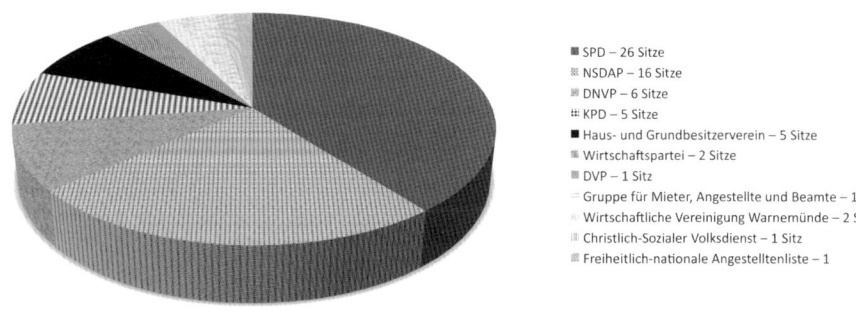

- SPD – 26 Sitze
- NSDAP – 16 Sitze
- DNVP – 6 Sitze
- KPD – 5 Sitze
- Haus- und Grundbesitzerverein – 5 Sitze
- Wirtschaftspartei – 2 Sitze
- DVP – 1 Sitz
- Gruppe für Mieter, Angestellte und Beamte – 1 Sitz
- Wirtschaftliche Vereinigung Warnemünde – 2 Sitze
- Christlich-Sozialer Volksdienst – 1 Sitz
- Freiheitlich-nationale Angestelltenliste – 1

Stadtverordnetenversammlung nach der Neubesetzung im März 1933 – Gesamt: 35 Sitze

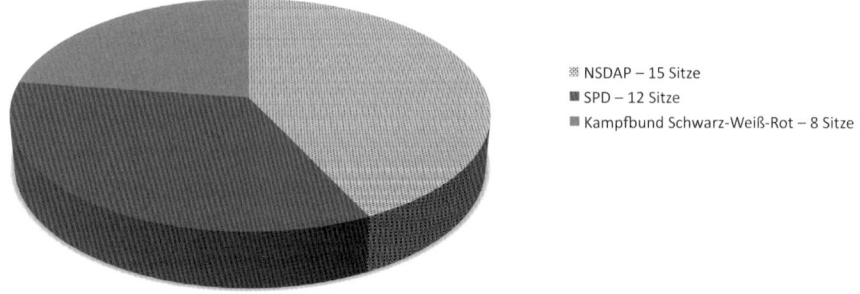

- NSDAP – 15 Sitze
- SPD – 12 Sitze
- Kampfbund Schwarz-Weiß-Rot – 8 Sitze

Stadtverordnetenversammlung nach der Kommunalwahl vom 15. September 1946 – Gesamt: 60 Sitze

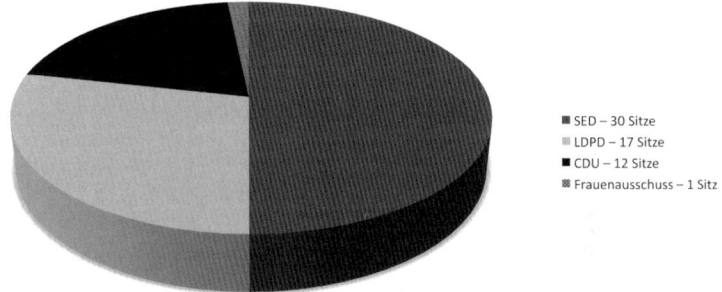

- SED – 30 Sitze
- LDPD – 17 Sitze
- CDU – 12 Sitze
- Frauenausschuss – 1 Sitz

Stadtverordnetenversammlung nach der Kommunalwahl vom 15. Oktober 1950 – Gesamt: 60 Sitze

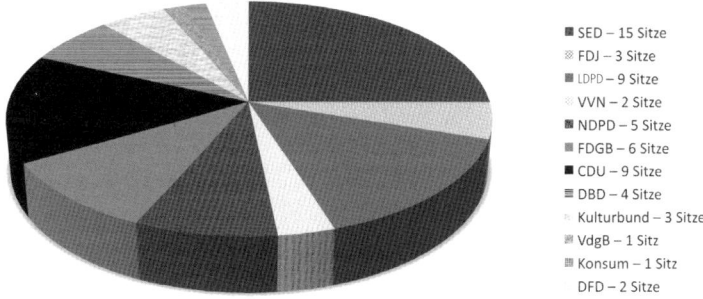

- SED – 15 Sitze
- FDJ – 3 Sitze
- LDPD – 9 Sitze
- VVN – 2 Sitze
- NDPD – 5 Sitze
- FDGB – 6 Sitze
- CDU – 9 Sitze
- DBD – 4 Sitze
- Kulturbund – 3 Sitze
- VdgB – 1 Sitz
- Konsum – 1 Sitz
- DFD – 2 Sitze

Stadtverordnetenversammlung nach der Neukonstituierung vom 29. Mai 1953 – Gesamt: 63 Sitze

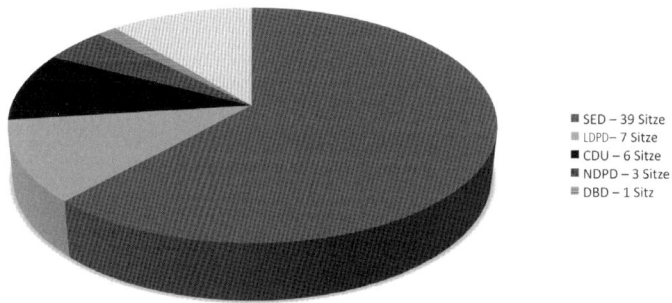

- SED – 39 Sitze
- LDPD – 7 Sitze
- CDU – 6 Sitze
- NDPD – 3 Sitze
- DBD – 1 Sitz

Stadtverordnetenversammlung nach der Kommunalwahl vom 23. Juni 1957 – Gesamt: 120 Sitze

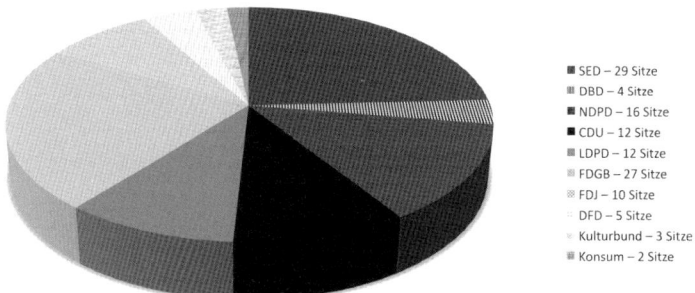

- SED – 29 Sitze
- DBD – 4 Sitze
- NDPD – 16 Sitze
- CDU – 12 Sitze
- LDPD – 12 Sitze
- FDGB – 27 Sitze
- FDJ – 10 Sitze
- DFD – 5 Sitze
- Kulturbund – 3 Sitze
- Konsum – 2 Sitze

Stadtverordnetenversammlung nach der Kommunalwahl
vom 17. September 1961 – Gesamt: 160 Sitze

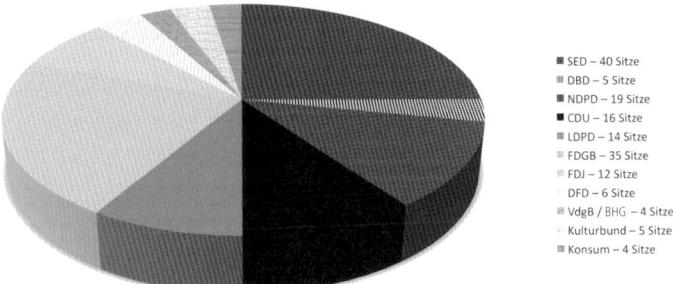

- SED – 40 Sitze
- DBD – 5 Sitze
- NDPD – 19 Sitze
- CDU – 16 Sitze
- LDPD – 14 Sitze
- FDGB – 35 Sitze
- FDJ – 12 Sitze
- DFD – 6 Sitze
- VdgB / BHG – 4 Sitze
- Kulturbund – 5 Sitze
- Konsum – 4 Sitze

Stadtverordnetenversammlung nach der Kommunalwahl
vom 10. Oktober 1965 – Gesamt: 160 Sitze

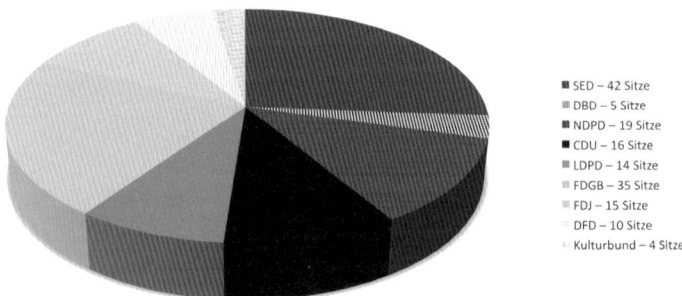

- SED – 42 Sitze
- DBD – 5 Sitze
- NDPD – 19 Sitze
- CDU – 16 Sitze
- LDPD – 14 Sitze
- FDGB – 35 Sitze
- FDJ – 15 Sitze
- DFD – 10 Sitze
- Kulturbund – 4 Sitze

Stadtverordnetenversammlung nach der Kommunalwahl
vom 22. März 1970 – Gesamt: 160 Sitze

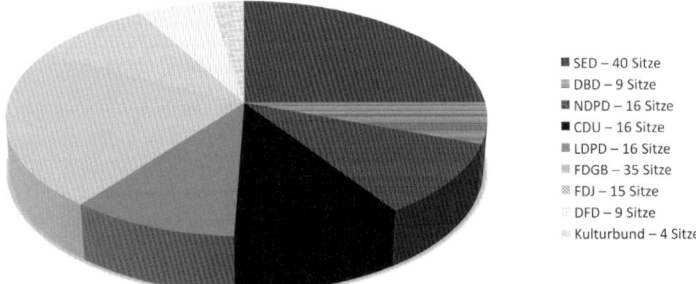

- SED – 40 Sitze
- DBD – 9 Sitze
- NDPD – 16 Sitze
- CDU – 16 Sitze
- LDPD – 16 Sitze
- FDGB – 35 Sitze
- FDJ – 15 Sitze
- DFD – 9 Sitze
- Kulturbund – 4 Sitze

Stadtverordnetenversammlung nach der Kommunalwahl vom 19. Mai 1974 – Gesamt: 200 Sitze

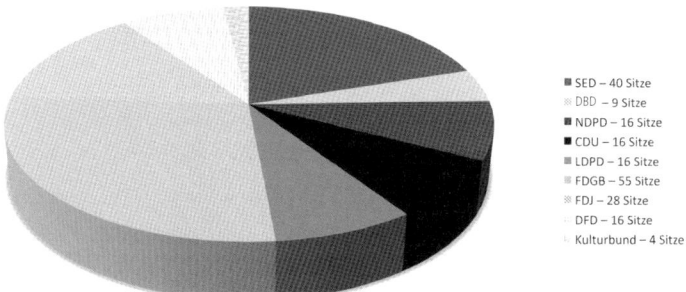

■ SED – 40 Sitze
▒ DBD – 9 Sitze
■ NDPD – 16 Sitze
■ CDU – 16 Sitze
■ LDPD – 16 Sitze
▒ FDGB – 55 Sitze
▒ FDJ – 28 Sitze
　DFD – 16 Sitze
　Kulturbund – 4 Sitze

Stadtverordnetenversammlung nach der Kommunalwahl vom 20. Mai 1979 – Gesamt: 225

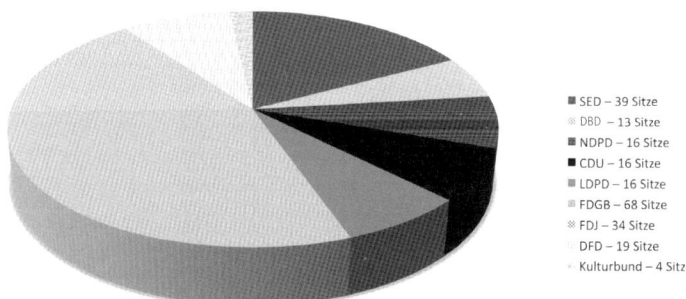

■ SED – 39 Sitze
▒ DBD – 13 Sitze
■ NDPD – 16 Sitze
■ CDU – 16 Sitze
■ LDPD – 16 Sitze
▒ FDGB – 68 Sitze
▒ FDJ – 34 Sitze
　DFD – 19 Sitze
　Kulturbund – 4 Sitze

Stadtverordnetenversammlung nach der Kommunalwahl vom 6. Mai 1984 – Gesamt: 225 Sitze

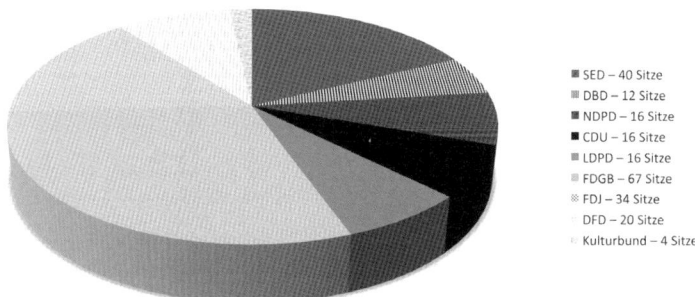

■ SED – 40 Sitze
▒ DBD – 12 Sitze
■ NDPD – 16 Sitze
■ CDU – 16 Sitze
■ LDPD – 16 Sitze
▒ FDGB – 67 Sitze
▒ FDJ – 34 Sitze
　DFD – 20 Sitze
　Kulturbund – 4 Sitze

Stadtverordnetenversammlung nach der Kommunalwahl vom 7. Mai 1989 – Gesamt: 250 Sitze

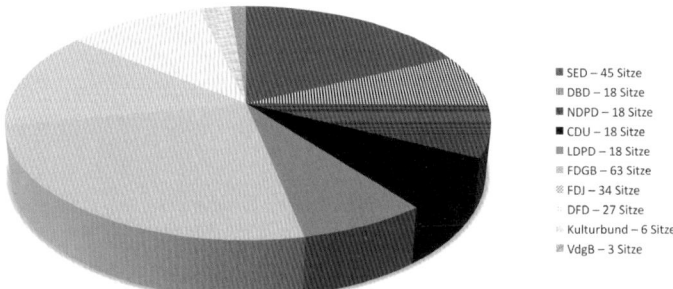

- SED – 45 Sitze
- DBD – 18 Sitze
- NDPD – 18 Sitze
- CDU – 18 Sitze
- LDPD – 18 Sitze
- FDGB – 63 Sitze
- FDJ – 34 Sitze
- DFD – 27 Sitze
- Kulturbund – 6 Sitze
- VdgB – 3 Sitze

Bürgerschaft nach der Kommunalwahl vom 6. Mai 1990 – Gesamt: 130 Sitze

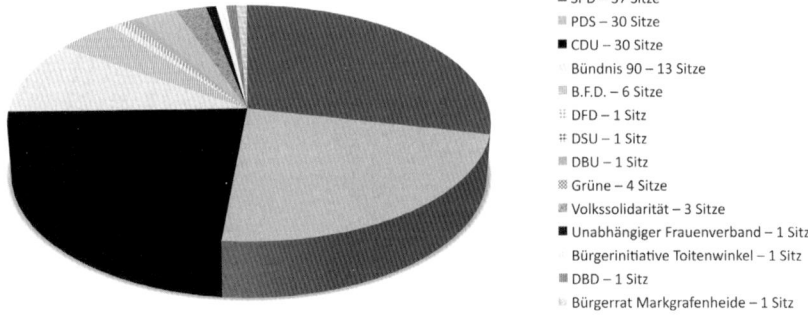

- SPD – 37 Sitze
- PDS – 30 Sitze
- CDU – 30 Sitze
- Bündnis 90 – 13 Sitze
- B.F.D. – 6 Sitze
- DFD – 1 Sitz
- DSU – 1 Sitz
- DBU – 1 Sitz
- Grüne – 4 Sitze
- Volkssolidarität – 3 Sitze
- Unabhängiger Frauenverband – 1 Sitz
- Bürgerinitiative Toitenwinkel – 1 Sitz
- DBD – 1 Sitz
- Bürgerrat Markgrafenheide – 1 Sitz

Bürgerschaft nach der Kommunalwahl vom 12. Juni 1994 – Gesamt: 53 Sitze

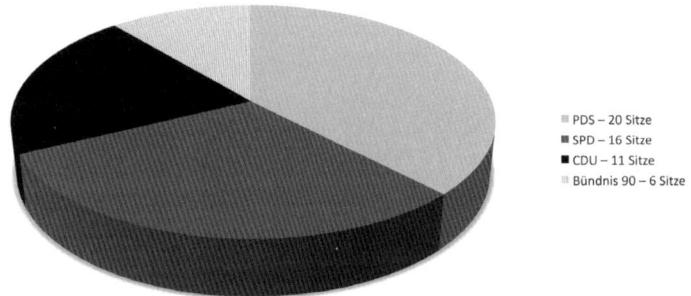

- PDS – 20 Sitze
- SPD – 16 Sitze
- CDU – 11 Sitze
- Bündnis 90 – 6 Sitze

Bürgerschaft nach der Kommunalwahl vom 13. Juni 1999 – Gesamt:
53 Sitze

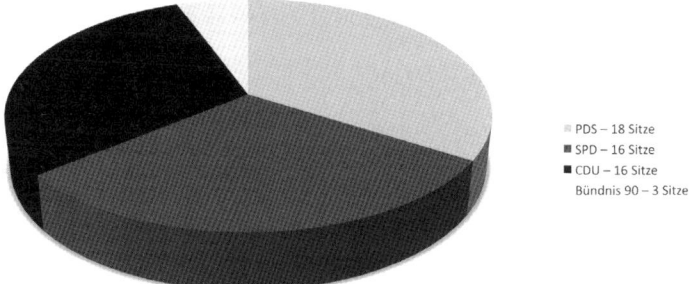

PDS – 18 Sitze
SPD – 16 Sitze
CDU – 16 Sitze
Bündnis 90 – 3 Sitze

Bürgerschaft nach der Kommunalwahl vom 13. Juni 2004 – Gesamt:
53 Sitze

PDS – 13 Sitze
CDU – 13 Sitze
SPD – 11 Sitze
Bündnis 90 – 6 Sitze
FDP – 3 Sitze
Rostocker Bund – 3 Sitze
SAV – 1 Sitz
Die Grauen – 1 Sitz
Aktiv für Rostock – 1 Sitz
Einzelbewerber Benno Freitag – 1 Sitz

Bürgerschaft nach der Kommunalwahl vom 7. Juni 2009 – Gesamt:
53 Sitze

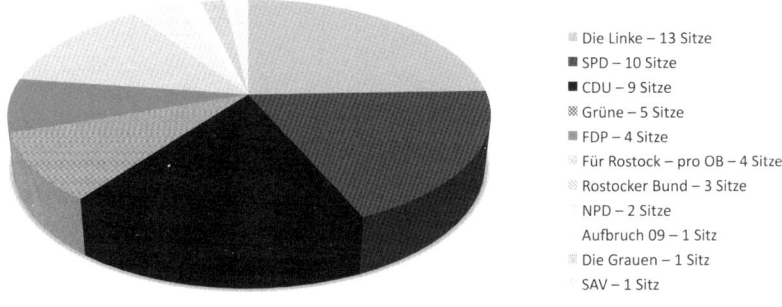

Die Linke – 13 Sitze
SPD – 10 Sitze
CDU – 9 Sitze
Grüne – 5 Sitze
FDP – 4 Sitze
Für Rostock – pro OB – 4 Sitze
Rostocker Bund – 3 Sitze
NPD – 2 Sitze
Aufbruch 09 – 1 Sitz
Die Grauen – 1 Sitz
SAV – 1 Sitz

Die Ergebnisse der Direktwahlen des Oberbürgermeisters seit 2002

Die Bürgermeister und Landräte werden in Mecklenburg-Vorpommern seit 1999 durch Mehrheitswahl direkt gewählt. Kandidaten müssen am Tag der Wahl das 18. Lebensjahr vollendet und dürfen das 60. (bei Wiederwahl das 64.) Lebensjahr noch nicht vollendet haben. Zudem müssen sie die Voraussetzungen zur Ernennung zum Ehrenbeamten erfüllen. Die Amtszeit beträgt zwischen fünf und neun Jahren, in Rostock sind es derzeit – festgeschrieben in der Hauptsatzung – sieben Jahre. Wahlberechtigt ist jeder EU-Bürger, der am Wahltag das 16. Lebensjahr vollendet und seit mindestens drei Monaten seinen Wohnsitz im Wahlgebiet hat.

Oberbürgermeisterwahl 2002

Hauptwahl am 14. April 2002

Wahlvorschlag	Anzahl der Stimmen	
Arno Pöker (SPD)	23 995	(32,2 %)
Alexander Prechtel (CDU)	20 105	(27,0 %)
Dr. Harald Terpe (Bündnis 90)	14 246	(19,1 %)
Christina Molle (PDS)	13 183	(17,7 %)
Karl-Heinz Staib (Einzelbewerber)	1 474	(2,0 %)
Christine Lehnert (SAV)	538	(0,7 %)
Dr. Ulrich Kesting (Einzelbewerber)	533	(0,7 %)
Dr. Helmut Hochmuth (Einzelbewerber)	518	(0,7 %)

Stichwahl am 28. April 2002

Wahlvorschlag	Anzahl der Stimmen	
Arno Pöker (SPD)	35 981	(59,2 %)
Alexander Prechtel (CDU)	24 828	(40,8 %)

Oberbürgermeisterwahl am 27. Februar 2005

Wahlvorschlag	Anzahl der Stimmen	
Roland Methling (Bündnis für Rostock)	41 933	(58,2 %)
Sebastian Schröder (SPD/ Bündnis 90/Grüne)	13 783	(19,1 %)

Ida Schillen (PDS)	9 256	(12,9 %)
Dieter Schörken (CDU)	5 468	(7,6 %)
Jan Zeggel (Einzelbewerber)	375	(0,5 %)
Brundhild Finck (Einzelbewerberin)	335	(0,5 %)
Detlef Voß (Einzelbewerber)	306	(0,4 %)
Toralf Vetter (Einzelbewerber)	239	(0,3 %)
René Laubert (FLD – Die Freiheitlichen)	145	(0,2 %)
Bernhard Eickstädt (Einzelbewerber)	100	(0,1 %)
Peter Konrad (Einzelbewerber)	75	(0,1 %)

Oberbürgermeisterwahl am 5. Februar 2012

Wahlvorschlag	Anzahl der Stimmen	
Roland Methling (Einzelbewerber)	33 930	(53,8 %)
Dr. Ait Stapelfeld (SPD)	8 764	(13,9 %)
Kerstin Liebich (Die Linke)	8 687	(13,8 %)
Karina Jens (CDU)	4 597	(7,3 %)
Christian Blauel (Grüne)	3 426	(5,4 %)
Dr. Sybille Bachmann (Rostocker Bund)	2 990	(4,7 %)
Toralf Vetter (Einzelbewerber)	657	(1,0 %)

Die Entwicklung der Einwohnerzahl

Mittelalter	12 000–14 000	1947	123 000
1819	12 960	1950	131 656
1850	24 166	1955	150 004
1871	30 980	1963	170 457
1885	39 374	1971	201 304
1895	49 769	1978	224 834
1905	60 790	1986	249 349
1919	67 070	1988	253 990
1928	75 231	1990	248 088
1933	81 850	1994	232 634
1935	99 448	1996	221 029
1945 (25.05.)	68 928	2000	200 506
1945 (01.12.)	92 068	2010	202 735

Die Eingemeindungen zum Stadtgebiet Rostocks

Dierkow 01.01.1913

Barnstorf 14.07.1919

Bartelsdorf 14.07.1919

Bramow 14.07.1919

Dalwitzhof 14.07.1919

Damerow 14.07.1919

Kassebohm 14.07.1919

Riekdahl 14.07.1919

Schnatermann 14.07.1919

Hinrichshagen 09.12.1924

Markgrafenheide 09.12.1924

Meyers Hausstelle 09.12.1924

Torfbrücke 09.12.1924

Waldhaus 09.12.1924

Wiethagen 09.12.1924

Kloster zum Heiligen Kreuz
01.04.1930

Diedrichshagen 08.03.1934

Gehlsdorf 08.03.1934

Groß Klein 08.03.1934

Lütten Klein 08.03.1934

Marienehe 08.03.1934

Schmarl 08.03.1934

Schutow 08.03.1934

Biestow 01.07.1950

Evershagen 01.07.1950

Krummendorf 01.07.1950

Peez 01.07.1950

Petersdorf 01.07.1950

Stuthof 01.07.1950

Toitenwinkel 01.07.1950

Hinrichsdorf 01.01.1960

Nienhagen 01.01.1960

Jürgeshof 10.09.1978

Die Bebauung der Stadtteile und Wohngebiete
Stadtteile

Steintor-Vorstadt 1. Hälfte 19. Jh.,
planvoller Aufbau 1887–1914

Kröpeliner-Tor-Vorstadt 2. Hälfte
19. Jh., planvoller Aufbau 1888–1914

Gartenstadt 1919–1935

Brinckmansdorf 1919–1939

Viertel Bei der Tweel 1928–1935

Reutershagen (Siedlung) 1933–1938

Dierkow (Siedlung) 1933–1939

Komponistenviertel 1935–1941

Ostmarkenviertel 1939–1941

Reutershagen I 1953–1957

Reutershagen II 1958–1961

Südstadt 1961–1965

Lütten Klein 1965–1974

Evershagen 1971–1974

Lichtenhagen 1974–1976

Schmarl 1976–1979

Groß Klein 1979–1983

Dierkow 1983–1987

Toitenwinkel 1987–1995

Wohngebiete (ab Inkraftsetzung der Bebauungspläne)

Lichtenhagen „Möhlenkamp"	1994
Klein Lichtenhagen	1995
Dorf Evershagen	1995
Wohnpark Biestow	1995
Diedrichshagen „Am Streuwiesenweg"	1996/2006
Brinckmanshöhe	1998
Schwaaner Landstraße „Kösters Hof"	1998
Gehlsdorf „Obstwiese"	1998
Dorf Toitenwinkel „An der Lindenallee"	1998
An der Langenorter Hufe	1998
Evershagen „An der Mühlenstraße"	1998
Krischanweg	1998
Schwaaner Landstraße Süd	1999
Tschaikowskistraße / Kopernikusstraße	1999
Evershagen Obstplantage	1999
Kassebohm	1999
Hang Alt Bartelsdorf	1999
Dorflage Biestow	2000
Evershagen „Birkengrund"	2000
Nienhagen	2000
Evershagen Süd	2000
Schwaaner Landstraße „An der Mühle"	2002
Hohe Düne „Am Tonnenhof"	2002
Tannenweg	2002
Am Asternweg	2005
Gehlsdorf „Marine"	2005
Gelände Neptunwerft	2005
An der Blücherstraße	2008
Lichtenhagen „Auf dem Kalverradd"	2010
Östlich der Stadtmauer	2010
Tychsenstraße „Am Kringelgraben"	2010
Diedrichshagen „Nördlich des Stolteraer Weges"	2011
Gelände Friedrich-Franz-Bahnhof	2012
Groß Klein „Am Laakkanal"	2012
Warnemünde „Am Molenfeuer"	2012

Die Ehrenbürger Rostocks

1. 1816: Gebhard Leberecht von Blücher (1742–1819), Generalfeldmarschall
2. 1826: Johann Weiß (1773–1843), Hersteller medizinischer Apparate
3. 1829: Oberst von Below (1762–1834), Stadtkommandant in Rostock
4. 1841: Friedrich von Oertzen (1771–1848), Oberappellationsgerichtspräsident
5. 1843: Johann Christian Brandenburg (1768–1856), Advokat und Syndikus des Ersten Quartiers des Hundertmännerkollegiums
6. 1846: Dethloff Ludwig Eobald Karsten (1787–1879), Bürgermeister, Ratsmitglied
7. 1860: Carl Friedrich Both (1789–1875), Vizekanzler der Universität, Kanzleidirektor
8. 1870: Carl Heinrich Christoph Trotsche (1803–1879), Oberappellationsgerichtsvizepräsident
9. 1887: Otto Friedrich Maximilian von Liebeherr (1814–1896), Vizekanzler der Universität, Landgerichtspräsident, Konsistorialdirektor
10. 1887: Carl Alexander Bolten, Rechtsanwalt (1805–1899), Geheimer Hofrat
11. 1889: Vincent Heinrich Mann (1818–1889), Senatspräsident des Oberlandesgerichts, Ratssyndikus
12. 1893: Friedrich Ferdinand Gottlieb Georg Flügge (1817–1898), Oberpostamtsdirektor a.D.
13. 1895: Fürst Otto von Bismarck (1815–1898), Reichskanzler i.R.
14. 1898: Theodor Thierfelder (1824–1904), Professor, Geheimer Obermedizinalrat
15. 1914: Magnus Maßmann (1835–1915), Bürgermeister
16. 1918: Karl August Nerger (1875–1947), Fregattenkapitän
(17.) 1933: Paul von Hindenburg (1847–1934), Reichspräsident (Aberkennung der Ehrenbürgerschaft 2013)
(18.) 1933: Adolf Hitler (1889–1945), Reichskanzler und Führer der NSDAP (Aberkennung der Ehrenbürgerschaft 1990)
(19.) 1934: Friedrich Hildebrandt (1898–1948), Gauleiter der NSDAP, Reichsstatthalter in Mecklenburg und Lübeck (Aberkennung der Ehrenbürgerschaft 1990)
20. 1955: Erich Schlesinger (1889–1956), Professor, Rektor der Universität

(21.) 1976: Hermann Schuldt (1896–1980), SED-Funktionär, Mitglied der Bezirksleitung (Aberkennung der Ehrenbürgerschaft 1990)

(22.) 1976: Johannes Warnke (1896–1984), SED-Funktionär, ZK-Mitglied (Aberkennung der Ehrenbürgerschaft 1990)

(23.) 1978: Karl Mewis (1907–1970), SED-Funktionär, ZK-Mitglied (Aberkennung der Ehrenbürgerschaft 1990)

24. 1981: Ernst Hilzheimer (1901–1986), Mitglied des Nationalrates der Nationalen Front

25. 1993: Yaakov Zur (*1924), Historiker

26. 1994: Walter Kempowski (1929–2007), Schriftsteller

27. 2012: Joachim Gauck (*1940), Bundespräsident

Die Träger des Kulturpreises

Der Kulturpreis der Hansestadt Rostock wurde zwischen 1958 und 2003 jährlich für hervorragende Leistungen im Geistes- und Kulturleben der Hansestadt verliehen. Seit 2003 werden alle zwei Jahre Persönlichkeiten, Vereinigungen und Ensembles aus Kultur, Wissenschaft, Wirtschaft und Politik geehrt. Aus Vorschlägen der Bürgerinnen und Bürger erarbeitet der Kulturausschuss ein Votum. Der Oberbürgermeister entscheidet über die Vergabe des heute mit 3 500 Euro dotierten Preises.

1958 Volkstheater; Siegfried Seifert, Direktor des Zoos

1959 Karl-Heinz Hahn, Musiklehrer an der 1. Erweiterten Oberschule; Helmar Balzer, Musiklehrer an der 41. Oberschule; Arbeitertheater der Warnowwerft

1960 Kulturensemble der Schiffsmontage; Studententheater der Universität

1961 Peter Erichson, Verlagsleiter des Hinstorff Verlages i.R.

1962 Klub der Werktätigen der Altstadt; Stabsmusikkorps der Volksmarine

1963 Chor der Universität; Armin Münch, Grafiker; Arbeitsgemeinschaft Musik und Dichtung des Kreiskulturhauses der Neptunwerft

1964 Hanns Anselm Perten, Generalintendant des Volkstheaters

1965 Wolfgang Eckardt, Bildhauer; Joachim (Jo) Jastram, Bildhauer

1967 Christiane Leß, Anneliese Matschulat, Eberhard Mellies und Dieter Unruh, Künstlerinnen und Künstler des Volkstheaters

1968 FDJ-Chor der 1. Erweiterten Oberschule; Willi-Bredel-Bibliothek; Kurt Tauscher, Architekt

1969   Studio für Plastik und Keramik der Neptunwerft; Architektenkollektiv Wolfgang Urbanski, Rudolf Lasch, Erich Kaufmann; Ralph Borgwardt, Schauspieler am Volkstheater

1970   Hinstorff Verlag; Jugendsinfonieorchester an der Bezirksmusikschule Rostock; Willi Schult, Museumsdirektor

1971   Heinz Kufferath, Chefdramaturg am Volkstheater; Ingeborg Kalisch, Redakteurin Ostseestudio des Deutschen Fernsehfunks; Pionierensemble der Warnowwerft

1972   Hans-Joachim Theil, Chefdramaturg am Volkstheater; Kollektiv „Die Kleine Warnemünder Estrade"; Niederdeutsche Bühne

1973   Sendereihe „Klock 8, achtern Strom"; Kammerchor der Neptunwerft; Zentraler Chor des Hauses der Pioniere; Fritz Hering, Architekt

1974   Herbert Mühlstädt, Schriftsteller; Dieter Jastram, Architekt; Lehrerchor; Pioniermusikkorps

1975   Reinhard Dietrich, Bildhauer; Jochen Renz, Musikpädagoge; Rostocker Nonett

1976   Lena Foellbach, Schriftstellerin; Waldemar Krämer, Maler und Grafiker; Klavierquintett des Konservatoriums

1977   Jugendkollektiv „Artur Becker" des VEB Industriebaukombinat; Bertold Brügge, Schriftsteller; Hilmar Zill, Gebrauchsgrafiker

1978   Volkskunststudio für Malerei und Grafik der Neptunwerft; Kollektiv der Sendereihe „Musik und Snacks vorm Hafen" des Ostseestudios; Heinrich Engel, Maler und Grafiker; Claus Hammel, Dramatiker

1979   Architektenkollektiv der Stadt, Leitung: Michael Bräuer; Gerhard Faatz, Chorleiter, künstlerischer Leiter des Kulturhauses der Neptunwerft; Tanzkreis „Blau-Weiß" der Warnowwerft

1980   Peter Baumbach, Architekt; Siegfried Neumann, Volkskundler; Amateurkreisfilmstudio

1981   Hans-Peter Minetti, Schauspieler, Berlin; Tanzmusikformation „Badister"; Kollektiv des Zoologischen Gartens

1982   Lothar Mannewitz, Maler; Karl-Heinz Will, Direktor des Konservatoriums „Rudolf Wagner-Régeny"; VEB Fischfang Rostock

1983   Hans-Jürgen Plog, Universitätsmusikdirektor, Leiter des Universitätschores; Klaus Frühauf, Schriftsteller; Rockformation „Berluc"

1984   Kurt Schwaen, Komponist; Karlheinz Kuhn, Maler/Grafiker; Peter Radestock, Regisseur/Schauspieler; FDJ-Studentenkabarett RO(hr)STOCK

1985   Georg Lichtenstein, Schauspieler und Regisseur; Joachim Piatkowski und Wolfgang Rieck, Liedermacher; Kollektiv Schiffbaumuseum

1986 Rudolf Austen, Maler und Grafiker; Stanka Popowa, künstlerische Leiterin der Folkloregruppe des Hauses der Pioniere

1987 Rainer Dörner, Grafiker; Gerd Puls, Generalmusikdirektor; Tanzgruppe des Konservatoriums „Rudolf-Wagner-Régeny"

1988 Hartwig Eschenburg, Kirchenmusikdirektor; Horst Köbbert, Unterhaltungskünstler; Horst Witt, Stadtarchivdirektor; Hans Höschel, Leiter des Ostseestudios des Fernsehens der DDR; Wossidlo-Klub des Kulturbundes

1989 Wolfgang Friedrich, Bildhauer; Werner Lindemann, Schriftsteller; Omar Saavedra-Santis, Autor

1990 Dietlind Glüer, Mitglied des Bürgerkomitees; Helmut Aude, Presseamtsleiter; Joachim Wiebering, Landessuperintendent, Moderator des Runden Tisches; Horst Vogt-Courvoisier, Probst, Moderator des Runden Tisches; Hans-Joachim Wagner, Kirchenmusikdirektor

1991 Chistoph Krummacher, Universitätsorganist und Dozent; Jürgen Gundlach, Leiter der wissenschaftlichen Arbeitsstelle Mecklenburgisches Wörterbuch bei der Akademie der Wissenschaften i.R.

1992 Detlef Hamer, Journalist; Frank Schröder, Historiker (Rückgabe 2004)

1993 (Jugendzentrum) M.A.U.; Compagnie de Comédie; Otto Brusch, Cellist und Cellolehrer

1994 Rudolf Eller, Musikwissenschaftler; Gerhard Weber, Straßenfotograf

1995 Elisabeth Schnitzler, Archivarin i.R.; Johannes Müller, Maler; Manfred Schukowski, Naturwissenschaftler

1996 Arvid Schnauer, Gemeindepastor, Bürgerrechtler

1997 Institut Français

1998 Norddeutsche Philharmonie Rostock

1999 Deutsch-Japanische Gesellschaft zu Rostock e.V.

2000 Renate Oehme, ehemalige Direktorin des Konservatoriums „Rudolf-Wagner-Régeny"

2001 Gerhard Lau, Denkmalpfleger

2002 Urs Blaser, Leiter des Projektes Kunst-Raum-Schiffes STUBNITZ

2003 Annette Handke, Leiterin des „Literaturhauses Kuhtor"

2005 Shantychor „De Klaashahns"; Ro-cine e.V. (li.wu.)

2007 Andreas Pasternack, Jazzmusiker

2009 Prof. Markus Langer, Kantor an St. Johannis; Verein „Klönsnack Rostocker 7"

2011 Medienwerkstatt des Instituts für Neue Medien

2013 Karl Scharnweber, Komponist und Kirchenmusiker

Die Träger des Rostocker Kunstpreises

Der Rostocker Kunstpreis wird seit 2006 durch die Kulturstiftung Rostock
e.V. und die Hansestadt Rostock mit Unterstützung der PROVINZIAL-Ver-
sicherung verliehen. Der Preis ist mit 10 000 Euro dotiert. Ziel des Preises
ist es, Künstler, die in Mecklenburg-Vorpommern leben, oder deren Werk
ein Bezug zur Region hat, zu würdigen und zu fördern.

2006 Jürgen Weber, Rostock (Malerei)
2007 Thomas Jastram, Rostock (Plastik)
2008 Wilfried Schröder, Kühlungsborn (Freie Grafik)
2009 Tim Kellner, Rostock (Schwarz-Weiß-Fotografie)
2010 Matthias Wegehaupt, Ückeritz (Malerei)
2011 Dirk Wunderlich, Kneese (Plastik / Skulptur / Objekt)
2012 Iris Thürmer, Wolthof (Freie Grafik / Handzeichnung)

Die Träger des Umweltpreises „Joe Duty"

Mit dem Umweltpreis der Hansestadt Rostock – benannt nach dem 1990
verstorbenen Rostocker Natur- und Umweltschützer Joe Duty – werden seit
1993 jährlich besondere Leistungen des Umweltschutzes für die Hansestadt
Rostock anerkannt. Der seit 2004 alle zwei Jahre vergebene Preis soll die
Auseinandersetzung mit Umweltthemen in der Öffentlichkeit fördern und
die Bewältigung von Problemen unterstützen. Er kann an Personen, Gruppen und Institutionen verliehen werden. Der heute mit 3 500 Euro dotierte
Preis wird zum Weltumwelttag am 5. Juni übergeben. Über seine Vergabe
entscheidet ein unabhängiges Preisgericht.

1993 Rolf Rehbein; Jugendfachgruppe Ornithologie & Vogelschutz Ros-
      tock
1994 Hans Zöllick; Ökokurs-Projekte „Bioindikation" und „Swienskuh-
      len", Gymnasium am Goetheplatz
1995 IG Stadtökologie Rostock im Naturschutzbund Rostock; Ehepaar Bär-
      bel und Peter Brehm
1996 Fachgruppe Fledermausschutz im NABU Rostock; Projekt „Ökologi-
      sches Schulumfeld" von Arche e. V.

1997 nicht verliehen, das Preisgeld wurde der Fachgruppe Feldherpetologie und Inchthyofaunistik im NABU Rostock zugesprochen

1998 Ökohaus e. V. Rostock

1999 Fachgruppe Mykologie „Rostocker Pilzfreunde"; DRK-Kindertagesstätte Reutershagen

2000 Landespflegehof Dishley

2001 Aktionsgruppe der Naturschutzjugend vom Museumshof Steffenshagen; Schülerinnen Janine Dunker, Ulrike Behrns und Susann Timm vom Gymnasium am Goetheplatz

2002 Kindertagesstätte des DRK in Reutershagen

2003 Dr. Claus-Dieter Gabriel

2004 Ingelore Nerge; Heidi French

2006 AWO Kindertagesstätte „Rappelkiste"; Dr. Rolf Kuhn

2008 Inge Duty; Allgemeiner Deutscher Fahrrad-Club (ADFC), Regionalgruppe Rostock

2010 ASB Freizeitpark IN NATURA in Lichtenhagen

2012 Umweltredaktion Radio LOHRO; Umweltbibliothek des NABU

Die Träger des Sozialpreises

Der im Jahre 2000 ins Leben gerufene Sozialpreis der Hansestadt Rostock wird an Persönlichkeiten und Vereinigungen verliehen, die sich durch besonderes ehrenamtliches Engagement in der Sozial- und Jugendarbeit oder in der Gesundheitsfürsorge verdient gemacht haben. Darüber entscheidet ein Preisgericht. Übergeben wird der mit 3 500 Euro dotierte Sozialpreis seit 2003 alle zwei Jahre zum Tag des Ehrenamtes am 5. Dezember.

2000 Rostocker Tafel e.V.

2001 Ingrid Guiard und das Selbsthilfeplenum „Rostocker Topf"

2002 Kirchliche (ökumenische) Telefonseelsorge Mecklenburg-Vorpommern, Dienststelle Rostock; Manfred Riek, Vorsitzender des Bezirksvereins der Kehlkopflosen

2003 Ilse Gotthardt

2005 Dorothee Scharlock; Manfred Lippe

2007 Rosemarie Gust

2009 Marie-Sigard Heyer; Jugendinitiative „Outsider" in Dierkow

2011 Jutta Leipner; Mathias Wendt

Rostocks Partnerstädte

Stettin/Polen (seit 1957)

Turku/Finnland (seit 1959)

Städtegemeinschaft Dünkirchen/ Frankreich (seit 1960)

Riga/Lettland (seit 1961)

Antwerpen/Belgien (seit 1963)

Aarhus/Dänemark (seit 1964)

Göteborg/Schweden (seit 1965)

Bergen/Norwegen (seit 1965)

Varna/Bulgarien (seit 1966)

Rijeka/Kroatien (seit 1966)

Dalian/China (seit 1988)

Bremen/Deutschland (seit 1987)

Raleigh/USA (seit 2001)

Besondere kommunale Kooperationsbeziehungen

Kaliningrad/Rußland (seit 1991)

Karlskrona/Schweden (seit 2000)

Gudsborgsund Kommune/Dänemark (seit 2009)

Hefei/China (seit 2010)

Haiko/China (seit 2011)

Batumi/Georgien (seit 2012)

Abkürzungsverzeichnis

ADAV	Allgemeiner Deutscher Arbeiterverein
AG	Aktiengesellschaft
AWG	Arbeiterwohnungsgenossenschaft
B.F.D.	Bund Freier Demokraten
BHG	Bäuerliche Handelsgenossenschaft
BRT	Bruttoregistertonne
CDU	Christlich-Demokratische Union
CSU	Christlich-Soziale Union
CSVD	Christlich-sozialer Volksdienst
DAF	Deutsche Arbeitsfront
DBD	Demokratische Bauernpartei Deutschlands
DBU	Deutsche Biertrinker Union
DERUTRA	Deutsch-Russische Transport Aktiengesellschaft
DESCHIMAG	Deutsche Maschinenbau Aktiengesellschaft
DDP	Deutsche Demokratische Partei
DDR	Deutsche Demokratische Republik
DFD	Demokratischer Frauenbund Deutschlands
DFP	Deutsche Fortschrittspartei
DM	Deutsche Mark
DMR	Dieselmotorenwerk Rostock
DNVP	Deutschnationale Volkspartei
DSR	Deutsche Seereederei Rostock
DSU	Deutsche Soziale Union
DVFP	Deutschvölkische Freiheitsbewegung
DVLP	Deutsche Vaterlandspartei
DVP	Deutsche Volkspartei
DWK	Deutsche Wirtschaftskommission
FDGB	Freier Deutscher Gewerkschaftsbund
FDP	Freie Demokratische Partei
FDJ	Freie Deutsche Jugend
FoVP	Fortschrittliche Volkspartei
Gestapo	Geheime Staatspolizei
GmbH	Gesellschaft mit beschränkter Haftung
HJ	Hitlerjugend
KG	Kommanditgesellschaft
KPD	Kommunistische Partei Deutschlands

KWU	Kommunalwirtschaftsunternehmen
KZ	Konzentrationslager
LDPD	Liberal-Demokratische Partei Deutschlands
LPG	Landwirtschaftliche Produktionsgenossenschaft
MfS	Ministerium für Staatssicherheit
NAW	Nationales Aufbauwerk
NDPD	National-Demokratische Partei Deutschlands
NLP	Nationalliberale Partei
NPD	Nationaldemokratische Partei Deutschlands
NSDAP	Nationalsozialistische Arbeiterpartei Deutschlands
NSDStB	Nationalsozialistischer Deutscher Studentenbund
NSLB	Nationalsozialistischer Lehrerbund
OB	Oberbürgermeister
PDS	Partei des Demokratischen Sozialismus
PGH	Produktionsgenossenschaft des Handwerks
RFB	Roter Frontkämpferbund
RM	Reichsmark
SMAD	Sowjetische Militäradministratur in Deutschland
SA	Sturmabteilung
SAG	Sowjetische Aktiengesellschaft
SAV	Sozialistische Alternative
SED	Sozialistische Einheitspartei Deutschlands
SDP	Sozialdemokratische Partei
SPD	Sozialdemokratische Partei Deutschlands
SS	Schutzstaffel
t	Tonne
Thlr.	Thaler
UdSSR	Union der sozialistischen Sowjetrepubliken
UfA	Universum-Film-AG
USPD	Unabhängige Sozialdemokratische Partei Deutschlands
VdgB	Vereinigung der gegenseitigen Bauernhilfe
VEB	Volkseigener Betrieb
VVN	Vereinigung der Verfolgten des Naziregimes
u. Z.	unserer Zeitrechnung

Personenregister

(Die nachfolgenden Registereinträge erfassen die im Text- und Chronikteil des vorliegenden Bandes erwähnten Personen.)

NACHWORT

Eine Stadtgeschichte für jedermann hatte im Jahre 2001 der Rostocker Verleger Konrad Reich im Sinn, als er mit einer Handvoll Historiker und Archivare dieses anspruchsvolle Projekt anging, das er inhaltlich mitgestaltete und selbst intensiv lektorierend betreute. Die Produktion des Bandes jedoch besorgte Ingo Koch schließlich vor genau zehn Jahren in seinem kleinen Verlag. Seither hat das Buch unter dem Titel „In deinen Mauern herrsche Eintracht und allgemeines Wohlergehen. Eine Geschichte der Stadt Rostock von ihren Ursprüngen bis zum Jahre 1990" in der Öffentlichkeit viel Anerkennung erhalten und auch die eine oder andere kritische, berichtigende oder ergänzende Wortmeldung hervorgerufen. Vor allem aber hat es zahlreiche interessierte Leser gefunden, so dass es in den Buchhandlungen seit Jahren vergriffen war.

Inzwischen ist in der Stadt das sogenannte Doppeljubiläum in aller Munde. Im Jahre 2018 wird Rostock den 800. Jahrestag der Bestätigung des Stadtrechts durch Fürst Heinrich Borwin I. feiern, ein Jahr darauf Mecklenburgs einzige Universität ihre durch Papst Martin V. genehmigte Gründung vor 600 Jahren. Die Vorbereitungen laufen, zu denen auch der renommierte Hinstorff Verlag Beiträge leisten will und wird. Herausgeber und Autoren haben deshalb dankbar dessen Anregung aufgegriffen, wenn auch unter neuem Titel, eine zweite Auflage der Stadtgeschichte von 2003 zu produzieren.

Der alte Text wurde durchgesehen und korrigiert, an wenigen Stellen erweitert. Eine Verdopplung der Zahl der Abbildungen hat der besseren Veranschaulichung von Inhalten gut getan. Eine neu aufgenommene Stadtchronik für die Jahre 1990 bis 2013 soll in Ermangelung einer geschlossenen Darstellung, die aufgrund fehlender Forschungsleistungen verständlicherweise noch nicht seriös geboten werden kann, die inhaltliche Lücke bis zur Gegenwart schlaglichtartig schließen, Entwicklungen skizzieren und

Orientierung für die eigene Beschäftigung mit der jüngsten Stadtgeschichte bieten. Der informative Anhang wurde intensiv überarbeitet, ergänzt und aktualisiert. Das umfangreiche Literaturverzeichnis im Ursprungsband hingegen entfiel vollständig. Einerseits hätte die Aufnahme der im erfreulichen Maße gewachsenen Zahl von Publikationen zur Rostocker Stadtgeschichte den Rahmen gesprengt. Andererseits ist ein solches Verzeichnis auch nicht mehr zeitgemäß, weil die Online-Kataloge der Universitäts- und der Stadtbibliothek Rostocks sowie der Landesbibliothek in Schwerin einen wesentlich schnelleren, umfassenderen und vollständigeren Überblick über vorhandene Literatur zu einem interessierenden Themenkreis auch der Rostocker Stadtgeschichte bieten.

Dem Wert dieses Bandes tut dies jedoch keinen Abbruch und so bleibt nur, ihm wiederum wohlwollende Aufnahme bei der Leserschaft zu wünschen, die in seiner Neuauflage auch einen Beitrag der Autoren und des Verlages zur Vorbereitung auf das Stadtjubiläum 2018 sehen möge.

Rostock, im Oktober 2013   Der Herausgeber

Bodo Keipke

Jahrgang 1962, Elektromaschinenbauer 1980, 1985–1990 Studium der Archivwissenschaft und Geschichte an der Humboldt-Universität zu Berlin (Diplomarchivar 1990), seit 1990 im Archiv der Hansestadt Rostock tätig, seit 2005 als wissenschaftlicher Archivar. Mitglied im Verein für mecklenburgische Geschichte und Altertumskunde, Veröffentlichungen zur Stadtgeschichte.

Prof. Dr. phil. habil. Ernst Münch

Jahrgang 1952, 1971–1980 Studium der Geschichte und Germanistik, Zusatzstudium, Teilaspirantur und Forschungsstudium in Rostock und Moskau (Promotion 1980 Rostock), Promotion B 1987 (umgewandelt in Habilitation), seit 1980 wissenschaftlicher Mitarbeiter (Assistent, Oberassistent) an der Sektion Geschichte bzw. am Historischen Institut der Universität Rostock, seit 1998 Professor. Stellvertretender Vorsitzender des Vereins für mecklenburgische Geschichte und Altertumskunde sowie des Vereins für Rostocker Geschichte, Vorsitzender der Historischen Kommission für Mecklenburg, zahlreiche Veröffentlichungen zur Stadt- und Landesgeschichte.

Dr. phil. Karsten Schröder

Jahrgang 1959, 1980–1987 Studium der Geschichte und Germanistik an der Universität Rostock (Diplomlehrer 1984), Forschungsstudium (Promotion 1988), 1987–1989 wissenschaftlicher Assistent an der Sektion Geschichte der Universität Rostock, 1989 Abteilungsleiter und stellvertretender Leiter des Archivs der Hansestadt Rostock, seit 1990 Stadtarchivdirektor. Mitglied des Vereins für Rostocker Geschichte, Redaktionsmitglied der „Beiträge zur Geschichte der Stadt Rostock", Mitglied im Verein für mecklenburgische Geschichte und Altertumskunde sowie der Historischen Kommission für Mecklenburg, Veröffentlichungen zur Stadt- und Landesgeschichte.

Dr. phil. Kerstin Urbschat

Jahrgang 1962, 1981–1989 Studium der Geschichte und Germanistik an der Universität Rostock (Diplomlehrer 1985), Forschungsstudium (Promotion 1990), 1989–1998 wissenschaftlicher Assistent an der Sektion Geschichte bzw. am Historischen Institut der Universität Rostock, seit 1998 Tätigkeit in der freien Wirtschaft, Veröffentlichungen zur Stadt- und Landesgeschichte.

264 Seiten | 7 Karten
Euro 17,90
978-3-356-01039-8

Die Geschichte Mecklenburgs

Wolf Karge
Hartmut Schmied
Ernst Münch

HINSTORFF

Die Geschichte POMMERNS

Kyra Inachin

HINSTORFF

224 Seiten | 3 Karten
Euro 17,90
978-3-356-01044-2

BEI HINSTORFF ERSCHIENEN

144 Seiten | 80 s/w-Abbildungen
Euro 14,99
978-3-356-01518-8

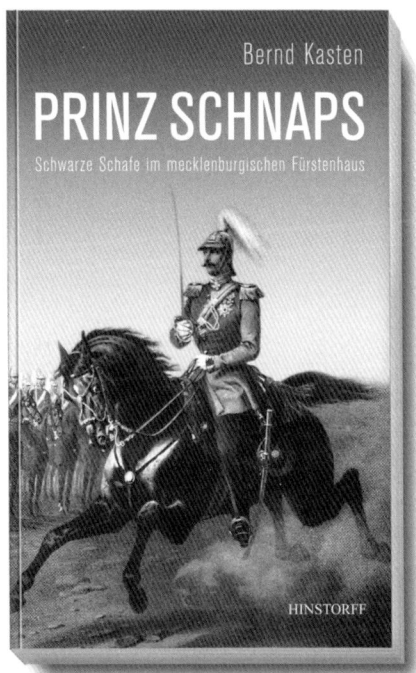

128 Seiten | 46 s/w-Abbildungen
Euro 12,90
978-3-356-01334-4